모빌리티 이론

피터 애디 지음 | 최일만 옮김

앨피

이 저서는 2018년 대한민국 교육부와 한국연구재단의 지원을 받아 수행된 연구임
(NRF-2018S1A6A3A03043497)

존 어리를 기억하며

## 모빌리티인문학 Mobility Humanities

모빌리티인문학은 기차, 자동차, 비행기, 인터넷, 모바일 기기 등 모빌리티 테크놀로지의 발전에 따른 인간, 사물, 관계의 실재적·가상적 이동을 인간과 테크놀로지의 공-진화co-evolution라는 관점에서 사유하고, 모빌리티가 고도화됨에 따라 발생하는 현재와 미래의 문제들에 대한 해법을 인문학적 관점에서 제안함으로써 생명, 사유, 문화가 생동하는 인문-모빌리티 사회 형성에 기여하는 학문이다.

모빌리티는 기차, 자동차, 비행기, 인터넷, 모바일 기기 같은 모빌리티 테크놀로지에 기초한 사람, 사물, 정보의 이동과 이를 가능하게 하는 테크놀로지를 의미한다. 그리고 이에 수반하는 것으로서 공간(도시) 구성과 인구 배치의 변화, 노동과 자본의 변형, 권력 또는 통치성의 변용 등을 통칭하는 사회적 관계의 이동까지도 포함한다.

오늘날 모빌리티 테크놀로지는 인간, 사물, 관계의 이동에 시간적·공간적 제약을 거의 남겨두지 않을 정도로 발전해 왔다. 개별 국가와 지역을 연결하는 항공로와 무선 통신망의 구축은 사람, 물류, 데이터의 무제약적 이동 가능성을 증명하는 물질적 지표들이다. 특히 전 세계에 무료 인터넷을 보급하겠다는 구글Google의 프로젝트 룬Project Loon이 현실화되고 우주 유영과 화성 식민지 건설이 본격화될 경우 모빌리티는 지구라는 행성의 경계까지도 초월하게 될 것이다. 이 점에서 오늘날은 모빌리티 테크놀로지가 인간의 삶을 위한 단순한 조건이나 수단이 아닌 인간의 또 다른 본성이 된 시대, 즉 고-모빌리티high-mobilities 시대라고 말할 수 있다. 말하자면, 인간과 테크놀로지의 상호보완적·상호구성적 공-진화가 고도화된 시대인 것이다.

고-모빌리티 시대를 사유하기 위해서는 우선 과거 '영토'와 '정주' 중심 사유의 극복이 필요하다. 지난 시기 글로컬화, 탈중심화, 혼종화, 탈영토화, 액체화에 대한 주장은 글로벌과 로컬, 중심과 주변, 동질성과 이질성, 질서와 혼돈 같은 이분법에 기초한 영토주의 또는 정주주의 패러다임을 극복하려는 중요한 시도였다. 하지만 그 역시 모빌리티 테크놀로지의 의의를 적극적으로 사유하지 못했다는 점에서, 그와 동시에 모빌리티 테크놀로지를 단순한 수단으로 간주했다는 점에서 고-모빌리티 시대를 사유하는 데 한계를 지니고 있었다. 말하자면, 글로컬화, 탈중심화, 혼종화, 탈영토화, 액체화를 추동하는 실재적·물질적 행위자agency로서의 모빌리티 테크놀로지를 인문학적 사유의 대상으로서 충분히 고려하지 못했던 것이다. 게다가 첨단 웨어러블 기기에 의한 인간의 능력 향상과 인간과 기계의 경계 소멸을 추구하는 포스트-휴먼 프로젝트, 또한 사물 인터넷과 사이버 물리 시스템 같은 첨단 모빌리티 테크놀로지에 기초한 스마트 도시 건설은 오늘날 모빌리티 테크놀로지를 인간과 사회, 심지어는 자연의 본질적 요소로 만들고 있다. 이를 사유하기 위해서는 인문학 패러다임의 근본적 전환이 필요하다.

그러므로 모빌리티인문학은 '모빌리티' 개념으로 '영토'와 '정주'를 대체하는 동시에 인간과 모빌리티 테크놀로지의 공-진화라는 관점에서 미래세계를 설계하기 위한 사유 패러다임을 정립한다.

이 책은 모빌리티mobility에 대한 책인가, 모빌리티에 대한 생각에 대한 책인가? 본질적으로, 양쪽 다이다. 본 저작은 모빌리티에 대한 일련의 다양한 이해, 그리고 다양한 접근법을 탐사할 것이다. 그리고 어떻게 모빌리티가 작동하는지, 세계화와 장애의 정치 같은 다변적인 현대적 문제에 모빌리티가 뜻하는 바가 무엇인지에 대한 탐사에 나설 것이다.

이를 자세히 다루기 전에, 본 저작은 모빌리티에 관한 피할 수 없는 진리 하나를 제시한다. 가장 추상적인 이해에서 가장 현실적인 이해에 이르기까지 그 모든 겉모습, 정의, 접근법 등으로 볼 때, 모빌리티는, 적어도 내가 보기에는, 관계다. 사실, 로이스 맥네이Lois McNay의 말을 빌리자면,* 나는 모빌리티를 '체험된 관계lived relation'로 간주한다. 그것은 자신을, 남을, 세계를 향한 지향이다. 나이절 스리프트Nigel Thrift가 모빌리티를 특정한 "감정의 구조"로 기술하듯이,** 모

---

* McNay, L., 'Agency and experience: gender as a lived relation', in Adkins, L. and Skeggs, B. (eds) *Feminism After Bourdieu*, Oxford: Blackwell, 2005, pp. 3–4.

** Thrift, N., 'Inhuman geographies: landscapes of speed, light and power', in Thrift, N. (ed.) *Spatial Formations*, London: Sage, 1996.

빌리티는 사람, 대상, 사물, 장소를 대하는 방식이다. 그것은 의미와 의의를 소통하는 방식이다. 그것은 또한 권위주의 체제에 저항하는 방식이다. 누군가에게 그것은 희망으로 가득 찬 필사적인 통로다. 누군가에게 그것은 시시하고 잊어도 좋은 것이다. 그것은 친구와 이어 주는 방식이다. 그것은 경계를 위협하는 수단일 수도 있다. 그렇다면 어떤 의미에서, 모빌리티는 공간이나 시간 같은 개념과 상당히 비슷하다. 피터 메리먼Peter Merriman은 모빌리티를 사회적 · 공간적 사유의 핵심 "원소primitive"로 본다.* 그것은 편재한다. 그것은 어디에나 있다. 그것은 심지어 모든 것에서 볼 수 있다. 그러나 중요한 것은, 그것이 거의 언제나, 무언가 또는 누군가와의 관계 속에서 태어난다는 점이다.

이렇게 생각한다면, 모빌리티는 세계와의 관계 방식이자 교류 방식, 그리고 세계를 분석적으로 이해하는 방식이다. 모빌리티는 거리를 두고서 이를 검토하는 학자, 학생, 연구자를 위해서만 저기 바깥에 존재하는 게 아니다. 브랜드 컨설턴트부터 도시계획자까지 전문직 종사자와 실무자들이 기쁘게 모빌리티를 널리 퍼뜨리고 있기는 하지만 말이다. 모빌리티는 또한 책, 학술 논문, 보고서의 페이지에 존재한다. 그것은 사고와 상상 속에서 그려진다. 이러한 상상은 모빌리티와 결부된 많은 관계에 중요하지만, 이를 주제로 삼는 학자, 학생, 연구자인 우리에게도 도움이 된다. 그것은 세계화, 이주,

---

* Merriman, P., *Mobility, Space and Culture*, London: Routledge, 2012.

관광, 노숙, 보안, 수송 같은 과정에 대한 우리의 조사를 돕는다. 지구를 종횡으로 누비는 비행기의 국제적 흐름의 규모에서부터, 춤을 추거나 양동이를 우물로 가져가는 사람의 미시적-신체적 이동까지 그렇다. 이러한 접근법은 세계와 세계의 작동 방식에 대한 특정 가치와 견해의 뒷받침을 받고 있다.

본 저작의 2판을 끝맺을 즈음에, 나는 사회학자 존 어리John Urry가 2016년 3월 18일 갑자기 세상을 떠났음을 알게 되었다. 그의 죽음은 충격적일 뿐 아니라 너무나도 슬픈 일이다. 존의 작업은 본 저작, 모빌리티에 대한 나의 생각을 형태 짓는 데에, 그리고 나의 학문적 커리어에 몹시도 중요한 역할을 했다. 그는 놀라운 사람이었다. 관대하고, 도전적이며, 항상 탐구심에 넘쳤다.

존은 허영심을 가지고 멋대로 조언을 내밀어 대는 사람이 아니었다. 하지만 한 번 그는 나에게, 한 학자의 학문적 커리어의 징표는 그 학자가 얼마나 멀리까지 이동했는지에 달렸다고 말한 적이 있다. 그가 뜻했던 것은, 한 지리학적 위치에서 다른 위치로의 움직임이라는 의미에서가 아니라, 그 학자가 편안하게 느끼는 본래의 지반 너머로 이동할 능력과 의지였다. 나는 《모빌리티》의 이 제2판이 나의 사고 속에서 움직이는 저 에토스를 반영하기를 희망한다.

현대사회를 특징짓는 것은 움직임이다. 물론, 과거 사회에 움직임이 없었다는 뜻은 아니다. 움직임 없이는 사회가 유지될 수 없다는 점에서, 어떤 사회에든 움직임은 필요조건이다. 그러나 현대사회에서 움직임은 그 이상이다. 그 양과 범위, 빈도와 다양성에서 움직임이 극히 증대되었기 때문이다. 현재 얼마나 많은 사람과 사물이 이동하고 있는지, 이들이 얼마나 먼 거리를 이동하고 있는지, 얼마나 자주 이동하고 있는지, 어떤 수단을 가지고 이동하고 있는지 생각해 보라. 고쳐 말하자면, 현대사회를 특징짓는 것은 방대한 움직임이다.

그러므로 현대사회를 이해하기 위해서는 현대사회 특유의 움직임 양상을 이해해야 한다. 이를 위한 시도는 1990년대부터 본격적으로 등장하기 시작했다. 마르크 오제의 《비-장소》(1995), 캐런 캐플런의 《여행의 물음》(1996), 존 어리의 《관광객의 시선》(1997) 등이 그 예다. 이후 어리는 《사회를 넘어선 사회학: 21세기를 위한 모빌리티》(2000)를 통해 사회적 탐구의 대상으로서의 움직임에 "모빌리티"라는 이름을 주었고, 2006년에 미미 셸러와 함께 "모빌리티 패러다임"―이전의 사회학 패러다임과 달리, 동적인 것을 중심으로 사회를 이해하려는 이론적 틀—을 제창했다. 이러한 패러다임의 전환, '모빌리티 전환'을 통해 탄생한 이론적 장이 '모빌리티 이론'이다.

모빌리티 이론은 아직은 우리에게 생소한 장이다. 이 이론의 영토는 넓지만, 이정표는 부족하다. 이러한 상황에서 무엇보다도 필요한 것이 안내서다. 안내서는 알려지지 않은 영토를 체계적으로 분할하고, 주목할 만한 구체적 사례들을 소개함으로써, 이 영토를 접근 가능한 것으로 만들어 준다. 피터 애디의 이 책이 바로 이러한 안내서다.

저자는 모빌리티의 영역을 네 개의 중심 표제, 의미 · 정치 · 실천 · 매개에 따라 정돈한다. 의미의 장에서는 모빌리티에 의미가 부여되는 다양한 방식을 탐구한다. 어떤 사고방식에서 모빌리티는 야만적이거나 위협적인 것이나, 다른 사고방식에서 그것은 창조와 자유를 뜻한다. 정치의 장에서 저자는 모빌리티와 권력의 관계를 다룬 연구들을 탐사한다. 한편으로는 모빌리티가 권력을 만들고, 다른 한편으로는 권력이 모빌리티를 이용한다. 또한, 모빌리티는 권력에 따라 차등 분배된다. 실천의 장에서는 우리의 신체가 모빌리티를 실행하는 방식에 초점을 맞춘다. 모빌리티의 실행은 개념적 파악을 넘어서 신체와 습관의 영역에 기반하며, 또한 이성을 넘어서 정서를 통해 작동하는 것이다. 그렇기에 모빌리티의 실행은 재현적 언어를 넘어서지만, 모빌리티 연구자들은 이를 포착하기 위해 고투하였다. 매개의 장은 모빌리티의 실행을 매개하는 테크놀로지적 수단을 다룬다. 다양한 수송수단, 통신수단, 또한 신체를 보조하는 인공기관이 모빌리티를 실현하거나 그 실현을 보조했다. 이러한 표제들은, 복잡한 모빌리티 이론의 영역을 우리가 체계적으로 조망할 수 있게 해 주는 표지판이 된다.

이 모든 조망에서 저자는 "모빌리티에 대한 생각들", 즉 수많은 실제 연구들을 참조한다. 저자는 모빌리티에 접근하되, 모빌리티에 대한 생각들을 통해 접근하는 것이다. 때로 저자는 '핵심 개념'과 '사례 연구' 글상자를 통해 특정한 연구들에 확대경을 들이대기도 한다. 이러한 연구들은 구체적인 장소, 구체적인 수단, 구체적인 사건을 다룬다. 이를 통해 우리는 현대사회의 실제에 밀착하여 모빌리티를 이해할 수 있게 된다.

저자는 이처럼 모빌리티 연구가 무엇을 다루는지를 보여 줄 뿐 아니라, 어떻게 이루어지는지도 보여 준다. 어떤 연구 집단이 모빌리티 연구를 하고 있는가? 어떤 분과학문들에 모빌리티 연구가 침투했는가? 그리고 이러한 연구에 자금을 지원하는 곳은 어디인가? 2장 〈모빌리티 연구〉에서 저자는 이러한 질문들에 답한다.

7장 〈이동적 방법〉은 모빌리티 연구자에게 특히 흥미로울 장이다. 모빌리티의 여러 면모들은 고전적인 사회학적 방법을 통한 접근에 저항한다. 재현에 기반한 접근은 운동성 자체를 놓치기 쉽기 때문이다. 이 때문에 많은 연구자들은 모빌리티 연구에 적합한 새로운 방법을 개발해 왔다. 저자는 이러한 방법들을 소개한다. 이동적 신체와 체험을 포착하려는 시도, 모빌리티를 이야기하려는 여러 가지 방법, 비밀스러운 모빌리티에 대한 접근로를 열고자 하는 법정변론적 방법 등은 신선한 통찰과 영감을 줄 것이다.

특기할 만한 것은, 차이에 대한 저자의 지속적인 관심이다. 그것은 인종의 차이이기도 하고, 젠더의 차이이기도 하고, 성적 지향의 차이이기도 하고, 서구와 그 외 지역 간의 차이이기도 하다. 오랫동안 사회학은 백인, 남성, 이성애, 서구 중심적으로 사고했다. 다시 말해, 정치적으로 중립적이지 않았다. 저자인 애디는 모빌리티에 기입된 다양한 차이들에 주목하고, 비서구 지역의 모빌리티에도 시선을 돌림으로써 모빌리티에 대한 차이적 관점을 유지하려 한다. 이 또한 이 책의 덕목이라고 할 수 있다.

모빌리티의 증대라는 전지구적 변화에서 한국 사회라고 동떨어져 있지 않다. 한국 현대사는 교역의 증가, 지역적 이동의 증가, 여행의 증가, IT산업의 증가 등 다양한 모빌리티의 증대를 목도했다. 다시 말해, 현대 한국을 이해하기 위해서는 한국의 모빌리티를 이해해야 한다. 이러한 시도에 이 책이 제공할 도움은 적지 않을 것이다.

2019년 2월

옮긴이

본 저서의 제2판을 쓰는 것은 내가 생각한 것보다 훨씬 오래 걸렸다. 일차적으로, 제1판이 나온 이후 모빌리티 연구의 장이 아주 많이 전진했기 때문이다. 그런 만큼 모빌리티 연구의 용적, 범위, 에너지에 발맞추는 것은 고된 일이었다! 그러나 부분적으로는 나에게 아들이 생겼기 때문이기도 했다. 우리는 이 아이가 서서히, 그러나 확실히, 이동적이 되어 가는 것을 지켜보고 고무되었다. 거의 온 사지가 꼼지락대더니, 기어 다니다, 이제는 발걸음을 뗀다.

이동적이든 아니든, 이 수정판에 사고, 기여, 조언, 일반적 영감을 준 동료들에게 감사해야겠다. 지난 판본 이후 나는 로열 홀러웨이 대학의 지리학과로 소속을 옮겼는데, 여기서는 어렵지 않게 직간접적으로 모빌리티 주제에 대해 연구하는 동료를 찾을 수 있다. 특히 안나 니콜라에바, 사이먼 쿡, 또한 엠마 스펜스에게 감사해야겠다. 우리는 2016년 *GG3084* "모빌리티" 수업에서 아주 거대한 학부생 모듈을 팀을 이루어 지도했다. 이는 팀 크레스웰이 지도했던 모빌리티에 관한 이전의 수업을 되살린 것이었다. 함께 작업하는 것은 굉장히 즐거웠다. 우리끼리 또는 학생과의 토론이 본 저작에 영감을 주고 이를 개선하였음에는 의심의 여지가 없다. 각 장의 초고를 읽어 준 사이먼과 엠마에게, 그리고 훌륭한 학생 프로젝트 에세이들에 특히 감사한다. 본 저작이 포괄하는 어떤 주제는 확실히 이 에세이들에서 영감을 받았다.

클라우스 도즈, 알 핑커턴, 리케 젠슨, 해리어트 호킨스, 레이첼 스콰이어, 데이비드 드니, 데이비드 길버트, 캐서린 브리켈, 핍 손턴, 엘리자베스 알렉산더, 스티브 허시, 펠릭스 드라이버, 캐티 윌리스, 인스 케이엔, 그리고 그 외 많은 동료들이 본 저작에 간접적인 영향을 끼쳤다. 본 저작은 창조적 실천과 패션의 순환으로부터, 책과 지식까지, 퇴거와 순례까지, 모빌리티가 핵심적·중심적 관심사를 차지하고 있는 연구 및 지도 문화 속에서 숙성되었기 때문이다.

그 외 나의 영감에 도움을 준 이동적 친구, 공동작업자, 학생은 다음과 같다. 언제나 지도와 영감을 준 팀 크레스웰, 모니카 뷔서, 미미 셸러, 자비어 칼레트리오, 폴 심슨, 다미앙 마송, 웨이치앙 린, 벤 앤더슨, 쟝-밥티스트 프레티니, 데이비드 비셀, 피터 메리먼, 킴벌리 피터스, 필 스타인버그, 제인 리, 루시 버드, 안드레 노보아, 크리스티나 테메노스, 캐런 캐플런, 데렉 맥코막, 데이비드 루니, 클레어 홀즈워스, 마크 홀튼, 리처드 스크리븐, 이안 쇼, 마크 셸터, 데비 라일, 매혹적인 문헌을 알려 준 비산 에반스, 윌리엄 월터스, 프란치스코 클라우저, 이동적 삶 포럼.

위에서 이미 언급했듯이, 본 저작을 완성하는 중에 랭카스터의 사회학자 존 어리가 별세했다. 그의 에너지는 나의 커리어에 핵심 역할을 담당했으며, 그의 지적인 영향과 열정은 확실히 본 저작의 형태와 글에 스며들었을 것이다. 그가 몹시 그리울 것이다.

# 차례

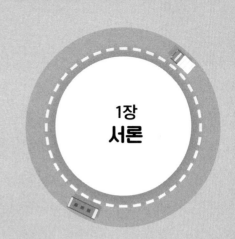

1장
**서론**

세계가 움직이고 있음을 우리는 무시할 수 없다. 어쩌면 세계는 이전보다 점점 더 움직이고 있을지 모른다. 모빌리티가 편재한다고 말해도 과하지 않을 것이다. 모빌리티는 우리가 거의 언제나 행하고 겪는 것이다. 나이절 스리프트Nigel Thrift가 보기에는[2] 공간 자체도 이러한 모빌리티와 움직임을 통해 특징지어진다. 그는 이렇게 쓴다. "모든 공간은 항상적으로 움직인다."

앤서니 기든스Anthony Giddens가 세계화에 대해 말했듯이,[3] 어쩌면 모빌리티는 '아주 새로운' 것은 아닐지도 모른다. 그렇지만, 무언가 '새로운' 것이 세계 속에서 일어나고 있음은 확실하다. 북·동·남 아프리카에서, 시리아와 중동에서 유럽으로의 위태로운 여정을 감행하는 이주자의 광대한 모빌리티를 보라. 오늘날 우리는 제2차 세계대전이나 인도와 파키스탄의 분리 이후 역사상 가장 거대한 인간의 이동 중 하나를 보고 있다. 모빌리티는 오늘날 정치적·사회적 관심사에서 지극히 중요한 의제다.

아이와 옹Aiwah Ong은 모빌리티가 "세계를 파악하기 위한 새로운 통신 음어陰語가 되었고" 우리가 살아가는 새롭고 광범위한 방식이 되었다고 썼다.[4] 모빌리티가 없는 삶은, 늘 그렇지는 않다 해도, 우리 삶의 기회를 삭감할 수 있다. 모빌리티가 없으면 우리는 일을 하러 가거나 아주 가까운 곳에 식량을 구하러 갈 수도 없고, 건강을 유지할 수도 없을 것이다. 사회적 관계를 만들고 유지할 수도 없고, 멀리 떠날 수도, 가까운 목적지에 갈 수도 없을 것이다. 내전의 위험이나 민족적·인종적·종교적 박해의 위협에서 탈출할 수도 없을 것이다.

이를 확증할 만한 수많은 통계와 인상적인 수치가 있다. 예를 들어, 우리는 현재 세계에 2억 4,400만 명가량의 국제이주자가 있다는 것을 안다. 전 UN 사무총장 코피 아난은 이를 두고 "모빌리티의 새 시대"라고 하였다.[5] 이는 본 책의 초판 이후 4,400만 명 이상이 늘어난 수치다. 관광업은 세계에서 가장 큰 산업이라고 널리 공언되고 있다. 2005년 국제 관광업 결산은 7,500억 달러를 넘어갔고, 필자가 이 글을 쓰고 있는 지금은 9,000억에 달했다.[6] 이 산업의 가치는 7조 2천억 달러이고, 연간 2억 4천만 명의 사람을 고용하고 있다.[7] 2015년 유럽에 발을 들인 사람은 6억 9백만 명이 넘는다.[8] 이주와 관광을 뒷받침하는 것은 당연히도 교통수단—모빌리티 매체다. 2014년에는 3,740만 건의 비행 스케줄이 있었다. 2015년 미국에서 사람들이 탈 것을 통해 이동한 거리는 2조 6,307억 마일로 추산된다. 인도에서는 대략 2,500만 명의 사람들이 매일 통근을 한다. 모빌리티의 양은 엄청나다.

이러한 양이 놀랄 만큼 중요하기는 하지만, 모빌리티가 중요하다고 말하기 위해 이 모든 지표를 동원할 필요는 없을지도 모른다. 당신 자신의 일상적 맥락에 편재하는 모빌리티를 떠올려 보자. 아침에 일어나는 일을 생각해 보자(그러나 이것이 남성, 백인, 중산층 학자의 서술에서 온 것이라는 점도 감안하라). 그는 일어난다. 침대에서 나온다. 그러려면 사지의 움직임, 침대에서 욕실로의 물리적 이동이 필요하다. 몇 단계 건너뛰어 보자. 대학 강사라는 내 일의 일부로서 나는 일을 하러 가야 한다. 그러려면 다른 몇 종류의 모빌리티가 더 필요하다. 나는 집에서 나와야 한다. 내려오는 계단을 지난다. 저녁에 돌아올 때에는 그러지 않고 엘리베이터, 일종의 수직 모빌리티를 이용할 수도 있으리라. 복잡한 도로를 몇 번 건너서 나는 기차역에 도착한다. 나는 걸어서 리버풀 시내의 워커 미술관, 중앙도서관과 박물관을 지나야 한다. 이 거대한 건축물을 보노라면 이 장소가 광범위한 전 지구적 모빌리티를 바탕으로 지어졌다는 생각이 든다. 초기에 리버풀은 도시의 유명한 항구를 통한 노예, 재화, 이주민의 이동으로 부를 축적했다. 정신없이 바쁘게 돌아가는 리버풀의 맥박과 리듬, 부두의 "민주적 산책로"를 가장 거침없이 부각시킨 사람은 월터 딕슨 스콧 같은 저자일 것이다.[9] 리버풀의 이동적 삶을 계속해서 형성해 온 것은 머지강江, 그 대서양으로의 출구, 그리고 여타 전 지구적 모빌리티의 메트로놈이다.

내 여정으로 돌아오자. 복잡한 도로를 지나서 나는 라임가街역에 도착하여, 다른 형태의 모빌리티-기차를 탄다. 리버풀을 벗어나는 나의 매개된 여정은 즉각 흥미로운 것이 된다. 리버풀을 나와 런콘 다리를 지날 때, 바쁜 통근자 및 여타 사람들이 이동하는 길과 기차의 경로가 평행이 되기 때문이다. 머리 위 하늘에서는 비행기가 리버풀 존 레논 공항으로 간다. 어쩌면 공항에서 오는 것일 수도 있다.

기차에서 나는 비교적 부동적immobile 상태에 있다. 작업을 하고, 문자메시지를 받고, 이 원고의 초판을 수정할 수도 있다. 그냥 등을 기대고 앉아 휴식을 취할 때도 있다. 나는 크루역에 내려서 또 다른 이동 수단, 몇 마일 떨어진 킬리대학으로 가는 버스를 탄다.

이 책의 초판 이후, 이 일터로 가는 여정에도 변화가 있었다. 많이 있었다. 몇 년 동안 나는 주소를 여러 번 옮겼다. 나의 여정은 리버풀에서 웨일스의 카디프로, 잉글랜드의 다른 런던 인근 지역으로 이전했다. 여기에서 마침내 이러한 이동이 집을 사는 고정성을 통해 정착으로 변하기 시작했다. 이를 클래어 홀즈워스Clare Holdsworth는 결혼과 가족의 삶을 지속하기 위해 필요한, 내밀한 모빌리티와 부동성immobility이라고 적절히 기술했다.[10] 카디프 주택시장의 불안정성은, 내가 1년 사이에 아파트를 세 번 이사해야 했음을 뜻했다. 건물주가 담보대출상환금을 감당하지 못했기 때문이다. 존 어리는 2008년의 금융위기와 석유, 모빌리티, 미국의 교외 지역 사이에서 긴밀한 연관성을 보았다.[11] 지방도시 주택시장의 불안정성이라는 맥락에서 이러한 관계를 생각하는 것은 이상한 일이다. 그리고 나는 런던의 로열 홀러웨이 대학으로 자리를 옮겼다.

달리 말하자면, 일터로 통근하는 등의 여정은 아주 안정적인 것일 수 있으나, 꼭 그럴 필요는 없다. 사회 및 고용 구조와 의무, 그리고 여타 경제적 사실, 이를테면 카디프 같은 탈산업 중심 도시 내 젠트리피케이션gentrification[낙후된 지역에 중산층 이상의 인구와 자본이 몰리면서 지역이 고급화되고, 동시에 임대료가 오르면서 원주민이 쫓겨나는 현상]이 일어난 지역의 임대주택 같은 시장에 가해지는 압박 등이 모빌리티에 영향을 끼친다. 실상, 그 밖에 가족의 변동과 의무도 모두, 어디로, 왜 갈 것이며 어떻게 도달할 것인지, 또한 누구를 위해 움직이고 누구와 함께 움직일 것인지 같은 우리의 모빌리티에 매우 커다란 차이를 낳을 수 있다.

　나의 모빌리티에 대해서만도 나는 계속 이야기할 수 있지만, 요점은 다음과 같다. 평범한 하루의 단 몇 시간 동안에도 우리는 손쉽게 고도로 이동적이게 된다. 나는 60마일 정도를 이동했다. 내 신체는 다양한 이동 과제를 수행했다. 다양한 모빌리티가 내 신체로 들어왔고 내 신체에서 나갔다. 나는 공기와 음식의 들고 남은 언급하지도 않았다. 어쩌면 나는 신체는 그다지 움직일 필요도 없이 이 모든 모빌리티를 행했을 수도 있다. 그리고, 내가 개관했듯이, 몇 년 동안 이러한 모빌리티의 패턴화와 강도는 아주 현저하게 변화하였다.

　내가 익숙해진 이 방식으로 살기 위해, 영국의 학자로서 일하기 위해, 나는 움직여야만 한다고 결론내릴 수 있겠다. 내 신체가 이동적이어야 하고 내 주변에서, 나를 위해서 사물들이 이동적이어야 한다. 내 집에 봉사하는 수도로부터, 내가 연결되고 이용하는 대중교통까지, 내 (셀룰러식) 이동전화가 보내고 받는 신호까지, 내가 오늘 이후에 만나게 될 학생들까지, 나는 어떤 모빌리티가 나와 시간을 맞추기를 기대한다. 실상, 학생의 모빌리티는 매혹적인 연구 주제가 되기도 했다.[12] 그것은 다양한 가정, 기숙사, 일터 사이, 그리고 국경을 건너는 고도로 정교한 이동과 멈춤을 내포할 수 있다. 이에 비하면 내 일터로의 여정은 피상적이다.

우리의 능력은 모두 다르며, 세계가 우리의 모빌리티를 가능케 하거나 제한하는 방식은 좋은 삶을 사는 데에 결정적일 수 있다. 우리는 우리의 모빌리티를 가능하게 하는 테크놀로지를 필요로 할 수 있다. 신체적 인공기관, 운전이나 더 적절한 형태의 도시계획을 위한 증강 테크놀로지 같은 것 말이다. 장애의 사회적 모델은[13] 특정 물리적·사회적 구조가 우리의 모빌리티를 형태 지을 수 있음을 상기시킨다. 그것은 구축된 환경이 주는 장애를 통해서, 교외 지역 전반의 접근성 부족(사유지나 군용지에 대한 접근성, 그리고 길을 갈 권리가 대문, 층계, 조건으로 인해 신체적 비장애인에게만 주어지는 경우)을 통해서, 특정 서비스가 우리에게 제공되는 방식을 통해서, 이러한 공급의 기저에 있는 특정 가치와 판단을 통해서일 수 있다.

나의 삶이라는 꽤나 자기중심적인 사례에서 시작해 보기만 해도, 습관과 정해진 일과로 된 내 세계는 모빌리티에 근본적으로 의존하는 것처럼 보인다. 강단 지리학자로서 내 직업을 수행하기 위해서, 내 관계를 유지하기 위해서, 이 지방과 저 지방에 점점이 있는 내 친구들과 발을 맞추기 위해서 내 그날그날의 삶과 그 이상以上의 각종 사교 관계를 위해서 나는 이동적이어야 한다. 물론, 다른 사람의 삶은 전혀 다른 종류의 모빌리티로 되어 있을 것이다. 훨씬 폭넓은 경우도 있고 훨씬 제한적인 경우도 있을 것이다. 훨씬 어렵고 노력이 드는 경우도 있고, 훨씬 매끈하고 쉬운 경우도 있을 것이다. 이런 의미에서, 우리가 언제나 이동 중on the move이기는 하지만, 우리는 언제나 다르게 이동적이다.

우리가 이동할 때에는 사물들도 우리에게 이동적이어야 한다. 많은 사람이 서비스, 정보, 자본, 재화의 공급과 제공을 필요로 한다. 우리는 얼마나 모빌리티에 의지하는가? 에너지, 농업의 필요, 가내의 개인적 필요를 위한 가스, 전기, 특히 물의 물질적 인프라 모빌리티the infrastructural material mobilities에 우리는 얼마나 의존하는가? 2,300만 명의 캘리포니아인들은 세계에서 가장 큰 물 수송 시스템에 의존하고 있다. 이는 주 수도 프로젝트State Water Project가 제공하는 것으로,[14] 물을 가두고 저장하고 이동시키는 펌프, 수로, 터널, 파이프라인으로 이루어진 방대한 인프라를 포괄한다. 캘리포니아의 '가뭄'은 이러한 인프라에 한층 더 압박을 가하고 있다.

중국에서 수력발전 댐은 국가 전력 총생산의 16퍼센트 정도를 차지한다. 사실, 댐 건설은 종종 강제이주를 통해 사람들을 이동시킨다(4장을 보라). 우리는 세계은행이 얼마 전 콩고민주공화국의 잉가 3 수력발전댐 건설에 대한 자금 지원을 중지했음을 알고 있다. 이 댐은 킨샤사에서 2백 마일 이내에 있는 거대한 잉가 수력발전 복합체의 일부이다. 이 계획은 전력이 희소한 지역에 전기를 공급하겠다는 의도에 따른 것이었지만, 환경에 끼칠 충격으로 인해 커다란 논란거리가 되었다. 콩고 사람들을 건너뛴 채 남아프리카의 도시 중심과 산업 중심까지 원거리 전력선을 놓는 이 계획은, 광산 같은 산업적 이용자에게만 이득이 될 공산이 크다는 것이다.[15]

액체와 유체流體에서 콘크리트댐이라는 부동의 물질까지, 우리가 세계에서 인지할 수 있는 수많은 형태와 상징은 모빌리티와 부동성의 복잡한 관계 위에 건설되어 있다. 오직 사람들이 층 사이를 효율적으로 이동할 수 있었기 때문에 마천루가 만들어질 수 있었다. 최근에 스티븐 그레이엄Stephen Graham은 이를 "수직 수송"이라는 새로이 발견된 산업 내에 있는 "엘리베이터 도시성"의 상향 모빌리티라고 불렀다.[16] 엘리샤 오티스가 1853년에 발명한 최초의 신뢰할 만한 제동 시스템으로 인해 사람들이 힘든 노력이나 공포 없이 중간 이동을 할 수 있게 되어서야 마천루는 현실화될 수 있었다.[17] 수직 이동 능력 없이는 뉴욕, 시카고, 상하이, 홍콩의 마천루 스카이라인은 불가능했을 것이다.

실상, 우리 세계의 거대한 고정성은 모빌리티 없이는 만들어질 수 없었을 것이다. 이 모빌리티는 가장 완강하고 지속적인 대상을 건설하고 유지하는 이동적 노동력으로 체화되어 있다. 두바이토후국을 보자. 석유 생산에 의존하는 경제에서 벗어나기 위해 관광 및 사업 인프라에 수십억 달러를 투자함으로써 건설된, 현재 세계에서 가장 높은 건물인 광활한 부르즈 칼리파 마천루 도시는 막대한 이동적 노동력을 배경에 두고 있다(《가디언》에 따르면 이 건물에는 이들의 피가 묻어 있다[18]). 임시 채용되는 건설노동자 수요 때문에 120만 명 정도의 이주노동자들이 인도, 방글라데시, 남아시아에서, 또 에리트레아, 아프가니스탄, 이란에서 이 지역으로 이주하였다. 이 노동자들은 고향에서 받았을 것보다 더 나은 임금을 받기 위해 힘든 노동조건을 감내한 후 고국에 남겨 둔 가족에게 돈을 도로 보낸다.[19] 그러나 그레이엄이 시사하듯이, 이러한 건물의 내골격을 묶어 주는 수직 모빌리티는 몹시 문제적이고 위험한 노동 실천만이 아니라, 역설적으로 최고의 엘리트 특권층도 뒷받침하고 있다. "늘씬한 백화점, 엘리트 콘도미니엄, 기업 본사, 값비싼 호텔과 레스토랑" 사이에서, 그레이엄은 세계에서 가장 빠른 엘리베이터를 발견한다. 이 엘리베이터는 하늘을 향해 건설된 이러한 산들과 교섭한다.《포브스 매거진》은 이렇게 말한다. "세계에서 가장 뜨거운 경제가 어디 있는지 알고 싶다면 … GDP 보고서, 고용 통계, 소비자 지출 경향은 건너뛰어라. 이 하나의 질문에 답하기만 하면 된다. 가장 빠른 엘리베이터는 어디 있는가?"[20]

불행히도, 이러한 빌딩을 건설하고 여기에 봉사하는 겉보기에 이동적인 노동력은 우리가 곧잘 상상하는 것처럼 자유분방한 것이 아니다. 같은《가디언》의 기사는 한 인도 청소노동자에 대해 쓴다.[21] 그는 휴가를 거절당한 후 부르즈 칼리파 창문에서 뛰어내렸다. 모빌리티와, 상승과 하강이라는 수직성의 병치는 끔찍하리만치 흔해졌다. 그것은 각종 노동관계를 이해하기 위해 우리가 다루어야 할 역겨운 은유다. 어떤 저자들은 이 관계를 계약 노예제에 비교하기까지 했다. 조사에 따르면, 많은 회사는 고용인이 떠나는 것을 막기 위해 여권을 압수하고 있다. 많은 노동자는 그들이 번 돈으로 애초에 일자리를 얻기 위해 지불해야 했던 보증금을 갚고 나서야 집에 송금할 수 있다. 그리고 대다수가 이 도시 동북부의 무하이나 인근 소나푸르 같은 임시도시의 불결한 조건 속에서 생활한다. 이 모두는, 셀러Mimi Sheller가 명명한바[22] "마찰, 난기류, 부동성, 주거, 휴지기와 고요함, 속도나 흐름"에 대한 모빌리티 연구의 커다란 관심을 보여 준다. 달리 말하자면, 부동성의 상이한 종류와 성질이 실로 움직임만큼이나 중요하다.

내가 말하고자 하는 것은, 한 마디로, 우리의 모빌리티는 본질적이지만, 부동성 또한 그렇다는 것이다. 우리의 생활세계는 우리를 위해, 우리와 함께 이동적이고 부동적이지만, 때로는 우리에게 적대적이다.

삶이《이동 중》에[23] 일어난다는, 어쩌면 점점 더 그렇게 되고 있다는 주장을 다양한 주제 영역 및 분과학문 학자들이 하게 된 것은 바로 이러한 사실과 경험 때문이다. 그렇다면 도시나 빌딩 같은 형태의 장소에는 모빌리티가 본질적일 수 있겠지만, 모빌리티가 이 이동적 세계에 거주하는 사람들의 사회적 삶에 대해서 말해 주는 바는 무엇인가?

사회학자 고故 존 어리가 보기에는, 사회적인 것은 바로 모빌리티다. 선도적인 저작《사회를 넘어선 사회학》에서[24] 어리는 어떻게 "물질적 변용"이 "'사회적인 것'을 개편하고 있는지" 설명한다. 그러한 변용으로 그가 염두에 둔 것은 이동의 모빌리티, 이미지와 특히 정보의 운동이었다. 이들이 "사회로서의 사회적인 것"을 "모빌리티로서의 사회적인 것"으로 재구성하고 있다.[25] 비슷하게, 크레스웰Tim Cresswell이 보기에,[26] 모빌리티란 사회와 문화가 말, 이미지 및 여타 재현을 통해 의미를 할당하고 자기 삶을 살아 나가는 방식에 지리적 이동이 얽혀 드는 것을 뜻한다. 이러한 방식으로 생각해 보면, 모빌리티는 우리가 사회·문화·정치·공동체를 이해하는 방식을 변화시킨다. 그것은 우리가 세계를 이해하는 방식을 근본적으로 재상상한다.

## 크고 작은 모빌리티

이는 잠시 생각할 여유를 주고, 더 넓은 과정과 운동의 철학을 통해 모빌리티 내의 몇몇 관심사의 맥락을 이해하는 데에 도움을 줄 것이다. 앙리 베르그손은[27] 아마도 가장 잘 알려진 과정의 철학자일 것이다. 베르그손에 따르면, 실재를 지각하는 개인 능력의 기저에는 모빌리티 및 과정-중의-세계에 대한 모든 관념이 있다. 베르그손이 시사하는 바에 따르면, 움직이는 환경이 부동적 사진에 붙잡히고 가두어진다는 점에서 지각은 순간 사진과 비슷하다.

이 논의의 요점은, 우리가 일련의 '이동적 존재론'이라고 부를 수 있을 것을 보여 주는 것이다. 그것은 사물이 고정된 것으로 보일 때조차도 운동, 물질의 흐름과 소용돌이를 통해 특징지어지는 세계에 대한 이해의 집합이다. 우리가 운동을 찾아내고 사고하는 훈련이 되어 있지 않다면, 이 모든 운동은 인간의 체험과 지각을 여러 가지 방식으로 쉽게 빠져나갈 수 있다. 그러나 바로 우리의 체험이 이모든 운동과 과정을 눈치채지 못할 수 있다고 해서, 그것이 모빌리티로 간주될 수 없다든가, 간주되어서는 안 된다든가, 그것을 무시하는 것이 반드시 유용하다고 나는 생각하지 않는다. 오히려 우리는 이러한 물질의 움직임이 **모빌리티로서 중요해지는** 순간이 언제인 지를 물어볼 수 있을 것이다. 이들은 언제 지각 가능한가? 이들은 언 제, 어떻게 사회적 관계를 형태 짓는가? 재난과 비상사태는 본 책 뒤 에서 다룰 것이지만, 재난의 순간은 몹시 변덕스러운 이동적 물질성 의 가장 명백한 예를 제공한다. 이러한 이동적 물질성은 이를 마주 하게 되는 사회의 부분 및 취약한 인구에게 강제된다.

이러한 관점에서 2010년 아이티 지진은 극히 흥미롭다. 예전에는 유순했던 지각의 움직임이 충격적이고 폭력적으로 실재화되면서 아이티의 주택 보유량, 공공시설과 인프라를 갈기갈기 찢어 버린, 나이절 클락Nigel Clark이 "비인간적 자연"이라고 부른 것 때문만이 아 니다.[28] 지진과 함께 일어난 심각한 콜레라의 발병으로, 2010년 이후 9천 명 이상이 목숨을 잃었기 때문이다. 그런데 이 병은 네팔에서 콜레라균을 가지고 온 UN 평화유지군에 의해 유입된 것으로 밝혀 졌다.[29] 미미 셸러가 보기에 이는 "국경이든 섬의 경계든, 신체든 세 포든 신경 쓰지 않는 모빌리티의 운반자를 질병 또한 이용한다"는 것을 상기시킨다.[30] 내가 이 글을 쓰고 있는 지금, 네팔의 평화유지 군에 대한 UN의 생물 보안 심사, 그리고 미르발레Mirebalais(아이티의 도 시)의 UN 캠프에 적절한 하수 인프라를 설치하지 않고 방기한 개인 계약자에게 항의하는 소송이 진행 중이다.[31]

삶의 작은 것들이 명백하게도 아주 이동적일 수 있다. 그러나 이 러한 작은 것들이 아주 큰 방식으로 움직일 수 있다. 영국에서, 환경 어업식품부의 발표에 따르면,[32] 2005년 모든 중량화물 이동의 25퍼센트는 식품으로 인한 것이었다. 2002년, 영국에 식량을 공급하는 원거리 식품 운송 총량은 탄소 1,900만 톤을 배출했다. 그중 천만 톤이 영국에서 배출되었고, 거의 모두 도로 운송에서 왔다. 2010년 아이슬란드의 에이야퍄들라이외퀴들 화산이 폭발하여 유럽을 지나 남서쪽으로 이동하는 거대한 화산재 기둥을 퍼뜨렸을 때, 그 결과로 3,4월의 몇 주 동안 유럽 영공의 대부분이 실제적으로 폐쇄되었다. 이 조치는 케냐의 과일 및 화초 산업에 심각한 손해를 끼쳤다. 장애와 실패의 순간은[33] 종종 이전에는 지각 불가능했던 모빌리티를 가장 가시적으로 만든다.

음식의 작은 움직임은 또한 요리 재료들 같은 이질적인 공간들을 연결하고 통합한다. 그래서 접시 위의 음식이란 것은, 때로는 아주 가깝고 때로는 수천 마일 떨어져 있는 장소들의 만화경 속에 있는 들판, 농장, 와인농장에서 시작되는 식품-흐름 운반자의 여정 내에 있는 한 점에 지나지 않는다. 은유적으로 말하자면, 도시와 시골이 합쳐져 케이크로 구워지는 것이다. 다른 방식으로 이러한 모빌리티는 더 큰 무엇, 다른 공간적 구성으로 더해질 수 있다. 도시에 대한 캐럴라인 스틸Caroline Steel의 2008년 저작은,[34] 산업화 이전 도시가 식품 운송에 의해, 말하자면 도시로 이동하는 소들의 선, 곡물 등 식재료의 강에 의해 형태 지어졌다고 말한다. 오늘날의 움직임은 시외의 슈퍼마켓, 거대 할인점, 물류센터로 탈중심화되어 더욱 비가시적이 되었다. 이러한 변동은 도시와 그 배후 지역의 구조를 근본적으로 변화시켰다.

달리 말하자면, 식품 모빌리티는 훨씬 큰 움직임이나 공간적 고정성을 표현하고 형성한다. 식품 모빌리티는 특히 마을, 도시, 시골의 경제적 변동과 사회적 재구조화에 대해 말해 준다. 그래서, 작은 모빌리티를 고찰하면서 우리는 또한 더 큰 것들에 대해 생각해야 한다. 모빌리티는 더 큰 주제, 가령 사회와 어떤 관계를 가지는가?

이 논쟁에서 가장 강하게 목소리를 냈던 사람은 사회학자 존 어리였다. 그는 사회적인 것을 정적이고 고정된 형식으로부터, 사회적·정치적·경제적·문화적 삶을 유지하기 위해 필요한 복잡한 모빌리티들로 이루어진 사회로 재상상하려고 했다. 관광과 여행에 대한 연구, 수송과 소통에 관한 연구의 광대한 영역에 근거하여 어리[35]와 뱅상 카우프만Vincent Kaufmann은[36] 이러한 모빌리티 없이는 우리가 아는 식의 사회가 아예 기능할 수 없다고 설명한다. 면대면 업무 회의가 불가능할 것이다. 서비스나 상품을 얻는 수단, 또는 배송받는 수단 없이는 소비가 거의 불가능할 것이다. 물리적 근접성이나, 전화나 이메일 같은 통신수단을 통한 매개적 접촉 없이는 친구 관계가 힘들 것이다. 알가브에서 타이에 이르는 목적지에 도달할 수단이 없이는 여가 활동이 어려울 것이다. 자전거, 승마, 보트, 스키에서 보듯이 어떤 여가 활동은 자체로 모빌리티의 형태다. 명백하게도, 모빌리티 없이는 이주가 일어날 수 없다.[37] 저쪽으로 이동할 능력이 없이는 이사를 하거나 거주지를 바꿀 수가 없다. 심지어 카우프만은 "사회의 개념 자체를 없애고 이를 움직임에 기초한 접근법으로 대체하자"고까지 제안했다.[38]

이런 식으로 생각한다면, 사회는 세계화와 같은 현대적 일상적 이동적 과정에 의해, 광범위한 모빌리티의 과정에 의해 형성된다. 케빈 로빈스Kevin Robins가 지적했듯이, "세계화란 한계선을 넘어 성장하는 모빌리티, 곧 재화와 상품의 모빌리티, 정보와 통신, 생산품과 서비스의 모빌리티, 사람의 모빌리티에 대한 것이다."[39] 로빈스가 보기에 "〔현재〕 등장하고 있는 세계적 질서에 모빌리티는 **평범한** 것이 되었다."[40] 공동체, 친교 모임, 일과 여가는 상대적으로 안정적으로 보이고 첫눈에는 유동성 관념의 반례가 되는 것 같지만, 아르준 아파두라이Arjun Appadurai의 표현에 따르면, "모든 곳은 인간의 운동이라는 씨실로 가득 차 있다. 이동해야 한다는 현실, 또는 이동하고 싶다는 환상과 씨름하는 사람과 집단이 더 많아지고 있기 때문이다."[41]

이러한 크고 작은 모빌리티는 사회들이 확장하고 성장하고 존재할 수 있게 하면서, 동시에 이들을 서로 한데 모은다. 모빌리티는 사회들이 사람과 사물의 모빌리티를 통해 상호연결되어 있음을 뜻한다. 역사 내내, 모빌리티에 동반되는 이러한 가까움의 감정은 불안의 관념도 가지고 왔다. 전 지구적 문제로서 초국가적 오염으로 인해 우리는 서로를, 그리고 오지를 더욱 강하게 의식하게 된다.[42] 공기 오염이나 1986년 체르노빌 핵 재난 같은 재난 문제를 통해 세계가 더 압축되었다는 느낌이 들게 된다. 이얼리Steven Yearly가 쓰듯이, "오염은 우리에게 몰려든다."[43] 이동적인 이주민들 또한, 특히 위협적이고 '오염시키는' 것으로서 종종 묘사되어 왔다.

오염은 옮겨질 수 있기 때문에 교환 가능하며, 그래서 서구 선진

국은 폐기물을 대신 짊어져 줄 의향이 있는 가난한 나라를 이용한다. 소위 "폐기물 교역로"에서는 수십억 톤의 폐수, 화학물질, 비료가 서구 유럽 국가와 미국으로부터 아프리카와 아시아로 흘러갔다. 그 결과로 코트디부아르에 오염지대가 생겼고, 바젤협약(1989) 및 이에 대한 다양한 수정을 통해 이 거래를 멈추려고 노력하게 되었다.[44] 현재 매년 수백만 톤의 e-폐기물, 곧 버려진 컴퓨터 등의 전자소비재가 거래되고 있다.

이런 관점에서, 복잡하고도 이질적으로 서로 묶인 전 지구적 사회들을 묘사하는 핵심 용어는 '연결성'과 '상호-의존성'이다. 이런 연결에 대한 도시사회학자 마누엘 카스텔스Manuel Castells의 장대한 연구는 불균등하게라도[45] "네트워크화된 사회"의 발흥을 탐구했다. 이러한 사회에서는 "흐름의 공간"이 "장소의 공간"을 대체한다(6장을 보라). 이러한 복잡한 연결로 인해, 무작위적으로 결합하고 상호작용할 수 있으며 크고 광범위하게 공간적으로 펼쳐질 수 있는 이러한 흐름들을 이해하는 다른 방식이 요구되었다. 이는 놀랄 일이 아니다.[46]

## 부동성과 정지

모빌리티가 인간의(그리고 비인간의) 근본적 과정이라는 것에 대한 몇 가지 아주 짧은 예를 들었다. 아무리 크고 작든, 아무리 불완전하든, 관광으로부터 이주까지, 수송에서 통신까지, 다양한 규모와 위계에서, 우리의 세계가 지금 작동하는 대로 작동하게 하는 과정은 몹시 불균등한 모빌리티 형태에 의존한다. 더욱이, 이 과정은 마찬가지로 강렬하고 광범위한 부동성의 형태에 의존하며, 또한 이를 생산한다. 존 어리는 이러한 멈춤과 움직임의 패턴을 모빌리티와 계류의 과정으로 묘사하면서, 많은 모빌리티 시스템이 휴식과 저장의 시기, 또는 실상 인프라의, 또한 확실히 자본 투자와 자본 축적의 고정성을 요구한다는 것을 식별했다. 이는 부동성에 대한 하나의 이해이기는 하지만, 이러한 의미에서 모빌리티가 동시에 부동성과 관련되지 않는 경우를 상상하기는 어렵다.

흑인 모빌리티에 관한 제이슨 킹Jason King의 비범한 작업은[47] 어린 시절의 기억으로 시작한다. 그레이하운드사社의 버스 정류장 바닥에서 킹이 놀고 있을 때, 한 안내원이(미국에서 인종과 관련하여 버스 정류장은 언제나 아주 중요했다) 그에게 바닥에서 일어나라고, "밑바닥에서 빠져나오라고" 격려한 적이 있다. 킹에게 이 경험은 모빌리티/부동성과 인종에 대한 표현적이고 시적인 관점을 나타냈다. 저 순간에 그는 인종이 "세계 속에서 나의 모빌리티를 결정"한다는 것을 알았다. 그러나 그는 그것이 지리적 운동과 사회적 운동의 모순적 모빌리티라는 것도 인식했다. 그는 노예제도 이후 흑인이 "방랑자, 뿌리 없는 자, 실향민"으로 곧잘 그려졌다는 것을 안다. 흑인의 모빌리티는 윌버 젤린스키Wilbur Zelinsky가 미국인의 정체성에서 간과했던, 언제나 자기 길을 가고 있다는 목적적 · 사회적 모빌리티와 다른 것이었다.[48] 킹이 보기에, "흑인이라는 것은 방향 없음의 방향, 부동성인 모빌리티, 방향 상실이라는 방향 재설정을 수행한다."[49]

세계화 같은 과정 및 모든 유체적이고 비고정적인 것에 대한 명백한 찬양과 관련하여, 이스라엘의 사회학자 로넨 샤미르Ronen Shamir는 우리가 "전 지구적 모빌리티 체제의 등장을 목도하나, 이는 폐쇄를, 접근의 저지를 지향한다"고 단언한다.[50] 샤미르가 보기에, 이는 우연이나 세계화의 힘의 의도치 않은 귀결이 아니다. 그것은 모빌리티, 그리고 점점 더 가까이 모이는 사람과 사물의 이동과 연관된 위험과 위협의 표현이다. 이처럼 모든 모빌리티에는 국경경비원, 울타리, 감시카메라의 형태로 검문이 따라오는 것으로 보인다. 더욱이, 그것은 모빌리티와 부동성의 불평등을 향하는 더 나아간 경향이다. 이를 샤미르는 "모빌리티 격차mobility gap"라고 부른다.

〔모빌리티 격차는〕농부가 자기 생산품을 근처 마을로 배달하는 차별적 능력부터 제3세계 국가에 있는 기업 복합체에 입사하는 차별적 능력까지, 무직의 도시 여성의 심각하게 제약된 취직 및 쇼핑 능력부터 파키스탄 시민의 심각하게 제약된 런던 가족 방문 능력까지 펼쳐져 있다.[51]

세계의 모빌리티는 방대한 양의 부동성, 특히 기다림을 통해 구성되고 패턴화된다. 기다림의 공간, 구역, 실천이 이러한 부동성의 가장 명백한 예에 속한다는 것은 의심할 여지가 없다. 기다림이 놀랍도록 비가시적 · 불가분적인 공간을 차지하고 있는 만큼, 이는 우리의 많은 일과적 이동 체험에서 암시된다. 이주자는 국가의 변두리에, 때로는 영토 밖에, 오스트레일리아의 맥락에서는 '바다 너머에' 있는 억류시설과 수용시설에 유치된다. 샤를드골 공항 구조물에는 망명 신청자가 프랑스 영토에 들어오기 전에, 신청이 처리되는 동안 기다리게 되어 있는 구역이 있다. 이 구역은 사실은 유동적이다. 독특한 사법 체제에 의해 가능해진 이 '대기 구역'은 법정, 호텔, 악명 높은 자피ZAPI 3 구류장으로 연장된다.[52] 이러한 공간은 공포스럽고 비참한 강제대기의 장소로서 점차 폭로되고 있다.[53]

크레스웰은 모빌리티에 대한 많은 지배적 재현은 모빌리티를 "자유"나 "진보"로 본다고 말한다. "우리는 언제나 어딘가에 이르려 노력힌다. 간히거나 꼼짝 못하게 되기를 원하는 사람은 없다."[54] 물론 이러한 가치는 보편적이지 않으며, 부동성 및 부동성의 어떤 성질이 (거의) 내재적으로 긍정적인 예도 많다. 정지함, 느림, 점잖음, 멈춰 있음, 이완됨, 졸고 있음, 심지어 잠들어 있음의 가치는 아마도 익숙할 것이다.

이러한 논쟁의 관점에서, 데이비드 비셀David Bissell과 길리언 풀러 Gillian Fuller의《이동적 세계 내의 정지》는 정지와 부동성을 일탈로 보고 "그래서 풀어야 할 문제"로 보는 시각의 성행 및 이 시각의 문제를 드러낸다.[55] 정지는 "모든 것의 흐름"에 마침표를 찍는 것으로 간주된다. "은행에 줄 지어 있는 사람, 집중하는 순간, 출발 대기실에 있는 승객, 기침 직전의 유예 순간, 조합되는 물질적 형태들의 안정성, 여권 사진."[56] 정지와 부동성에는 흔히 부정적 연상이 주어진다. 가령 "나태, 느긋함, 표류" 등의 "위험"이 그렇다. 정지는 개인의 잠재력을 충족하라는 주문呪文에 잘 들어맞지 않는다. "정지는 의혹을 부르며 추궁을 일으킨다. … 정지는 독과 같다. 자기관리의 실패, 저항, 발목을 붙잡는 것, 숨막히는 음울함이다."[57] 이처럼 정지와 부동성이 극복되거나 제거되어야 할 순간으로 간주된다면, 정지의 다른 형태는 더 흔히 저항의 순간으로 간주될 수 있다. 비셀과 풀러의 책은 '양우'의 저항의 사례로 시작한다. 그는 중국 충칭 양자평의 한 건물주였다. 양우는 그가 살던 인근 지역의 도시 재개발 활동에 완강히 저항했다. 그의 건물은 주변에서 일어나는 건설 작업의 회오리 바람에 맞서는 섬처럼 서 있다. 그리하여 "도시라는 대지臺地 꼭대기의 모암帽巖을 이루는 집 한 채가, 이동적 삶을 위해 요구되는 필수적인 느슨한 무심함에 굳게 도전하고 있다."[58]

비셀과 풀러는 모빌리티 바깥의 정지와 부동성을 탐사하기 위한 결정적 개입을 행하되, 또한 "이동적 관계" 자체의 "새로운 평가"를 개시하는 방식으로 행한다.[59] 이들의 부름은 우리로 하여금 누가 움직이지 않고, 일부러 모빌리티를 피하고, 모빌리티 대신 정지를 선택할 권리를 가지느냐는 결정적인 질문을 던지도록 요청한다. 이러한 사례에서 모빌리티와의 관계가 반드시 절연되는 것은 아니다. 모빌리티는 자기 나름의 정지, 심지어 멀어짐이나 후퇴의 형태를 낳을 수 있다. 바니니Phillip Vannini는 이를, "동떨어지거나" 멀어지기 위한 방식으로 모빌리티를 사용하고 모빌리티를 보는 충동이라고 부른다.[60] 이는 관광이나 이주의 어떤 형태, 아니면 소위 느린 공동체, 또는 '오프그리드off-grid'〔또는 off-the-grid. 수도, 전기 등을 공급하는 공적 인프라망grid에 의존하지 않는 독립적인 생활 형태〕 공동체의 공통적 특징에서 드러난다.

본 서론의 나머지 부분에는 두 가지 주요 목표가 있다. 다음 절은 본 저작의 일반적 접근법을 개관할 것이며, 그 후 본 저작의 전체적인 구조에 살을 붙일 것이다. 이때에 각 장을 위한 상세한 안내, 그리고 특히 이 텍스트 전반에 배치될 핵심 개념과 사례 연구 글상자에 대한 소개가 제공될 것이다.

## 접근법

다시 말하건대, 본 저작은 모빌리티에 대한 것이지만 부동성에 대한 것이기도 하다. 본 저작은 오늘날 세계의 핵심 요소로서의 모빌리티에 대한 것이다. 또한 본 저작은 연구되고 조사되어야 할 개념이자 경험적 대상으로서의 모빌리티를 설명하고 그에 접근하려 한 다양한 학술 연구 방식에 대한 것이기도 하다. 그러므로, 이 작업들 전체를 관통하는 경로를 본 저작이 그려 내는 와중에, 이 논쟁 스스로가 모빌리티를 가지는 방식, 곧 이 논쟁이 움직이는 방식을 통해서 우리의 탐구는 더 깊어질 것이다.

다음 절에서 우리는 어떻게 모빌리티가 거의 언제나, 그것이 일어나는 맥락과 공간에 생기는 일종의 변형을 내포하는지에 대해 생각해 볼 것이다. 바로 이러한 방식으로, 모빌리티에 관한 수많은 개념틀, 발상, 접근법을 본 저작이 탐구하는 와중에 이러한 발상, 개념틀, 접근법이 움직이는 장인 분과학문의 맥락적 논쟁과 가정이 이것들에 의해 어떤 충격을 받게 되는지를 추적할 것이다. 그래서 본 텍스트의 목표는 모빌리티에 대해, 그리고 모빌리티가 어떻게 다루어지는지에 탐색하는 것이지만, 또한 이러한 논쟁이 일어나고 변용되는 특정한 맥락도 조명할 것이다.

이렇게 말한다면, 이 탐구의 범위는 끝없이 커질 수 있다. 나는 폭넓은 과정들의 놀라운 집합이 작동하는 데에 모빌리티가 어떻게 본질적인지를 기술했다. 그렇다면 우리는 다음 질문을 던져야 한다. 어디에서 우리는 멈춰야 하는가? 어디에서 이 모든 것이 끝나는가? 본 저작의 접근법의 범위와 한계에 관한 세 가지 요점을 고찰해 보자.

첫째, 다음 장에서 우리는 어떤 학술 연구는 움직임을 모빌리디와는 상당히 다르게 취급한다는 것을 보게 될 것이다. 비슷하게, 이주가 수송과 아주 다른 무엇이라는 점은 명확하고, 관광은 전쟁 수행과 아주 동떨어진 무언가를 함의한다. 그럼에도 나의 견해는, 모빌리티 개념이 이 많은 개념과 연구 영역을 뒷받침한다는 것이다. 명백하게도, 모빌리티가 모든 것에 적용이 된다면 이런 식의 취급은 모빌리티를 무의미하게 만든다는 주장이 있다.[61] 그러나 나는 이 주장이 핵심을 놓친다고 생각한다. 본 저작은 어떻게 모빌리티가 이러한 과정들 내의 필요불가결하며 토대적인 개념으로 이해되어 왔는지를 그려 보려 한다.

이렇게 볼 때, 본 텍스트는 모빌리티 연구를 위한 새로운 영토를 끝없이 선언하려는 것이 아니다. 본 텍스트는 언제 어디에서 모빌리티가 중요한 것으로 그려졌는지를 자세히 살펴보려 한다. 더 근본적으로는, 모빌리티가 어떻게 핵심 벽돌과 같은 개념으로서 작동할 수 있는지, 그러니까 피터 메리먼의 주장에 따르면,[62] 사회사상 내에서 공간, 시간 및 여타 핵심 좌표와 나란히 중심적 "원소"로서 작동할 수 있는지를 시사한다. 모빌리티는 '공간', '사회', '권력', '도시', '자연', '창조성', '가정'만큼이나 근본적인 동시에 논쟁적인 토대적 개념이다. 이러한 면에서 생각해 볼 때, 모빌리티는 다양한 연구 주제를 생산적으로 병치하고 비교할 수 있게 한다.

둘째, 본 저작은 공간적이면서 사회적인 모빌리티를 이해하는 데에 제한될 것이다. 본 저작은 모빌리티가 공간을, 그리고 모빌리티의 감정, 체험, 의미를 형태 짓는 사회적·문화적 의미와 의의의 맥락을 가로지르거나, 지나거나, 관통하여 어떤 것이 이동함에 대한 것이라고 가정한다. 지리학자 팀 크레스웰이 보기에, 모빌리티는 "움직임, 의미, 실천"의 얽힘이다.[63] 모빌리티가 일어날 때, 파문도 생겨난다. 매시Doreen Massey는 런던에서 밀턴 케인스로 가는 기차 여정을 서술하면서 비슷한 발상을 부각시킨다.[64]이것은 공간을 관통하거나 가로지르는 이동이라기보다는, 그녀의 설명에 따르면, "공간이 사회적 관계의 산물이기 때문에", 우리의 모빌리티가 "공간의 변형, 공간의 계속적 생산에 대한 참여"를 돕거나 일으키는 것이다. 밀턴 케인스로 여행하여 도착하는 것은 피상적으로 공간을 가로지르거나 지나는 여행에 불과한 것이 아니다. 오히려 "당신은 공간을 약간이나마 변형한다."[65] 다른 예, 호수 지방에 있는 그녀 부모의 집을 논하면서, 매시는 그녀와 언니의 모빌리티가 근처의 산을 형태 짓고 또 산에 의해 형태 지어지는 다양한 방식을 떠올린다. 산은 "여전히 오르고 있고, 여전히 닳아 가고 있고(산악자전거는 말할 것도 없고, 등산용 부츠의 끊임없는 발자국은 호수 지방에 일어나는 침식의 중요한 형태다), 아직 움직이고 있다. 언니와 나는 그저 주말을 낀 연휴를 맞아 여기 온 것이지만, 이 사실에 의해서도 변화된다."[66]

모빌리티는 사회적 · 정치적 · 문화적 · 경제적 서명을 지니고 있다. 본 저작은 이러한 차이의 서명에 대한 감수성, 모빌리티가 부 · 계급 · 젠더 · 인종 · 민족 · 믿음의 다양한 배경을 가진, 또한 상이한 신체 능력을 가진 상이한 사람에 의해 불균등하게 생산되고 체험되는 방식에 대한 감수성을 강조할 것이다.

셋째, 이러한 관점에서 본 저작은 모빌리티의 차이와 불균등성이 강단 학술 연구 내에서, 또 강단 학술 연구에 의해 접근되어 온 방식에 따라 이 둘을 진지하게 고려할 것이다. 이러한 학술 연구는 북유럽과 북아메리카의 특권이 기관으로 실체화된 구조를 가진다. 이 특권으로 인해 남반구로부터, 더 구체적으로 남아시아, 라틴아메리카, 카리브해로부터, 그 밖에 중국, 오스트랄라시아, 탈사회주의적 동유럽, 중동 등에서 온 과소대표되어 온 관점으로부터 나타난 모빌리티의 주제 및 모빌리티로의 접근법은 곧잘 가려지거나 주변화되어 왔다. 본 텍스트는 지리학적인 관점에서 왔지만, 이는 조망점에 불과하다. 본 텍스트는 지리학을 출발점으로 삼지만, 종착점으로 삼지는 않으려 한다. 지리학은 내다보고 바라보기 위해 창문을 이루며, 우리 시선의 너비와 조리개에 제한을 가하지만, 그 심도는 제한하지 못한다.

## 이 책의 구조

본 저작은 여섯 장으로 되어 있다. 각 장은 모빌리티의 특정한 문제를 주제로 삼는다. 각 장을 특별히 분리된 것으로 읽어서는 안 되지만, 각 장에 뛰어들었다 나오는 것은 가능하다.

각 장은 일차적으로 표제가 가리키는 문제 주위로 주제를 삼지만, 이는 이 주제들이 서로 무관하다는 뜻이 아니다. 반대로 각 주제들은 전적으로 관계되어 있으며 상호의존적이다. 이런 식으로 주제를 나눈 것은 그저, 모빌리티의 특정 면모에 차례로 초점을 맞추기 위함이다. 그러므로 다음 물음은 전적으로 정당하다. "물론 의미의 정치학도 있겠지, 그리고 매개된 모빌리티는 어떻게 실천되지?"

각 장의 목표는 모빌리티의 한 차원을 다른 차원으로부터 격리하려는 것이 아니다. 사실, 모빌리티는 거의 언제나 의미 있고, 정치적이고, 실천되며, 매개된다고 쉽사리 주장할 수 있다. 각 장에서 논해진 주제 및 문제는 다른 장의 예시 및 주제와 교차할 것이다. 이러한 연결의 이정표를 굳이 달지 않더라도, 이 유관성은 알아챌 수 있을 것이다. 본 저작은 다음과 같은 장들로 조직되어 있다.

### 제2장 모빌리티 연구

모빌리티 연구가 탐구하는 현상과 마찬가지로, 모빌리티 연구 자체도 분과학문적·학술적 구조와 전통의 패턴을 지닌 장場이다. 이 새로운 장은 모빌리티 연구를 더욱 분과학문적이고 맥락적인 깊이 속에 위치시킨다. 이 장은 이미 수립되어 있는 저작과 편집된 논문집, 학술지(《모빌리티Mobilities》이나 《트랜스퍼스Transfers》등), 학회(코스모빌리티, 범미주 모빌리티 네트워크, 수송·교통·모빌리티 역사를 위한 국제연합(T2M) 등), 기관(랭캐스터의 모빌리티 연구 센터, 아델라이데의 모빌리티·이주·문화적 변동을 위한 호크 EU 센터, 이동적 삶 포럼 등), 그리고 여타 모빌리티 연구자들의 회로를 인정한다. 본 저작의 본래 판본은 일차적으로 지리학 내에서 방향을 잡았지만, 본 수정판은 훨씬 더 복수적인 접근법을 택할 것이다. 어떤 연구 영역은, 조사를 위한 중요한 조직화 개념으로서의 모빌리티를 중심으로 방향을 잡았다. 이 장은 이러한 방향 설정을 이끈 분과학문적 조건을 검토할 것이다. 여기에는 극장과 공연 연구, 수송지리학, 국제 관계, 문화 연구, 역사, 건축, 영문학, 과학과 테크놀로지 연구, 심지어 순수 예술도 포함된다.

### 제3장 의미

이 장은 구체적인 이데올로기적·담론적 의미가 어떻게 모빌리티 및 모빌리티에 대한 연구와 이해를 뒷받침하는지를 탐사할 것이다. 이 의미들은 학계나 실제 사회적 세계 사이의 경계에 전혀 제한받지 않는다. 사람들이 흔히 사용하는 모빌리티를 지지하는 비유·은유·의미를 검토함으로써,[67] 모빌리티 연구가 어떻게 의미를 다루고 보았는지, 어떻게 상이한 의미와 의의를 통해 예외 없이 오염되었는지, 어떻게 이러한 의미가 움직임과 고정성에 대한 지배적인 사회적 이데올로기와 비교되는지를 비교 및 대조한다. 이 과정에서 파리의 산책자나 유목민 등 이 논쟁 내의 핵심적인 비유가 논의된다.

### 제4장 정치

위에서 언급했듯이, 모빌리티에는 흔히 의미가 주어지며, 이 의미는 모빌리티가 다루어지는 방식에 영향을 끼친다. 제4장은 정치와 모빌리티 사이의 관계를 추적한다. 모빌리티 정치를 이데올로기, 권력관계, 정치적 논쟁 및 폭력과 연관짓는 다채로운 저작을 탐사하면서 다변적인 사례 연구를 예시로 들어 모빌리티 정치의 복잡한 차원을 다룬다. 이 장은 이데올로기, 참여, 대중, 그리고 이들을 구성하는 차이들의 여러 면모를 끌어내면서 이러한 모빌리티 정치의 몇몇 차원을 제시하는 것으로 시작한다. 도린 매시에서 아이와 옹에 이르는 핵심적인 모빌리티 이론화를 살핀 후 일련의 예시를 통해 이러한 문제들을 검토한다. 이 예시에는 모빌리티 시민권, 다양한 모빌리티 체제를 통해 모빌리티를 통제하고 규정하려는 노력, 모빌리티의 보안화, 장애 연구 내에서 모빌리티 접근권과 포섭의 불평등이 있다. 이 장의 후반부는 전쟁, 파업, 저항의 모빌리티와 씨름하면서, 어떻게 모빌리티가 논쟁과 정치적 폭력을 구성하는지를 숙고할 것이다.

## 제5장 실천

이 장은 모빌리티 기술이나 재현에 포괄되지 않는 것이 정확이 무엇이냐는 물음에 주목한다. 실천, 수행, 비재현 이론 개념들에 근거하여, 어떻게 모빌리티가 재현적 기술 · 분석 · 설명의 제약을 빠져나가는 방식으로 행해지는지를 탐사한다. 먼저 메를로-퐁티의 현상학, 피에르 부르디외의 작업, 수행이론가의 학술 연구를 통해 신체의 실천과 움직임을 습관 및 무의식적으로 수행되는 고정된 루틴으로 보는 다양한 이론화를 검토한다. 이 논의를 통과하여 모빌리티가 가지는 시각 너머의 감각적 · 촉각적 · 다중감각적 차원을 탐사하는 데에로 나아간다. 이 차원은 다채로운 이동적 체험과 관점을 이룬다. 달리기, 자전거 타기, 춤의 물리적으로 행사되는 실천이 그 예시다. 이 장의 마지막 부분은 모빌리티와 감정 및 정동과의 관계를 둘러싼 물음을 논한다. 이 물음은 대체로 무시되어 왔다. 정동과 정서에 주목하면서, 이 절은 모빌리티를 통해 함께 그리고 시간을 맞추어 등장하는 감정과 집단적 정동의 중요성을 탐사한다. 클럽 공간과 대중 사회학에서부터 군사훈련에 이르는 사례가 그것이다.

## 제6장 매개

어떻게 모빌리티는 거의 언제나 옮겨지는가? 어떻게 모빌리티는 거의 언제나 무엇을 옮기는가? 제6장은 다양한 매개 과정에서 모빌리티의 역할을 탐구함으로써 이 물음에 주목한다. 이 장은 모빌리티가 다른 모빌리티를, 수송하거나 종종 수송된다는 의미에서 매개한다는 점을 탐사한다. 실상, 어쩌면 매개가 모빌리티의 가장 강력한 속성일 수 있다고 주장한다. 사람, 비인간, 사물은 정규적으로 다른 장소로 함께 이동하며 서로를 수송하기 때문이다. 매개의 속성은 어떻게 다수의 사회성, 관계, 사건을 이루고 유지하는가? 불안정의 시기에 질병의 확산 같은 모빌리티의 매개나 다른 대상과 사물의 불법적 이동이 핵심 예시가 된다. 그래서 감염된 또는 여타 불안정하거나 위험한 모빌리티를 이동적 매개의 실천을 통해 안정시키고 안전하게 만들기 위해 어떤 노력이 투입되는지를 검토한다. 다른 예에서는, 매개된 모빌리티란 장소가 뭉쳐지고 있다는 것을 뜻할 수 있음을 살핀다. 이는 비행기에서 텔레그램에 이르는, 시공간을 압축하는 매개된 테크놀로지적 모빌리티를 통해 일어난다. 매개는 심지어, 공간과 사람 '사이에 끼어드는' 모빌리티에 의해 고립되고 절연된 관계에서 나타나는 거리두기를 뜻할 수도 있다.

## 제7장 이동적 방법론

다종의 이동적 방법의 발달을 뒷받침하는 근거와 논리는 무엇인가? 또는, 모빌리티 연구에서 전통적 연구 방법은 어떻게 활용되고 있는가? 다양한 저자들이 주장했듯이, 이동적 방법론을 이동적 삶과 사물에 어떻게든 이르거나 이를 포착하려는 과정으로서 본질화하는 경향은 피해야 한다. 체험적인 것, 유체流體적인 것, 활동적인 것에 주목하는 새롭고 명백히 이동적인 접근법과 나란히, 역사적 방법, 기록조사적archival 방법 등도 모빌리티 연구 내에서 일반적인 접근법이 되었다. 새로운 이동적 접근법에는 이동적 방법이라는 명칭 하에 활용되는 수많은 이동적 테크놀로지, 가령 이동전화와 미니 카 메라, 러기드 카메라, 만화와 주석, 드론 조종 등이 포함된다. 전통 적인 조사 양식을 폄하하지 않는 주의와 감수성을 유지하면서, 예 술과 창조의 영역에 속하는 다른 형태의 연구 실천이 갖고 있는 잠 재력을 탐사한다. 더 나아가, 어떻게 특정 연구 방법론을 선택·설 계·채택할지를 조언하려고 한다.

## 결론

결론은 본 저작에서 논의된 지배적인 발상, 사례 연구, 방법들을 요약하고 되묶는다. 각각 다양한 절로 나뉜 장과 함께 본 저작에는 글상자가 많이 실려 있다. 글상자는 두 가지다. '핵심 개념' 상자와 '사례 연구' 상자다. 이 상자들이 무엇인지는 보면 알겠지만, 상자들 의 목적을 짧게 개관하겠다.

핵심 개념 상자는 구체적인 개념이나 관념을 특히 자세히 다룬 다. 이 상자에 담긴 개념은, 모빌리티 연구에서 가장 영향력 있거나 중요한 것에 속한다고 나와 그리고 이 분야가 규정한 것이다. 글상 자는 이러한 개념에 가까이 접근하고, 이를 생각해 낸 비유나 개인, 분야와 이 개념을 묶을 것이다. 글상자는 또한 핵심 용어의 의미를 설명하고 끄집어내는 기능을 하는 확장된 용어 사전 기능을 할 것이 다. 이 상자에 포함된 주제에는 '관광객의 시선', '유목주의', '유연한 시민권' 등이 있다.

사례 연구가 하는 역할은 조금 다르다. 이 부분은 모빌리티 연구와 유관한 여러 종류의 연구 프로젝트를 보여 준다. 이 글상자에는 모빌리티에 대한 생각에 현저한 충격을 준 상당히 유명한 예도 있고, 문헌 내에서 큰 관심을 받지는 못했거나 주변에 머문 다변적이고 독창적이며 색다른 예도 있을 것이다. 현재 이 영역에서 가장 뛰어난 연구들을 소개하면서, 모빌리티 연구가 어떻게 이루어질 수 있는지를 보여 주고자 한다. 글상자를 보고서 박사 학위 논문이나 프로젝트 에세이 주제를 떠올린다면 좋겠다.

글상자 각각에는 더 읽을 참고문헌 목록이 있다. 저자가 글상자에서 인용한 것이거나, 그렇지 않더라도 관련 주제와 연관해서 읽을 가치가 있는 추천 텍스트다.

## 서론의 결론

이 도입 장에서는 모빌리티와 부동성이 오늘날과 과거에 세계에서 작동하는 많은 물질적 · 사회적 · 정치적 · 경제적 · 문화적 과정을 뒷받침하는 근본적으로 중요한 실천이라고 주장했다. 삶은 때로는 작은, 때로는 아주 큰 방식으로 움직인다. 그래서 이주에서 인프라 서비스까지, 장애 인권에서 자동차 운전과 질병의 전파까지, 우리가 이 세계를 이해하고자 한다면, 공간 · 시간 · 권력 개념을 둘러싼 개념틀과 논쟁만큼이나 모빌리티도 우리에게 중요하다는 것이 확실하다.

본 장에서는 모빌리티에 대한 이해를, 그리고 사회적 문제로서 모빌리티 자체를 풀어내고 해석하기 위해 우리가 사용할 수 있는 중요한 도구를 준비하려 했다. 근본적으로, 우리는 모빌리티를, 일련의 관계 유형을 수행하고 한데 모으는 개념으로 간주한다. 이어지는 장들에서는 이러한 관계성을 더 심도 있게, 의미에서 정치까지, 모빌리티가 실천되고 매개되는 방식까지, 모빌리티의 다양한 양상과 속성을 통해 탐사할 것이다.

# 2장
# 모빌리티 연구

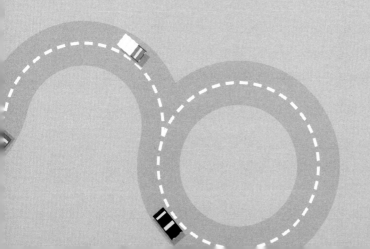

# 서론

처음에 이 책의 탄생을 이끈 것은 모빌리티에 대한 관심의 급증이었다. 이 급증의 결과로 한남, 셸러, 어리가[1] "새 모빌리티 패러다임 new mobilities paradigm" 또는 "모빌리티 전환mobile turn"[2]라고 부른 것이 생겨났다. 2000년대에 이러한 에너지는 이미 존재하던 장을 재활성화하거나 단순히 다변화시켰다. 여행과 관광 학자들이 "관광에 대한 이해의 핵심에 모빌리티를" 두려고 했던 한에서 그랬다.[3]

범죄학에서도 모빌리티 문제는 근본적 주제로 여겨졌다. 카차 프랑코 아스Katja Franko Aas는 "범죄 세계는 이동 중에 있다"고 썼다.[4] 정치학에서도 크리스 럼퍼드Chris Rumford는, 정치와 국제 관계 연구자들에게 "모빌리티의 조류, 흐름, 망과 온갖 과잉으로" 이루어진 "정치의 새로운 공간성"이 점점 더 명백해지고 있다고 설명했다.[5] 그래도 모빌리티 연구를 가장 완전하게 심부에 놓은 학문은 지리학일 것이다. 이 분과의 주요한 논평지 《인문지리학의 진행상황Progress in Human Geography》을 따라가 보면 이를 추적할 수 있다. 이 학술지는 2011년부터 이 주제의 진행 상황에 대한 연례적인 일련의 논평을 싣고 있다. 처음에는 팀 크레스웰이 이를 맡았고, 이어서 피터 메리먼이 맡아 2016년에 마지막 논평을 썼다.

이 제2판을 쓰고 있는 이 시대에, 모빌리티 연구는 어느 정도 자리를 잡은 것으로 보인다. 모빌리티 연구와 명시적으로 관련된 세 번째 학술지 《응용 모빌리티Applied Mobilities》가 발간되기 시작했다. 학술지《모빌리티Mobilities》는 랭캐스터에서 열린 컨퍼런스에 이어 2016 년에 10주년 기념판을 출판했다. 10년 전에도 '대안적인 모빌리티 미래' 컨퍼런스가 랭캐스터의 모빌리티 연구 센터의 개시를 알렸다. 다른 학술지들은 정기적으로 모빌리티에 대한 특간호를 내고 있다. 윌리엄 월터스가 편집하는《정치, 문화, 사회에 관한 국제 저널 International Journal of Politics, Culture, and Society》의 '모빌리티' 특별판이 좋은 예다.《모빌리티》와 새로운《응용 모빌리티》양쪽 모두 지난 10년간 이 분야에서 일어난 성과를 돌아본 셸러와 어리,[6] 그리고 폴콘브리지James Faulconbridge와 후이Allison Hui[7](2016)의 성찰을 게재했다. 그래도 이를 잠깐 돌아보는 것이 도움이 될 것이다.

2006년《모빌리티》의 제1판으로 돌아가 보자. 한남, 셸러, 어리는 인류학·문화 연구·젠더와 여성 연구·지리학·이주 연구·과학과 테크놀로지 연구·관광 연구·사회학과 사회이론 같은 다변적인 분과의 모퉁이로부터 다수의 기여를 받음으로써 이 분야가 "형성되고 안정되어" 가는 중이라고 보았다. 오늘날 이러한 연구 대부분은 모빌리티 연구로 더 흔히 알려져 있다. 그러나 저 편집자들이 2006년에 관찰하고 있던 분야, 여러 가지 면에서 이동하면서 증식하고 있는 것으로 보였던 저 분야는 여전히 그런 상태다. 앞으로 보겠지만, 모빌리티 연구는 약간의 영구성과 견고성을 획득했다. 용어면에서 모빌리티 연구를 추동하는 중심적인 개념적 발상 중 일부에서는 아마도 획득한 것 같고, 모빌리티 연구의 핵심이 된 주제나 문제에서는 심지어 확실히 획득했다. 하지만 영구적인 일관성이나 견고성이 있으리라고 가정하는 것은 잘못일 것이다. 이 분야는 특정한 접근법과 자동차, 비행기, 젠더, 분위기, 바다 같은 관심 분야 주위로 움직이고, 성장하고, 융합되면서 다양한 방식으로 재구조화되고 개조되고 있으며, 그러고서 계속 움직여 나아가기 때문이다.

이 장에서는 이 급성장 중인 분야의 지도를 그릴 것이다. 이를 위해 우선, 모빌리티 연구 지지자들의 상당히 이동적인 집합을 따라가면서 모빌리티 발상과 접근법의 다변적이지만 축적되고 있는 흐름을 탐사할 것이다. 둘째, 어떻게 모빌리티 연구가 내적 비판을 겪었는지를 검토할 것이다. 이는 북반구 밖의 모빌리티 연구에 관한 관점, 그리고 이 연구로부터의 관점을 더 충분히 대변하기 위해서, 또한 모빌리티에 대한 서구화된 이해의 특권화를 폭로하고 피하기 위해서다. 셋째, '모빌리티'가 정책과 실무적 논쟁 내에서 일종의 화폐가 되었다는 전제 아래, 학술 연구의 권역 안팎에서 모빌리티 연구가 자금 지원을 받고 협응하는 것으로 보이는 점점 더 다변화되는 방식에 눈을 돌릴 것이다.

## "새 모빌리티 패러다임"의 부상

모빌리티 연구가 한남, 셸러, 어리가[8] "새 모빌리티 패러다임"이나 "전환"라고 부른 것으로 조직화되고 있다고 확언하려는 시도 이전에도, 이미 학술 연구가 모빌리티를 염두에 두고 있었다는 것은 명백하다. 실상, 이 저자들이 옹호하는 패러다임이나 전환이라는 것이 모빌리티를 진지하게 논하려 한 기존 접근법들로의 되-돌아옴일 수도 있다고 이들은 조심스레 말한다.

반면에 이 패러다임에서 '새로움'에 의문을 표한 학자도 있다.[9] 수송지리학에서 쇼Jon Shew와 헤스Markus Hesse가 표현했듯이,[10] '새로운'이라는 형용사, 모빌리티, 개념, 방법의 겉보기상 '새로움'에 대해 인상을 찌푸리는 사람들이 있다. 이것이 "학계 및 정책이나 기업 세계의 일시적 유행과 인기몰이"를 대변한다고 짜증 내는 사람도 있다. 인류학 분야의 살라자Noel Salazar와 글릭 실러Lick Schiller는 "사회 이론과 정치적 행위의" 어떤 "결정적 물음이 위급한 상황인가?" 묻는다.[11] 셸러가 그랬듯이 우리도 이 '새로움'이란 모빌리티에 관심이 있는 연구가 부재했음을 인정하는 것이 아니라, 더 아이러니하게도, 기존의 연구 집합이 있었음을 인정하고 그것을 모빌리티 연구가 한데 모으고 재고하려는 것이라는 관점에서 성찰해 볼 수 있을 것이다.

### 공간적 전환

어리의 글은, 특히 《관광객의 시선》(이제 조나스 라슨Jonas Larsen과 함께 한 제3판이 나와 있다)에[12] 담긴 관광과 여가에 관한 작업과 관련하여 이미 소비 · 계급 · 여가 시간에서 모빌리티와 관광의 관계를 탐구하기 시작했다. '패키지' 휴가를 제공하고 어떤 장소에 대한 여행자/승객/관광객의 시각적 · 감각적 지각을 구조화하려 했던 최초의 회사 중 하나가 철도기업이었다. 관광 및 소비와 관련된 기업과 실천에 대한 관심을 통해 발동된 에너지의 물살을 모빌리티 연구가 타고자 했다면, 그것은 또한 공간적 전환이라고 알려진 것을 반영하려 했다. 이 전환은 사회과학 및 사회과학의 대륙철학적 친화성을 통해 일어났으며,[13] 모빌리티 연구의 개념적·비판적 방어구와 무기 개발을 도울 목적이었다.

이러한 의미에서 이동적이고 유체적인 은유만이 아니라, 공간·위치·지역·규모, 그리고 중요하게 장소의 개념적 문법도 중요해지고 있다. 물론 들뢰즈와 가타리는 홈이 난 공간과 매끈한 공간에 대해 말하고 있었고, 미셸 푸코는 감옥, 학교, 병영 같은 훈육적 공간을 풀어냈다. 근대성과 탈근대성에 관한 스티븐 컨과 데이비드 하비의 기념비적 저작은 자본, 예술, 테크놀로지, 문화 사이에서 작동하는 사회적·공간적 관계를 고찰했다. 급진적인 영국 사회과학에서는, 대처리즘적 정책적 재구조화와 탈산업화의 지역적 영향력이 북부 마을과 산업에 끼칠 수 있는 치명적인 사회적 충격에 대한 비판적 연구가 요구되고 있었다. 어리, 도린 매시, 실비아 월비Sylvia Walby, 그리고 사회주의 경제학자 컨퍼런스의 여타 회원들의 작업은 노동의 지역적·공간적·젠더적 분업을 다루었다. 모빌리티와 공간의 이러한 뒤얽힘을 고려할 때, 이 책을 인문지리학자가 쓰고 인문지리학 도서 시리즈로 출간한 것은 적절하다!

모빌리티에 대한 분과적 이해는 특정한 방식으로 일어났다. 지리학에서는 나이절 스리프트가,[14] 그가 "모빌리티"라고 부른 것의 확장 중인 의미를 발전시키려 했다. 스리프트는 레이먼드 윌리엄스가 "감정의 구조"라고 부른 개념을 활용하여, 19세기에 일어난 혼란 속에서, 그리고 수송 테크놀로지·전력화·인프라·통신문화에서의 진보 속에서 그를 비롯한 많은 주석가들이 식별했던 체험을 이해하려 했다. 이 진보는 장소를 계속해서 더 가까이 모으기만 하는 것이 아니었다. 이러한 경험이 인간 신체의 친밀한 규모에서 느껴지고 등록되는 방식을 스리프트가 고찰했던 한에서, 그것은 모빌리티와 장소의 체험을 변화시키기도 했다. 나중에 특히 3장과 4장에서 우리는 고故 도린 매시로 돌아올 테지만, 시공간 압축—어떻게 모빌리티가 장소 간의 거리를 압축했는가—에 관한 데이비드 하비의 글에 매시가 가한 비판도 모빌리티에 대한 특정한 취급을 제안한다는 점을 지적해야겠다. 매시는 모빌리티가 철저하게 권력을 적재하고 있으며, 사회적 계급, 특히 젠더에 따른 사회적 차이의 선線에 따라 고도로 차별화되어 있다는 이해에 이르게 된다.

매시의 주장은 또한 장소 개념과 철저하게 묶여 있는 모빌리티에 대한 이해로 확장될 수 있다. 《장소 안에서/장소 밖에서》,[15] 그리고 아메리카 문화에서의 부랑자에 대한 모노그래프 《아메리카의 떠돌이》[16]에서 정점에 이른 팀 크레스웰의 글은, 모빌리티에 또한 어떤 장소와 이 장소의 사회적 질서의 맥락적 의미 및 권력관계와 모빌리티가 갖는 관계에 더 크게 조응되어 있다. 중국계 미국인 지리학자 이-푸 투안과 긴밀하게 함께 작업한 크레스웰은, 북아메리카 인문주의 지리학에 큰 영향을 받았다. 그로 인해 크레스웰은 아메리카 풍경에서의 모빌리티의 체험적 차원에, 또한 문화 이론과 사회 이론에서의 더 넓은 움직임에 주목하게 되었다. 크레스웰은 스탤리브래스Peter

Stallybrass와 화이트Allon White에서 볼 수 있듯이 위반, 저항 개념[17]에, 또한 딕 헤브디지Dick Hebdige의 작업에 등장하는 식의 문화와 권력의 더 넓은 개념화에 큰 관심을 가졌다.

소위 모빌리티 전환의 시작에는 또한 더 통상적으로 모빌리티에 조응되어 있는 학술 탐구 영역, 가령 수송 연구, 경제학, 역사학, 수송지리학 같은 영역에 대한 명시적이거나 의도적인 무시가 있었다. 그러나 모빌리티의 관심을 수송의 관심과 차별화하지는 못했다. 괴츠Andrew Goetz가 지적했듯이, "수송은 지리학 연구에 중심적이며, 마찬가지로 지리학도 수송 연구에 중심적이다."[18] 도시 수송 시스템, 국가-내 도시-간 네트워크, 공항과 항공 네트워크의 허브-스포크 시스템 같은 현상에 대한 심층 분석을 제공함으로써 수송지리학은 유명한 하위분야가 되었다.

수송지리학이 시대에 충분히 발맞추지 못했다는 관점도 있다. 데이비드 킬링David Keeling의 개관은 수잔 핸슨Susan Hanson의 논평을 통해 이러한 관점을 요약한다. "수송지리학자는 이 분과에서의 이론적 · 방법론적 진보에 발맞추지 못했다. 수송은 '분과적 중심성'을 잃었다. 이는 대체로, 그것이 1960년대의 분석틀에 머물러 있었기 때문이다."[19] 다른 학자가 비슷한 물음을 던지기도 했다. "왜 수송지리학은 이러한 새로운 사고가 일으킨 지적 도전에 발맞추는 데에 실패했는가?"라고 홀과 공동저자는 질문한다.[20]

수송지리학과 "새 모빌리티"의 관계에 대한 개관에서 존 쇼와 마커스 헤스는 이 논쟁의 양측 모두에게 비협조적인 인식이 있음을 밝힌다. 각주에서 이들은 이렇게 설명한다.

한 모빌리티 학자가 다른 동료 필자에게 "정책은 지루하다"라고 말했다. 다른 학자는 수송지리학자로 오해받자 자신은 "수송지리학자가 아니다"라고 강조했다. 이와 꼭 같이, 이 논문에서 인용된 수송지리학자는 모빌리티 연구의 방향에 대해 "극히 우려하고" 있다. 인간에게 닥쳐오는 문제와 관련하여, 모빌리티 연구가 모빌리티의 "요점을 놓치고" 있는 것처럼 보인다는 것이다. 다른 학자는 모빌리티 의제 전체를 "벌거숭이 임금님의 옷"에 불과하다고 치부했다.[21]

다른 학자는 이러한 논쟁에 수송지리학이 기여한 바가 심지어 평가 절하되었다고 말한다. 킬링의 논평은 더 나아간다. 이 논평은 프레스턴John Preston과 괴츠에 근거하는데, 이들은 어떻게 수송지리학자들이 최근 지리학의 "개념적 구조와 경험적 맥락" 사이의 유용한 관계를 끌어내었는지를 설명한다.[22]

모빌리티 연구가 다종의 수송 연구와 수송지리학, 그리고 실로 여러 학제 간 논문, 특간호, 합의의 부흥에 힘을 실어 주었다 할지라도, 수송 연구는 모빌리티 연구일 뿐이라고 말하는 것은 거만한 태도일 것이다. 우리는 그렇지 않고 대화의 다양한 순간, 수립된 하위 분과 영역과 아직 배아기에 있는 영역 사이에서 엮여 가는 개념, 접근법, 주제의 교차되는 실을 지적하려 한다. 팀 슈워넨Tim Schwanen의 말에 따르면,[23] 공공보건, 기후변화, 경제 내에서 수송에 대한 더욱 주제중심적인 탐사가 다시 활기를 띠고 있으며, 이는 '새 모빌리티' 사고나 접근법으로 단순히 환원될 수 없다.

사회학 내에는 모빌리티와 이동적 삶에 대한 이른 관심 덕분에 눈에 띄는 고전 혹은 정전 격의 저작이 있다. 존 어리 같은 모빌리티 전환의 지지자들은 이러한 관심을 부활시키기 시작했다. 어리가 뷔셔, 위치거와 함께 말한 바에 따르면, "새 모빌리티 전환"의 대부분은 직접적이나 간접적으로 지멜의 사고를 "재전유"한 것이다.[24] 어리 등의 많은 학자들이 보기에, 게오르크 지멜의 작업은 19세기 후반의 근대 대도시적 실존 체험에 일어난 기본적 변화를 부채질하던 모빌리티를 이해하는 데에 필수적이다. 지멜이 보기에, "신경에서 일어나는 신속하게 변화하며 빽빽하게 압축된 대조되는 자극들"은 환경에 익숙해지고 조응되고 있는 사람들, 특히 대도시 아동들의 "반응하지 못하는 무능력"을 낳고 있었다.[25]

비슷하게, 세기 초중반의 사회학은 어빙 고프먼의 글을 재탐사하기도 했다. 일상적 삶에 대한 그의 연구는 최근 재평가되었다. 올레 옌센Ole Jensen이 "모빌리티를 무대에 올리기"라고 부르는 영역에서[26] 그의 연구는 사회적 삶에 대한 고프먼의 극작법적 이해를 빌려 온다. 옌센은 유용하게도, 1960년대와 70년대의 거리 행동의 실천에 대한 고프먼의 작업이 공간 그리고 이동 중인 이들의 행동과 실천에 대한 모빌리티 연구의 관심사 일부를 선취함을 보여 준다. 모빌리티 공간과 장소 안에서 일어나는 사회적 상호작용에 대한 고프먼의 관심에 따르면, 이동 중인 이들은 규범적 표현 규칙에 따르는 작은 대본을 공연하는 것이다. 이로 인해 이동적인 것은 특정한 방식으로 드러나게 되지만, 또한 서로 부딪히지 않고 갓길과 도로, 고속도로의 공공연한 규칙과 규제를 모두 따를 수 있게 된다.

물론 모빌리티 속에 있음은 어떤 사회적 어색함의 문제를 일으킬 수 있다. 모빌리티가 제공하는 근접성으로 인해 평소라면 상호작용하려 하지 않을 낯선 이들 간에 불편한 상호작용이 일어날 때 그렇다. 이 근접성은 "교류하지 않기에는 불편할 정도로 서로 가까운" 것이다.[27] 고프먼은 공적인 곳에서 모빌리티의 욕구되는 가까움과 욕구되지 않는 가까움에 관심을 가짐으로써, 탈것에서 개인에 이르는 각각의 이동적 단위를 분리하는 방패, 거품, 피부를 식별해 낸다. 그가 보기에 자동차는 일종의 껍질로서, (이는 6장에서 볼 것이다) 풍경과 사람의 상호작용에 대한 우리의 이해 방식을 자동차 또는 자동차 모빌리티의 관점에서 형태 지었다. 개인은 "부드러운 껍질과 노출적인 껍질, 말하자면 옷과 피부로 감싸인 조종사"로 이해될 수 있다.[28]

## 차이

모빌리티는 사회학과 지리학 내의 이러한 초기 지지자들에 의해 깊이 형태 지어지지만, 또한 페미니즘 이론과 퀴어 이론의 더 넓은 움직임에서도 배웠다. 탈근대의 문화 이론과 사회 이론 내에 있는, 모빌리티를 불가피하게 좋거나 긍정적인 것으로 추어올리고 보편화하는 경향을 생각해 보면, 이러한 글들은 모빌리티의 형성에 특히 중요했다. 캐런 캐플런Caren Kaplan의《여행의 물음》의[29] 탁월함은 근대 모빌리티에 대한 비범한 분석, 특히 남성화된 자율 및 자유 개념과 모빌리티의 연합을 의문시하는 방식에 있다. 나이, 인종, 부에 의해 그런 것처럼 모빌리티에 의해, 또한 모빌리티 속에서, 모빌리티로부터 여성이 주변화된다는 점에서,[30] 우리가 모빌리티를 태생적으로 선하거나 평등한 것으로 본질화하지 않도록 조심해야 함이 증명된다. 여성 연구로부터 다양한 여타 분야까지, 모빌리티 전환은 젠더에 의해 형태 지어지는 모빌리티에 대한 우리의 차별화된 능력과 체험에 대한 진지한 고려로 추동되어 왔다. 재난 이후 인도네시아에서의 일상적 모빌리티 패턴으로부터, 서유럽의 대도시 버스 경로에 이르기까지 그렇다. 우텡Tanu Priya Uteng과 크레스웰의 《젠더화된 모빌리티》가[31] 이 주제를 다룬 최초의 논문집 중 하나가 되었지만, 젠더화된 모빌리티는 이주나 여행에 대한 글 같은 여타 관련 맥락에서도 탐사되어 왔다.

페미니즘 접근법과 젠더라는 주제가 이처럼 기저에서 형성하는 에너지를 가지고 있기는 했지만, 조진 클라슨Georgine Clarsen이 지적했듯이, 모빌리티 연구에서 이 접근법과 주제가 우리의 기대에 부합하는 중심 위치를 차지한 적은 드물다. 2006년 학술지 《모빌리티》가 처음 출간된 이래, "'젠더'를 제목에 포함한 논문은 단 둘이고, 초록에 포함한 논문이 열 편, 그리고 단 하나의 논문만이 젠더를 핵심어 목록에 넣었다"고 클라슨은 지적한다.[32] 혹독한 고발이기는 하지만, 이것이 여성의 모빌리티와 젠더화된 모빌리티가 큰 관심을 받지 못했음을 뜻하지는 않는다는 점도 지적할 가치가 있다. 제목에 대한 양적인 조사가 최선의 척도는 아닐 수 있다. 그래도 클라슨의 요점은 분명하다.

많은 사회학적·지리학적·사회적 작업에서 젠더와 모빌리티의 복잡한 관계는 모빌리티 연구의 도입 이전에도 발견될 수 있지만, 특히 도입 이후에 잘 발견된다. 모빌리티 연구의 부상 이전에도 이러한 작업의 저자들은 학계에서 끈질기게 주변화된 여성 탐험가와 여행작가를 검토한 현대사회학자, 지리학자 등이 어떻게 여성의 모빌리티를 회복하고 재탐사했는지를 보여 주었다. 주디 와이즈먼Judy Wajcman(4장을 보라)은 대중교통에서 모빌리티 패턴의 젠더화를 탐사했고,[33] 조진 클라슨[34]과 피터 메리먼[35]은 버지니아 울프를 포함한 오스트레일리아와 영국의 초기 여성 운전자를 검토했다. 이는 **핵심 개념 2.1**에서 논할 것이다. 클라슨은 인도네시아 민족주의의 여성 영웅이자 교육자인 라덴 아젱 카르티니Raden Adjeng Kartini나 조라 세갈 Zohra Sehgal이 행했던 유럽과 아메리카 횡단 여행의 모빌리티를 지적한다. 길리언 로즈Gillian Rose, 앨리슨 블런트Alison Blunt[36]나 모나 도모시Mona Domosh 같은 저자의 모빌리티에 관한 역사적 연구도 19세기 후반의 공적이고 도시적인 삶에서,[37] 또한 여행 수필에서[38] 여성의 제약된 모빌리티와 해방된 모빌리티를 검토하려 했다.

《모빌리티》 같은 학술지에 수록된 논문의 제목에 젠더가 부재해 왔다는 사실에도 불구하고, 클라슨의 조사 이후 모빌리티 관련 연구가 젠더를 더 충분히 다루려 했다는 것도 명백하다. 예를 들어, 이후 6장에서 탐사하겠지만, 자동차 모빌리티에 대한 크리스 레조트

Chris Lezotte의 작업은[39] 여성의 맥락, 그리고 남성성의 대안적 이미지의 맥락에서 미국 머슬 카muscle car(1960~70년대 미국에서 제조된, 고성능의 투 도어 중형차)의 자동차 모빌리티 문화를 검토한다. 1920년대 레바논의 남성주의 만화에서 여성 운전자가 어떻게 재현되는지를 다룬 크리스틴 V. 먼로Christine V. Monroe의[40] 역사적 탐사는 시사하는 바가 많다. 이 연구는 프랑스 위임통치 하 식민 공간의 남성 청자들을 위해 여성의 이동적 신체가 성애화되는 것을 다루었다. 이 작업의 강점을 보여 주는 최근의 흥미로운 예는, 국경을 넘는 신체에 면밀한 조사가 가해지는 모빌리티 공간에서 명백히 드러나는 젠더화된 관계에서 발견된다. 감시에 관한 페미니즘적 작업은, 고도로 젠더화된 공항 보안 실천으로 이동적 신체가 강제로 감시되고, 만져지고, 스캔되는 취급 방식을 탐사했다.[41]

논했듯이, 다양한 글이 다양한 방식으로 모빌리티를 포착하고, 환기하고, 표현하고, 기록하는 것으로 드러났다. 그렇다면 영문학 같은 학술 영역이 젠더화된 모빌리티 표현을 탐사하기에 좋은 매혹적인 장르가 된다는 것도 놀랍지 않다. 실상, 팔그레이브 맥밀란 출판사는 19세기 작가와 모빌리티를 탐사하는 새로운 일련의 도서를 출간했고,[42] 최근에는 마리안 아귀어Marian Aguiar, 샬로트 마티슨Charlotte Mathieson, 린 퍼스Lynn Pearce를 공동편집자로 하여 '모빌리티, 문학, 문화 연구'라는 이름으로 새로운 시리즈를 개시했다.

모빌리티, 양성구유, 비이성애적 성애에 관한 울프의 탐사는 게이, 레즈비언 모빌리티에 관한 작업을 증가시켰다. 북아메리카, 캐

나다, 오스트레일리아의 **LGBT** 공동체에 대한 학술적 검토는 1970
년대와 80년대 탈산업화되어 가는 도시 내부로부터 탈출하려는 중
산층의 움직임 및 이와 상호적인 게이 공동체의 모빌리티를 식별했

---

**핵심 개념 2.1** **근대 문학에서 모빌리티와 젠더**

영문학은 모빌리티에 특히 잘 응답해 왔다. 특히 근대 및 근대성 개념과
흐름, 유동성 관념과 근대적 삶의 불확실성 간의 자연적인 관계를 고려하
면 더 그렇다. 19세기 말과 20세기 초의 글에 표현되었듯이, 여성의 자율
적 모빌리티를 주창한 여성으로 중요하게 다루어져 온 특별히 영향력 있
는 작가 두 명이 있다. 소설가 엘리자베스 개스켈Elizabeth Gaskell과 버지
니아 울프Virginia Woolf다.

엘리자베스 개스켈의 소설 《남과 북》에서,[43] 부르주아 주인공 마거릿 헤
일은 부모의 죽음과 가족 모두의 친구였던 사람의 죽음을 겪고서 정신
적·신체적 단련을 하고자 한다. 여기에서 우리는 한 여성의 자율적이고
독립적인 모빌리티가 등장하고 있음을 본다. 이 모빌리티는, 해변 리조트
까지 이어져 건강하고 좋은 공기 속에서 정차하는 빅토리아 시대 철도를
이용한다. 비극적으로 아버지와 어머니를 잃은 후 마거릿은 바다의 공기
와 위안을 찾아서 노포크 해안 북쪽의 크로머로 여행하여 새로운 여성으
로 다시 태어난다. 개스켈이 쓰듯이, 마거릿은 자신의 삶을 자신의 손에
넣는다. "사색에 잠긴 엄숙한 시간 속에서, 그녀는 자신이 어느 날에는
자신의 삶에 대해, 이 삶으로 무엇을 했는지에 대해 스스로 대답해야 한
다는 것을 배웠다."[44]

파킨스Wendy Parkins가 보기에 헤일의 모빌리티는 "행위와 직업을 향한
욕망을 중심으로 하는 근대적이고 자치적인 〔여성〕 주체"의 표현이 된다.[45]
여성 모빌리티는 빅토리아 시대 영국의, 빈곤이나 악에 종속된 "타락한
여성"의 움직임이 행하는 사회적 침범과 더 많은 공통성이 있었을 것이
다. 그러나 개스켈 등의 작가에서 우리는 모빌리티에 다른 가치가 기입되
는 것을 본다. 이제 "모빌리티는 타락한 여성의 뿌리 뽑힘, 그리고 미리
결정된 서사가 아니라 근대 여성 주체의 행위자성을 표현한다."[46]

---

울프의 삶은 강렬한 모빌리티가 있었다. 그녀와 모빌리티의 관계는 단순히 그녀 글의 특정한 주제를 통해 표현되는 것이라기보다는, 일차적으로 생애 자체로 표현된다. 앤드류 대커Andrew Thacker는 울프와 남편 레너드가 자동차에 사로잡혀 있었음을 말한다. 울프는 "우리는 자동차 이야기밖에 하지 않는다"고 외친다.[47] 울프는 자동차로 가능해진 둘의 모빌리티를 자유의 한 형식으로 본다. "모터는 우리의 일상적이고 정적 산업 곁에 있는 우리 삶의 기쁨, 자유롭고 이동적이고 쾌활하게 살 수 있는 추가적 삶을 드러낸다." 이렇게 말하면서 울프는 이 체험을 즐기고, 자동차 이전의 자기 삶을 "우리가 동굴에 살던 시절"에 비교한다.[48] 개스켈의 헤일에게 그랬듯이, 움직임·공기·개방성은 칭송받아야 할 근대의 공통적 이상이며, 심지어 울프의 사회적·가족적·개인적 건강을 위해서도 그랬다. 대커가 보여 주듯이, 자동차의 모빌리티가 울프를 해방시킨만큼, 그것은 또한 그녀가 빠져들 수도 있었던 우울을 모면하는 것을 도와주기도 했다. "내 모터를 통해 나는 더 이동적이 될 것이다." 울프는 그녀의 모빌리티가 증대됨으로써 그녀가 사회적·개인적으로 치료되고 있음을 보았다.

매혹적이게도, 우리는 정체성의 이성애적 관계와 형태를 어지럽히려는 울프의 관심과 모빌리티—그리고 도시적 모빌리티—가 어우러짐을 본다. 《자기만의 방》에서[49] 울프는 창문을 통해 한 쌍의 연인이 가는 길을 본다. 이 길은 합쳐져서 택시로 들어가고, 택시는 도시적 흐름의 리듬 속으로 들어가 버린다. 이때 그녀는 젠더와 주관성에 관한 이제는 유명한 몽상에 빠져든다. 이러한 의미에서 울프에게 모빌리티는 "확립된 사고 범주를 흔드는" 것을 돕는다고 대커는 설명한다. 울프에게, 도시적 모빌리티는 "양성구유적 정신의 유동성과 연결되어 있다. 자동차의 움직임은, 공간을 지나 움직이며 뇌에 자리잡고 있는 성적 정체성의 고정성을 풀어내는 삶을 암시한다."[50]

■ 더 읽을 거리

Parkins, W., 'Women, mobility and modernity in Elizabeth Gaskell's North and South', *Women's Studies International Forum*, 27(5): pp. 507–519, 2004.

Parkins, W., *Mobility and Modernity in Women's Novels, 1850s–1930s*, Palgrave Macmillan, Basingstoke, 2009.

Thacker, A., 'Traffic, gender, modernism', *The Sociological Review*, 54: pp. 175–189, 2006.

다. 게이 공동체는 '커밍 아웃'을 하면서도, 안전한 도시 내부 영토와 도시 내의 '마을' 속으로 들어갔다. 그 속에서 그들은 공개적으로 안전하게 자신의 성적 정체성을 표현했다. 1990년대 이후, 내시와 고먼-머레이는[51] 이러한 인구가 흩어지거나 퍼져 나가고 있으며, 소위 게이 마을이나 게이 거주지가 줄어들고 있다는 증거를 발견했다. 탈-게이 또는 탈-퀴어 정체성은 모빌리티를 강조하는 더 넓은 신자유주의 논리와 공명할 수 있다. 그들은 이렇게 쓴다. "퀴어 주체는"

주관적으로도(고정된 자기를 거부한다는 점에서), 그리고 도시 안에 공간을 만든다는 더 큰 (자본주의적) 프로젝트 내에서 영토성을 거부한다는 점에서도, 이동적 주체다. 사회적 삶은 이제 이동적 클럽, 이벤트, 시간적 위치 같은 새로운 시공간적 논리를 통해 이동적이다.[52]

다른 배경에서 신자유주의적 개발의 목표는 퀴어 모빌리티와 그렇게 잘 합치되지 않는다. 싱가포르에 관한 나탈리 오스윈Natalie Oswin의 설득력 있는 작업은, 경제발전이라는 국가의 목표가 가족의 이성애중심적 개념 및 사회적 재생산의 '스트레이트 타임'*을 전제하고 있으며, 이는 떨어지는 출산율을 보상하기 위해 나라의 인구를

---

\* [역주] 오스윈은 싱가포르에서 있었던 동성애를 탈주변화하려는 움직임을 "퀴어 타임queer time"이라고 부르며, 이를 이성애를 유지하려는 움직임인 "스트레이트 타임straight time"과 대립시킨다.

보충하려는 이민의 목표와 상충함을 보여 준다. 도시 개발에서 게이와 퀴어 서사의 주춧돌인 "재능"을 모으기 위해서, 싱가포르는 "외국의 재능 있는" 이주노동자 가족에게 영주권을 개방했다. 이 정책은 LGBT 공동체를 배제하고, 또한 이 정책이 가치를 두지 않는 유의 외국인 노동자를 배제한다. 기괴하게도, 이 두 배제는 합치한다. 오스윈은 본국법 하에서 주로 저숙련 건설 노동자나 가내 서비스에 종사하는 "외국인 노동자"가 결혼하거나, 임신하거나, 가족을 재생산하거나 깨는 것이 금지되어 있음을 보여 준다. 오스윈은 이렇게 결론 내린다. 이주자의 가족적 삶과 성적 삶을 규제함으로써, "'외국인 노동자'는 싱가포르에서 미래가 없다. 게이와 레즈비언처럼, 이들은 싱가포르의 생산에는 속하지만 사회적 재생산에는 속하지 않는 것으로 간주된다."[53]

## 이동하는 장

모빌리티 연구의 심부에 있는 다른 학문 분야가 있다. 인류학은 이동적 사회, 문화, 실천에 대해 오랫동안 글을 써 왔다. 노엘 살라자와 앨런 스마트Alan Smart가 조명했듯이, 모빌리티는 이 분야에 언제나 중심적이었다. 이는 물론, "역사 내내 인간은 문화교차적 교환의 복잡한 네트워크에 참여하고, 초장소적 신분증명을 만들어 내면서, 광대한 거리를 이동해" 왔기 때문이다.[54]

역사적·전통적, 또는 토착 사회의 정통성과 연결되어 있는 장기적 부동성의 전제는 또한 격렬한 인구 이동을 기술해 온 연구로 복잡해진다. 이 연구는 "'이동하는 것을 집처럼' 느끼거나 '모빌리티에 정착하는' 사람들이 있다는 것을 보여" 준다.'[55] 더욱이, 고전적 인류학이 모빌리티를 사회적 · 문화적 삶의 본질적 특성으로 보았다면, 그것은 사회가 곧잘 따르는 리듬, 순환, 패턴의 관점에서 이해되었던 것이다. 보아스부터 마우스와 말리노프스키까지, 모빌리티와 이주는 핵심적 관심사였지만, 종종 일상적 실천으로서보다는 '유목적 공동체'의 속성으로 식별되었다.

인류학자들의 연구 실천 자체도 뚜렷하게 이동적이었다. '근대 인류학의 아버지'로 꼽히는 지리학자이자 민족학자인 프란츠 보아스 Franz Boas가 특히 흥미로운 것은, 그가 1888년 출간한 이누이트 공동체 연구를 위한 배핀 섬 원정, 그리고 이후의 브리티시 컬럼비아주州의 콰키우틀 캐나다 원주민에 대한 연구 때문이다. 보아스의 모빌리티는 여러 방식으로 복잡했다. 그는 공적 인류학에 깊이 발을 들이게 되었고, 에스키모에 대한 그의 작업에는 1893년 시카고 세계 박람회의 아메리카인 방문자가 합류하게 되었다. 그는 또한 시카고 대학 박물관의 방대한 수집 품목을 관장했다. 살라자가 다른 곳에서 설명했듯이, 인류학의 초기 지지자들은 일종의 식민주의를 곧잘 실행했다. 그들은 서구(또는 선진국)에서 비서구(또는 미개발지, 또는 다르게 개발된 곳) 맥락으로 이동하여 자기 나름의 형태로 포착, 촬영, 교환을 수행했다. 나중에 보겠지만, 인류학이 모빌리티 연구에 가장 크게 기여한 바 중 하나는 연구 방법론의 계발이었다. 특히, 이동적 공간, 인프라, 실천에 주목하기 위해 문화기술지적* 연구 기술이 지배적으로 활용되고 있음을 고려하면 그렇다. 마르크 오제Marc Augé의 《비장소: 초근대성의 인류학 입문》[56]은 "새 모빌리티 전환" 내에서 가장 많이 참조와 동시에 조소 받는 저작 중 하나다. 이 저작은 이동적 인간이 정지하고 거주하는 다종의 공간에 큰 관심을 드러냈다.

고고학 내의 주도적이면서 새로운 인물들도 이 분야에 대한 비슷한 그림, 모빌리티를 언제나 고려하는 그림을 부각시킨다. 고고학의 접근법이 내려다보기라는 이동적 실천을 오래전부터 내포했다는 것은 잘 알려져 있다. 그것은 걷기—단, 특정하게 구부린 자세로—같은 실천을 통한 것이거나, 또는 위에서 보는, 가령 공중 원격 감지 같은 실천을 통한 것이었다. 이는 또한 관찰자가 움직일 뿐 아니라 관찰자가 만나는 사물도 움직이게 하는 다양한 발굴 실천도 내포한다. 리어리가 개관하듯이, "흙손, 곡괭이, 삽의 움직임", 그리고 "평면도와 구획을 그리기 위해 제도용지를 누비는 뾰족한 연필의" 덜 "힘찬 움직임"이 있다. "흙의 지나간 움직임—재충전재의 끝선과 흐름을 그려 내는 연필의 움직임이 있다."[57] 그럼에도 불구하고, 모빌리티로 전환하는 것이 고고학이 타성적인 분야가 되지 않는 데에 도움을 줄 수 있을 것이라고 이 지지자들은 주장한다. 오스카 알드레드Oscar Aldred

---

* [역주] ethnography는 특정 집단의 문화를 그 현장에서 참여함으로써 이해하려는 방법 또는 학문 분야다. 이러한 연구가 과거에 주로 특정 민족을 중심으로 이루어졌기 때문에 흔히 이 용어는 '민족지학'으로 번역되어 왔으나, 현재 이 방법은, 본서에서 볼 수 있듯이, 민족에 국한되지 않는 특정 문화 집단을 연구하는 방법으로 널리 사용되고 있다. 그렇기에 본서에서는 이를 '문화기술지文化記述誌'로 번역한다.

는 더 강력하게 표현한다. "고고학이 모빌리티를 다루지 않는다면, 특히 고대와 현대의 실천에 있는 인간의 모빌리티와 연관된 행위자성을 다루지 않는다면, 그것은 고대를 정적인 이미지로 재현할 위험이 있다. 즉, 단절된 역사들의 이미지 말이다."[58]

또한 모빌리티는 본질적으로 학제 간 연구인 여타 분야들과도 교차했다. 이주 연구 분야 내에서 몇몇 저자들은 모빌리티에 대한 관심이 '새롭지 않다'고 주장했다. 토머스 파이스트Thomas Faist는 이를 여러 번 주장했다. 그는 "사회과학의 새로운 패러다임"으로서 모빌리티 전환에 대해 사려 깊으면서도 회의적인 고찰을 행한다.[59] 앤-마리 포티어Anne-Marie Fortier 역시,[60] 이주 연구가 모빌리티 연구의 모빌리티에 대한 관심을 훨씬 더 일찍 선행했다고 밝힌다. 포티어는 이주 연구자와 모빌리티 연구가 합치하는 일련의 주제를 개관하는데, 이 두 노선은 더 많은 주목을 받을 가치가 있다. 이주 연구가 모빌리티 이론에 준 영향 때문이다. 포티어가 이주 연구 내의 "시민권 전환"이라고 칭하는 것을 고려해 보면, 이주 연구가 이동적 주체 범주의 특정한 집합을 전제하고 있다는 것, 그래도 이를 탐구하려 한다는 것은 지극히 명백하다. 이주자로부터 난민, 망명 시도자, 시민의 법적 · 정치적 범주, 보호받는 지위, 방문자 프로그램, 투자자 프로그램, 외지인, 이 모든 명칭과 범주는 모빌리티의 여타 비공식적인 사회적 · 문화적 의미와 나란히 존재한다. 모빌리티 연구가 모빌리티를 관장하는 체제에 관심을 가지는 것은 필수적이다. 더욱이, 이동적 주체가 이해되고 취급되고 명명되는 방식을 형태 짓는 다종의 사회적 · 문화적 의미와 의의는 팀 크레스웰 같은 저자의 모빌리티 접근 방식에 핵심적이었다. 모빌리티에는 특정한 가치가 투자되어 있고, 이 가치는 중요한 것이 되었다.

둘째, 모빌리티/부동성에 대한 우리의 이해에 따라, 이주 연구자는 오래전부터 이주 과정 및 실천과 모빌리티, 또한 고정성과의 관계에 관심을 가져 왔다. "누가 자유롭게 움직이고 누가 그러지 못하는가? 어떻게 누군가가 지구상의 어디에 거주하는지에 따라, 그가 원할 때 떠나거나 여행하는 능력이 제한되는가? 어떻게 어떤 사람의 움직임이 다른 사람의 부동성에 근거하는가?[61] 누가 여행할 수 있고 누가 집에 머물 수 있는가?" 포터어는 이렇게 묻는다.[62] 오늘날 박해 · 내전을 피해서, 또는 더 나은 삶을 찾아서, 에게해나 지중해를 건너다 오도 가도 못하게 되거나, 좌초되거나, 익사하는 이주자들의 곤경은 어떻게 결정적인 부동성이 어떤 사람에게는 인생의 기회가 될 수 있는지를 증명한다. 더욱이 이는, 우리의 모빌리티가 충돌의 충격파, 그리고 세계를 어지럽히는 극단주의, 종교적 박해, 빈곤의 조건에 어떻게 사로잡혀 있는지를 이해하는 데에 이주가 얼마나 결정적인지를 암시한다.

더 나아가, 이주 연구와 모빌리티 연구의 영역에 이미 다리를 놓고 있던 연구자들은 아마도 모빌리티의 반대 개념일 가정家庭 같은 개념을 훨씬 더 생산적인 대화에 편입시키는 데에 도움을 주었다. 결정적인 논문집 《뿌리 뽑기/다시 토대 놓기》에서 앤-마리 포터어, 사라 아메드Sara Ahmed, 클라우디아 카스타네다Claudia Castañeda, 미미 셸러는 가정 같은 개념을 단절된 위치로 보기보다는 과정이나 실천으로 생각하기를 선호한다. 그래서 강제되었든 강요되었든 자의적이든 간에 모빌리티는 가정의 적일 수 있다고 해도, 이주의, 심지어 식민의 모빌리티와 물질성이 '가정 이루기homing' 실천과 함께 생각될 수 있다고 이 저자들은 시사한다. 달리 말하자면, 저자들은 가정과 가정 이루기는 "뿌리가 뽑혀서" 다른 장소나 궤적에서 뿌리를 찾아 온 "습관, 대상, 이름, 역사를 되찾고 재처리할" 가능성에 형태를 부여하는 데에 도움이 될 수 있다고 쓴다.[63]

이러한 긴장을 특히 잘 포착하는 몇몇 매혹적인 연구 프로젝트가 있다. 이를 통해서 우리는 또한 모빌리티 연구가 예술, 인문학, 창조적 실천의 특정한 형태들로 통하는 다른 다리를 놓은 방식을 인식할 수도 있다. 영국에서 린 퍼스의 "움직이는 맨체스터" 프로젝트는 이주, 모빌리티, 문학이 합쳐지는 특정한 사례다. 그레이엄 모트Graham Mort의 시〈맨체스터〉는 이동적이고 도시적인 에너지로의 이행을 보여 주며, 이러한 이행의 완벽하고 인상적인 사례. 역사적·현대 산업적·식민적 연결과 흐름을 가진 도시 맨체스터에 대한 창조적 표현을 뒷받침하는 것은 저 에너지다.

도시 불빛의 열기 아래 별은 보이지 않고
헐벗은 마네킹이 이 밤들을 보내는 유리에
너의 금이 간 평면들이 반사된다
…

포장도로의 크리스탈나흐트*에서

나트륨은 반짝인다—

그러나 물 탄 맥주, 뮤직홀,

잡종 핏줄, 지치지 않고 감정을 불러일으키는 제분소의 영광을 위해,

그들이 온다, 그들이 온다, 올 것이

다. 로마, 우크라이나, 라고스**를

기억하면서. 위클로우Wicklow〔아일랜드의 도시〕, 구자라트, 광저우를

애도하면서. 우이스트Uist〔스코틀랜드의 열도〕, 기아나, 시에라리온에

열광하면서. 카탈루냐와 살로니카Salonica〔그리스의 도시〕를

슬퍼하면서. 더 먼 해안으로 그들을 쏟아내는

다른 강을, 그들을 씨앗처럼 가볍게 엎지르는

하늘을 외로워하면서. 너는 자기 상상의 욕구를 따라

돌아가는, 반쯤 집에 이른 모든 이주자.

…

— 〈맨체스터〉, 그레이엄 모트[64]


이주, 산업, 난류를 암시하는 문화적·시적 표현의 대단한 사례 아닌가! 모트의 시가 보여 주는 것은 또한, 모빌리티 연구와 모빌리티 개념이 이질적인 여러 분과학문 내의 공간을 차지하고 있다는 것

---

* [역주] 크리스탈나흐트Kristalnacht는 독일어로, 직역하자면 "수정의 밤"이다. 깨진 유리가 반짝이는 밤의 이미지를 표현하는 이 말은, 1938년 나치의 선동으로 대량의 유대인 건물이 파괴되었던 사건을 뜻하는 말이기도 하다.

** [역주] Lagos. 나이지리아 최대의 도시이자 옛 수도.

이다. 이 분과학문들은 다시금 사회과학 내의 더 확립된 모빌리티의 중심에서 밀고 당기는 중이다. 예를 들어, 극장과 공연 연구는 모빌리티, 현상학, 재현의 한계 사이의 관계에 관한 아주 지적이면서 실천에 기반한 토대 작업을 제공해 왔다. 연극 공연에서 당연하게 받아들여지고 어느 정도 안정된 범주인 '현장'과 '장소'의 역할을 재고찰하는 데에서, 모빌리티는 사고와 연구를 위해 특히 생산적이고 활기를 주는 범주가 되었다.[65]

특히 피오나 윌키Fiona Wilkie는[66] 장소의 특정성을 우대하지 않고,

---

**핵심 개념 2.2  극장과 공연에서의 모빌리티**

피오나 윌키가 보기에, 현대의 예술 실천에는 '본질적 모빌리티'가 있다. 현대 공연 예술은 이주에서 가족의 별거에 이르는, 모빌리티 연구자들의 일차 관심사인 주제를 다룰 수 있다. 뿐만 아니라, 현대 공연 예술은 이동을 통해 이루어진다. 리허설, "국가적이거나 국제적인 투어 스케줄"을 위한 이동, "청중의 이동", "문서(예를 들어 대본, 사진, 비디오, 웹사이트)로서, 관람자의 기억과 비평적 반응 속에 남는 극장 투어의" 순회.[67]

이러한 모빌리티에 대한 흥미로운 역사적 검토는, 19세기 말과 20세기 초 극장의 대서양 횡단적, 국가 횡단적 모빌리티에 대한 말리스 슈바이처 Marlis Schweitzer의 탐구에서[68] 찾을 수 있다. 극장과 새로운 대서양 횡단 정기선은 서로를 최대한 이용하려 했으며, 슈바이처가 런던·리버풀·뉴욕 사이의 새로운 "극장 네트워크"라고 칭하는 것을 형성하기 위해 공모하였다. 이 네트워크는 영향력 있었던 브로드웨이 극장 관리자 찰스 프로먼Charles Frohman이 고안한 것이었다.

이러한 새로운 대서양 횡단 해상 여행문화 속에서, 커나드 해운의 자매선 ─루시타니아호號와 모리타니아호─을 통해 극장 방문객, 비평가, 제작 관계자는 뉴욕에서 서쪽으로 샌프란시스코로 가는 철도를 열외 취급하고

---

오히려, 유목주의에 호소함으로써 이 특정성을 무너뜨리기 위해, 그러나 또한 공연장과 예술에서 모빌리티와 현장 사이의 관계를 탐구하기 위해, 공연을 현장밀착적으로 이해하려 한다. 마이크 켈리Mike Kelly의 예술 작품《이동적 농가Mobile Homestead》(2010), 평상형 트럭에 실려 디트로이트에서부터 배송된 조립식 집—물론 디트로이트가 한때 '자동차 도시'로서, 미국의 자동차 이동적 산업의 고향으로 유명했다는 것을 염두에 두자—을 예로 들어 보자. 이 도시의 이제는 유기된 건물은 도시 폐허화에 관한 다양한 논평의 주제가 되었지만,

---

서, 대서양을 횡단하는 동쪽으로의 더 수익성 좋은 시장을 충분히 활용할 수 있었다. 무대의 배우들이 항구에 도착하여 열광하는 청중들 앞에 섰을 때, 갑판과 돛줄은 물론 이 배우들의 연극적 배경이 되어 주었다. 배는 또한 극장 공간일 수도 있었다. 대서양이 제공하는 조건은 극의 제작과 공연에 특히 난감하긴 했지만 말이다. 이후 아퀴타니아호는 1,500석의 히포드롬Hippodrome(본래 고대 그리스의 거대한 경마장을 뜻하던 말. 여기에서 파생되어, 근대 이후 거대한 극장이나 경기장 등에도 이 이름이 붙여지곤 했다.) 극장이자 콘서트홀을 보유한, "보드빌Vaudeville(19세기 말~20세기 초 북아메리카에서 성행한 버라이어티 공연) 해양 순회"[69]가 되었다. 불행히도, 이 순회는 제1차 세계대전 당시 위대한 제작자 프로먼이 루시타니아호에 타고 리버풀항으로 향하던 중 배가 어뢰의 습격을 받으면서 종지부를 찍었다.

■ 더 읽을거리

Schweitzer, M., 'Networking the waves: ocean liners, impresarios and Broadway's Atlantic expansion', *Theatre Survey*, 53: pp. 241 – 267, 2012.

Wilkie, F., *Performance, Transport and Mobility*, Palgrave: Basingstoke, 2015.

Wilkie, F., 'Site-specific performance and the mobility turn', *Contemporary Theatre Review*, 22(2): pp. 203 – 212, 2012.

또한 도시의 쇠락 현장에 대한 '재창조적 침범'에 관심을 가진 탐사적 모빌리티의 주제가 되기도 했다. 켈리의 작품에서, 윌키는 현장 밀착성 내에 있는 몹시 생산적인 긴장을 식별한다. 그것은 공연을 이동적이면서도 동시에 위치와 장소에 밀착된 것으로 본다.

인문학과 예술이 모빌리티를 포용하고 있다면, 지리학 및 마찬가지로 모빌리티에 관심을 가지는 더 넓은 사회과학 내에서는 동시적으로 "창조적 전환"이 일어나고 있다고 주장할 수 있을 것이다. 이 개념은 이 책과 같은 시리즈로 출간된 해리어트 호킨스Harriet Hawkins 의 《창조성》이라는 저작에서[70] 도입되었다. 호킨스의 이 훌륭한 저작은 다른 현장을 중심으로 구성되어 있지만, 창조적 실천의 현장밀착성을 언제나 무효화하려 드는 이동적 긴장을 그녀 또한 의식하고 있다. 호킨스가 주장하듯이, 창조적 실천 및 대상은 "순환"하며, 과학적 실천 및 지식과 마찬가지로 "번역되고 변용된다. 이는 사람들이 상이한 상황에서 상이하게 창조적 실천 및 대상과 만나기 때문이다."[71] 예술적 실천과 대상이 도시의 일시적 공간, 지하 공간을 일깨우거나 잠재울 수 있듯이, 이것들은 또한 모빌리티로서 이 공간을 침범한다.

모빌리티와 예술에 대한 최근의 논평도 비슷한 경향을 식별해 낸다. 수잔 위츠갈Susan Witzgall의 주장에 따르면, 예술가들은 "세계화된 예술 사업의 장 안에서 전시회장, 무역박람회, 그리고 집에-머무는-예술가 시기 사이를 오가는 표류자이자 부랑자로서" 이동 중이다.[72] 더욱이 예술가들은 분석적이다. 이들은 "여행의 조건과 형식,

도판 2.1 1907년 첫 항해 후 군중 앞에 도착하는 루시타니아호. 출처: George Grantham Bain Collection, National Library of Congress

'모빌리티의 지리학과 정치학'''을 탐사한다.[73] 여기에는 예술가, 특히 국제적으로 명성 있는 예술가 모빌리티의 유목주의와 여행 스케줄을 낭만화하려는 경향이 있을 수 있다. 그리고 예술 재료의 경제도 마찬가지로 이동적일 수 있다. 그러나 캐런 캐플런이 경고하듯이, 이동 중의 예술가에 대한 강조는 "망명 중의 예술가"라는 이전의 비유를 회복하는 것이다. 이 비유는 "거리와 분리를 미적인 이점으로서 특권화하지만, 동시에 이러한 조건이 낳을 수 있는 정치적이거나 심리적인 위기는 개탄한다."[74] 위츠갈은 또한 많은 예술 실천가의 생계 수단의 이동적 위태로움, 그리고 학술적 · 전문직업적 · 상업적 산업의 정치경제학도 암시한다. 이러한 문제들은, 예술이 오늘날 견디고 있는 궁핍함이라는 상처의 맥락에서 특히 중요하다.

예술은 모빌리티의 개념, 그리고 이를 표현하고 탐구하는 데에 사용되는 각종 방법과 연구 실천을 확장하는 데에 도움이 될 수 있다.[75] 셸러와 미디어 예술가 하나 아이버슨Hana Iverson이 말하듯이, 이동적 기기로 실험하는 예술과 이들의 무선 네트워크 및 인프라 사이의 관계는 권위주의적 잠재력과 위반의 잠재력 양쪽 모두의 실현 가능성을 증대시킨다. 이들은 묻는다. "어떻게 이동적 지역적 미디어 예술 실천의 등장으로 인해 참여자는 현장밀착성에 빠지면서 또한 원격 네트워크화된 장소에 빠지게 되는가? 어떻게 이것은 지역적 시간성을 펼치면서 또한 더 깊은 집합적 시간과 역사를 펼치는가?"[76]

이러한 사고의 사례 하나를 '코몹Comob'에 대한 젠 서든Jen Southern의 예술적 연구[77]에서 볼 수 있다. 이는 지리적으로는 멀리 있지만 함께 움직이는 친구들의 사회적 네트워크 또는 흔적을 끌어내는 모바일 앱이 가지는 표현적 가능성을 탐사한다. 이를 서던은 "공동모빌리티comobility"라고 부른다(본서 7장, 이동적 연구 방법론으로서 예술적 실천의 잠재력에 대한 논의를 보라). '코몹'은 관계가 지리학적으로 멀리 있을 때조차 현존의 특정 형태가 나타날 수 있게 해 준다. "공동모빌리티는 공간적 · 시간적 · 가상적 공동현존의 한 형태로 간주될 수 있다."고 서던은 쓴다.[78] 그러나 그녀는 공동모빌리티가 반드시 테크놀로지의 수사학이 약속하는 만큼 매끈한 것은 아니라고 경고한다. "여기에는 오류, 실패, 단절이 일어날 수 있다." 이동적 테크놀로지에 대한 사색과 실험은 가장 크게 급증하고 있는 모빌리티 연구의 한 영역을 가리킨다. 이 영역은 이동전화가 제공하는 새로운 가능성에 대한 6장의 논의에서 더 자세히 탐사될 것이다.

건축과 디자인 역시 모빌리티로부터 멀리 떨어졌던 적이 없다. 특히 모빌리티 연구가 종종 도시계획자, 건축가, 인체공학자, 디자이너의 활동 결과와 교류한다는 점을 고려하면 그렇다. 올레 엔센은[79] '위'와 '아래'를 통해 모빌리티를 개념적으로 다루려 한다. 모빌리티는—위로부터—디자인되고 물질적 전제 조건이나 디자인 의도를 가지게 되는데, 이는 모빌리티가—아래로부터—어떻게 수행되고, 실행되고, 심지어 저항되는지와 다를 수 있다. 엔센의 방법은 이를 탐사하는 잘 정돈된 방법이면서 매혹적인 작업으로 이끈다. 예를 들어, 공항 디자인 문화에 관한 안나 니콜라에바Anna Nikolaeva의 연구가 있다.[80] 이 연구는 쉬폴 공항도시의 사례 같은 경우에서, 어떻게 작업 문화의 상이한 집합이 독특한 모빌리티 공간을 생산하는 것을 목표로 할 수 있는지를 탐사한다. 본 저작의 탈고 이전 시점에, 모빌리티 디자인하기에 관한 두 권의 새로운 책이 현재 진행 중이다.[81]

예술적 실천은 또한 중요한 정치적 가능성을 창조할 수 있다. 특히 특정한 시각적 테크놀로지와 기기를 활용하여 인간의 위태로움에 대해 말하는 모빌리티의 다양한 유형과 맥락에 속하는 가능성을 창조할 수 있다. 지네트 버스트레트Ginette Verstraete는 모빌리티를 보조하고 감독하는 테크놀로지를 활용하여 "움직임 제도하기plotting"를 가능하게 하는 예술 실천을 탐사했다.[82] 이어서 논할 개입을 살펴보면, 유럽과 터키, 카스피해 지역, 코카서스와의 주변적 국경 공간이 예술 실천가와 모빌리티 연구자들에게 특히 풍성한 토대를 제공했다는 것은 특기할 만하다. 특히 잘 사용된 미디어는 비디오다. 예술가들은 비디오를 통해 동유럽과 남유럽의 국경 공간의 절망적이거나 소외된 모빌리티를 다루었다. 이는 영국 미술가 키스 파이퍼Keith Piper의 설치 작품《유럽의 허구적 관광객A Fictional Tourist in Europe》(2001)에서 찾을 수 있다. 파이퍼의 작품은 유럽의 다양한 거리와 도로 속에서 '공동체'를 찾는 노동자의 디지털 서사를 통해 유럽의 노동 모빌리티의 논리를 변주한다. 서사는 컴퓨터로 생성되고, 무작위로 병치된 비디오, 이미지, 소리, 단어가 유럽 공간에서의 소외를 표현한다. 버스트레트가 보기에, 이러한 무작위성은 2항 모순에 대한 특히 유럽적인 체험을 소환한다. "관광객과 망명 신청자. 누군가에게는 움직임의 자유, 다른 자에게는 부동성. 즐거움을 위한 여행과 공포의 울타리. 민주주의와 하이테크 보안. 익명의 군중과 개인 신원증명 문서."[83] 파이퍼의 시각성은 환승 대기실, 여권 검사, 가시 돋친 철사와 격자라는 범속한 공간을 담아낸다.

비슷하게, 팀 크레스웰 등은 2006년 브리스틀에서 있었던 대화 중에 불가리아 출신 미술가 에르진 차부쇼글루Ergin Çavuşoğlu의 설치 작품《출발 지점Point of Departure》에 매료되었다. 닐건 베이랙터Nilgun Bayraktar가 보기에, 이 설치 작품은 다수의 비디오 화면으로 참여자를 '에워싸는' 셈인데, 이 화면은 실제로는 터키 트라브존과 런던 스탠스테드 공항에서 촬영한 영상들을 이용하여 가짜 공항을 만들어낸다. 크레스웰은 버스트레트의 격자와 공명하는 차부쇼글루가 프레임을 사용하는 방식에 대해 논평한다. 차부쇼글루가 프레임을 통하여 그려 내려는 것은, 이동적인 사람을 포착하고 분류하는 온갖 종류의 시각적 테크놀로지, 그리고 집행기관과 대중의 수행 양쪽 모두를 감시하고 바라보는 다양한 실천이다. 이를 그는 주체나 행위자의 상이한 위치에서 촬영된 장면들을 시간적으로 불일치하게 재생함으로써 그려 낸다. 베이랙터 또한, 《출발 지점》의 장면들이 촬영된 공항이 유럽 모빌리티의 주변부에 있음을 상기시킨다.[84] 차부쇼글루의 영상은 유럽의 공중 접속점의 중심에 있는 번쩍이는 허브 공항이 아니라, 스탠스테드, 그리고 흑해 연안의 옛 실크로드 경로에 위치한 트라브존 공항 사이의 고도로 차별화된 모빌리티로부터 구축되었다.

물론, 시각 매체 속의 이러한 경향을 검토할 수 있는 것은 예술가만이 아니다. 대중 영화 또한 이러한 풍경 및 불법적 유럽 모빌리티의 흐름을 마찬가지로 극적인 효과를 위하여 폭로했으며, 열렬히 이용했다. '제이슨 본' 영화 시리즈나 〈테이큰〉,[85] 그리고 이 영화를 채우고 있는 유럽의 수많은 장소들에서 일어나는 이주, 섹스 및 마약 매매에 대한 재현을 생각해 보라. 물론 이 영화들에는 베를린과 파리를 횡단하는 수많은 자동차 및 보트 추격전을 통한 과잉 폭력과 초모빌리티hyper mobility가 종종 잔뜩 박혀 있다. 이는 제이슨 본 같은 인물이 국제 국경 경비원과 첩보원을 피해 위조 여권으로 국경을 쉽게 넘는 데에서 드러난다.

유재현Jae-Hyun Yoo 같은 예술가는, 비슷한 모빌리티 주제를 탐사하기는 하지만, 추상 역할을 하는 대상의 카탈로그를 통해 탐사한다. 이는 어떤 모빌리티가 일어나는 맥락과 절망적 상황으로부터 추상된 것이라고 할 수 있다. 예를 들어, 유의 설치 작품《국경 넘기 Border Crossings》는 네 가지 시시한 대상—벽, 사다리, 사원 형태로 설계된 타이어들, 강의 물결 형태—의 병치를 이용하여, 월경자가 직면해야 하는 각종 장애물과 물질적 제약을 친근하게도 만들고 낯설게도 만들었다. 예술의 기능을 현대 모빌리티 및 경계와 관계하는 탐사적이고 표현적인 양상으로 다시 사고하고자 했던 예술계 외부의 학자들이 이 프로젝트에 특별한 관심을 보낸 것은 놀라운 일이 아니다. 비판적 예술 실천이 국경의 방어적이면서 배제적인 성질을 들추어내고 가시화 또는 물질화하려 했다면, 국경을 더욱 환대적이거나 우호적으로 만들려고 했던 다른 예술 형태도 있다.[86] 쿠퍼 Anthony Cooper와 럼퍼드[87]는 잉글랜드-스코틀랜드 경계에 설치하자고 제안된《칼레도니아의 별》, 그리고 유로스타와 영국 켄트의 터널 국경에 있는, 지금은 중지된 엡스플릿Ebbsfleet〔영국 켄트주에 있는 마을〕의 말 조각상을 탐구한다.

　모빌리티와 국경에 대한 이러한 예술적이거나 대중적인 영상적 탐사에서 일어나는 의미 및 물질성의 경제를 고려한다면, 정치와 국제 관계의 장 내에 있는 어떤 영역이 더 명백히 조사할 만한 영역으로 발견된다. 데비 라일Debbie Lisle 같은 저자는 국제 관계, 관광 연구, 정치지리학, 모빌리티의 교차점에서 작업하면서, 전쟁과 관광 사이의 관계를 검토하고, 전 지구적 보안을 통해 관광의 일상적 물질성이 효과적으로 관리되는 방식을 검토한다.[88] 라일은 "사람들은 파리로 가지, 프리슈티나Pristina(코소보의 수도)로 가지 않는다"고 쓴 바 있다.[89] 이때 라일이 지적한 것은 폭력과 분쟁을 가두는 울타리였으나, 2015년 파리의 테러 공격 이후 이 울타리는 현저하고 명백하게 낡은 것이 되었다. 어떤 면에서, 이러한 학술 연구의 대부분은 "새 모빌리티 패러다임"과 이것이 가진 모빌리티의 특정 의미 바깥에서 진화하였다. 클라우디아 아라다우Claudia Aradau, 제프 휘스만스Jef Huysmans, 벤저민 멀러Benjamin Muller, 크리스 럼퍼드Chris Rumford, 마크 솔터Mark Salter, 비키 스콰이어Vicki Squire, 닉 본-윌리엄스Nick Vaughan-Williams, 윌리엄 월터스William Walters는 그 특정한 관심사 때문에 눈이 띈다. 이들은 월경자의 정치를 다루며, 또한 법, 통치 실천, 테크놀로지—이것은 이주자나 난민으로부터 유럽의 로마 여행자까지 이동적 주제를 정찰하고 조직한다—의 결합체assemblage*를 다룬다. 국경 데이터 보안 및 금융 거래의 모빌리티 정치를 다루는 두 왕성한 저자, 루이즈 아무어Louise Amoore와 마리에크 드 괴드Marieke de Goede 역시 국제 관계와 정치지리학의 교차점에서 작업한다.

마크 솔터는,[90] 그러므로 국제 관계의 관점에서 본 모빌리티의 이해는 모빌리티 연구에서 본 모빌리티의 이해와 대조된다고 지적한다. 한편으로 국제 관계는 비교적 국가중심적인 경향이 있었고, 솔

---

* [역주] 질 들뢰즈와 펠릭스 가타리의 존재론에서 사용되는 개념. 결합체는 여러 가지 요소들이 모여서 작동하는 복합체이나, 이질적인 요소로 이루어져 있고, 중심과 위계가 없다는 점에서 전통적인 구조의 복합체와 다르다.

터가 보기에 이는 국가의 통제를 '물신화'하고 이동적 주체의 체험은 충분히 설명하지 못하는 데에서 기인한다. 그러나 다른 한편, 모빌리티 연구는 국제 관계와 국경 연구 문헌과 반대되는 경향이 있다. 그것은 이동적 신체의 행위자적 능력을 숭상하는 대가로 국가와 정부 장치를 더 진지하게 이론화하는 것을 방해했다.

모빌리티가 시민권 · 국경 · 국가권력의 문제, 또는 참여 · 접근 · 사회참여의 사회적 · 문화적 문제와 교차할 수 있기 때문에, 모빌리티는 의료인문학과 사회과학에도 몹시 유의미해졌다. 의료인문학

**핵심 개념 2.3** **국제 관계와 국제정치사회학**

국제 관계, 국경, 보안 연구의 하위분야로서 국제정치사회학은 모빌리티 연구에 헌신하는 학술지를 일컫는 말이기도 하고, 그러한 연구자 집단을 일컫는 말이기도 하다. 이렇게 된 첫 번째 이유는, 정치 및 국제 관계의 분과학문들의 부적합성에 대한 인식이 국제정치사회학의 수립을 주도했기 때문이다. 그러니까, 저 분과학문들은 냉전 종료 이후 세계를 새로이 형태 짓는 고도의 이동적 압박을 다루기에 부적합하다는 것이 증명되고 있다는 인식이 있었던 것이다. 헤이슬러Martin Heisler의 주장에 따르면,[91] 이주 같은 모빌리티 과정으로 인해 외무적·내무적 정책, 기구, 조직이 근본적으로 변용되고 있다. 이들은 본래 다른 쪽 극단에서—특히 소련 이후 국가연합 내에서—거시 규모의 모빌리티와 이주를 다루는 것이었다. 헤이슬러 등은 일종의 다리, 그러니까 "다중적 규모" 모두에 민감한 분석 틀을 찾으려 했다. 그리하여 "정치의 전 지구적 규모와 지역적 규모에서의 체계적 관점"이 "사회적·문화적·경제적·정치적 구조 및 과정에 대한 뉘앙스 있는 분석"과 통합될 수 있게 하려 했던 것이다.[92] 국제정치사회학에서 연구자들은 "난민, 이주자, 실향민, 보호, 보안, 다국적기업, 지원 네트워크advocacy network" 등의 이동적 주체에 주목함으로써 이러한 규

같은 분야는 현재 '의료 투어'라는 이름으로 알려진 것에 대한 상세한 경험적 연구를 위해 특히 중요해졌다. 의료 투어란, 더 저렴하고, 현저하게 더 나은 의료 절차 · 수술 · 제품을 손에 넣기 위해 여행하는 것을 말한다. 다른 의료 모빌리티도 식별되었다. 가령 장기 이식과 관련한 국가 간 무역과 교통을 구성하게 된 의료 모빌리티가 있다. 이 과정을 낸시 셰퍼-휴스Nancy Scheper-Hughes는 "장소와 소유를 빼앗긴 정치적 · 경제적 난민의 신체에 손을 뻗는다"고 묘사한다.[93]

그 밖의 조사 장소로는 응급의료가 있다. 의료인류학자 피터 레드

모들을 논하려 하였다.[94] 모빌리티 연구가 모빌리티의 맥락, 실천, 체험에 주목한다는 점은 이러한 의제에 들어맞는다. 제프 휘스만스와 클라우디아 아라다우는 유럽 모빌리티의 맥락에서, 그리고 "사회성의 한 양상으로서의" 통합의 맥락에서 모빌리티에 대해 쓰려 한다. 어리 등의 학자보다는 게오르크 지멜에 근거하여, 이들은 모빌리티를 시민권에 내밀하게 결부된 것으로 보려 한다. 시민권은 "교환관계, 그중에서도 금전 거래로 가장 눈에 띄게 표현되는 교환관계를 통해 구성"된다.[95]

이러한 목적을 위해 국제정치사회학 내에서 모빌리티에 영향 받은 작업들은, "정치가 실행되는 구체적 현장과 기관에 대한"—가령 공항 터미널이나 국경의 공간—아니면 신체와 사물의 이동적 실천의 수준에 대한 "더욱 겸손한 검토"를 더 확실히 주목하려 했다.

■ 더 읽을거리

Aradau, C., Huysmans, J., and Squire, V., 'Acts of European citizenship: a political sociology of mobility', JCMS: Journal of Common Market Studies, 48(4): pp. 945 – 965, 2010.

Bigo, D. and Walker, R. B. J., 'International, political, sociology', International Political Sociology, 1(1): pp. 1 – 5, 2007.

Heisler, M. O., 'Migration, international relations and the New Europe: theoretical perspectives from institutional political sociology', International Migration Review, pp. 596 – 622, 1992.

필드Peter Redfield[96]는 재앙에서 도망치는 사람, 지원하는 의료진, 이들이 가져온 기계 및 물건 결합체의 모빌리티를 검토하였다. 이때 그는 국경 없는 의사회 같은 조직을 기술하는, 상세하지만 이동적인 기구 문화기술지institutional ethnography를 이용했다. 레드필드의 연구 수행은 복잡한 국제적 법 체제, 지정학적 힘, 또한 그가—그리고 국경 없는 의사회가—현지에서 발견하는 폭력적인 조건 및 물질성과의 교섭을 요구했다. 다른 모빌리티와 마찬가지로 이들은 사회적으로 고도로 분화되어 있다. 우리는 이러한 문헌에서, 국경 없는 의사회가 고용한 해당 국가의 직원, 긴급의료지원·건강 관리·건강 물품을 제공하기 위해 반드시 이동적이어야 하는 국제 지원 활동가와 이들이 돕기 위해 이동시킨 사람 사이의 큰 차이를 볼 수 있다. 레드필드가 대조하다시피, "물질적으로 무겁고 사회적으로 가벼운 국외 거주자들은 언제나 우연적 요소로 보이고, 멀리 있는 관심사에 휩쓸려 간 것으로 보인다. 물질적으로 가볍고 사회적으로 무거운 해당 국가의 직원은 굳건히 배치되어 있는, 지역사 내의 반복적 행위자다."[97] 모빌리티, 지원, 제국주의 사이의 관계를 우리가 인식할 수 있는 것은 놀랄 일이 아니다. 이에 관해서는 다음 절에서 더 자세히 다룰 것이다.

'의료 투어' 연구는 저렴하거나 안전한 건강 관리를 요구하는 부유한 서양인의 이미지를 소환한다. 그러나, 로버츠Elizabeth Roberts와 셰퍼–휴가 주장하듯이, 상황은 그렇게 분명하지 않다.

오늘날의 의료 이주자는 가난하고 의료적 권리가 박탈되어, 목숨을 구해 줄 약, 치료법, 교정 수술을 고향에서는 얻을 수 없어서 이를 필사적으로 찾는 사람이다. 어떤 의료 이주자는 소위 '불법이주자', 관광객 비자 없이 이동하는, 문서로 기록되지 않는 사람이다. 여기에는 공식 세관 절차를 통한 입국을 피하고, 일자리가 아니라 공공병원, 클리닉, 응급실에서 행해지는 미국의 건강 관리 체계를 찾아 미국으로 은밀히 들어온 많은 멕시코인과 중앙아메리카인이 있다.[98]

더 나아가, 다른 사회과학의 관점에서 의료 모빌리티는 국경을 넘지 않고 건강 서비스를 제공하는 곳으로, 곳으로부터, 곳을 지나 움직일 수 있는 모빌리티를 요구하는 건강 서비스 접근권 문제 같은 일군의 다양한 사회적 문제를 아우른다. 대중의 건강을 장려하고 '비만의 화산'에 대한 우려를 설파하는 국가적 정책 전략의 한 형태로 성장하고 있는 '활동적 이동active travel'〔걷기, 달리기, 자전거 타기 등 기계의 힘이 아니라 신체적 힘을 이용하는 이동 형태〕에 대한 책임과 관련하여(이것이 왜 특히나 문제적인지는 4장에서 볼 것이다), 걷기부터 달리기와 자전거 타기에 이르는 모빌리티는 의료 인문학과 사회과학 내에서 폭넓게 검토되어 왔다.

## 대안적 모빌리티: 서발턴, 탈식민주의, 북반구 너머

위의 절을 통해 모빌리티 논쟁이 이질적인 분과학문적 · 학제적 공간을 장악하고 거기에 뿌리내렸음을 강하게 느꼈다. 본 절에서는 어떤 모빌리티 연구에는, 실은 이런 연구를 지지하는 학계 · 기구 · 네트워크 · 자금 지원자에는 특정한 사회적 · 문화적 · 정치적 · 경제적 관점을 재생산하는 경향이 있음을 검토할 것이다. 이 관점은 특히 영어권의 전통 내에서, 특히 북반구에 위치한 모빌리티 연구자들이 주도한 관점이다. 물론 이는 학술 연구에 대한 흔한 비판이다. 또한 이러한 발전이 점점 더 국경을 넘고 있는 연구 네트워크와 클러스터 내에서 작업하는 비교적 이동적인 연구자들과 연관될 수 있다는 점도 관찰할 수 있다. 이들은 서유럽, 북유럽, 북아메리카 주위로 클러스터를 이루고 있는 네트워크 안에 위치하는 경향이 있지만, 상황은 변화하고 있다.

그러므로 모빌리티 연구가 라틴아메리카, 남아시아, 북아프리카, 오스트랄라시아의 연구자들이 주도하는 모빌리티 연구의 다변성을 더 충분히 대변하게 될 이유는 많다. 그러나 영어로 글을 쓰며 영어를 말하는 연구자들이 주도하는 접근법이 재생산된다는 점도 지적할 가치가 있다. 이는 모빌리티 연구가 북유럽, 스칸디나비아, 북아메리카에 집중되어 있고, 이들이 모빌리티 문헌 내에서 잘 대변된다는 점에 비추어 볼 때 놀랍지 않다. 모빌리티에 관한 문헌이 프랑스, 독일, 스페인 등에 이미 존재하고 잘 발달되어 있음에도 불구하고, 모빌리티 연구는 '북반구' 내에서조차 이러한 지역을 곧잘 열외 취급해 왔다. 학술지 《횡단Traverse》 중 바르바라 뤼티Barbara Lüthi와 파트리치아 푸르트셔트Patricia Purtschert가 편집한 "안전과 모빌리티Sicherheit und Mobilität, Sécurité et mobilité, Security and Mobility"를 주제로 한 호는 예외가 될 것이다.[99] 이 책은 독일어, 프랑스어, 영어로 된 장을 싣고 있다. 이러한 편향이 다른 분과학문에도 드문 것은 아니지만, 모빌리티 연구라는 장은 거리를 둔 학술 연구 또는 심하게 집중된 학술 연구의 보편주의를 피하려 애쓰고 있으므로 이 점이 더 눈이 띨 수 있다.

프랑스어권 모빌리티 연구자 집단은 아마도 가장 발달된 집단일 텐데, 모빌리티 연구를 다룬 영어권 주류 출판물에서는 충분히 탐사되지 않고 있다. 뇌샤텔Neuchatel〔스위스의 주 이름〕의 연구자 집단, 그리고 베른·로잔·취리히 사이의 스위스 연구 네트워크 **MOVE**의 연구자 집단이 편집한 책《비판적 모빌리티》가 있기는 하다. 루틀리지와 로잔 스위스 연방 테크놀로지 연구소Swiss Federal Institute of Technology in Lausanne: EFPL가 출판한 이 책은, 모빌리티와 권력의 상호작용을 중심에 놓고 있다. 본 저작의 제1판 역시 프랑스어나 프랑스어권 연구자에 의해 출간된 모빌리티 연구를 거의 참조하지 않았다. 이는 의심의 여지없이 이런 종류의 저작으로서는 심대한 누락이었다. 이는 모빌리티 연구 내에 언어를 넘어선 협력이 결여되어 있음을 반영하는 것이다.

나는 운이 좋게도 '현대 도시적 모빌리티의 감각적 수수께끼Les Engimes Sensibles des Mobilités Urbaines Contemporaines'(2010~2014)라는 이름의 연구 네트워크와 함께 작업할 수 있었다. 프랑스 국가연구청 Agence Nationale Recherche: ANR의 자금 지원을 받은 이 네트워크는, 그르노블에 위치한 **CRESSON**\*의 라셸 토머스Rachel Thomas가 관리했다.

---

\* [역주] Le Centre de Recherche sur l'Espace Sonore et l'environnement urbain. 음향 공간과 도시 환경 연구센터. 그르노블에 위치한 분위기·건축·도시성 연구소Laboratoire AAU 산하에 있다.

우리 연구의 축을 이끈 사람을 다미앙 마송Damien Masson(현재 세르지-퐁투아즈 대학에 있다)이었고, 우리는 모빌리티 현장 맥락 내에서의 분위기, 감시, 보안이라는 주제를 갖고 현장 방문과 워크샵, 세미나, 컨퍼런스를 진행했다. 이를 통해 우리는 개념, 방법, 재료를 가지고 토론하고 실험하고, 공통의 기반을 찾고, 모빌리티 및 관련 주제에 접근하는 방식에서의 극명한 차이를 찾아내는 시간을 가질 수 있었다. 이러한 형태의 교류 없이는 파편화된 분야들 내에서, 또 이 분야들을 가로질러 대화를 유지하기란 어렵다.

본 장의 뒤에서 우리는, 특히 프랑스 및 프랑스어권의 개인과 기관으로 이루어진 다양한 모빌리티 연구 네트워크 및 자금 지원자를 살펴볼 것이다. 북유럽과 독일어권 연구자들 또한 왕성하게 모빌리티 연구를 진행해 왔다.

모빌리티 연구 및 조사의 각종 관점 · 이론 · 대상에 깊게 뿌리내리고 있는 서구가 누리는 다른 형태의 특권 역시 중요하다. 모빌리티 연구는 북반구에서 모빌리티를 연구하는 북반구 출신 저자들에 의해 지배되는 경향이 있다고 싱가포르의 학자 웨이치앙 린Weiqiang Lin은 설득력 있게 주장한다. "이러한 경험적 편향은, 세계―'유럽' 같은 소위 '개발된' 세계를 포함하여―가 움직이는 방식에 보편성이 있다는 함축을 가질 위험이 있다." "공간을 가로지르는 관용과 제한에 관한 역사, 태도, 테크놀로지적 수단, 정책 내의 명확한 차이에도 불구하고" 말이다.[100] 이 요점은 앞서 살펴본, 차이를 젠더화되고 계급화된 모빌리티로 인식하는 것만큼이나 명확하다. "그래서 모빌리티가 다채로운 것이라고 할 때, 현재의 연구도 이러한 '다른' 현현에 더 세밀히 눈을 돌릴 필요가 있고, 모빌리티 연구자들이 이미 연구 중인 것과의 연관 속에서 이러한 현현이 어떻게 등장하는지를 추궁할 필요가 있다."[101]

이 문제들은 '새 모빌리티 패러다임' 훨씬 전부터, 학술적 분과의 역사 내에서 모빌리티가 이해되고 탐사되어 온 방식과 꾸준히 얽혀 있었다. 이 문제들은 유럽 제국주의의 기획 내에서 모빌리티가 수행된 방식을 반영하기도 하며, 이 방식은 또한 우리의 인식 실천을 형태 짓고 틀 잡았다. 토니 밸런타인Tony Ballantyne이 아주 명확하게 표현하듯이, "모빌리티는 제국의 핏줄"이었고,[102] 아마도 언제나 그래 왔을 것이다. 그러나 이러한 상황이 얼마나 광범위한지가 명백히 드러난 것은 유럽에서 개시된 15세기 해상제국 때였다. 당시의 탐사, 정복, 무역, 정착의 에너지는 세계의 다른 부분, 에드워드 사이드가 "상상적 지리학"이라고 부른 곳이[103] 그려지고, 이해되고, 행해진 방식을 형태 지었다. 이런 주장은 이제는 탈제국주의 저자들에게도 공통적이다. 이들도 오래전부터 상당한 정도로 다양한 형태의 모빌리티에, 특히 여행 수필과 폭넓은 지식의 회로, 사이드 등이 추적한 논문의 회로에까지 관심을 두었다. 이 결정적인 회로를 통해 오지에 관한 특정한 상상도 구성되었다.

아마도 쿠엔Julia Kuehn과 스메서스트Paul Smethurst가 이를 가장 잘 표현했을 것이다. "유럽 제국주의 정치에 결정적이었던 것은 유럽의 모빌리티였다. 이를 통해 지식은, 종종 무계획적으로, 제국의 중심으로 수집되고 돌아왔다. 제국의 중심에서 지식은 정제되고, 구체화되고, 이후의 탐사와 발견을 인도하는 데에 사용되었다.”[104] 서구의 모빌리티는 제국의 특정한 담론적 영토를 생산했다. 이 영토는 극히 이분법적이었으며, “서구의 모빌리티, 과학, (근대의) 진보”를 “‘나머지 지역’의 역사적·지리학적 정체<sub>停滯</sub>”에 본질적으로 반하는 것으로 또는 대조되는 것으로 위치시켰다. 한 마디로, 서구 제국주의와 식민주의는 그 출발점이었던 유럽과 그것이 여행하고 정복하려 했던 세계 다른 부분 사이의 경계선을 상상했다.

지리학은 제국 및 제국의 성향을 체화한 유일한 학문 분야라고 애써 주장하려는 것은 아니지만, 지리학이 이러한 경향을 가장 명백하게 보여 준 몇 가지 예는 살펴볼 수 있다. 특히 북유럽 바깥의 표면적인 낙후와 상대적 정체 또는 부동성 이미지가 이에 해당한다. 전문화된 학술적 지리학의 역사를 통해 우리는 역사지리학자 펠릭스 드라이버<sub>Felix Driver</sub>가 “지리학 민병대”라고 부른 것에 주목할 수 있다. ‘지리학 민병대’란 제국(제국주의, 개발, 정착)에 봉사하려는 목적으로 지리학적 지식을 체계화한 지리학이다. 이는 탐사, 조사, 수집의 모빌리티를 통해서만 성취될 수 있었다. 군사 측량사이자 1899년 왕립지리학협회장이 되는 사람의 연설을 통해 드라이버가 보여 주듯이,[105] 지리학은 식민적 실천에 연루된 분과학문이었다. 이 학문의 관점에 따르면, 세계는 지식 획득과 자원 확보, 자본주의적 채굴 및 착취를 하라고 서구 모빌리티를 손짓하여 부르는 개방된 표면이었다.

유럽과 아시아, 아프리카, 아메리카 어디를 보든지 간에, 정치지리
학의 끝없는 정경이 우리 앞에 펼쳐진다. 탐사되고 개발되어야 할 육
지와 바다의 광대한 영역이다. 아직은 어둠침침하고 미규정적인 오지
지역에서 백인이 짊어져야 할 거대한 노고의 전망 말이다.[106]

명확하게도, 인류학 같은(위에서 논했듯이) 여타 학술 분야도 이러
한 모빌리티와 과학적 실천을 반영할 것이다.

이 역사들을 통해 우리는 모빌리티가 고도로 계급화 · 인종화
되어 있고, 제국의 제국주의적 야망을 쉽게 표현할 수 있다는 것
을 알게 된다. 심지어 근대의 학술적 지리학도 이러한 오리엔탈화
Orientalizing, 본질적으로 인종주의적인 경향을 보인다. 우리가 볼 수
있는 가장 명백하고 극단적인 장소 중 하나는 1928년《경제적 지리
학 저널》에 출간된 미시건의 지리학자이자 교수인 마크 제퍼슨Mark
Jefferson의 진기한 논문〈문명화를 행하는 철도〉일 것이다.

물론 제국의 모빌리티는 사회적 차이의 다른 선을 따라 형성된 다
른 불평등과 교차한다. 오스트레일리아의 남극 영토(오스트레일리
아령 남극 준주Australian Antarctic Territories)에 대한 주권 주장이라는 비교
적 현대적인 사건의 맥락에서, 크리스티 콜리스Christy Collis는 제국주
의적 확장과 탐사의 영웅적 · 남성적인 이동적 실천 내에 "'젠더화
된 공간적 이분법'이 명확하다"고 쓴다.[107] 클로스 도즈Klaus Dodds[108]
역시 반대쪽 극에서 작동하는 캐나다의 가부장적 주권 수행 내에
서 이와 비슷한 영토 유지의 실천을 본다. 그는 전 수상 스티븐 하퍼

Stephen Harper의 다양한 근육질 모빌리티를 식별했다. 가령, 그는 북쪽 영토에 있는 투크토야크투크 공항 활주로를 전지형全地形 만능차로 내달림으로써, 전략적으로 북극에 존재하려 하는 캐나다의 정책에 대한 캐나다인의 관심을 자극하려 했다.

탐험가는 종종 걸음의 모빌리티를 수행하는데, 이는 그 자체로 서사화의 한 형식이다. 이는 종종 여행일지나 탐험가의 자서전으로

---

**핵심 개념 2.4** **문명을 만드는 철도: 지리학 역사에서 모빌리티와 인종**

미시건 주립 보통학교Michigan State Normal College(1853년에 개교한, 현 미시건 주립대학의 전신) 교수였던 제퍼슨의 출간물 중에는 미국 도시인구의 지리학적 분포에 관한 영향력 있는 논문들이 있다. 1928년《경제 지리학》에 실린 논문에서 제퍼슨은 유럽, 동유럽, 러시아, 북아메리카에 걸친 철도 인프라의 위치 사이의 관계를 탐사했다. 그의 목표는 인구의 분포를 탐구하는 것이었지만, 특히 철도가 수행한다고 하는 문명화 또는 "고귀화enobling"를 행하는—공동체의 수준을 높이는—과정, 사람들을 낙후 상태나 빈곤으로부터 근대로 옮기는 과정도 탐구했다.

제러미 크램턴Jeremy Crampton이 탐구했듯이, 제퍼슨은 이사야 보우먼 Isaiah Bowman을 가르치기도 했다. 보우먼과 제퍼슨은 미국 지리학회의 회장과 주임 지도 제작자로서 파리평화회의에서 주도적인 역할을 했다. 이 회의는 제1차 세계대전 이후 국경을 어떻게 새로 그릴지를 결정했다. 이전의 19세기 주석가들과 마찬가지로, 제퍼슨은 철도를 태동 단계에 붙잡혀 있는 공동체에 변화를 일으킬 행위자로 보았다. "아버지의 방식을 고집하면서열등함을 받아들이는 구식 농민이, 여기 기관의 호각 소리와 신문의 바스락거리는 소리 앞에서 사라져 버렸다."[109] 제퍼슨의 산문에서 명확히 드러나는 것은 인도 아대륙, 북아프리카, 심지어 그의 고국 미국에서 제공되는 철도에서 그가 본 모빌리티를, 그보다 더 낮은 계급이나 인종에게도 긍정적인 힘을 가지는 것으로 제시한다는 것이다. 그 이전에

---

제국을 지지했던 사람들처럼, 제퍼슨도 철도 모빌리티가 문명화 기능을 한다고 보았다. 철도는 그보다 불행한 이들을 평등하게 만드는 장치 이상이라고 보았기 때문이다. 북반구인, 서구인으로서 그가 가지는 특권은 그의 언어 역시 경멸적이고 비인간적임을 뜻한다.

> "우리는 이런 것을 오지에서 볼 수 있다. 니그로들은 미시시피에서 '캬 cyar를 타고'〔철도 차량car의 발음〕 월급날 생긴 부를 낭비한다. 인도의 힌두교도나 알제리의 아랍인은 영국이나 프랑스의 기차 계단에 떼 지어 매달려 있다."[110]

가장 노골적인 것은, 제퍼슨도 제국의 약속처럼 철도를 백인 문명의 확장으로 보고, 백인 문명의 손길이 닿은 자를 유럽의 백인 주인에게 복종하는 자로 본다는 것이다. 제퍼슨이 쓴 다음 문장은 주목할 만하다.

> "이 유색의 형제들, 유럽적 발상의 손이 닿지 않은 고대적 사고방식을 지키려는 질투에 찬 자들은, 열망적으로 자기 인격을 백인의 탈것에 태운다. '가고' 싶어 하지 않을 정도로 낙후된 사람은 없다. 이것이 백인 문명의 수용, 백인의 우월성이라는 발상을 수용하는 첫 시작이다. 이는 권력을 부정하면 고통스럽기 때문에 권력을 수용하는 노예로서가 아니라, 아직 자기가 하지 못하며 어떻게 해야 하는지도 모르는 것을 선생님이 할 수 있다는 것을 인식한 학생으로서의 수용이다."[111]

모빌리티에 대한 이러한 발상이 중요하다는 것은 의심할 여지가 없다. 이는 학자와 학생에게만 중요한 것이 아니라, 우리의 개념과 연구가 어떻게 이동하는지와 관련해서도 중요하다.

■ 더 읽을거리

Crampton, J., 'Maps, race and Foucault: eugenics and territorialization following World War I', in Crampton, J. and Elden, S. (eds), *Space, Knowledge, Power: Foucault and Geography*, Ashgate, Aldershot, pp. 223–244, 2007.

Jefferson, M., 'The civilizing rails', *Economic Geography*, 4(3): pp. 217–231, 1928.

번역된다. 이 점을 고려하여, 콜리스는 오스트레일리아의 남극 영토 주장을 "이동적 획득의 이야기"[112]라고 부른다. 콜리스가 보기에, 변방에 대한 남성주의적 탐사는 "식민지적 점령의 여성화된 공간"에 이르는 길을 제공한다. 식민화는 정적이고 여성적인 것으로, 정착의 소유적이고 점령적인 형태로 나타난다. 문제는, 식민주의에 대한 이러한 묘사가 낡은 것이 아니라는 점이다. 1929년 오스트레일리아의 첫 탐사대가 남극 동부로 원정을 갔을 때 시작된 오스트레일리아의 제국주의적 야망의 모빌리티와 남성주의적 성격은 식민화라는 여성화 과정 속에 여전히 보존되고자 한다. 1975년까지 오스트레일리아령 남극에 여성은 금지되었는데, 이는 신체적 대피의 가장 원초적인 형태인 여성용 화장실 시설이 없었기 때문으로 추정된다. 다른 확장주의자와 탐사 개척자를 상기시키는 이 이야기는, 가혹하고도 위험한 여정의 낭만적·남성적·근육적·영웅적 모빌리티를 어떤 방식으로 보존했는지 보여 준다.

정착형 식민지 사회에 관한 어떤 상象은 부동성이나 안정성의 느낌을 강조할 수도 있지만, 정착은 그 나름의 모빌리티를 생산하기도 한다. 밸런타인은 오스트레일리아로 수송된 수형자의 모빌리티들의 관계를 그려 낸다. 수형자들은 이후 중요한 경제적·인프라적 기획의 건설과 발전을 위해 일해야 했다.[113] 그 밖의 덜 비우호적인 영토의 식민화도 그 나름의 모빌리티를 요구했다. 1920년대 레바논에 대한 프랑스의 식민적 위임통치에서 먼로가 보여 주듯이,[114] 프랑스 당국이 이 나라의 지도를 그리는 능력에서, 그리고 더 멀리 있는 시골 공동체에 문명화하는 힘을 행사하는 데에서 자동차 투어는 본질적이었다. 먼로의 주장에 따르면, 자동차 모빌리티는 "'발전'을 보여 주는 것이면서 동시에 '발전을 일으키는' 것이었다."[115] 그러나 여기에도 긴장은 있다. 식민주의의 소위 개발적 모빌리티는 이것이 마주친 토착적 모빌리티를 감추고, 대체하고, 여러 가지 방식으로, 종종 폭력적으로 교정했다. 밸런타인은 다시 한 번, 오스트레일리아 북부 및 토레스 해협에 있는 인근 섬에 대한 영국의 식민화를 검토한 중요한 역사적 작업을 요약한다. 영국은 "사람을 육지와" 묶음으로써, "그들을 판독 가능하게 하고, 국가권력에 선뜻 종속될 수 있게" 하는 "일반적 충동"에 봉사했다. 이는 이어서, "토착민과 아시아 출신 양쪽 모두의 모빌리티"를 제약했다.[116]

모빌리티 연구자들이 북반구에서 출발하여 다양한 식민적 기획을 통해 외부를 바라보고 외부로 나아가는 모빌리티를 연구했던 방식으로, 이들은 또한 이러한 움직임을 다양한 방향에서 이해하려 했다. 서구의 제국주의적·식민적 과정을 어떻게 이들의 중심뿐만 아니라, 그 '가장자리' 또는 '주변부', '외부'의 서발턴 이동(부동)적 행위자, 주체와 객체에 의해서도 구성된 것으로 이해할 수 있을까? 그리하여 일부 학자들은 모빌리티 개념 자체를 탈중심화하기 시작했다.

미미 셸러의 선도적인 저작 《카리브해를 소비하기》[117]는 충격적이리만치 독창적인 탈식민주의 연구를 전개한다. 이 연구가 초점을 맞추는 모빌리티/부동성은, 카리브해의 고도로 이동적인 식민사 그리고 식민화에 공통적인 "젠더화, 인종화, 지배"의 과정과 이 식민사와의 관계에서 드러나는 모빌리티/부동성이다. 근대 관광업의 재현과 논리로 성립된 현대적인 관점은 카리브해를 느리고 한가로운 공간으로 보지만, 셸러가 들추어내는 것은 지난 5백 년간 모빌리티를 통해 깊이 형태 지어진 지역이다. 유럽의 분쟁이나 질병에 떠밀려 카리브해로 온 토착민의 이주, 유럽인의 카리브해 이동("탐험가, 농장주, 정착자, 총독, 선교사, 여행자"), 유대인의 축출, 아프리카 흑인의 노예화와 대서양 횡단 수송, 인도와 중국에서 온 계약직 노동력, 카리브해 안팎에서 일어난 노동자의 움직임, 북아메리카인 여행자("관광객, 군인, 선원, '고문', 국외 거주자"), "정치적 공포나 빈곤, 저개발의 결과로부터 탈출하려는 난민의 도주, 망명 신청, 소위 '보트 피플'"[118] 셸러의 접근법은, 카리브해 사회와 (탈)식민적 권력의 기동을 구성한 (강제적이거나, 자발적이거나, 강요되는 등의) 모빌리티와 부동성(정착, 그대로 있음, 움직일 수 없음)의 모순적 과정을 검토하는 것이다. 셸러 이후로 많은 저자들이 탈식민 모빌리티에 관한 이 주목할 만하고, 상황적이고, 역사적인 접근법을 이어 갔다.[119]

학술지《트랜스퍼스》중 조진 클라슨의 특간호(2015)는 아마도 이러한 에너지를 조직화한 가장 뛰어난 집결과 노력 중 하나일 것이다. 이 특간호는 몇 가지 탈중심화 운동을 시사한다. 이 운동은 모빌리티 연구를 북반구에 대한, 또한 북반구로부터의 관점으로부터 정착형 식민적 오스트랄라시아와 이를 둘러싼 해양 공간이라고 부를 수 있을 공간으로 이전시키는 과제에서 작동하고 있거나, 결정적이다. 우리가 보았듯이, 선식민시대-식민시대-탈식민시대를 향한 이러한 운동 속에는 사회과학을 넘어 (역사학, 심지어 법학 같은 분과학문까지 포함하는) 인문학으로 향하는 모빌리티 연구의 더 넓은 범위가 있다고 클라슨 등은 말한다. 예를 들어, 학술지《법, 텍스트, 문화 Law, Text, Culture》중 수퍼트Nan Seuffert와 쿠쿠타이Tahn Kukutai의 특간호 (2011)는 클라슨, 밸런타인 등과 비슷한 맥락에서 식민주의의 역사 내에서 모빌리티의 규제에 초점을 맞춘다. 정착형 식민주의 과정, 심지어 탈식민주의 과정에서도, 모빌리티와 부동성의 장소를 클라슨이 "정초 조건과 가능 근거"라고 부르는 것으로서 인식하는 것이다. 클라슨은 이렇게 주장한다.

정착자 사회는 모틸리티*와 모빌리티에 따라 규정되는—이를 통해 표현되고 이에 의해 측정되는—진행 중인 물질적·사회적·문화적 과정으로 구성되어 있고, 계속해서 이 과정에 의해 구조화된다. 정착형 식민주의의 토대에는 정착자의 잠재적이기도 하고 실제적이기도 한 능력이 있다. 그것은, 정착자가 자율적이고 자주적인 주체로서 세계 속을, 그리고 자기 영토라고 주장하는 곳을 가로질러 돌아다닐 수 있는 능력—그리고 역으로, 토착민의 모빌리티를 제한하고 통제하는, 이전에 이 영토를 주권적으로 소유했던 자를 부동화하는 능력이다.[120]

---

* [역주] motility. 모틸리티는 본래 생물학의 용어로서, 유기체가 스스로 움직일 수 있는 능력을 뜻한다. 이러한 의미에서 모틸리티는, 대상이 움직여질 수 있는 능력으로서의 모빌리티와 대조되는 개념이다. 카우프만은 모틸리티를 사회적으로 해석하여, 모빌리티를 가동시킬 자본을 동원할 수 있는 잠재력으로 보았다. 자세한 설명은 핵심 개념 4.5 참조.

클라슨은 정착형 식민적 체험을 구성하는 이동적 "사람, 동물, 사물, 관념"에 대한 검토를 고무한다. 또한, 북반구에서 유래한 지배적 모빌리티 접근법을 피해 갔을, 인간 이외의 이동적 삶에 대안적으로 초점을 맞출 것을 고무한다. 물론 식민주의자에 의한 식민적 삶의 비인간화는 작동 중인 권력관계의 비교적 잘 관찰된 특성이다. 뒤의 **사례 연구 6.1**에서 우리는 이러한 경향을 예화하고 복잡화하는 식민지 서인도제도에 대한 데이비드 램버트David Lambert의 연구를 볼 것이다. 여기에서 그는 말, 노예, 지주의 공동 모빌리티(이 용어의 강조점은 위에서 논했던 젠 서던의 비슷한 용어와 다른 곳에 있다)을 탐구한다. 이러한 개념은 클래퍼턴 마붕가Clapperton Mavhunga[121]에 의해 한층 더 복잡해진다. 마붕가는 식민적·탈식민적 통치권력의 논리와 합리성을 탈중심화하기 위해 비본질주의적·탈인문주의적 사고틀을 채택한다. 종종 짐바브웨의 관점에서 오는 마붕가 저술의 지렛목에서, 그는 폭력적인 정치적 억압을 정당화하기 위해 인간 이하로 만들고, 해충화·동물화하는 식민적 경향을 모빌리티라는 양상을 통해 비판한다. 삶의 방식을 파괴하는 치명적인 화학 약품과 살충제에 대한 관리 체제는 생물정치를 초과하며, 이러한 관리 체제를 위협하고, 탈인간화하고, 정당화하는 것이 모빌리티다. 결정적으로, 마붕가는 식민주의에서 부각되는 인간–동물 관계를 놀랄 만큼 정치적이고 교란적인 것으로 다시 사고한다. 파리와 해충, 소와 코끼리의 사례를 통해 우리가 식민지 정착 실천을 근본적으로 위태로운 것으로 이해하고, 자율적인 곤충과 동물이 식민지 정착 실천의 전복을 추동하는 것을 이해할 수 있다고 본다는 점에서 그렇다. 짐바브웨에서 일어난 서구 식민적 정착의 물류는 전염병 모빌리티의 새로운 매개체를 방해하고 또 생산했으며, 이들은 복수를 자행했다.

모빌리티 연구의 확장과 탈중심화는 남반구에서도 볼 수 있지만, 서구 너머도 봐야 한다. 이미 많은 저자들이 동유럽에서의 탈공산주의적 또는 탈사회주의적 전이에 대한 연구의 맥락에서 그렇게 해 왔다. 이를 주도한 것은, 캐시 버렐Kathy Burrel과 카트린 회셸만Katrin Hörschelmann 같은 저자들이다. 이들은 논문집 《사회주의 국가와 탈사회주의 국가에서의 모빌리티》[122]를 편집하기도 했다. 이 책은 대중적 이미지가 어떤 일반적 이미지들 내에서 유지되었는지를 보여 준다. 이 일반적 이미지가 그려 내는 것은, 더 자본주의적인 사회가 향유하는 것으로 보이는 모빌리티 자유와 대립하는 사회주의 내의 모빌리티 빈곤이라는 풍토적으로 보이는 조건이다.

그러나 버렐과 회셸만이 주장하듯이, 이러한 관념은 모빌리티의 "주요한 이데올로기적 의미와 그 의미에 대한 옹호"가 "근대의 표징으로서" 사회주의 사회에 깊이 내장되어 있다는 것을 은폐한다.[123] 이러한 이미지는 1989/90년 이후 광범위하게 탈사회주의로 전이한 나라들 사이의 모빌리티 인프라, 시스템, 자동차나 자전거 같은 테크놀로지의 차이를 곧잘 부정하거나 물신화했다. 더욱이, 에스토니아 탈린의 주차 상황을 맥락으로 하여 타우리 투비케네Tauri Tuvikene가 탐구했듯이,[124] 모빌리티, 모빌리티의 정책과 문화, 그리고 탈사회주의적 전이 사이의 정확한 관계에 대한 의미 있는 이해는 계속

결여되어 있었다. 투비케네가 보여 주듯이, 모빌리티와 주차할 권리는 에스토니아의 정치적·경제적 자유와 풀어낼 수 없이 묶여 있다. 이 나라가 소비에트 지배 하에 있었던 과거로부터 자신을 분리하려는 명확한 노력으로서, 에스토니아 헌법은 일부러 주차를 그래서 자동차 모빌리티 실천을 탈규제했다(주차 이동(부동)성에 관한 더 넓은 연구로는 메리먼 2016을 보라). 많은 탈소비에트 도시에서 자동차의 소유와 이용은 극적으로 증가했다. 이는 도시에 심각한 공간 문제를 낳았고, 부카레스트 같은 예에서는 인도나 포장보도 같은 보행자 공간이 주차에 사용됨으로써 "재-인프라화"가 일어나고 있다.[125]

도판 2.2 에스토니아 탈린의 비공식적 주차. 출처: Tauri Tuvikene

이러한 작업의 좋은 예는 안나 플류슈테바Anna Plyushteva와 밀레나 코마로바Milena Komarova에서 찾을 수 있다. 이들은 불가리아 소피아에서의 다양한 일상적, 또는 익숙한 모빌리티를 탐사했다. 플류슈테바와 코마로바 모두 소피아의 공적 삶에 대한 접근가능성과 모빌리티의 관계를 검토한다. 이 지역에는 공산주의의 몰락이 도래함으로써, 그리고 자동차 같은 사적으로 보이는 모빌리티 형태에 대한 투자가 증가함으로써 공적 영역이 침식되었다는 서사가 있는데, 두 저자 모두 이에 비판적이다.

코마로바는 도시의 거리를 헤쳐 나가는 도시의 보행자가 체험하는 도시의 폐허화에 초점을 맞춘다. 이는 국가 주도적이기도 하고 개인 주도적이기도 하다. 코마로바가 다룬 인터뷰 중에서도, 친구와 대화하는 알렉산더와의 인터뷰가 가장 시사점이 많다. 두 사람은 스위스에서의 걷기 경험과 소피아의 쇠퇴해 가는 도시적 직조물urban fabric을 비교한다.

"[저 나라에서의] 신기했던 느낌은, 보행자로서 거의 아무것도 신경 쓰지 않고 걸을 수 있다는 것, 주의를 기울이지 않고도 거의 뻔뻔하게, 그냥 그대로 걸을 수 있다는 것이야. 맨홀 같은 것에 무릎 위까지 빠져 버리지 않을지, 어떤 포장 타일이 바지에 진흙을 쏘지 않을지, 주차된 자동차 사이를 아나콘다처럼 구불구불 다녀야 하지 않을지, 신경 쓸 것이 없어."[126]

코마로바가 보기에 이러한 체험은, 도시의 직조와 그 서비스의 쇠락으로 인해 저해된 도시적 모빌리티에 일종의 파편화가 일어났음을 함축한다. 플류슈테바와 반필드Andrew Barnfield도 비슷한 접근법을 취하는데, 다른 점은 자전거 타기를 다룬다는 것이다. 자전거를 타고자 하는 사람들은 소피아의 무너져 가는 거리 및 도로의 쇠퇴에 좌절한다. 플류슈테바와 반필드는 이러한 쇠퇴에 대한 비슷한 감각이 있음을 식별한다. 소피아의 공적 삶이 고장난 행정·인프라·부패로부터 일종의 "사인주의privatism"로 후퇴하는 현상이 이 감각으로 인해 일어나고 있다고 해석될 가능성도 있다. 그럼에도 불구하고, 이들은 소피아에서 자전거 타기가 증가하고 있으며,

자전거 타기는 증대되는 개인성의 궤적에 단순히 흡수될 수 없음을 지적한다. "자전거 타기의 증가는 이러한 탈사회주의적 사유주의의 틀에 쉽게 들어맞지 않는다"고 그들은 주장한다.[127] 오히려, 자전거 모빌리티는 탈사회주의 도시가 공동거주적이 되어 가는 다른 양상으로 간주될 수 있다. 자전거 타는 사람과 도시 및 보행자의 일상적 상호작용을 검토함으로써 반필드와 플류슈테바는 "특정한 종류의 사회성", 그리고 그들이 "다른 도시 거주자를 향한 돌봄의" 특정한 "윤리"라고 부르는 것을 조명한다. 자전거 타기라는 신체화된 실천, 그리고 보행자·자동차·그 밖의 교통 형태와 함께 공간에 공동거주하기라는 신체화된 실천에서만 이 윤리는 가시적이 된다. 저자들은 또한 소피아의 자전거 문화 속에서 참여의 정치가 고조되어 있음을 목격한다. 이는 자전거 이용자들이 공동체를 이루어 저항하고, 캠페인을 조직하고, 지역 문제와 안전한 거리 및 도로 포장 문제에 대해 지역 정부가 조치를 취하도록 압박하는 데에서 드러난다. 한 마디로, 자전거 모빌리티는 물질적으로 파편화되어 가는 도시의 직조 내에서, 그러나 더 응집력 있고 사회적인 도시의 직조 내에서 일어날 수 있다.

■ 더 읽을거리

Barnfield, A. and Plyushteva, A., 'Cycling in the post-socialist city: on travelling by bicycle in Sofia, Bulgaria', *Urban Studies*, 53(9): pp. 1822-1835, 2016.

Komarova, M., 'Mundane mobilities in "post-socialist" Sofia: making urban borders visible', *Ethnofoor*, 26(1): pp. 147-172, 2014.

# 자금 지원자, 후원자, 그리고 학계 너머의 모빌리티

모빌리티 연구의 급증으로 인해 또한 모빌리티 연구를 조직화하고 자금을 지원하는 대안적 형태와 구조도 실현되었다. 이러한 조정으로 인해 자금 지원 조직과 사회과학·인문학 사이의 전통적 경계가 흐려지기 시작했다고 말할 수 있겠다. 더욱이, 모빌리티 연구가 성취되어 온 학술적 무대의 전초 지역은 〔다른 분야로도〕 흘러들어가고 있는 것으로 보인다. 비록 그 부각점은 다르더라도 개념으로서 모빌리티가 사업과 산업, 예술과 디자인 영역을 식민화하기 시작했기 때문이다. 이러한 발달 과정이 아무 문제 없이 일어나는 것이 아님은 나중에 보게 될 것이다.

모빌리티 연구는 자금 지원을 비교적 잘 받을 수 있는 분야임이 증명되었다. 영국에는 모빌리티를 주제로 국립연구회의의 자금을 지원 받은 프로젝트가 몇 가지 있었다. 모빌리티와 웨일스의 국가 정체성에 대한 존스Rhys Jones와 메리먼의 연구[128]가 그렇다. 데이비드 타이필드David Tyfield가 주도한 중국의 저탄소 혁신에 대한 랭캐스터와 선전칭화대학深圳清華大學의 협동연구 같은 거대한 연구 프로젝트 팀에게 보조금이 주어지기도 한다.[129] 오스트레일리아에서의 통근 생활, 새로운 고용 실천과 테크놀로지의 노동 모빌리티에 대한 데이비드 비셸의 연구는 오스트레일리아 연구회의Australian Research Council: ARC에서 여러 상을 수상했다. 필립 바니니는 원격적인 오프그리드 모빌리티 및 생활양식에 대한 연구로 캐나다 연구장Canada Research Chair가 되었다. 이에 반해, 미국 국가과학재단이 직접 자금을 지원하는 모빌리티 연구 프로젝트는 비교적 적다.

학계와 산업 사이의 명백한 관계를 고려할 때, '모빌리티'라는 용어가 어떻게 이동했는지를 보는 것은 흥미로운 일이다. 어떤 면에서 모빌리트는 자동차 모빌리티, 철도, 항공산업 내에 위치한 수송 계획, 공학, 심지어 마케팅이라는 전문 분야에서, 핵심적 조직화 용어로서 '수송'의 사용을 추월했다. '모빌리티'라는 개념을 유용한 것으로 보기 시작한 수송회사, 도시계획자, 브랜드 컨설턴트가 이를 특히 매력적인 개념 또는 용어로 활용하고 있음은 명백하다. 모빌리티는 특정한 언어적·개념적 화폐로서 시류에 맞는 것으로, 심지어 바람직한 것으로 보인다. 특히 교통 이용자에 대한 고려가 점점 증가하는 만큼 더 그렇다. 이러한 의미에서, 모빌리티는 교통계획의 '부드러운' 면모로서, 움직이고 움직여지는 사람들의 체험과 관계된 더 감성적·감정적인 의미로 나타날 수 있다.

모빌리티 연구가 어디에서 어떻게 수행되느냐는 의제를 형태 짓는 것은 전통적인 연구 파트너와 단체만이 아니다. 프랑스 철도회사 **SNCF**가 만든 독립적 연구기관인 '이동적 삶 포럼Forum Vies Mobiles: MLF'[130]은 다양한 모빌리티 연구 프로젝트에 대한 자금 지원에 특히 중요한 배역을 맡게 되었다. 이 포럼이 지원하는 프로젝트는 예술 실천, 폭넓은 일상적 모빌리티에 대한 그래픽 노블의 재현, 모빌리티 미래, 또한 포럼의 '모빌리티 채널'을 통한 다양한 모빌리티 주제에 대한 대중적으로 쉽게 접근 가능한 비디오 집합에 이른다. 나도 팀 크레스웰과 함께 이 포럼의 자금 지원을 받고 있다. 포럼의 사무실은 어리에서부터 모빌리티 연구와 그 너머까지, 최신 출간물로 가득 차 있다. 이는 흥미롭고 중요한 발전이다. **MLF** 같은 조직들이 저탄소 에너지 이용 형태로의 모빌리티 전환 가능성을 이해하는 데에 헌신하고 있다는 점을 고려하면 더욱 그렇다. 모빌리티 연구 내의 상이한 면모들, 특히 프랑스와 여타 프랑스어권 국가 내의 상이한 면모들 사이에 존재하는 언어 장벽을 개선하는 데에 기여했다는 점도 이 포럼에 주목해야 하는 이유이다. 2015년에 MLF는 팀 크레스웰, 파리북역Gare du Nord 유로스타 터미널 책임자인 미카엘 르마르샹Mikaël Lemarchand과 함께, 제랄딘 레이Géraldine Lay의 사진이 담긴《이 선을 넘지 말 것Ne Pas Depasser La Ligne》을 출판했다. 크레스웰의 작업 일부를 처음으로 프랑스어로 번역한 이 책은, 쉬폴 공항에서 파리 주요 역에 이르는 이동적 공간의 설계와 관리의 실천적 체험과 관련된 모빌리티 이론을 탐구한다.

모빌리티 연구에 투자하고 있는 또 다른 조직은 수송 연구와 가장 비슷한 접근법을 채택하고 있다. 가령 BMW에서 자금 지원을 받고, 또한 독일 철도와 루프트한자에서도 지원을 받고 있는 '모빌리티 연구소Institut für Mobilitätsforschung: IMFO'가 그렇다. 최근 IMFO는 상호확증 파괴를 생각해 낸 냉전 시기의 싱크탱크, 미래를 보는 랜드연구소 RAND Corporation와 팀을 이루어 2030년까지의 중국 내 모빌리티의 미래에 대한 일련의 시나리오를 만들기로 했다. 네덜란드에는 네덜란드가 부흥시키려는 도시 자전거 제도 및 도시적 명랑성에 관한 정책 및 실천의 모빌리티를 촉진하는 단체가 있다. '네덜란드 자전거 대사관Dutch Cycling Embassy'이라는[131] 이 매혹적인 발상은, "자전거를 포함한 지속가능한 모빌리티"를 제시하려는 공적-사적 동맹이다. 본질적으로 이들은 네덜란드의 자전거 전문 지식을 수출하려는 네덜란드 도시, 사업, 컨설턴트, 여타 조직을 이어 주는 중개인이다. 이 조직 발기인들의 핵심 프레젠테이션은 (위에서 언급했던) 소피아 같은 도시에서 찾아볼 수 있으며, 다른 도시들도 네덜란드의 경험과 전문 지식을 배우고자 한다.

## 결론

나중에 살펴보겠지만, 모빌리티 전문 지식과 정책, 실천이 거래되는 시장이 있다. 이를 통해 모빌리티 정책과 모빌리티 관계자는 먼 거리를 건너 이 배경에서 저 배경으로 옮겨 갈 수 있다. 이들은 경험적 연구, 특히 모빌리티 정책의 모빌리티를 연구하는 데 필요한 맥락을 제공한다. 이러한 네트워크는 그 자체가 모빌리티 연구의 더 전통적인 영역, 이 영역과 사회의 관계, 이 영역과 거대 사업의 관계 사이의 상호작용이 점점 증가하고 있음을 증명한다.

어쩌면 사업과 학계 사이의 상호작용, 산업도 곧잘 협력했던 통상적인 학문 분과를 넘어서는 상호작용 덕분에 모빌리티에 훨씬 호의적인 맥락이 생겨난 듯하다. 그 결과, 모빌리티는 특히 지속가능한 수송, 전기-모빌리티(이는 전기자동차와 '지적 모빌리티' 시스템을 가리키는 용어다. 이는 "빅 데이터"에 근거하는 자율주행 자동차, 수송 시스템, 테크놀로지를 가리킬 수 있다.), 그리고 소위 스마트 도시 같은 확장되는 분야에 침투할 수 있었을 것이다. 물론 이 개념들은 모빌리티 연구자들을 비롯한 학자들의 비판도 받아 왔다.[132] 그러나 이 개념들은 모빌리티에 더 명백히 조응된 사회의 특정 부분에 불과하다. 이 부분은 모빌리티 연구가 사회적 문제 및 요구와 더 비판적으로 교류하고 있는 더 흥미로운 영역은 반영하지 못할 수도 있다.

연구의 경제적·사회적·정치적·문화적 기여를 인도하고 형태 짓기 위해 많은 나라, 특히 영국에서는 '충격impact'이라는 의제에 탄력이 붙고 있다. 모빌리티 프로젝트가 이를 행하고 있다는 증거가 특별히 넓게 확보된 것은 아니지만, 훌륭한 사례들이 있다. 예를 들어, 스코틀랜드 글래스고 대학의 헤스터 파Hester Parr가 주도한 실종자 연구는 경찰과 정부, 시민사회에 이르는 광범위한 조직 및 행위자와의 놀라운(그리고 상을 받은) 교류를 보여 주었다. 이 교류는 그들이 부재의 "위기 모빌리티"라고 부르는 것에 사회가 어떤 방식으로 대응하는지를 탐구하고 개선하기 위한 것이었다.

---

**사례 연구 2.2   위기 모빌리티와 실종자**

경찰서장연합Association of Chief Police Officer의 정의에 따르면, 실종자란 "사라진 상황이 어떻든지 간에, 어디 있는지 알려지지 않은 사람이다. 이들은 위치가 확인되고, 이들의 안녕 또는 다른 상태가 확인될 때까지 실종자로 간주된다." 이것이 경찰 같은 정부기관의 출발점이다. 정부기관은 한 장소, 경제, 가족, 사랑하는 사람으로부터 떠나는(어쩌면 아무에게서도 떠나지 않은 것일 수도 있지만) 불확실하고 알려지지 않은 여정과 모빌리티를 밟은 실종자를 탐색하고 이들의 부재를 설명하는 일에 일차적으로 책임을 진다. 이러한 정의 또는 분류는 또한 글래스고 대학의 헤스터 파가 주도한 프로젝트의 출발점이기도 하다. 경제사회연구회의 Economic and Social Research Council가 자금을 지원한 이 놀라운 프로젝트는, 실종 모빌리티를 이해하기 위해 대안적 접근법을 제공한다. 그것은 경찰의 "분류와 단위"가 아니라, "위기가 만들어 낸 모빌리티를 차지하고 있는, 살·정서·신체를 가진 사람"에 접근하는 것이었다.

파 팀이 보기에, 실종 모빌리티에 대한 이러한 현상학적 설명은 학계에 대체로 알려져 있지 않을 뿐만 아니라, 실종자를 추적하려 하는 당국과 구호단체, 복지, 지원서비스, 가족에게도 알려져 있지 않다. 이 팀의 접근법은 그 의미, 습성, 실천에서 당국이 거의 이해하지 못한 모빌리티 형태를 "목격"하려는 일련의 방법론적 기술을 개발하는 것이다. 본서 7장에서의 탐구를 통해, 우리는 어떻게 '이야기하기'가 '실종자misper'(실종된 인물missing person를 분류하는 축약 표현)를 이해하는 공식적 경찰 과학에 대한 유익한 대안을 제공할 수 있는지 보게 될 것이다.

 개념적으로, 이 팀의 연구는 상당 부분 우리의 모빌리티 개념 위에서 움직인다. 비행기가 가지는 다른 실종 모빌리티에 있는 불확실성의 맥락에서, 우리의 개념은 모빌리티가 불확실할 수 있다는 것, 추적되고 감시되고 수집되고 저장되고 세어지고 분류되는 우리가 기대하는 무거운 발자국이나 구체적 흔적을 남기지 않을 수 있다는 것, 그리고 흔적 없이 사라질 수 있다는 점을 시사하는 데에 도움을 줄 수 있기 때문이다. 또한, 우리의 모빌리티 개념은 리처드 야우드Richard Yarwood가 보여 주었듯이,[133] 실종자의 현존을 찾기 위한 다채로운 탐색 및 감지 실천을 조명한다.

위에서 언급한 "충격" 의제의 맥락에서, 실종 모빌리티 프로젝트는 또한 어떻게 모빌리티에 대한 학술적 관점, 그리고 실종 지리학 프로젝트가 제공하는 관점을 통해 실종자, 실종자를 찾기 위한 실천, 분리의 결과에 대한 이해가 촉진될 수 있는지를 보여 준다. 이는 충격이란 의제에 대한 립 서비스 이상이다. 실종자 모빌리티에 대한 이해는 다양한 곳에서 물질적 변화를 겪고 있는데, 이 프로젝트는 이러한 변화의 광범위한 유산의 증거를 상세히 밝히고 있기 때문이다. 이 다양한 곳에는 실종자 구호회Missing People Charity, 국립범죄청National Crime Agency에서 이루어지는 실종자 수색자 트레이닝, 수만 명의 경찰이 참여한 영국 경찰대학과 경찰 국립수색센터 내 교육 모듈에 기여한 새로운 트레이닝 등이 포함된다.

■ 더 읽을거리

Geographies of Missing People, www.geographiesofmissingpeople.org.uk.
Parr, H. and Fyfe, N., 'Missing geographies', *Progress in Human Geography*, 37(5): pp.

615–638, 2013.

Stevenson, O., Parr, H., Woolnough, P. and Fyfe, N., *Geographies of Missing People: Processes, Experiences, Responses*, unpublished project report, The University of Glasgow, Glasgow, UK, 2013.

Yarwood, R.,'One Moor Night: emergencies, training and rural space', *Area*, 44: pp. 22–28, 2012.

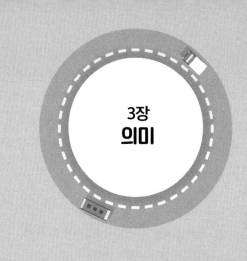

3장
**의미**

## 서론

숲을 지나, 해변을 따라, 거리를 따라 걷는다고 상상해 보자. 이 운동들이 무엇을 의미할 수 있을지 생각해 보자. 지나가는 다른 사람이 이 운동들을 어떻게 해석할지 상상해 보자. 아마도, 러시아워에 거리를 따라 걷는 것은 출근하는 통근자의 이미지, 회사, 사업과 자본주의를 함의할 수 있겠다. 해변을 따라 걷는 것은 여가의 기호, 휴일이나 휴가의 신호로 간주될 수 있다. 스페인, 바하마, 포르투갈, 멕시코 같은 곳에 대한 관광 책자와 안내서에 실리는 이미지가 이런 것이다. 반대로, 숲 같은 곳을 걷는 것은 자연으로의 탈출, 도시 삶에서 벗어남, 아니면 심지어 1일 휴가를 즐기는 방식으로 해석될 수 있다.

여기에서 무슨 일이 벌어진 것인가? 거리나 해변을 걷는 사람의 움직임은 물리적 장소 이동과 에너지 사용 이상의 무엇으로 이해되었다. 이 걸음에는 의의가 부과되었다. 의미를 얻었다. 보통 차이 요소가 되는 것은 우리가 살고, 일하고, 거주하는 장소다. 이것들은 모빌리티에 부과되는 어떤 의미 집합을 정의한다. 그렇다면 누군가가 모빌리티를 해석하고 읽을 때, 그는 그야말로 거의 항상 더 넓은 맥락 안에서 그렇게 할 것이다. 그 맥락은 확립된 사회적 규범, 행동거지의 관례, 믿음 체계와 이데올로기 등의 맥락이고, 이 맥락들은 특정 장소에 일반적일 수도 그렇지 않을 수도 있다. 더 나아가, 사회적 · 공간적 맥락이 우리가 사물에 주는 의미에 차이를 낳는다면, 이 의미들은 모빌리티가 다루어지는 방식에는 훨씬 격하게 중요하다.

본 장에서는 바로 어떤 종류의 의미가 모빌리티에 주어지며, 어떻게 이 의미들이 다양한 실제 세계와 학술적 맥락을 통해 생산되는지를 밝히려 한다. 본 장의 관심사는, 그것이 어떤 수송 패턴에 대한 학술적 숙고에서 온 것이든 그 수송 체계를 설계하는 수송 계획자에서 온 것이든 간에, 모빌리티에 대한 특정 개념들에 어떤 의의와 의미가 부여되느냐 하는 것이다.

본 장의 구조는 다음과 같다. 다음 절에서는 모빌리티가 사회적 · 문화적 · 정치적 맥락의 공동 결부를 통해 어떻게 의미 있는 것으로서 생산되는지를 살펴본다. 이어지는 절들에서는 몇몇 은유와 은유적 틀, 그러니까 정주주의와 유목주의가 어떻게 이 생산을 지배했는지를 살펴본다. 본 장의 마지막 절은 정주주의와 유목주의적 사고의 이분법을 넘어설 수 있는 접근법을 검토한다.

## 의미 있는 모빌리티

지리학자이자 문화이론가의 팀 크레스웰에 따르면,[2] 의미 없는 모빌리티는 단순히 움직임이다. 물리학자들에게 익숙한 추상적 등식, 속도＝거리/시간과 유사하게, 움직임도 비슷한 추상으로서 이해된다. 모빌리티에는 그보다 훨씬 많은 것이 있다. 모빌리티는 의미가 부여된 움직임이다. 모빌리티가 의미와 의의를 얻게 되는 것은 크레스웰이 "모빌리티의 생산"이라고 부르는 것을 통해서다(**핵심 개념 3.1**을 보라).

모빌리티를 단순히 A에서 B로의 움직임으로 놓음으로써, **도판 3.1**의 도상은 모빌리티를 단순히 한 장소에서 다른 장소로 가는 행위로 환원하는 것을 시각화하는 한 가지 방식이다. A와 B―출발점과 도착점―는 우리 도상에서 문자로 구체화되었지만, 그 사이의 선은 그대로 남아 있다. 그것은 단순하고, 훨씬 더 복잡한 현실을 오해하고 무시하는 것이다. 크레스웰의 표현에 따르면, "움직임이라는 있는 그대로의 사실이 ⋯ 그저 A에서 B로 가는 문제인 경우는 드물다." 크레스웰은 두 점을 잇는 선이 재현하는 운동을 살펴보는 연구를 원한다. 선이 비물질적인 것으로 생각되는 것과 상관없이, 선은 "의미가 있고 권력을 가진다."[3]

크레스웰의 주장을 좀 더 구체화해 보자. 두 점 사이의 공간에는 무언가가 있다. 그것은 모빌리티의 맥락에 관한 것이고, 이것이 중대한 차이를 낳는다. 위에서 의미 있는 모빌리티의 예로 든 것에 내

A ▬▬▬▬▬▬▬▬▬▬▬▬ B

**도판 3.1 크레스웰의 움직임 도상**

가 부과한 의미는 부분적으로는 "나" 자신의 자리의 산물이다. 이것이 내가 어떤 사람인지에서 비롯되는 입장에서 내가 벗어날 수 없다는 뜻은 아니지만, 이 입장이 내 해석에 형태를 준다는 것은 확실하다. 다른 사람은 다른 의미를 부과할 수 있고, 부과할 것이다. 모빌리티는 자체적이고 독자적으로 미리 존재하는 의의를 가지지 않는다. 모빌리티는 암묵적으로 이러저런 것을 뜻하는 것이 아니다. 모빌리티는 본질적으로 좋거나 나쁜 것이 아니다. 오히려 모빌리티에 의미가 주어지거나 부과되며, 이 방식은 이러한 주어짐이 일어나는 맥락에, 그 모빌리티에 주어지는 의미를 누가 결정하는지에 의존한

---

**핵심 개념 3.1**  **모빌리티의 생산과 모빌리티의 배치constellations**

팀 크레스웰은 장소, 권력, 근대에 대한 글을 통해 "새 모빌리티" 용어 집합에 가장 영향력 있는 기여를 하였다. 크레스웰의 주장은 모빌리티, 의미, 실천, 권력 간의 관계 주위를 돈다. 모빌리티의 기호적 역할과 의미의 진가를 모른다면 우리에게 남는 것은 단순히 움직임뿐이라고 크레스웰은 주장한다. 이러한 크레스웰의 논증에서는 지리학 내의 인문주의 전통이 명백하게 엿보인다.[4] 크레스웰에게 의미는 이러한 연구에 결여되어 있는 필수 요소다. 《이동 중》에서 그는 이렇게 설명한다. "나는 여기에서 움직임 또는 모빌리티에 관한 분석적 구별을 하고자 한다. 내 주장을 위해서, 움직임은 추상적 모빌리티(권력의 맥락에서 추상된 모빌리티)로 생각될 수 있다고 말해 두자."[5]

크레스웰의 주장을 따른다면, 모빌리티는 "움직임의 유형, 전략, 사회적 함의가 고찰되기 전의 위치 이동이라는 일반적 사실"로서 탐구되어 왔다.[6] 공간의 사회적·실험적 차원을 바탕으로 공간을 이해하려는 노력에 의지하여 크레스웰은 모빌리티를 장소 개념과 유사한 무엇으로 둔다. "모빌리티는 장소의 역동적 등가물이다."[7] 장소란, 다른 관점에서, 흔히 의

미와 의의가 투여된 위치로 이해되었으며, 그래서 우리는 "장소의 의미"라는 말을 할 수 있다.[8] 이러한 관점에서, 의미 없는 모빌리티는 피상적인 것이다. 그것은 단순히 움직임, 그뿐이다. 이는 두 가지 주된 방식으로 문제적이다.

첫째, 크레스웰은 "움직임이 움직임에 불과한 경우는 드물다. 그것은 의미의 짐을 지고 있다"고 말한다.[9] 그래서 움직임이 온갖 사회적 의의와 엮여 있는 방식을 무시하는 것은 현실의 복잡성을, 그리고 이러한 의미의 중요성을 단순화하고 앙상하게 하는 일이다. 이러한 의미들은 이야기, 노래, 광고, 정책 문서, 텔레비전 프로그램에서 모델과 시뮬레이션까지, 모든 재현 방식을 통해 모빌리티에 주어질 수 있다. 사실, 어떤 종류의 모빌리티와 관련하여, TV에 나오는 자동차 광고든 인프라 프로젝트에 대한 투자를 촉구하는 홍보 책자든지 간에 광고에 포함되어 있는 다양한 맥락적 의미를 풀어내 보라고 하는 것은 학생에게 좋은 과제가 된다.

둘째, 크레스웰은 모빌리티를 다르게 다루는 접근법을 의문시한다. 모빌리티를 움직임으로(의미 없는 모빌리티로) 추상하는 것은 종종 뚜렷한 정치적 귀결을 가져왔다. 이 점은 본 장과 이후의 장에서 더 자세히 다룰 것이다. 반대로 생각해 보면, 다른 재현을 통해 모빌리티에 주어진 각종 의미는—모빌리티가 "모험으로서, 지루함으로서, 자유로서, 근대적인 것으로서, 위협적인 것으로서" 그려질 수 있는 한에서[10]—마찬가지로 중요하거나 문제적인 귀결을 가질 수 있다.

크레스웰의 이후 저작은 모빌리티에 대한 이러한 이론화를 더 확장하여, 다음 장에서 더 자세히 살펴볼 모빌리티, 정치, 실천 사이의 관계를 이해하는 데에로, 또한 역사적 상황에 의존적인 모빌리티를 이해하는 데에로 나아갔다.

■ 더 읽을거리

Canzler, W., Kaufmann, V. and Kesselring, S. (eds), *Tracing Mobilities: Towards a Cosmopolitan Perspective*, Aldershot: Ashgate, 2008.

Cresswell, T., *On the Move: Mobility in the Modern Western World*, Routledge, New York, 2006.

Cresswell, T., 'Towards a politics of mobility', *Environment and planning D: Society and Space*, 28(1): pp. 17-31, 2010.

다. 이러한 접근법을 택함으로써 그려지는 그림에는 백지를 가로지르는 점선보다 훨씬 많은 것이 있다. 우리는 우리가 움직임에 따라 변화하고 변용되는 사회적 공간의 복잡한 지형 위로, 지형을 지나, 이동하는 모빌리티를 떠올릴 수 있다.

이러한 면에서, 모빌리티에 주어지는 의미는 꽤 다르게 읽힐 수 있다. 훨씬 위협적인 의미가 새겨질 수도 있다. 숲의 소유자가 보기에, 숲 속을 걷는 것은 그의 사유재산에 대한 침입이나 침해일 수 있다. 반대 방향으로 걷는 사람이 지각하기에, 내가 거리를 걷는 것이 자기 안전에 대한 위협일 수 있고 그래서 건너편 인도로 건너갈 수 있다. 지역 환경보호 단체가 해석하기에, 오솔길을 벗어나 거니는 것은 주변 서식 환경의 완전성을 위협하는 행위일 수 있다. 심야에 어두운 골목길을 걷는 것은 어떤 불편과 공포, 젠더화된 폭력의 느낌을 시사할 수 있다.

한 마디로, 모빌리티가 의미를 획득하고 모빌리티에 의미가 부과되는 것은, 그것을 해석하고 이해하는 자를 통해서다.

비록 모빌리티에는 미리-존재하는 의미가 없지만, 특정 장소나 문화, 사회가 특정한 종류의 모빌리티에 공통적으로 유지되는 다양한 종류의 의미를 부여할 수 있다. 서론에서 언급했듯이, 윌버 젤린스키Wilbur Zelinsky는 미국의 상상된 정체성과 모빌리티 사이에 다양한 연관을 부과하였다.[11] 그는 이렇게 썼다. "미국인은 도착하는 법이 없다. 미국인은 언제나 여행 중이다."[12] 미국의 물리적 진보와 사회적 진보는 불가분했다. 젤린스키가 보기에 미국인은 "아주 다재다능하고 움직일 수 있으며, 자신에게 그럼으로써 당연히 시스템에 최고로 이득이 되는 장소를 차지하기를 열망한다."[13]

오늘날의 사회에서 머물러 있음은 상당히 부정적으로, 후퇴로, 사회계층을 올라가는 데 장애가 되는 것으로 간주된다. 데이비드 몰리가 말했듯이, 모빌리티는 "점점 더 사회적 선으로 간주되고 있고, 반대로 부동성은 점점 더 패배, 실패, 뒤쳐짐이라는 함의를 획득하고 있다."[14] 온갖 컴퓨터 테크놀로지를 둘러싼 광고의 홍수를 보자. 랩톱의 광고 요점은 휴대할 수 있다는 점이다. 즉, 아주 자주, 모빌리티다.[15] 내가 이 책의 원고를 쓰고 있는 랩톱은 컴퓨터의 울트라모바일 모델로 알려져 있다. 이것의 광고는 온갖 사회적 열망을 고양시킨다. 내 어깨는 동의하지 않겠지만, 너무 가벼워서 공중에 뜰 수 있을 정도라고 말한다. 우리가 모빌리티에 대한 특정한 의미가 담긴 재현을 흔히 긍정적인 것으로 간주할 수 있다 해도, 그 정도에는 큰 차이가 있을 수 있다.

사회적 상황이나 맥락에 따라서, 우리가 늘 다른 사람의 상향 모빌리티나 지리적 모빌리티를 특별히 좋거나 긍정적인 것으로 보는 것은 아니다. 예컨대 향촌 공동체에 유입이나 전출이 일어나면 집값이 오르거나, 반대로 일손이 부족해지고 서비스가 줄어든다. 이 공동체는 이를 그다지 좋은 것으로 보지 않을 것이다.[16] 이러한 사회적·문화적·정치적·경제적 상황이 어떤 모빌리티가 가능한지, 그리고 이러한 모빌리티가 무엇을 의미하는지에 커다란 차이를 가져올 수 있다는 것을 향촌 모빌리티와 오지 모빌리티 연구는 보여 준다. 향촌 연구 같은 분야는, 향촌을 '정적인' 단위로 보고, 도시의 관점에서 향촌이 사회적으로 굼뜨고 느리게 변화한다고 보는 경험이 존재한다. 그러나 벨Michael Bell과 오스티Giorgio Osti가 인식하듯이, "향촌은 이동 중이다. 언제나 그래 왔고 지금도 그렇다."

모빌리티는 향촌의 성립에 중심적이다. 시장, 고용, 쇼핑, 사회화, 통학, 예배 참석, 의사 방문, 공원 방문 등 이 모든 것이 공간을, 흔히 먼 공간을 가로지르기를 요구한다. 향촌 장소에 살고 있는 사람에게도 그렇고, 그리로 이동하는 사람에게도 그렇다. 이러한 관점에서, 향촌이 도시보다 이동적이라고 할 수는 없을지라도, 도시만큼 이동적이라고 주장하는 것에는 일리가 있다.[17]

향촌을 정적이거나 부동적인 것으로 여기는 발상은 향촌이란 무엇인가, 향촌의 존재 의의는 무엇일 수 있는가 또는 무엇이어야 하는가에 대한 대중적이거나 정치적인 논의, 또한 서비스, 투자, 기회에 대한 결정을 형태 지을 수 있다. 서부 웨일즈 향촌 지역에 대한 연구에서 폴 밀번Paul Milbourne 등이 보았던 것 같은,[18] 영국에서 현재 일어나고 있는 시골 지역으로의 이주 맥락에서 더 느리고 덜 빠른 삶에 대한 특정한 상상이 사람들의 결정을 형태 지었음을 볼 수 있다. 마찬가지로, 도시에서부터 또는 유럽 내 이동의 자유를 고려할 때 더 멀리서부터 시골 지역으로 이주하는 것을 지역 인구들은 흔히 위협으로 보았다. 이 실제적이기도 하고 지각된 것이기도 한 위협은 일자리, 주거 여건과 가격, 가령 언어에서의 문화 변동에 가해진다.

향촌 공동체, 오지 공동체는 원거리 모빌리티를 수행하는 데에 다른 공동체보다 훨씬 더 의존할 수 있다. 가게나 슈퍼마켓 같은 필수적 서비스에서 동떨어져 있기 때문이다. 부와 자동차의 소유는 향촌 인구에게 필수적일 수 있다. 반면에 이러한 도구에 접근하지 못하는 사람들은 버스 서비스에서 공동체 수송에 이르는, 국가·상업·공동체가 제공하는 틀에 더욱더 의존한다. 향촌 공공 서비스를 삭감할 것인가 우선시할 것인가 하는 결정의 핵심은 향촌의 삶이 이동적이나 부동적이냐 하는 그다지 섬세하지 않은 상상에 의존할 수 있다. 인터넷 공급이나 '가상 모빌리티'를 둘러싼 논쟁은 눈에 띄게 늘었다. 반면에 향촌 홈리스에 대한 돌봄과 서비스는 현저하게 불균등하고, 장소에 따라 부적절한 것으로 드러나 왔다.[19]

더 나아가 이 의미들이, 파편적이고 때로는 모순적이기까지 하더라도, 상당한 존재감을 가질 수 있다는 점도 고려해야 한다. 우리가 모빌리티를 칠하는 데에 사용하는 붓은 꽤 항구적인 얼룩을 남길 수 있다. 그리고 모빌리티에 주어지는 의미는 차이를 낳는다. 사실, 그 차이는 매우 클 수 있다. 이 의미는 사회적 관계의 형태를 규정하며, 그것에 대해 우리가 생각하고 행위하는 방식을 변화시킬 수 있다. 향촌 모빌리티와 오지 모빌리티에 대한 논의를 마음속에 떠올려 보자. 집 없고 이동하는 공동체, 집시 공동체에 대한 낙인의 역사는 길다. 어떤 방식으로 이동적 또는 집 없는 공동체는 특정한 향촌적 삶의 방식과 배치되기도 하고 동의적이 되기도 한다.[20] 여기에서 삶의 이동적 · 대안적 방식은 다른 곳에서보다 더 호의적으로 다루어질 수 있다.

그러나 향촌 연구에 대한 관점에서 보았듯이, 모빌리티에 대한 우리의 관심이 세계를 살펴보는 것으로 이루어져야 하는 만큼, 우리는 또한 이 의미들이 모빌리티 자체에 대한 학술 연구 안에서 어떻게 퍼져 있는지도 고려해야 한다. 그것은 더 넓은 사회의 의미를 반영하거나, 반사하거나, 변화시킬 수 있다. 데이비드 몰리의 이 주장은 유용하다. "우리가 보았듯이, 우리가 모빌리티의 물음을 논의하는 그 어휘 자체가 이미 가치를 적재하고 있음은 불가피하다."[21]

특정 방식으로 모빌리티와 부동성을 특징짓는 이야기와 의미의 사용에 학자들이 "공모"했다고 크레스웰이 주장하듯이, "우리는 모빌리티를 고장으로, 가짜로, 뿌리 없는 것으로, 그리고 최근에는 우리 자신의 재현 형태 속에서 해방적인 것으로, 반토대주의적인 것으로, 위반적인 것으로, 번갈아 부호화했다."[22]

다음 절에서 우리는 이러한 의미와 재현들이 학술 연구, 그리고 이것이 연구하는 사회적 세계 양쪽에 어떻게 중요한 것이었는지를 더 상세히 탐사할 것이다.


## 이동의 도식과 은유

모빌리티는 종종 두 가지 꽤 구별되는 관점에서 다루어졌다.[23] 초국가적 정체성에 대한 검토에서 리사 말키Lisa Malkki는[24] 세계를 고정되고 구속된 방식으로 보려는 경향인 "정주적 형이상학"과 움직임을 출발점으로 삼는 그 반정립인 "유목적 형이상학" 관점의 개요를 그린다. 모빌리티를 사고하는 이 범주들은 유용하지만, 자기 사이의 차이는 간과하면서 유사성은 강조하려는 노력으로 그 각각의 접근들이 갖는 뉘앙스가 종종 모호해진다.

나는 이 두 종류의 사고를 매우 상세히 풀어내고자 한다. 이런 사고 양식 속에서 모빌리티를 이해하기 위해 이용되는 여타 도식이나 은유를 구체화하는 것이다. 나는 여러 차원에서 그렇게 할 것이다. 우선 정주주의와 이주주의를 차례로 논하면서, 이러한 단순한 분류를 넘어서는 모빌리티 도식과 은유 몇 가지를 따져 볼 것이다.

### 정주주의

모빌리티를 검토한 최초이자 가장 영향력 있는 저작들부터 시작해 보자. 초기 근대 사회에 대한 문화 지리적 연구는 유목민에 대한 일부 표현들을 문제 삼았다. 버클리의 학자 칼 사우어를 보자. 그는 근대 초기 농경 사회의 기원을 살펴보았다. 사우어가 보기에,[25] 표면적으로 유목 집단들은 가능한 한 이동하지 않으려 했고, "식량, 물, 연료, 주거지"라는 기본적 욕구에 따라 이동했다. "지배적인 특성으로서 모빌리티는 특수한 수렵경제나 빈약한 환경에서의 삶에 동반된다."[26] 모빌리티는 수렵-채집사회, 또는 끊임없는 식량 탐색이 강제되는 환경에서 사는 사람들에게 더 적절한 활동이었다. 모빌리티로 유인되거나 강제되는 것은 예외적인 경우였다. 모빌리티는 정주적 삶에서 발견되는 모든 "좋은 것들"에 대한 위협이었다. 사우어는 "불행하게도 끝없이 떠밀려 다니는 유랑 집단"이라고 쓰며, 모빌리티를 우유부단, 영속성, 감정과 등치시켰다.

이러한 접근은 모빌리티에 경제적 합리성이라는 무거운 짐을 지우려는 것으로 보인다. "우리 종種은 언제나" 움직임에 들이는 비용과 노력을 "최소화하려는 목표가 있었다"고 말이다. 이러한 면에서 보면, 모빌리티와 이주는 흔치 않게, 오직 필요할 때에만 이용되었

---

**핵심 개념 3.2** 정주주의와 유목주의의 의미

사우어의 해석이 꼭 독특한 것은 아니다. 프랑스 지리학자 폴 비달 드 라 블라슈Paul Vidal de la Blache는 꽤 다른 관점에서 작업했다. 사우어처럼 비달 드 라 블라슈의 인문주의적 관점도, 유목 집단들이 다양한 방식으로 지리학적으로 구속되어 있으며 그들의 물리적 환경에 흠뻑 젖어 있는 것으로 보임을 설명하려고 애를 쓴다. 돌아갈 수 있는 특정한 공간이나 장소를 필요로 하지 않고 한 인간 집단이 존속한다는 것은 생각할 수 없는 일 같았다. 그는 "어떤 종족이 뿌리 없이, 즉 그들 삶의 활동을 계속할 어떤 영역, 그들의 존속을 보장하고 제공할 영역 없이 존속한다는 것은 이성적으로 보나 경험적으로 보나 생각될 수가 없다"고 썼다.[27]

비달 드 라 블라슈는 유목민의 삶의 방식을 단순화한다. 그들의 동기와 행위는 그들을 둘러싼 환경과 지형에 의해 결정된다. 지리학적 지역들은 모빌리티를 위한 "돌아다니기 위한 자연적 시설"을 제공했다. 이동성으로 인해 유목민은, 진화적 규모에서 볼 때 그들이 뒤로했던 자연적 삶, 동물적 삶에 훨씬 가까워졌다. 그들의 이동은 "스텝 지대를 떠도는 동물 무리나 수면으로 급강하하는 거대한 새 떼와 비슷하다"고 묘사되었다.[28]

이러한 묘사를 통해 이 프랑스 학자는 인간을 "떼 지어" 이동하는 일종의 동물적 야만인으로 낮추어 보았다.[29] 모빌리티는 의미 있는 것이 아니

다. 장소 이동은 계절의 변화로, 그리고 연명하기에 노력이 덜 드는 다른 장소가 있을 때에 강제되는 것이었다. "난로"와 "가정"이란 마치 중력처럼 끌어당기는 것이었다. 가족이 도는 궤도의 중심, 그리고 재화가 수집되는 중심에는 난로가 있었다. 난로는 "가장 이동이 덜 필요한" 위치에 놓았다.[30]

여기에서 우리가 명확히 볼 수 있는 것은 특정 시간과 장소의, 지역지리학이란 것이 발달 중에 있던 시간과 장소의 산물인 해석, 사회와 사회를 둘러싼 지형에 대한 여타 자민족중심적 해석들이다.[31]

---

고, 본능적인 것, 몸 짓에 가까운 것, 결정된 것이었다. 투르크족, 몽골족, 마자르족, 불가르족, 훈족의 유목적 이동은 "말과 마차를 가지고 스텝 지대 세계로부터, 즉 그들의 자연적 서식지로부터 주기적으로 나타나던 유령"으로 묘사되었다.[32] 그들은 전적으로 결정되어 있고 예측 가능한 것으로 표현된다. 그 행위 방식이 자연현상과 정확히 똑같은 방식으로 보이기 때문이다. 그의 표현에 따르면, "그들이 얼마나 신속하게 형태를 갖추었는지, 그리고 그들이 궤적을 얼마나 확고하게 고수해 온 것으로 보이는지와 관련하여, 그들은 기상 현상과 비슷하다. 그것은 과학을 통해 기원을 확정하고 이후의 경로를 추적할 수 있는 것이다."[33] 비달 드 라 블라슈는 본인이 속한 사회는 제외하고 다른 사회에 관하여, 변함없이 어떤 인간적 모빌리티에 대한 환원적 단순화를 행하였다. "힌두인의 개미탑"은 "상업이나 종교의 요구로, 또한 단순한 방랑벽으로 항상 이동 중에 있다."[34]

■ 더 읽을거리

Vidal de la Blache, P., Martonne, E. D. and Bingham, M. T., *Principles of Human Geography*, Constable [S.l.], 1965.

Sauer, C., *Agricultural Origins and Dispersals*, The American Geographical Society, New York, 1952.

유목민, 그리고 유목주의로 추정되는 것은 거의 업신여김을 당했다. 안정적인 특정 장소에 애착을 가지거나 전념하지 않는 방식으로 사는 종족이란 "생각될 수 없는" 것이었다. 모빌리티는 특히 원시적이거나 원초적인 것으로 식별되었다. 그들을 표현하기 위해 단순화하는 은유를 사용하면서도, 사우어와 비달 드 라 블라슈는 초기 사회를 뿌리 있는 것으로, 장소와 의미 있게 교류하는 것으로 보려고 애썼다.

### 법칙

다른 접근법에서 모빌리티의 의미와 의의는 완전히 다른 방식으로 논해진다. 움직임을 더 잘 기술하고 설명하려는 수많은 법칙과 도식에 대한 연구가 있었다. 이 접근법은 위의 접근법과 이런 분명한 차이가 있지만, 모빌리티를 다루는 방식에서는 위에서 살펴본 지역지리학적 저작들과 공통성이 있다. 이러한 연구에서 이 공통성은 재현 모델과 규범으로서 더 직접적으로 이용된다. 이 모델과 규범을 통해 모빌리티의 실재가 수송, 이주, 산업의 기능으로 이해되는 것이다.

사람과 사물이 왜 이동하는지, 또는 왜 이동적이 되는지를 관장하는 법칙이나 단일 원리를 더 정교화하는 것은 실증주의 사회학과 인문지리학 내의 공통된 접근 방법이었다. 애블러Ronald Abler, 애덤스John Adams, 굴드Peter Gould의 고전《공간적 조직》[35]을 살펴보자. 저자들이 왜 사물이 이동하는지를 연구하려는 이유는 "운동 법칙"을 밝히고 이해하기 위해서다. "사회적 사건과 자연적 사건을 예측하고 통제하고 싶기" 때문이다.[36] 이 설명은 아주 단순한 요인들에 기반할 수 있다. 얼먼Edward Ullman은 세 가지를 정의한다. 첫 번째는 "상보성complimentarity", 어떻게 공간의 분화가 상호관계를 촉진할 수 있느냐는 것이다.[37] 두 번째는 그가 "개입적 상보성intervening complimentarity"이라고 부르는 것이다. 그것은 두 지역이나 장소 사이에 있는 기회다. 마지막으로 "수송가능성transferability"을 통해 얼먼은 공간이나 거리를 수송에 드는 비용과 시간의 관점에서 측정한다.

이런 연구들은 각각이 연구하는 모빌리티로부터 사회적 차원을 제거하고 훨씬 기능적인 분석을 지향하는 것 같다. 그렇지만 다양한 사회적 문제들과 씨름하려 수행되기도 했다. 이러한 연구들이 밝힌, 서비스의 접근에서 산업의 위치에 이르는 각종 관계, 연관, 패턴에서 그 의의를 찾을 수 있다. 또한, 이러한 접근법이 모빌리티를 이해하기 위해 사용된 가치를 담은 판단, 은유, 도식으로 장식되어 있음을 발견할 수 있다.

운동 법칙에 대한 가장 유명한 탐구 중 하나는 1960년대에 사회물리학이라는 하위분과 안에서 전개되었다. 물리학에서의 운동, 물질, 에너지 법칙에 매혹된 사회물리학자 제임스 스튜어트James Stewart[38]는 어떻게 인간의 모빌리티가 물리적 물질과 같은 원리에 따라 행동할 수 있을지를 고심했다. 조지 지프George Zipf[39]는 "에너지 보존"의 원리를 유사심리학적·생태론적 이론으로 직접 전용했다. 이 법칙을 이종교배하면서 지프는 이를 인간의 활동에 적용했다. "모든 개인의 움직임은, 그게 어떤 종류든 간에, 언제나 … 단 하나의 일차적 원리가 관장할 것이다. 더 나은 용어가 없으므로, 이를 '최소 노력의 원리Principle of Least Effort'라고 부르도록 하자."[40]

지프의 접근법은 모빌리티를 논하는 몇 가지 다른 방식에 영향을 끼쳤으며, 이 방식들과 닮았다. 지배적인 접근법은 모빌리티를 그저 거리의 독재를 극복하려는 활동으로 보는 것이었다. 모빌리티는 한 장소에서 다른 장소로 가능한 한 빨리 이동하기 위한 수단으로서 받아들여졌다. 모빌리티는 감내해야 할 무엇이었다. 월터 크리스탈러Walter Christaller의 유명한 교통 원리는 하나의 "운동 법칙"을 제공했다. 이 법칙에 따르면, 중심 장소들 간의 경로가 "가능한 한 직선으로 그리고 저렴하게" 수립되었을 때 그 중심 장소의 배치는 가장 효율적이다. 중심 장소들은 교통로 위에 가능한 한 효율적인 방식으로 줄지어 놓여야 한다.[41]

이 연구가 이루어질 당시 사회과학 분야에서는 스타우퍼Samuel Stouffer의 모빌리티와 기회에 관한 이론에 이어,[42] 월터 아이자드Walter Isard[43] 같은 경제이론가들이 영향력을 발휘하고 있었다.[44]

모빌리티는 추상화를 겪고 합리적 운동 등식으로 승화되었다. 단순한 변수와 입력이 공식에 투입되었고, 이 공식은 몇 번이고 반복될 수 있었다. 물리적 특성, 한 단위 무게가 이동할 수 있는 거리, 그것이 노력의 투입에 어떻게 상응하는지, 이 저항 또는 아이자드가 "마찰"이라고 부른 것을 극복하는 데 필요한 서비스라는 요인, 이것들을 모두 더함으로써, 이 학자는 모빌리티를 이해하고 설명하여 미래의 가능성을 예측할 수 있었다. 모빌리티와 맥락의 복잡한 특성은 단지 등식에 교체 투입될 수 있는 변수, 수량화 가능한 존재자로 간주되었다.

이러한 작업에서 두 번째 주제는, 이동하는 사람을 도식화하되 입력 변수로서가 아니라 원자화된 개인들에 대한 상象으로 도식화하는 것이었다. 이 개인들이 귀 기울이는 것은 자기 사지의 고통이 아니라 다양한 크기의 질량이 발산하는 일반화된 중력이다. 사람들이 특정 거리로, 특정 장소로 여행하기를 선호하는 이유는 은유적 질량의 중력으로 설명된다. 이 영역에서 가장 초기의 연구이자 가장 유명한 연구 중 하나는 라펜슈타인Ernst Ravenstein[45]의 연구이다. 그는 이주의 이론을 공식화하려 했다. 개천과 강, 순환과 소용돌이라는 유체적 비유를 이용하여 라펜슈타인은 모빌리티가 거리와 직접 비례관계에 있다고 주장했다. 그가 제시한 발상은, 이주 운동은 이동한 거리에 의존하며, 그래서 "흐름을 잃은 힘은 그것이 공급원에서 얼마나 떨어져있는지에 비례한다"는 것이었다.[46] 라펜슈타인은 어떤 미개발된 자원의 중심이나 다른 곳의 인구과잉이 이주 운동에 억제력이나 추진력을 제공한다고 그려 냈다. 그는 모빌리티와 기회로 이루어진, 서로 연결된 폭포와 계단이 물리적 가속도와 질적 가속도를 창조하고, 여행자를 이 지방에서 저 지방으로 유인한다고 보았다.

이러한 발상에 영향을 받은 학자들은 도시가 문자 그대로 중력장을 생산한다고 가정하지는 않아도 은유적 중력장이 있다고 보았다.[47] 이러한 연구에서 중력이란 영향력을 뜻했고, 기회를 뜻했고, 욕구를 뜻했다.[48] 그러나 욕구를 갈구, 욕망, 충동 같은 정서적인 것으로 착각하면 안 된다.[49] 여기서 그려지는 것은 덜 감정적이고 더 사고적인 주체다. 외적인 힘에 계산과 편의로써 대응하는 "합리적 경제적 인간"이다. 이러한 비유들은 '분자'를 '인간'에 직접 중첩한 것이다. 이동적 인간은 질량을 가지고 있었다. 개인은 분자처럼 행동했으며, 이동적 신체의 집합은 분자량이 증가한 분자 집단처럼 행동할 것이었다. 나중에 보겠지만, 이러한 사고방식과 자유주의라는 정치적·이데올로기적 관념 내에서 모빌리티의 위치 사이에는 강한 공명이 있다.

이러한 발상들 때문에 디큰Peter Dicken과 로이드Peter Lloyd 같은 학자들은 이동과 상호관계를 "중력의 일반적 물리적 법칙의 한 변형"으로 보았다.[50] 끌어당기고 밀쳐 내는 중력 퍼텐셜의 탁자 위에 거리와 기회가 봉우리와 홈을 만든다. 이것이 공을 밀고 당기고 끌어당기고 확 잡아챈다. 이에 대한 저항은 오직 탁자의 표면과 이동한 거리에서만 온다. 이 접근법에 문제가 있음은 명백하지만, 이는 인간과 비인간의 모빌리티를 예측하고 이해하는 데에 주목할 만한 유용성을 지녔다. 이 접근법은 소비자가 중심 장소로, 재화가 소비자에게로, 농산물이 중심 시장으로 가는 이동을 이해하는 데 적용되었다.[51]

이 접근법은 특정한 사회적·학술적 맥락 안에서 유명세를 떨쳤다. 냉전의 맥락에서 그리고 전후 재건과 도시 재편 요구의 맥락에서, 모빌리티 법칙은 과학적 정당성을 취하려는 학술적 도전 과정에서 탐색되어, 모빌리티를 법칙으로 설명되고 예측될 필요가 있는 것으로 보게 되었다(**사례 연구 3.1**을 보라).

트레버 반스Trevor Barnes가 기록하듯이, 전후 개발과 냉전 계획이라는 명
령은 지리학의 중요성이 점점 커진다는 것, 구체적으로는 모빌리티와 수
송에 대한 지리학자들의 발언이 갖는 중요성이 커진다는 것을 뜻했다. 공
공 모빌리티 인프라의 계획으로 이끄는 보조금을 좇아야 할 압력의 맥락
에서도 비슷한 가치가 유지되었다. 정책 입안자들이 과학자와 전문가에
게, 미국의 거리를 횡단하는 문제에 대한 해답을 찾기를 요구했고, 이는
모빌리티 자체를 이해해야 한다는 요구를 증가시켰다.

미국에서 윌리엄 개리슨William Garrison의 작업은 세간의 이목을 끌었고
공공 기금을 모으기에 확실히 유용했다.[52] 고속도로 계획에, 가령 시애틀
주변의 고속도로 체계에 자금을 지원했던 워싱턴주 고속도로위원회에게
개리슨의 전문성이 필요했다. 그의 작업은 다른 곳에서는 시민 보호 탈
출 계획의 맥락에서 사용되었다. 차와 연락선을 이용해 도시를 최적의 효
율적인 방법으로 빠져나올 방법을 계획한 것이다. 사람들의 이동을 관리
하고 거기에 형태를 부여할 필요가 있었고, 이 부름에 응답하여 정책이
이를 행할 수 있도록 수단을 제공하려는 지리학자들의 시도가 늘어났다.
반스와 패리쉬Matthew Farish가 지적했듯이, 이러한 분석의 특징이 된 것
은 지리학자가 사용한 지식 및 분석 도구와 그들이 이해하려 했던 현실
―실제 세계의 모빌리티―사이의 합치였다. 개리슨의 경우에, 그의 팀은
라이드아웃 작전Operation Rideout(핵전쟁을 대비하여 시민들을 빠르고 안전
하게 교외 지역으로 대피시키는 방안을 수립하고자 1954년 6월 24일 워싱턴
주 브레머턴에서 실시된 모의 대피 훈련)을 위한 작업에서 공공 탈출을 위
한 "탈출 경로와 체계적인 비상응답망"을 개발했다. 이러한 작업은 "합
리적 이상을 표현"했으며, 더 나아가 "추상적인 정제된 비실재"를 표현했
다.[53] 이 "정제된 추상"에는 여러 형태가 있었다. 우리가 보았던 분자, 원
자, 흐름의 각종 은유적 추상이 모델화 도상으로 시각화되었다.

■ 더 읽을거리

Barnes, T. J. and Farish, M., 'Between regions: science, militarism, and American geography
    from World War to Cold War', *Annals of the Association of American Geographers*, 96: pp.
    807–826, 2006.
Farish, M., 'Disaster and decentralization: American cities and the Cold War', *Cultural*

*Geographies*, 10: pp. 125-148, 2003.

Garrison, W. L., 'Connectivity of the interstate highway system', *Papers in Regional Science*, 6(1): pp. 121-137, 1960.

Garrison, W. L, and Marts, M. E. (eds.), *Influence of Highway Improvements on Urban Land: A Graphic Summary*. Dept. of Geography and the Dept. of Civil Engineering, University of Washington, 1958.

자기 나름의 방식으로, 이러한 접근법들은 모빌리티 분석에서 등장한 중대한 돌파구를 표시한다. 수송지리학 같은 분야 내의 더 복잡한 탐구에서 이동 체계, 경로, 패턴에 대한 상세하고 기술적인 연구에(6장을 보라) 이들의 유산은 놀랄 만큼 유용한 것으로 증명되었다. 이 같은 모빌리티 접근법들은 이동적 행동에 대한 법칙 수립과 예측에 집중했지만, 그렇다고 해서 이동의 더 질적인 차원이라고 여길 만한 것이 꼭 무시된 것은 아니다. 법칙은 사람들의 이동 패턴에 대한 분석에서—표면에서—전개될 수 있지만, '왜'라는 문제는 사람들의 '비합리적' 행동과 동기를 이해하려고 할 때에만 제기될 수 있다.

당시의 지리학자 토르스텐 해게르슈트란드Torsten Hägerstrand[54]가 이해하려 했던 것이 이런 복잡성이었다. 이를 위해 그의 접근법은 원자, 점, 선, 경로에서 모빌리티에 대한 합리적·경제적·행동주의적 이해에서 온 것보다도 훨씬 많은 것을 보았다. 해게르슈트란드는 모빌리티의 선들을 풀어내어, 이동적 주체의 개별 생애를 훨씬 더 진지하게 탐구하려 했다. 그의 테크닉은, 주체를 다양한 개별적 시공간적 제한 또는 잠재성에 의해 결정되는 기획을 지닌 개별 입자로 원자화하였다. **도판 3.2**에서 제시되듯이, 해게르슈트란드는 공간을 통과하여 일상적 삶의 영위로 들어가는 이동을 시각화하는 인상적인 시공간 도식을 만들었다.

이전의 공간과학자와 마찬가지로 해게르슈트란드도 이동적 개별자를 물리적 원자로 그리는 것을 반복하고, 양적 지리학이 인간과 비인간에 부과한 동등성을 강화했다. "운동 중의 세계, 부단한 변동의 세계"를[55] 이해함으로써, 해게르슈트란드는 삶의 경로가 "식물에서 동물을 지나 사람에 이르는 생물학의 모든 면모"에 쉽게 적용될 수 있을 거라고 보았다.[56] 중요한 것은, 해게르슈트란드의 재현 모델이 생애적 기획을 재현하는 것이긴 하지만, 그는 후자가 전자를 완벽히 대체한다고 보는 실수를 범하지 않았다는 것이다. 그가 추적

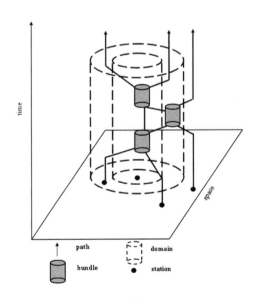

**도판 3.2 시공간 루틴의 재현**. 출처: 저자의 그림

한 경로는 "이동 중의 점만을 재현할 뿐"이라고 그는 지적했다. 이 경로로 인해 "그 경로의—말하자면—끝부분에 기억, 감정, 지식, 상상, 목표를 가진 살아 있는 신체 주체가 집요하게 현전하고 있음을 잊어서는 안 된다"는 것이다.[57] 아름다운 표현이다. 이러한 변수들이 "우리가 생각할 수 있는 기호적 재현으로 표현하기에는 너무나도 풍부"함에도 불구하고, 이 변수들은 사실 "경로의 방향을 정하는 데에 결정적"이다. 그는 계속해서 이렇게 쓴다. 사람은 "경로가 아니다."[58] 이제 이러한 체험의 깊이에 대한 인식으로 우리 시선을 돌릴 수 있겠다.

## 장소와 무장소성

사우어의 제자인 이-푸 투안은 모빌리티에 대한 더 실증주의적인 관점으로부터 벗어나기 위한 강력한 수단 역할을 했다. 투안의 글은 어떻게 사람들이 인간적 체험의 만화경을 통해 자기 삶에 의의를 부여하는지를 탐구했다. 장소가 어떻게 의미를 부여받은 가정家庭 공간 역할을 하는지를 살피며,[59] 사우어처럼 투안도 사람들에게 있는 뿌리와 장소에 대한 애착을 형성하려는 욕구를 간과하기 힘들다는 것을 발견했다. 이러한 관점에서 모빌리티와 장소는 "반정립적"이다. "이동은 시간이 들고 공간에서 일어나는" 반면에, 장소는 "이동의 단절이나 휴지"로 정립된다. "이 휴지로 인해 한 장소는 그것을 둘러싼 공간과 함께 의미의 중심이 될 수 있다."[60] 장소는 의미의 중

심, 우리의 사회적이고 본질적으로 의미 있는 삶을 조직하는 중심이
되는 점이다.

투안의 작업에서 발견되는 유명한 대립 도식은 또한 유목민의 도
식이었다.[61] 인간적 모빌리티는 점이나 장소에 대한 직접적 공격자
로 간주된다. "언제나 이동 중에 있으라"는 것은 장소에서 떠나는 방
식, "장소를 잃는" 방식으로 이해되었다. 이동 중에 있는 자는 그러
므로 장소를 떠나 있거나, "무장소적"이고, 피상적인 "장면과 이미
지"만 붙잡고 있는 것이다. 투안과 동시대인인 에드워드 렐프Edward
Relph는 도로, 철로, 공항 등 움직임의 공간 자체를 부정적 부담으
로 매도했다. 렐프는 "온갖 유행과 습관을 지닌 사람들의 대량 이동
을 가능하게" 함으로써 이러한 공간은 "무장소의 만연"으로 이끌었
다고 했다.[62] 인류학자 마르크 오제도 저작 《비-장소》[63]에서 비슷
한 비장소 개념을 옹호했다. 그는 공항을 서로로부터, 그리고 위치
로부터 소외되는 현대적 현상의 라이트모티브로 식별했다. 도시학
자 마크 갓디너Mark Goffdiener[64]는 공항이 비교류, 무관심, 사회적 장면
의 상실로 터질 듯이 가득 차 있는 장소 역할을 한다고 보았다. "출
발 라운지는 보통 사회적 교감을 위한 장소가 아니다." 갓디너는 이
렇게 지적한 후, 도시를 사람이 상호작용할 필요가 없는 최상의 도
구적 공간으로 보는 지멜의 이미지와 항공 사이의 많은 비교점을 찾
는다. 갓디너는 사람들이 자신만의 고치 속으로 붕괴해 들어간다고
묘사했다. "공항 규범은 비상호작용의 규범이다." "우리는 서로를
귀찮게 하지 않고, 그들은 우리를 귀찮게 하지 않을 것으로 기대된

다. 그들이 우리를 귀찮게 한다면, 이를 통해 생겨난 상황은 상당히 불편해진다."[65]

투안과 렐프에게는, 순수하고 애착 없는 모빌리티의 유목적 삶의 양식이 성립한다는 것은 생각할 수 없는 일이었다. 이러한 삶의 양식이 일어났을 때, 이는 상당히 도덕적인 뉘앙스를 풍기는 이데올로기의 그림자 아래에 던져졌다. 이 이데올로기는 이런 움직임을 위협적이고 부정적인 것으로 보았다. 지형학자 존 브링커호프 잭슨 John Brincherhoff Jackson[66] 같은 이 분야의 저자들은 장소가 신성하다는 선입견을 보여 주었다. 이러한 관점에서 "우리에게 정체성을 주는" 것은 장소, 또는 "항구적 위치"였다. 잭슨에게는 "일시적인 것, 수명이 짧은 것, 움직이는 것은 그것이 무엇이든 간에 장려할 필요가 없다."[67] 그는 일시적 공간, "드라이브인 식당, 1년 후에 폐점하는 패스트푸드 시설, 옥수수를 심고 다음에는 대두를 심더니 다음에는 더 세분되는 밭, 휴가 기간이 끝나면 사라지는 트레일러 공동체"를 보는 것이 그를 얼마나 "혼란스럽게" 했는지를 썼다.[68] 이러한 장소에서 가정, 위안, 의의를 어떻게 찾을 수 있겠는가? 같은 종류의 지형을 가로지르며, 장 보드리야르의 악명 높은 《아메리카》[69]는 남부 주의 사막을 지나는 숨막히는 자동 모빌리티 여정을 그려 낸다. 여기에서는 열기, 모빌리티, 지형의 범속함이 합쳐져서 "의미의 증발" 또는 "종말"을 낳는다.[70]

장소를 의미 있는 것으로, 모빌리티를 위협적인 것으로 강조하는 이 모든 관점은 비단 학계에만 국한되지 않았다. 크레스웰은 정

도판 3.3 라스베이거스, 트로피카나 모터 파크. 출처: Carol Highsmith Archive, National Library of Congress

주주의 형이상학을 지리학자, 사회학자, 문화 이론가 등의 내적 논쟁 너머로 확장함으로써, 이러한 우려에 발언권을 준다. "부정적인 도덕적·이데올로기적 규칙을 모빌리티에 결부시키는 세계의 관점은 상아탑을 넘어서, 사회적·문화적 삶의 다양한 영역의 사고와 실천에 만연해 있다"고 크레스웰은 주장한다.[71] 다음 장에서 배제의 과정을 통해 이러한 정주주의 정치학을 살펴볼 것이지만, **사례 연구 3.2**는 이러한 사고의 문제적 함의를 다루고 있다. 신자유주의적 자본주의의 유목적 이데올로기로부터 반응적 정주주의적 사고가 태어났다는 사실로 인해, 남아프리카의 외국인 혐오 차별 문제는 더욱 더 까다롭고 역설적이 된다.

프랜시스 냠조Francis Nyamjoh의 《내부자와 외부자》[72]는 남아프리카공화
국 내에서의 외국인 혐오 차별에 대한 상세한 사례 연구를 통해, 정주주
의 사고의 파괴적인 함의를 보여 주는 서구 중심적 사례와 거리를 둔다.
이주해 온 아프리카인들이 남아프리카공화국에서 상상되고 다루어지는
방식을 탐구함으로써, 모빌리티의 몇 가지 은유와 도식으로 정당화된 복
잡한 차별 대우의 과정이 드러난다.

이 문제에 대한 다양한 탐구들은 정주주의가 어떻게 어떤 이주자들에게
인종적·병리학적 스테레오타입을 덮어씌우는지를 보여 준다. 정주주의는
"뿌리 없음"으로 인해 남아프리카공화국 자체에서 도덕적·경제적 가치를
빨아먹고 빼돌리는 "악몽 같은 시민"이라는 관념을 지어낸다.[73] 냠조의 연
구는 부분적으로는 아프리카 출신 이동적 이주자들을 가리키는 '마케레
케레Makwerekwere'의 구성에 초점을 맞춘다. 이 이름은, 코마로프와 코마
로프가 설명하듯이, 신자유주의적 자본주의가 부상하고, 시장 경쟁이 격
렬해지고, 노동 분업이 도입되고, 국가 정치와 경제에 점점 더 구멍이 늘
어 가는 상황으로 일어난 사회적·물질적 번영의 불평등성에 대한 "지역
민"들의 대응 차원에서 붙여진 이름이다.[74]

마케레케레에게 명백히 이해 가능한 언어를 주기를 거부하면서, 남아프
리카공화국의 내부자들은 이들이 "'말더듬는' '야만적' 형태"만을 이해한
다고 주장했다. 남아프리카 국민들이 비인간화하는 동물적 기호와 이주
인구를 정렬시키는 식으로 스테레오타입을 형성함에 따라, 마케레케레는
"'꼬리 달린 인간homo caudatus', '꼬리인tail-men', '동굴인', '원시인', '야만
인', '원초인', 현대의 '호텐토트hottentot'(17세기에 유럽인들이 남아프리카 코
이코이Koihkoih족을 일컫던 멸칭)로 불렸다."[75]

인종과 피부 색소의 위계에 따라 마케레케레는 "검은 피부 중에서도 가
장 검은" 사람으로, 그러므로 덜 계몽된 사람으로 생각되었다. 유입 집단
은 일반적으로 불법적이며, 지역민에게 돌아갈 일자리와 기회를 훔치러
온 외래인으로 지각되었다.

마케레케레는 이웃 국가의 문제를 가지고 들어왔다고 생각되었다. 내전,
학살, 독재, 부패, 범죄가 모두 후보였다. 냠조의 표현에 따르면, "새로운

남아프리카공화국의 도시 공간에 원시적인 어둠이 밀려드는 것을 갑자기 대면하는 경험은 상당한 불안감을 주었고, 그것은 사실 과거에서 온 악몽이었다.”[76] 마케레케레의 모빌리티는 지역 자원을 소비해 버리고, 잡초처럼 퍼지며, 지역민들의 기회의 목을 조르는 유기체나 식물로 해석되었다. 물리적·도덕적 전염병으로 해석됨으로써 그들은 “에이즈 등 이상한 병을 가지고 와서 남아프리카공화국에 독소를 뿌리러 온” 것으로 생각되었다. 그들의 여자는 감수성 예민한 남아프리카 남자들의 품에 매달릴 준비가 되어 있다. “어떤 남자라도 확실히 파멸시킬 수 있는 … 설탕 발린 키스로” 그녀들은 남아프리카 남자들을 현혹하는 것이다.[77]

■ 더 읽을거리

Comaroff, J. and Comaroff, J. L., 'Alien-nation: zombies, immigrants, and millennial capitalism', *South Atlantic Quarterly*, 101: pp. 779–806, 2002.

Cresswell, T., *In Place/Out of Place: Geography, Ideology, Transgression*, Minnesota University Press, Minneapolis, 1996.

Nyamnjoh, F. B., *Insiders and Outsiders: Citizenship and Xenophobia in Contemporary Southern Africa*, Zed, London, 2006.

## 유목주의

위의 논의를 통해 모빌리티에 대한 몇 가지 도식이 다양한 방식으로 묶였다. 모빌리티는 경로가 정해져 있고, 제한되어 있고, 제약되어 있다. 다른 도식은 모빌리티에 대한 꽤 다른 방식의 이해를 뒷받침하며, 이 같은 제약도 없다. 같은 방식으로 재현되지도 않았다. 거기에 주어진 의미들은 경직성, 항구성, 결정성을 함축하지 않는다. 오히려 멈출 도착점 없는 탈주선을 따라 움직이는, 일종의 자유라는 의의를 짊어진 순간적 방랑을 의미한다. 이 절에서는 유목적 사고를, 모빌리티를 재현하는 방식의 특정한 집합을 탐사할 것이다.

유목민은 모빌리티에 대한 초기 지리학적 접근법과 초기 근대 사회에 대한 탐구에서 이미 등장했다. 이들의 유목주의는 불가해한 삶의 방식과 묶여 있었고 부정적으로 해석되었다. 우리는 어떻게 이것이 남아프리카공화국의 정주주의 정책의 끝에 있던 사람들에게 큰 난관을 함축할 수 있었는지를 보았다(다음 장도 보라). 다른 한편, 유목주의는 모빌리티를 상당히 다른 방식으로 그려 낸다.

유목민은 대륙철학에서 중요한 도식이 되었다. 들뢰즈와 가타리는[78] 유목민을 권력 형태의 두 가지 기제를 이해하는 역사적·맥락적 관념으로, 또한 은유적 관념으로 이용한다. 그들은 국가의 힘은 유체流體를 경로와 선에 종속시키는 힘이라고 말한다. 그것은 이동이 "관, 제방을 따르도록" 하며, 이는 "난류를 방지하고, 한 점으로의, 또 한 점에서 다른 점으로의 이동을 제약"한다. 이런 식으로 이동은 언제나 "고체에 의존"하며, 흐름은 "평행하는 얇은 판의 층을 따라" 진행한다.[79]

들뢰즈와 가타리의 노동자가 가진 유목주의는 국가 과학의(어쩌면 공간과학의) 네트워크된 정식을 뒤집는다. 유목민은 점을 통과하여 움직여야 하지만, 점의 통치를 받지 않는다. 확실히 유목민도 탈주의 경로와 선을 따라가지만, 이를 맹종하지는 않는다. 점은 한 장소에서 다른 장소로 가기 위해 충족될 따름이다. 점은 "그것이 결정하는 경로에 엄격하게 종속된다. 정주에서는 일어나는 일과 정반대다."[80] 모든 점은 단순히 "릴레이"이고 "릴레이로서만 존재한다." 그러므로 경로 또는 움직임은 점에 의해 지배되지 않는다. 그것은 자율성이 있고 "자기 자신의 방향"이 있다. 유목민이 점에서 점으로 가는 것은 필요해서이지, 목표해서가 아니다.

이러한 유목민은 우리가 지금까지 제시해 온 공간과 꽤 다른 공간을 차지한다. 유목민의 공간은 도로나 고속도로 위의 운전자처럼 닫혀 있거나 규제되지 않는다. 이 공간에는 벽 등의 여타 울타리로 된 "줄무늬"가 그려져 있지 않다. 오히려 그것은 열려 있거나 부드러운 공간으로 보인다. 유목민의 공간은 법칙과 통제로 매개되어 있지 않다. 오히려 유목민의 공간은 더 직접적이다. 공간과 유목민은 서로 함께 존속한다. 유목민의 경로는 유목민과 오아시스나 우물 같은 그가 돌아가야 하는 공간 사이의 관계로 결정되어 있으며, 그런 의미에서 유목민의 경로는 고정되어 있다. 그러나 그가 돌아가야 하는 공간도 움직인다. "모래사막에는 고정점 같은 오아시스도 있지만, 일시적인 리좀적 식물도 있다. 이것들은 국소적 강우가 횡단의 방향에 변화를 가져옴에 따라 장소를 옮긴다."[81]

물론, 유목주의가 저항과 동등하다는 가정은 직공들에 대한 들뢰즈와 가타리의 분석만이 아니라 다른 많은 곳에서도 연원한다. 유목민 모빌리티의 권력은 종종 권력을 회피하는 데에 중요한 전략으로 매겨진다. 인류학자 에번스-프리처드[82]는 리비아를 지배하는 이탈리아 파시스트 정권에 대한 사누시-베두인족의 저항을 연구했다. 이 연구는 이들의 모빌리티를 위반적 힘으로 보는 익숙한 낭만주의를 보여 준다. 데이비드 앳킨슨[83]은 어떻게 베두인족이 이탈리

**핵심 개념 3.3** 유목적 사고

유목민은 종종 이동적 권력 형식과 밀접하게 정렬되었으며, 때로는 매우 다른 관점에서 정렬되는 도식이었다. 이는 비교적 길고 빈번한 역사를 가졌다. 두 관점만 짧게 비교해 보자.

유럽 지정학의 수립자 핼퍼드 매킨더Halford Mackinder는 아시아 대륙의 "중심축Pivot"이 광범위하고 강력한 모빌리티의 가능성을 제공했다고 주장한다. 역사적 연구를 통해 매킨더는 "이르든 늦든, 구세계의 모든 정착된 끝자락이 스텝 지역에서 발원하는 이동적 힘의 확장력을 느꼈다."[84] 스텝 지역은 해상 권력 모빌리티로부터 비교적 고립되어 있었던 반면, 개방된 사막 평원이라는 교섭가능한 공간을 제공했다. 이것이 일종의 "유목적 권력"을 가능케 했다. 매킨더는 정주 인구를 지속적으로 극복했던, 저 지역의 방랑하는 유목 부족을 추적했다. 이 땅을 빠르고 자유롭게 이동하는 능력은 전쟁 수행과 권력 획득에 결정적이었다. 그는 이렇게 썼다.[85]

> 세계정치의 중심축이 되는 지역은, 배로는 접근할 수 없지만, 고대에는 말을 타는 유목민들에게 열려 있었고, 오늘날에는 철도 네트워크로 뒤덮이려 하는 유럽-아시아의 광대한 영역이 아닌가?[86]

매킨더가 보기에, 이 땅이 촉진시킨 이동의 유목적 권력은 일군의 구조적 조건을 제공했다. 그것은 "광범위하지만 제한된 성격을 지닌 군사적·경제적 권력의 모빌리티"을 가능케 하거나 결정하는 환경이었다.

영국 산업과 제국의 상대적 몰락에 매킨더는 불만족했다. 그래서 그는 지리학적 사고의 미덕을 극찬했다. 그가 "지리학적 능력"이라고 부른 것을 장려할 필요가 있었다. 이를 통해서 확장된 전 지구적 의미에서의 지도 제작적 사고력이 가능해지기 때문이다. 그것은 쉽사리 지도 위를 돌아다니는 것, "지구본 위를 자유로이 떠도는 것"이다.[87] 이동적 시선을 획득한다면, 그리고 유목적으로 이동하는 능력을 획득한다면, 국제 관계의 중요성을 더 제대로 평가할 수 있고, 가장 폭넓은 가능적 권력 모빌리티를 포용할 수 있다.[88]

매킨더에서, 이동적 권력을 열망하는 민족국가가 유목민의 모빌리티를 모방해야 하는 것이라면, 질 들뢰즈와 펠릭스 가타리는 유목주의를 꽤 다르게 본다. 《천 개의 고원》[89]은 주목할 만한 저작으로, 이 책에 실린 〈유목주의에 대한 논고〉는 자주 인용된다. 시작 장은 서로 겨루는 두 가지 사고방식을 탐사하는 확장된 논의를 담고 있다. 본 장에서 상술하는 정주주의와 유목주의의 형이상학과 상당히 닮은 방식으로, 들뢰즈와 가타리의 논의는 12세기 고딕 성당 건설에서 발견되는 노동관계를 철학적 담론과 평행시킨다. 석공에서 목수에 이르는 저니맨journeyman 또는 유목적 건축가의 연합은 국가 관리와 규제에 수많은 문제를 제기했다. 이로 인해 권력의 두 가지 형태가 실현되었다. 그것은 저니맨의 이동성과 이들의 파업 능력, 그리고 도로·수로·서비스에 대한 국가의 건설 및 인프라 프로젝트에 따라 이 모빌리티를 규제하는 국가의 능력이다. 들뢰즈와 가타리는 이들의 투쟁이 두 대척적인 도식, 유목적 직공과 국가 건축가로 이루어져 있다고 말한다. 들뢰즈는 또한 칸트의 변증론에 대항하는 프리드리히 니체의 입장을 특징짓는 데 유목민을 이용한다. 여기에서 니체는 유목민으로 그려지고, 그의 언명은 칸트의 "합리적·행정적 기계의 언설"이 아니라 이동적 전쟁기계의 산물로 그려진다.[90]

들뢰즈와 가타리는 국가와 군대의 위력을 회피하고 혼란시키는 유목적 권력과 모빌리티의 많은 사례를 언급한다. 유목민은 유목민을 제한하거나 묶어 두려 는 구속과 구조에서 탈출하거나 거기에 저항하는 커다란 해방적 권력을 가지고 있다. 유목민은 창조적 힘이다.

▪ 더 읽을거리

Atkinson, D., 'Nomadic strategies and colonial governance: entanglements of power', in Sharp, J., Routledge, P., Philo, C. and Paddison, R. (eds) Geographies of Domination/ Resistance, Routledge, London, pp. 93 – 121, 1999.

Deleuze, G. and Guattari, F., A Thousand Plateaus: Capitalism and Schizophrenia, Athlone Press, New York, 1988.

Dodds, K. and Sidaway, J. D., 'Halford Mackinder and the "geographical pivot of history": a centennial retrospective', The Geographical Journal, 170(4): pp. 292 – 297, 2004.

Mackinder, H. J., 'The geographical pivot', in Agnew, J. A., Livingstone, D. N. and Rogers, A. (eds), Human Geography: An Essential Anthology, Blackwell, Oxford, 1996 [1904].

Morgan, J., 'To which space do I belong? Imagining citizenship in one curriculum subject', The Curriculum Journal, 11: pp. 55 – 68, 2000.

아 군대의 고정된 점대점point-to-point 사고를 회피하는 유동적 이동의 '유목 전략'을 실행했는지를 보여 준다. 간단히 말해, 유목주의는 이탈리아의 정규적 전략에 대한 효과적인 해독제를 제공했다. 에번스-프리처드가 언급하듯이, "게릴라 강령"은 "갑가지 공격하라, 거칠게 공격하라, 재빨리 탈출하라"이다.[91] 더 나아가, "유목과학"의 유연하고 이동적인 방식은 겉보기에 권력 없는 자들의 무기가 되는 데에 머무르지 않았다.

유목민적으로 모빌리티를 사고하는 방식은 미국 문화 텍스트와 음악에서 유명한 부랑자나 떠돌이와 대조될 수 있다.[92] 어떤 연구는 유목민을 탈옥수로 낭만화했고, 새로운 종류의 디지털 유목민을 찬양했다. 예를 들어, 마키모토Tsugio Makimoto와 매너스David Manners[93]는 우리가 6장에서 보게 될 디지털 기술과 각종 정보통신 체계가 사용자를 대지의 토양으로부터 해방시킬 수 있다고 주장했다. 이동적 컴퓨팅은 공간을 중요하지 않게 만들고, 시간을 자유롭게 해 주며 면대면face-to-face 밀접성의 필요를 제거한다는 것이다.[94] 인터넷 토론은 개인의 신체와 정체성이라는 정박지를 벗어던지는 능력에 도취되어 있는 것처럼 보였다.

훨씬 더 정치적인 여타 유형의 유목적 사고의 기반으로서, 문화이론의 맥락에서, 유목민은 중심을 벗어난 이동 또는 기존의 사고와 존재 양상으로부터 탈중심화를 가능케 하기에 적합한 은유로서 활용된다.[95] 위에서 그려진 유목민적 사고들은 특히 젠더화된 것으로, 여성보다는 남성에 대한 것으로 보일 수 있다. 반면에 페미니스트 저자들은 유목민이, 주관성을 더욱 유동적인 것으로 보고 정신과 신체 · 남성과 여성이라는 남성주의적 이원론의 외부에 있는 더 탈중심화된 관점을 제공하는 중요한 방식이라고 주장해 왔다. 로지 브라이도티Rosi Braidotti는 이러한 관점에서 중요한 유목주의 사상가 중하나다.

### 산책자, 소비자, 관광객

유목적 탈주선과 연관된 자유 및 창조성과 흔히 결부되는 또 다른 도식 집합이 있다. 특히 이것은 흔히 역사화의 대상으로서, 경제 · 상품 · 노동력 · 실천의 시간적 우연성을 드러낸다. 바로 산책자flâneur다. 19세기에서 20세기 초 대도시에 거주하는 이동적 방식의 대표자로서, 산책자가 도회적 세계의 거주자로서 참으로 처음 등장한 것은 발자크, 보들레르 같은 작가들의 생리학 내에서였다. 발터 벤야민이 이를 종합한 것은 유명하다.[96] 버먼Marshall Berman이 "19세기 근대성 특유의 리듬과 색채"[97]라고 부른 것과 타협하려 하면서, 이 작가들의 리듬은 근대화, 도시의 산업화, 공장과 철도의 발달, "연대와 안정을 제외한 모든 것"[98]을 가능케 하는 시장의 북소리에 맞추어 뛰었다. 이탈리아에서 유동성에 대한 이해를 적극 표현한 것은 미래주의자들이었다. 이들은 비행기 테크놀로지를 뮤즈로 삼았다.[99] 영국과 미국에서도 근대성 이미지의 유동을 포착한 일군의 작가가 있었다. 버지니아 울프의 글, 런던 지하철에 대해 사색하는 퍼드 매덕스 퍼드와 에즈라 파운드의 이미지즘 시를 보면 알 수

있다.[100]

카를 마르크스는[101] 사람들로 하여금 자본의 힘과 사회관계의 심연 및 격렬한 분출을 느끼게 하려 했다. 반면에 산책자는 땅 위에서의 삶을 이야기하려 했다. 이 사회에서 거주한다는 것이 무슨 뜻인지, 파리의 거리에, 지붕 있는 쇼핑 아케이드의 내부 공간에 거주한다는 것이 어떤 것인지를 이야기하려 했다. 산책한다는 것은, 현대적 실존의 흐름에 반하여 꽤나 게으르게 움직이는 것이었다. 만남과 체험에 대해 사색하기 위해 일종의 거리두기를 실행하는 것이었다. 산책은 짧고 일시적인 만남을 찬양했다. 관계에서 관계로 이동하는 보행자에서 확고한 것은 없었다. 보들레르에 대한 글에서 벤야민은 그의 행위가 거의 전적으로 반사회적이었다고 기록한다. 거리두기는 탈참여였고 순전한 비평이었다.[102] 산책자를 특징짓는 것은 그의 모빌리티였다. 산책자의 모빌리티는 근대적 삶의 정신없이 바쁜 활동과 반대로 태만하고 여유 있어 보였다. 벤야민의 산책자는 도시의 대량 산업화와 새로운 노동계급을 거부하는 침묵의 저항 방식과 연관되었다. 산책자는 그저, "한가로운 신사의 삶을 포기하고 싶지 않았던" 것이다.

벤야민은 산책이 어떻게 근대적 삶과 거리를 두는 방법이면서 또한 권력으로부터 도피하는 방법이 되었는지를 추적한다. 이는 유목민의 회피적 권력과 유사하다. 여자에게든 남자에게든 파리 주민들에게 가해지는 규제가 늘어나는 것을 한탄하는 와중에, 벤야민은 보들레르가 그의 끊임없는 모빌리티의 도움을 받아 빚쟁이에게서 도망치고 집주인을 피했음을 보았다. "도시는 … 산책자에게 집이 되어 주기를 그만둔 지 오래였다."[103] 하우스만이 파리 대로를 발명하고 거리 교통이 등장하면서 파리의 산책자는 완전히 소멸하게 되었다. 교통은 도시에 대한 새롭고 근대적인 체험을 요구했다. 움직이는 혼돈에 거주하고 이와 교섭하는 전적으로 새로운 방식은 심적·신체적 능력을 발달시켰다. 보들레르의 기록에 대한 독해를 통해 버먼은 "갑작스레 이런 대혼란에 내던져진" 파리지앵은 그저 살아남기 위해, 새로운 것을 배워야 했을 뿐 아니라 옛 신체적 움직임에도 의존해야 했음을 보여 준다. "적자생존"이라는 자본주의의 에토스는 길을 건너는 행위에서, "갑작스럽고, 돌연하고, 삐죽삐죽하게 비틀고 움직이기"의 형성에서 표현된다. 교통과 함께 사는 법을 배우는 것은 "교통의 움직임"에 조응된다는 것, "그것에 보조를 맞출 뿐 아니라, 적어도 한 발짝이라도 앞서 나가는 법을 배우는 것"을 뜻했다.[104]

---

**핵심 개념 3.4**  **아스팔트에서의 식물 채집, 발터 벤야민, 산책, 아케이드**

마르크스주의 철학자 발터 벤야민의 글은 산책자에 대한 가장 유명하고 영향력 있는 글이 되었다. 전쟁에 짓밟힌 파리에서 지내는 동안 거리를 밟고 국립 도서관에서 연구하면서, 벤야민은 산책의 등장을 근대적 실존에 대한 불만의 표현이자 거부로 보았다. 그는 이러한 글들을 여러 권의 책으로 모았다. 이 미완의 《아케이드 프로젝트》[105]는 메모, 관찰, 생각, 인용의 놀라운 집성이다.

파리 자체가 제공했던 지형은 이동적 실천에 특히 알맞았다. 벤야민이 말하듯이, "아케이드가 없었더라면, 거니는 일이 지금처럼 중요해지기 힘들었을 것이다." 유리와 철 가공으로 일어난 테크놀로지적 발명의 산물이자 상징으로서 아케이드는 산책자라는 직업을 위한 집이자 연구소였다. 아케이드는 작은 세계, "미니어처로 된 도시, 심지어 세계"를 제공했다. 여기에서 산책자는 비슷한 마음가짐을 지닌 다른 사람들과 거닐면서 그 문 밖의 세계와 비교해 볼 수 있었다. 아케이드처럼 거리도 산책자의 집이었다. 거리가 담고 있는 움직임과 상품은 산책자에게는 대단한 볼거리였다. 산책자는 여기에서 사고와 사색의 열정을 채울 수 있었다.

> 벽은 그가 공책을 올려 두는 책상이고, 신문 가판대는 그의 도서관이며 카페 테라스는 그가 일을 끝낸 후 가사를 내려다보는 발코니다.[106]

벤야민의 이 인물상을 가장 잘 특징짓는 것은 모빌리티였다. 산책자가 행동 조사원 또는 관찰자 역할을 하려 할 때, "가장 좋은 전망"을 허락하는 것은 거니는 일이었다. 거니는 일은 그에게 익명성을 주고, 그러면서 그의 연구 실천을 가려 주었다. 대중들과 이동함으로써 산책자의 의식, 본능, 관찰의 힘은 발달했다. "그는 비행하면서 포착한다."[107]
유목민과 마찬가지로 산책자도 다양한 남성 작가의 구축물로 이해되는 경향이 있었다. 이동적 공적 영역과 산책자 사이에는 명확한 동의성이 있었기에, 어느 정도까지 우리가 여성 산책자female flâneuse를 말할 수 있을지 많은 저자들이 물어 왔다. 재닛 울프Janet Wolff[108] 같은 저자는, 산책자가 공적 공간에 거주하는 방식이 어떻게 배타적으로 남성적인 도시적 근대성의 재현이 되었는지를 물었다.

■ 더 읽을거리

Benjamin, W., *Charles Baudelaire: A Lyric Poet in the Era of High Capitalism*, London: NLB, 1973.

Benjamin, W., *The Arcades Project*, Cambridge, Mass.: Belknap Press of Harvard, 1999.

Frisby, D., *Fragments of Modernity: Theories of Modernity in the Work of Simmel, Kracauer and Benjamin*, Polity, Cambridge, 1985.

Tester, K., *Flaneur*, Routledge, London, 1994.

Wolff, J., 'The invisible flâneuse: women and the literature of modernity', *Theory, Culture & Society*, 2(3): pp. 37–46, 1985.

산책자에 대한 페미니즘 비평은 근대의 공적·사적 삶에 대한 영향력 있는 남성의 파악 너머에 있는 다른 이동적 파악을 이해하고자 했다. 역사적으로 여성 모빌리티의 중요한 도식은 성매매 여성이었다. 다른 여성들은 부도덕하다는 낙인이나 폭력의 위협 때문에 가지 못하던 공적 공간과 시간을 성매매 여성은 헤쳐 나갔다.

도판 3.4 파리의 파사쥬 주프루아(Mbzt, CC BY 3.0)

산책자처럼, 소비자도 비슷하게 이동하며 거니는 사람으로 구축되어 왔다. 근대의 소비에 대한 연구에서 여러 저자들이[109] 기록하듯이, "쇼핑이란 모빌리티의 놀이다." 쇼핑은 방랑벽의 감각을 내포한다. 쇼핑은 "영속하고, 행복하며, 방향 없이 왔다 갔다 하는 모빌리티의 패러디다."[110] 소비자라는 도식은 궁극적인 전 지구적 유목민 또는 시민의 상징이 되었다. 경제학자이자 사업의 명수 오마에 겐이치Kenich Ohmae는[111] 국경 없는 경제에 대한 논고에서 이렇게 쓴다. "진정으로 권력을 가진 것은" 소비자다. 새로운 정보와 자료의 흐름이 내리는 명령을 고려한다면, 소비자는 더 이상은 사기를 당하여 부동적이 된 사람이 아니다. 이동적 발을 가지고 투표권을 행사하는 이동적 소비자는 다국적기업이 잠에서 깨어나도록 끌고 가는 것으로 보인다. 사업이란 소비자의 관심에 봉사하는 것에 불과하다. 오마에는 심지어, 국경을 거의 염두에 두지 않는 국제적 기업은 이동적 소비자를 모델로 삼아야 한다고 말하기까지 한다. 그렇다면, 쇼핑 및 소비가 모빌리티 및 자유와 유사한 것은 놀랄 일이 아니다.[112] 혹자는 이를 산책의 탈근대적 형태로 본다. 이 형태에서 사람은 이전에는 존재하지 않았던 새로운 욕구를 제공하는 일련의 소비재, 광고, 상징의 유혹을 받아 떠돈다.[113]

서구 소비주의는 여성 자유의 증가와 함께 부상했다. 이는 사적 영역을 떠나서 거의 오직 여성을 위해서만 만들어진 환경으로 들어갈 자유였다.[114] 더욱이, 쇼핑의 실제 실천은 볼비가[115] "소유의 반정립" 또는 부동성의 반정립이라고 부른 것을 실행한다. "이런 의미에서, 쇼핑은 자아와 대상의 순수 모빌리티를 재현한다."[116] 쇼핑과 구매에는, 볼비가 '일련의 움직이는 순간들'이라고 칭하는 것이 결부되어 있다. 구매를 통해 사람은 물건 하나와 삶의 양식의 변화를 살 수 있다. 그래서 쇼핑은 또한 서로 다른 정체성 간의 움직임이기도 하다. 사람들은 이런 종류의 움직임을 자기 재량 하에 두고, 거래를 통해 산다. 더 나아가, 소비자가 들러서 물건을 사도록 꾀고 유혹하고 설득하기를 희망하는 자에게 쇼핑객을 특징짓는 것도 모빌리티다. 소비자는 "끊임없이 슈퍼마켓 복도를 통과해 가고, 지나가고, 걸어 오르내리고, 신문을 훑어보고, 마을을 운전하여 가로지르는 상태에 있다."[117]

여행자의 삶이 모종의 근대적 실존을 대표하게 된 것도 놀라운 일이 아니다. 그것은 자유롭지만, 새롭고 진정한 체험을 탐색하도록 강제된 삶이다.[118] 존 어리는 여행자와 순례자를 비교했다. 이 비교는 "고양시키는 체험"을 획득하게끔 하는 성스러운 기호와 장소에 대한 "숭배"를 조명한다.[119] 진정성을 향한 여행자의 탐색은 언제나 실패와 마주칠 수 있다. 어떤 장소의 순수한 뿌리내림을 발견한다는 발상이 충족되는 경우는 거의 없다. 폴 퍼셀Paul Fussell은 문학에서 나타나는 여행을 분석했다.[120] 이 분석은 일차적으로 여행자들에게 물건을 파는 기능을 하는 장소들로 가는 길에서 어떻게 여행자들 스스로가 끊임없이 가짜 장소에 있다고 느끼는지를 설명했다. 공항은 사이에 놓여 '즉각적 인식'과 표면적 방향 설정을 가능케 하는 디딤돌 역할을 한다(6장을 보라).

여행의 해방적 의미는 영화 보기의 즐거움을 해석하는 데에도 마찬가지로 중요하다. 움직이는 영화 카메라는 "이동 수단"이 된다.[121] 울프가 보기에, 영화는 여성에게 두려움 없이 산책하고 떠돌고 거닐고 방랑할 능력을 제공했다. "그래서 '여관객spectatrix'은 산책자의 세계에 들어가, 영화적 운동을 통해 즐거움을 얻을 수 있다."[122] 영화는 도착지의 새로운 지평에 접근할 수 있게 해 주었다. 브루노가 쓰다시피, "여성 관객, 여산책자는 위치를 따라 여행했다."[123] 비슷하게, 벤야민은 영화가 사람들의 구속을 풀어 준다고 주장했다. 사람들은 "이제, 머나먼 유적과 폐허 한가운데에서" "태연하고도 모험적으로 여행"할 수 있다.[124]

## 유동성과 고정성

정주주의와 유목주의는 서로 상충하는 것처럼 보이지만, 사실 이둘이 그렇게 단순하게 관계하는 경우는 드물다는 것이 이제 명백해졌을 것이다. 비슷한 은유와 비유가 양쪽 관점 모두에서 나온다. 사용되는 맥락에 따라 강조점이 달라질 뿐이다. 어떤 상황에서는 유목적 움직임이 경멸스럽고 공포스럽게 다루어졌으며, 다른 상황에서는 유목민이 민주주의와 자유의 영웅이 되었다. 살라자와 글릭실러가 지적하듯이, 심지어 세계화를 연구한 저자들조차 모빌리티를 예외적인 것으로 봄으로써 "정지 상태의 정상성 또는 역사성을 실제로 확언할 수 있다."[125]

산책자 도식을 다시 한 번 보자. 다른 저자들이 보기에, 이들 활동의 유랑 경향이라는 것은 실제로는 훨씬 정착되고 근거 있는 것이다.[126] 산책자라는 개념에는 표현적 자유와 사고적 거리두기라는 성질이 담긴 반면, 여성에게 산책은 그들을 배제하도록 되어 있는 실천을 뜻했다. 산책은 혹자에게는 모빌리티를 뜻했으나, 여성을 가정 영역으로 강등시킴으로써 혹자에게는 부동성을 뜻했다. 폴록은 심지어 부르주아 여성에게도 "군중들에 섞여 시내로 가는 것은 … 도덕적으로 위험한" 일이었다고 쓴다. 도시에서의 모빌리티는 도덕성과 평판의 문제가 되었다. 공적 공간은 "덕성을 잃을 위험을 감수하는" 곳이었고, "공적 공간으로 나간다는 것과 불명예라는 개념은 가까운 동맹이었다."[127] 여성의 실천은 인종·계급·젠더 분류에 따라 세밀하게 나뉘어 있었고, 여기에는 특정한 행위 방식과 드러내 보이는 방식이 기입되어 있다.[128] 더 최근의 연구들은, 소비를 특징 짓는 것은 피상적이고 순간적인 마주침이 아니고, 오히려 소비는 지속적인 관계 형태와 훨씬 더 강하게 묶여 있음을 보여 준다. 현대 쇼핑몰에 대한 분석이 그 사례가 될 것이다.[129] 빅토리아 시대 런던의 백화점에 대한 니드Lynda Nead의 탐구[130]는, 소비자의 이동적 실천이 가족 관계와 친척 관계의 그리고 여타 사회적 관계의 의무와 기대에 얼마나 굳건히 근거하고 있는지를 보여 준다.

산책자에 대한 이러한 재해명은 페터 게쉬레Peter Geschiere와 비르기트 마이어Birgit Meyer[131]의 연구와 합치한다. 이들은 어떻게 내가 논의했던 두 가지 지적 기획이 두 과정 중 하나의 과정에 헌신하는 것으로 보이는지 그 윤곽을 그렸다. 하나는 붙잡고 고정하는 과정, 부동성과 고정성에 이르는 과정이고, 다른 하나는 유동성과 역동을 찬양하는 과정이다. 이제 우리는 정주적 관점이나 유목적 관점에 잘 들어맞지 않는 다른 접근들로 시선을 돌릴 수 있겠다. 선택할 수 있는 예는 다양하지만, 장소의 유동적 특징과 고정적 특징을 이해하기 위해 정주주의적 형이상학적 관점과 유목적 형이상학적 관점을 넘어서려는 시도를 살펴볼 것이다.

## 안정성

투안으로 돌아가서, 그의 작업을 정주주의와 연관시킨 것이 조금 성급한 것이 아니었는지 다시 살펴보자.[132] 투안의 말은, 유목 집단들도 사실은 장소에 대한 애착을 창조한다는 것이었다. 투안에 따르면 여기에는 두 가지 주된 방법이 있다. 첫째, 유목민들은 겨울 캠프로 떠나기 전에 그리고 다시 여름에 머물 곳으로 돌아오기 전에 멈춤의 장소, 가정家庭을 발견한다. 투안은 의미의 구축에서 중요한 것은 절대공간 상의 좌표일 필요가 없고, 마주침의 안정화일 수 있다고 설명한다.[133] 둘째, 투안은 유목적 이동은 순환적인 경향이 있기 때문에 모빌리티의 반복이 중요하다고 했다. 유목민은 경로를 "매년 거의 변화 없이 따라간다."[134] 이러한 순환적 반복을 통해 "경로 자체, 그리고 그것이 둘러싸는 영역은 장소라는 느낌을 가지게 된다. 친숙성과 의미를 획득하면 공간은 장소와 거의 구별할 수 없게 된다."[135] 이러한 관점에서 볼 때, 모빌리티는 장소에 대한 의미 있는 애착의 가능성을 단순히 침해하기만 하는 것이 아니다. 오히려 반복의 부동성이 습성화되어 의미의 안정적 투자가 이루어져, 유목민들이 따라가는 경로의 선은 여정의 종점만큼이나 의미와 의의를 가질 수 있다.

J. B. 잭슨도 자신의 해석을 넘어, 유목주의와 정주주의 양쪽 모두에 더 민감한 접근법을 개발한다. 그의 결론은 "일시적 거주지, 컨테이너집의 참된 의의는 … 내가 생각하기에, 그것이 언제나 … 우리가 종종 저평가하는 일종의 자유를 제공해 왔다는 것이다."[136] 이동주택 주차장이라는 삶의 양식은 나라, 민족, 소유와 물건, 공동체에 대한 정서적 구속 등 구속으로부터의 해방을 가능케 했다. 모빌리티는 탈출을 뜻했다.

그래서 우리는 투안과 잭슨이 처음 생각했던 만큼 모빌리티라는 개념에 적대적이지 않다고 말할 수 있다. 점과 장소는 중요하다. 그러나 이들 사이의 움직임도 중요하며, 움직임은 점만큼이나 의의 있고 친숙해질 수 있다. 중요한 것은 이러한 모빌리티의 안정성, 즉 애착을 형성하는 반복이다. 고소득 간부는 엘리트층의 모빌리티를 탐구하려는 학자들의 관심거리였다. 투안도 고소득 간부의 삶을 고찰한 끝에 다음을 발견한다.

모빌리티 및 장소와 그의 관계는 아주 복잡할 수 있다. … 근교에 있는 집은 장소다. 집은 어쩌면 또한 호화로운 유흥이 행하지는 구경의 장소이다. 집은 일터다. 바쁜 간부는 일거리를 집으로 가져오기 때문이다. … 사무실은 일터다. 그러나 간부의 집이기도 하다. 사무실이 그의 삶의 중심인 한에서 그렇다. 그는 사무실 빌딩에, 또는 그가 때로 밤을 보내는 시내에 아파트를 가지고 있을 수도 있다. … 복잡성을 강화해 보자면, 일정한 시기의 이동과 휴식 장소의 회로는 이 간부의 상승하는 이동적 캐리어에서 한 단계만을 나타낼 뿐이다. 어느 단계에서든 장소 사이의 이동 루틴이 수립된다. 그러나 단계 자체는 또 "장소"로 간주될 수 있다. 그 간부가 직업의 정점까지 올라가는 도중에 있는 정지점이라는 의미에서 그렇다.[137]

모빌리티가 반드시 장소에 대한 애착을 위협하는 것은 아니다. 긴 시간 동안 잘 여행해 온 경로는 장소나 경로 양 끝의 접속점과 마찬가지로 의미 있는 장소가 될 수 있기 때문이다. 모빌리티 및 장소와 관련해서는 반복이 열쇠가 된다. "매일매일의 접촉 과정에서 장소의 느낌이 우리 속으로 스며든다." 이후의 장들에서 이 문제를 다루겠지만, 투안은 "포장의 느낌, 저녁 공기의 냄새, 가을 낙엽의 색이 긴 교류를 통해 우리 자신의 연장이 된다. 인간적 드라마의 단순한 무대가 아니라 조연이 된다."[138] 장소가 갖는 의미의 형성에 핵심적인 것은 사람들의 삶의 "기능적 패턴"이다.[139] 그래서 일상적 루틴, 버릇, 규칙적 움직임을 실행함으로써, "접속점과 연결의 거미줄이 우리의 지각 체계에 각인되고 우리의 신체적 기대에 영향을 준다."[140]

투안은 움직임의 리듬과 루틴에서 안정성을 발견한 동시에, 여행을 함께 하는 사물과 대상에 대한 정박과 영구성이 이동 중인 사람에게 스며들 수 있음도 발견했다. 그는 영국 집시들이 도자기에서 오래된 가족사진에 이르는 각종 대상을 열렬히 수집한다고 썼다. 이러한 '정서적 정박'은 '그들이 있게 된 곳'에 대한 의미와 주관적 감정의 계류를 가능케 한다. 사실상, 이동-중에도 장소의 느낌을 가능케 하는 것은 타인과-여행하는-과정이다. 집시와 젊은 연인을 비교하면서, 투안은 "장소라는 말의 두 가지 의미 모두에서 그들은 무장소적이지만, 그들은 그다지 신경 쓰지 않는다"고 말한다.[141] 집시 여행 공동체에 대한 문화화기술지적 탐구는 투안과 비슷한 발견을 보여 준다. 케빈 헤더링턴의 연구에 등장하는 한 응답자는 이렇게 말한다. "누구나 무엇의 일부가 되고자 해요. … 사람들은 자기가 더 큰 무엇의 일부라는 것을 알고 싶어 하고, 비슷하고, 그들이 들어맞는 곳이 어디인지 알고 싶어 하죠."[142]

## 공간에서 장소로

데이비드 하비David Harvey의 저작은 모빌리티와의 관계를 통해 고정성을 개념화하는 것의 예시로써 각종 문헌에서 정기적으로 참조되어 왔다.[143] 《정의, 자연, 차이의 지리학》[144]에서 하비는 미국 볼티모어주 길퍼드 마을을 둘러한 장소-수립 전략을 탐구한다. 하비는 정보, 자본, 사람, 원재료의 다양한 지류와 흐름이 마을을 종횡으로 가로질렀다고 쓴다. 역설적으로, 길퍼드 주민들은 이 흐름들을 매우 다양한 방식으로 해석해 왔다. 두 노인이 살해된 채로 발견된 사건에서 사람들은 마을에 사는 아프리카 출신 하위계급 이주민을 손가락질했다.

제조업의 쇠퇴로 고통 받는 마을의 맥락에서, 하비는 성장과 회생을 촉진하기 위해 지역 당국과 산업계가 어떻게 자본 투자 유입을 꾀하려 했는지를 검토한다. 이러한 종류의 모빌리티는 마을의 생존과 번영에 위협적인 것이 아니라 본질적인 것이었다. 길퍼드에도 이 마을을 특정 장소로서 의미 있게 만들려는 시도가 있었다. 하비는 묻는다. "그래서 길퍼드는 어떤 종류의 장소인가? 길퍼드에는 이름, 경계, 특정한 사회적 · 물리적 성질이 있다. 그것은 도회적 삶의 난류와 흐름 한가운데에서 일종의 '항구성'을 획득했다."[145] 노인 부부의 살해를 염려하며, 역사적이고 지역적인 생명을 지닌 경계 있고 의미 있는 지역성으로서 길퍼드라는 개념을 강화하려던 사람들은, 아프리카 출신 또는 의심스러운 이주노동자들의 움직임, 이들의 귀속될 권리에 도전했다. 마을의 경제적 미래를 염려하던 사람들은, 특정한 성질을 가진 길퍼드를 제조함으로써 그렇게 하려 했다. 그것은 인식 가능한 장소를 제조하는 것, 이동적 자본을 모으기에 더 성공적이고 경쟁력 있는 장소를 만드는 것이었다.

하비[146]의 목표가 된 것은 시공간적 압축의 효과에 대한 반응적이고 정주주의적인 대응이라고 칭하는 것이 가장 적절할 것이다. 그것은 탈산업화하는 경제의 가차 없는 유동성 내에서 한 장소를 가두어 놓으려는, 또는 표시해 내려는 전략이었다. 모빌리티는 억제되었다. 비교적 경계 있고 의미 있는 존재자로서 길퍼드가 안정되어야지만 삶이 다시 시작될 수 있었다. 하비가 떠올린 것은 단순한 고정성의 세계도, 영원히 멈춘 흐름도 아니다. 그것은 상대적 영속성이다. 그것은 고정성과 운동 사이의 위태로운 휴전협정으로 포착되고 결정화된 '대립하는 정서와 경향'의 폭발이다. 모빌리티는 지속적 갱신과 창조된 항구성에 필수적이라고 하비는 말한다. 길퍼드의 경계는 반투과성 막이었다. 그것은 수상한 이주자를 저지하고 마을의 경제적 번영을 유지하기 위해 확실히 굳어 있고 구별적이었으나, 일단 안전해진 후에는 자본의 여과 과정을 장려할 만큼 열려 있었다.

그러나 하비의 관점은 보편적이지 않았고, 도린 매시[147]의 진지한 비평의 대상이 되었다. 매시는 하비가 장소에 대한 "반응적" 사고틀에 근거한다고 지적하면서, 하비가 어떻게 시공간적 압축의 모빌리티를 유동성의 은유와 동일시했는지를 보여 준다. 이 은유는 세계의 거주자들을 둘러싸고 폭격하는 불확실성, 덧없음, 휘발성의 끓는 수프라는 이미지를, 또는 자본 투자를 찾는 이들에게 매력적인 전 지구적 자본의 순환 이미지를 소환해 낸다. 매시는 장소의 '참된' 의미는 고정성과 뿌리내림에서만 발견될 수 있다는 의미, 또는 실로 '참된' 의미는 세계화의 소란과 유동성에 대한 반응에 불과하다는 의미 너머를 보도록 우리를 독려한다.

도시 체험에 대한 지멜의 글과 비슷하게, 하비는 최소한 일시적으로라도 보호를 제공하는 원환圓環, 개인의 '환경'을 이루는 원환, 외부에 대항하여 보호하고 "성취, 삶의 주도, 개인의 전망"을 지키는 원환 또는 경계의 구축을 가정한다.[148] 매시는 이에 대한 대안으로,[149] 그녀가 살던 지역의 시내 중심가를 따라 거니는 경험에 대한 유명한 고찰을 통해 의미 있는 장소를 구성하는 이동적 활동 자체를 고민해 보라고 요구한다. "도로를 대각선으로 가로질러, 흔히 거의 정체되어 있는 교통을 빠져나가 보라. 그러면 가게가 있다. 내가 기억하는 한 이 가게에는 항상 창에 사리sari[인도의 여성용 의상]가 전시되어 있었다." 매시는 계속해서 런던 히스로로 가는 정규 항공로 하에서 이루어지는 이주민의 삶을 논의한다.[150]

하비는 의미의 수립을 다양한 개인적·정치적 목적을 위해 장소를 일시적으로 멈추고 묶어 두려는 노력으로 기술하는 반면에, 매시는 조금 다르다. 두 저자 모두 세계에 주어진 사람, 재화, 특히 자본의 난류를 전제하는 것으로 보인다. 그러나 매시는 의미 있는 장소가 언제나 이동 중에 있다고 말한다. 의미 있는 장소는 일시성이라는 감각을 표출한다. 이를 그녀는 후에 "내던져져 함께 있음"이라고 표현한다.[151] 장소를 더욱 외향적으로 생각하면서 매시는[152] 장소의 현재와 순간 너머에서 일어나는 "사회적 관계와 이해의 네트워크"를 떠올린다. 이러한 '관계', '체험', '이해'는 사실 가정이나 거리라는 장소 너머의 층위와 규모에서 구축된다. 장소와 의미 있는 활동은 흐름과 모빌리티의 훨씬 넓고 방대한 네트워크를 따르는 이동적 실천을 통해 구성된다.

여기서 핵심으로 보이는 것은, 장소는 "지금 여기(이것 자체는 그때들과 저기들의 역사와 지리학에 의존한다)와 교섭하기"라는 도전, 일어나야만 하는 교섭"을 내포한다는 것이다.[153] 이것은 우리가 장소를 일어난 것의 부동적 고정 이상의 것, 오히려 하나의 동사나 행함으로 보기 시작할 때 중요하다. 어떻게 공항, 특히 모텔 같은 가장 유동적이고 일시적인 장소조차 모빌리티와 부동성의 양가적 특징을 구체화하는지를 생각해 보라.[154] 실상, 헨리 파크스 모텔에 대한 메건 모리스Meghan Morris의 고전적 논문[155]이 제공하는 장소 사고틀은 모빌리티에 대한 태도 면에서 처음에는 정신분열적으로 보인다. 관광과 모텔계界, 로비와 방의 기호를 볼 때, 모텔은 동시에 옴과 감의 상징이다. 반면에 모텔이 프런트에서 몇 야드도 떨어져 있지 않은 가족의 집이라는 것도 명백하다. 모리스가 논의에서 가장 흥미로운 점은, 아마도 그녀가 장소에 대한 논의에서 흔히 설정되는 이분법과 이원론을 부정한다는 데에 있을 것이다. 헨리 파크스는 끊임없이 운동 중에 있으면서도 장소의 정합성을 획득한다. 이는 이 모텔의 "지속적 가족주의" 때문이다. 모리스는 어떤 "'머묾'의 강도"를 발견한다.[156]

한편, 모빌리티에 반대되지 않고 오히려 모빌리티에 의해 생겨나는 장소와 귀속의 가능성을 발견하는 접근법에 이끌린 저자들도 있다. 안나 드 종[157]은 퀸스랜드의 다이크 온 바이크Dykes on Bikes* 체험을 검토한다. 이는 브리스베인에서 시드니의 게이 레즈비언 마디 그라 퍼레이드Mardi Gras Parade에 이르는 1,800마일에 달하는 여정을 오토바이를 타고 움직인 여성들이 수행한 귀속의 퀴어 모빌리티다. 드

---

* [역주] 레즈비언 오토바이 클럽. 다이크는 본래 남성성을 보이는 레즈비언을 칭하는 경멸적인 표현이었으나, 레즈비언들이 이 용어를 전유함으로써 이들이 자신을 다이크라고 칭할 때에는 긍정적인 의미를 지니게 되었다.

종이 보기에, 오토바이 운전자들은 본능적인 모빌리티 실천을 통해 장소의 의미를 발견함으로써 귀속을 위치로부터 "탈위치화"시켰다. 이 모빌리티 실천이 "집단 주행을 위해 신체를 준비시키는 것이든, 함께 주행하는 것이든, 프라이드 퍼레이드pride parade〔퀴어 퍼레이드와 다른 말로, 성소수자의 자긍심과 권리를 위한 행진〕를 이끄는 것이든, 지치고 뼈근해져서 돌아오는 것이든" 말이다.[158] 비슷하게, 산티아고의 교통 시스템 체험을 다룬 파올라 히론Paola Jirón의 글도,[159] 통근의 감각적이고 정서적인 습관을 통해 운동 속에 거주한다는 것이 가능함을 보여 준다. 이를 통해 장소의 의미는 도시적 이동의 내밀하고 불안정한 근접성과 교섭하는 방법으로 확장되거나 제한된다.

### 초지역적 장소

의미 있는 모빌리티 재고에서 마지막으로 논할 지점은, 이주를 다룬 작업이나 인류학자 아르준 아파두라이[160]가 '초지역성'이라고 부르는 과정을 다룬 작업에서 발견할 수 있다. 장소의 광범위성, 일시성(또는 영구성), 침투성을 더욱 이동적으로 이해함으로써 장소에 대한 기존 사고를 교정하면, 떠난 장소 또는 가정과 새로운 가정 사이 그리고 이 장소들로부터 떨어진 곳에서 사람들이 어떻게 장소를 만들어 내는지를 볼 수 있다. 이 같은 이해는 위치 사이의 연결, 네트워크, 모빌리티의 지워지지 않는 망을 생산한다.

**사례 연구 3.3**에서 더 자세히 다루겠지만, 지리학자이자 인류학자 디어드리 맥케이Deirdre Mckay[161]는 이주 주체성의 형성이 "고정하기"와 "장소 잡기" 중 하나로 인식되어 왔다고 밝힌다. 이때 사람들은 그들이 위치한 장소의 "일부"가 된다. 또는, 탈영토화 과정이 일어나, 이주적 삶은 사람들의 실향과 그들의 기원의 장소 간의 끊임없는 관계 속에 장소를 잡게 된다. 맥케이는[162] 이러한 이해가 "사람을 꼭 단일한 지역성에 가두지 않는" 더욱 이동적인 주체성의 가능성을 낳는다고 본다. 더 복수적인 방식으로 이해하자면, 이는 "장소잡기"와 "탈영토화" 사이의 양자택일을 의미하지 않고, 양쪽 모두를 향한 잠재력을 뜻한다. 재영토화는 가정의 사회성을 다른 곳으로 확장하는 초지역적 장소의 가능성을 발산한다. 이 장소들은 이동하거나 순환할 수 있다. 어떤 맥락에서 소환되어 새로운 맥락에서 재창조되는 이 장소들은, 출발 현장과 새로운 지역성 사이에서 창조된 움직임의 경로를 따라서 일어나고, 가로질러 일어나고, 통해서 형성되는 장소다.

이러한 의미에서 디아스포라는 확장된 사회적 네트워크를 따라서 장소와 유사한 애착을 형성한다. 또는, 인류학자 프니나 워브너Pnina Werbner[163]가 '오솔길pathways'이라고 칭하는 것을 형성한다. 이러한 공간적 확장은 선물 수여와 교환의 실천으로 짜인 디아스포라 네트워크를 낳아 민족적 정체성의 물질적·이동적 문화를 형성할 수 있다.[164] 워브너는 이주자들이 어떻게 "장소를 이동시키는지"를 연구한 매릴린 스트라던Marilyn Strathern의 기술을 따라,[165] 영국의 파키스탄 이주민들이 어떻게 상품 재화를 수입함으로써 식량, 화장품, 장신구 같은 "정서가 적재된, 의례적으로 교환되는 물건"들의 교통을 우리는 이주자의 이동적 실존에 호의적인 다현장적 문화기술지적 연구 방법으로 방법론적 전환이 일어난 것을 목격했다. 그러나 이러한 종류의 접근법은 연구의 "현장"을 초이동적인 "흐름의 공간"으로 규정함으로써, 역사적으로 매개하는 맥락적 힘을 소거해 버릴 위험이 있다. 이주 학자 마이클 피터 스미스Michael Peter Smith는 연구자들이 이동적 주체에게 '장소를 부여하는emplacement' 데에 방법론적으로 더 신경 써야 한다고 말한다. 모빌리티 연구는 주체의 월경과 모빌리티에 계속 초점을 맞추어야 하지만, 그 와중에 이러한 행위자들이 이동해 지나가고 행위하는 구체적 맥락의 중요성을 검토해야 하기 때문이다. "행위자는 여전히 구체적 역사적 맥락 속에서, 어떤 정치적 형태와 공간 속에서 운동 중인 계급·인종·젠더를 지닌 신체다."[166]

이주 연구는 위치, 장소의 중요성과 이주 주체의 지리학을 그들의 가정부터 예배 현장까지를 검토한다.[167] 이주적 귀속에 대한 앤-마리 포티어[168]의 연구는 공동체 교회라는 배경을 명시적으로 논하며, 이것이 연구의 많은 부분을 차지한다. 포티어는 이러한 배경이 어떻게 연구를 위한 마주침을 매개할 뿐 아니라 "공동체적 삶"에서 다양한 역할을 하는지, 그러므로 왜 배경을 익명적으로 처리하면 배경이 "생기를 전부" 잃고 마는지를 기록한다.

비슷하게, 콘래드슨David Conradson과 라담Alan Latham은 특정 장소 내에서 초국가적 모빌리티를 가능케 하는, 공간적으로 상황을 가진 "평이한 노력"의 "집합"으로 시선을 돌리라고 제언한다.[169]

■ 더 읽을거리

Blunt, A., *Domicile and Diaspora: Anglo-Indian Women and the Spatial Politics of Home*, Blackwell, Oxford, 2005.

Blunt, A. and Dowling, R. M., *Home*, Routledge, London, 2006.

Conradson, D. and Latham, A., 'Transnational urbanism: attending to everyday practices and mobilities', *Journal of Ethnic and Migration Studies*, 31: pp. 227–234, 2005.

Fortier, A.-M., *Migrant Belongings: Memory, Space and Identity*, Berg, Oxford, 2000.

Smith, M. P., *Transnational Urbanism: Locating Globalization*, Blackwell, Malden, M.A, 2001.

생산했는지를 추적한다.[170] 다른 남아시아 디아스포라 공동체에서 일반적인 것은, 특히 의복과 패션 상품의 교역이다.[171] 이는, "전 지구적 디아스포라 공동체와 초국가적 가족을 포괄하는 거리를 이어주는 가장 중요한 다리 중 하나인 대상-인격-장소-정서"이다.[172] 남아시아와 동아프리카의 다른 탈식민적 이주자들에게는 사진·그림·회화의 현존과 전시가 그들의 이주 체험에 현존을 부여하도록 도울 수 있다.[173]

홍콩의 필리핀 이주노동자를 연구한 맥케이의 사례를 따라, 캐서린 브리켈Katherine Brickell과 아요나 다타Ayona Datta는[174] 초지역적 관계의 규모와 공간을 국가 규모로 축소시키고, 그리하여 초지역적 주체

도판 3.5. 홍콩의 초지역적 장소. 출처: Deirdre Mckay

를 단지 국가 경계를 넘은 이주자로 가정하는 것은 위험하다고 말한다. 그보다는 '초국가적'이라는 제약으로부터 초지역성의 모빌리티

---

**사례 연구 3.3  장소를 선線 위에 두기, 홍콩 필리핀인의 초지역성**

홍콩의 필리핀 이주노동자에 대한 맥케이의 문화기술지적 연구는 아파두라이의 초지역성 개념에 대한 매혹적인 사례 연구를 제공한다. 맥케이가 주장하듯이, 이 과정의 일부는 다른 곳으로 장소를 이송하고 재구축하는 것이다. "모빌리티는 지역성을 전 지구적 세계로 확장시켜 재영토화함으로써 사실상 다른 곳을 '가정'의 일부로 재창조할 수 있다."[175]

이러한 재영토화를 보여 주는 최적의 사례는, 일요일 아침과 오후의 교회 예배 후에 HSBC은행 건물 아래의 조각광장과 플라자 지역에 모이는 이주노동자들의 공간이다. 도시의 플라자와 광장은 가정에서 실행되는 사교 모임을 닮은, 이주자 간의 상호작용 장소로 변환된다. 필리핀인들은 미리 정해진 위치에 담요를 펴고서 "뉴스, 소문, 음식, 돈"을 교환한다. 홍콩 중심가는 일시적으로 필리핀 이주자들이 떠나온 마을의 재창조물이 된다. 이런 면에서 가정이라는 장소는 다중적으로 작동한다. 약간 다르게, 일시적으로 존재하기는 해도, 가정은 분리된 여러 위치에 존재한다. 동시에, 필리핀 마을이라는 장소는 역설적이게도 동시에 실행되는 무엇이 된다.

맥케이는 초지역적 장소가 동시적이고 펼쳐져 있다고 말한다. 일요일의 사교 모임 동안 연관과 애착이 유지된다. 이주자들은 정기적으로 이 시간에 문자메시지를 보내고 집에 전화를 하여 친구와 가족들의 주간 뉴스를 따라가고, 자식과 베이비시터를 살피고, 그들이 두고 온 투자와 사업을 확인한다.

■ 더 읽을거리

Appadurai, A., 'The production of Locality', in Fardon, R. (ed.), *Counterworks: Managing the Diversity of Knowledge*, Routledge, London, 1995.

McKay, D., 'Translocal circulation: place and subjectivity in an extended Filipino community', *Asia Pacific Journal of Anthropology*, 7: pp. 265–278, 2006.

---

를 빼내고, "초국가적 이주자라는 규정에는 들어가지 않지만 다른 종류의 지역-지역 여정과 교섭하는, '부동적'이라고 가정되는 집단의 움직임"을 더 면밀히 살필 필요가 있다는 것이다.[176] 이 저자들이 보기에, 이주 모빌리티의 체험과 구성은 신체로부터 도시까지, 가정까지, 공간과 규모의 연속체를 가로질러 일어나는 것이기 때문이다.

## 결론

이 장에서 우리는 의미와 재현이 모빌리티의 핵심 부분임을 보았다. 모빌리티에는 의의와 개념이 기입되어 있다. 어쩌면 모빌리티는 언제나 의미 있고, 그러므로 결코 단순한 움직임이 아닐 것이다. 모빌리티를 가장 추상적인 방식으로 특징짓는 접근법조차, 모빌리티에 가치가 적재된 판단과 꼬리표가 달려 있음을 본다. 이러한 가치, 판단, 의미가 실제로 유의미하다는 점이 중요하다. 이것들은 지리학 같은 분과학문 내에서 모빌리티가 이해되고 다루어져 온 방식에, 또 마찬가지 방식으로 사회 내에서 모빌리티를 해석하고 다루는 데에 유의미하다.

앞에서 보았듯이, 이러한 사회적·학술적 맥락은 뒤얽혀 있다. 이 얽힘의 방식은 의미 있는 모빌리티를 수립하는 데에 맥락이 갖는 중요성을 반영한다. 초기 지리학자들이 그린 모빌리티의 비전은 지배적인 사회적 태도를 반영한다. 1970년대 공간과학자들의 접근법은 냉전의 필요와 태도에 조응되어 있었다. 이들은 모빌리티에 대한 명확히 유용한 표상이었다. 이들은 운동의 상당히 복잡한 연관과 흐름이 시각화될 수 있게 했고, 흔히 모빌리티를 이해하는 틀이 되어 온 지속적인 틀을 제공했다. 그러므로 모빌리티에 대한 학술적 논의는, 더 넓은 세계에서 모빌리티가 다루어지고 탐구되어 온 방식이 어떻게 구체적인 사회적 맥락을 통해 형태 지어졌는지에 대해 아주 많은 것을 알려 준다. 그래서 모빌리티는 어떤 예에서는 상인이나 소비자 같은 진보와 부의 긍정적 상징으로 등록되고, 다른 예에서는 지저분하고 퇴보적인 것으로 논해진다. 모빌리티에 대한 의미 있고 이데올로기적인 부호화는 맥락적인 사회적 태도와 사회적 실천을 반영한다.

군사전략으로부터 남아프리카공화국 이주자에 대한 비방에 이르기까지 이러한 종류의 의미·담론·모델은, 의문에 전혀 부치지 않는다면, 규범이나 이상 역할을 함으로써 스스로를 재생산할 수 있다. "우리가 생각하는 데에 쓰는 은유"는 쉽게 "당연한 것"으로 여겨지기 때문이다.[177]

다음 장에서는 이러한 이데올로기적 부호화가 규범이 되어 이동적 신체가 이에 비추어 공식적으로 판단받게 될 때 어떤 일이 벌어지는지를 탐구할 것이다. 우리는 공간과학자들이 모빌리티를 단순한 경제법칙과 물리법칙에 따라 행동하는 마치 당구공과 유사한 생산적이며 합리적인 원자로 그렸음을 보았다.[178] 이러한 상상 방식의 결과가 이런 이미지에 순응하지 않는 이들에게서 실제 세계가 문제적인 효과를 내게 된다는 관점에서 이 문제를 살펴볼 것이다. 모빌리티와 정치 관계의 밑그림을 그려 가는 과정에서, 우리는 어떻게 모빌리티의 지배적 도식 중 몇몇이 배제적이고 때로는 폭력적인 함축을 가지고서 흔히 서로 정면충돌하는지를 고찰할 것이다.

4장
**정치**

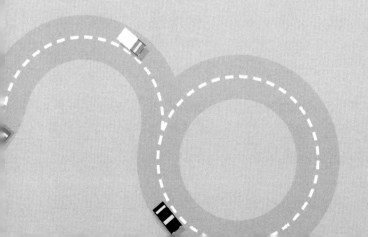

모든 인간의 움직임은, 지적 충동에서 오든
심지어 자연적 충동에서 오든, 그것이 펼쳐지는 과정에서 억제된다.[1]

저항의 유일한 형식은 움직임이다.[2]

# 서론

도로에서 운전하기라는 비교적 개별적이고 자율적인 행위를 생
각해 보자. 출발하기도 전에, 안전벨트를 착용할 때의 부드러운 짤
깍 소리를 듣는 그때, 자유와 표현의 감각은 즉각 사라져 버린다. 운
전자는 의식적으로든 무의식적으로든 그가 명심해야 할 수많은 제
한과 지시 사항에 따라서 인도된다(물론 이는 맥락에 크게 의존할 수
있다). 우리의 속도 제한은 속도제한 표시등 테크놀로지, 카메라와
도로 요철이 우리에게 상기시키는 일반적 "속도제한"이 설정해 주
는 것이다. 전후戰後 영국의 맥락에서의 운전 규정에 대한 피터 메리
먼의 풍부한 설명[3]은 운전자를 훈육하는 수많은 규칙과 규제를 조
명한다. 제대로 안전벨트를 매지 않거나, 응급처치함이나 반사 조
끼 없이 운전하는 것은 많은 나라에서 불법이다.

국가적 '도로교통법규'부터 더 지역적인 제한과 뉘앙스까지, 운전
자의 여정은 전혀 단순하지 않다. 특정 시기의 운전을 예로 들어 보
자. 2001년 영국에서는 연료 부족 때문에 불안해진 운전자들이 자
기 차에 기름을 채우려고 주유소로 쇄도했다. 동시에 분노한 트럭

운전수들의 대규모 시위가 있었다. 이들은 분리도로와 고속도로를 정체시키려고 서행 수송대를 운행했다. 이 사례에서 '자율적 운전자' 개념은 다시 의문에 처해진다. 도로는 가시적인 공적 공간을 제공했고, 또한 사태의 처리 방식에 대한 논쟁과 반대를 펼치는 포럼을 제공했다. 운전자들의 행위는 함께 운전하는 타인들을 방해했다. 다른 운전자들은 고속도로를 따라 몇 킬로미터나 늘어선 대기 행렬의 효과를 느꼈다. 뉴스 방송과 신문을 본 사람들은 동시에, 또는 나중에 이 사건을 따라갔다.

마지막으로, 번잡한 고속도로를 건너려다 사망한 보행자 신시아 위근스Cynthia Wiggens의 사례에서 한순간을 들어 보자.[4] 위근스는 1995년 미국 버팔로주 가장자리에 위치한 월든 갤러리아 몰의 종업원이었다. 신시아 위근스는 그 백화점에서 일했으며 출근을 위해 대중교통 체계를 이용해야 한다. 난점은, 그녀가 이용해야 했던 버스 정류장이 백화점에서 7차선 고속도로 건너편에 있었다는 점이다. 백화점은 개인 자동차를 수용하도록 설계되어 있었지만, 버스 서비스는 설계자의 계획 전면에 있지 않았다. 위근스는 매일 두 번 버스 정류장과 백화점 사이를 건너갔다. 그러다 1995년 12월 14일 그녀는 10톤 트럭에 치였다.[5]

이 세 화제의 공통점은 무엇인가? 이에 대한 답이 이 장에서 다룰 것, 즉 정치다. 팀 크레스웰의 사고를[6] 고찰해 보자. 그는 "모빌리티의 정치"를 위한 가장 설득력 있는 글을 썼다.

모빌리티의 정치라는 말로 내가 뜻하는 것은, 권력의 생산과 분배에 결부된 사회적 관계다. 모빌리티의 정치라는 말로 내가 뜻하는 것은, 모빌리티가 그러한 사회적 관계를 생산하는, 또 이에 의해 생산되는 방식이다. 물론 사회적 관계는 복잡하고 다변적이다. 이들은 계급, 젠더, 민족, 국적, 종교 집단, 그리고 수많은 여타 형태의 집단 정체성 사이의 관계를 포함한다.[7]

크레스웰은 이동성이 "차이적으로 접근되는 자원"이라고 말한다. 운전 같은 우리가 당연하게 여기는 무엇에 대한 우리의 논구와 관계해서, 우리는 저 진술을 어떻게 풀어낼 수 있을까?

첫째, 모빌리티는 정치적 과정에 의해 형태 지어지고, 정치적 과정을 형태 짓는다. 우리가 운전하는 길 및 우리가 준수해야 하는 법을 설정하고 정의하는 것은 정치적 활동, 논의, 참여, 의사 결정이다. 동시에, 정치는 우리가 운전하는 특정 도로와 우리가 순응하는 법 또는 우리가 운전하려고 고르는 차의 종류에 저항하고 반대할 수 있음을 뜻한다. 자동차 여행을 가능케 하는 것도 정치이고, 이를 규제하고 형태 짓고 이를 중지시키거나 변화시킬 수 있는 것도 정치다.

둘째, 이동성은 정치적 관계를 위한 공간을 제공한다. 모빌리티는 저항하고, 숙고하고, 반대할 수 있는 우리의 능력을 형태 지음으로써 우리가 정치적이 되는 능력을 만든다. 당신이 모빌리티에 접근하는 사례를 생각해 보라. 당신은 운전할 수 있는가? 운전을 하는가? 운전할 형편이 되는가? 대중교통을 이용하는가? 거리를 걸어가는 것이 당연한 일인가, 힘든 일인가? 모빌리티와의 관계에서 어떤 자리를 잡고 있는가? 이러한 질문들은, 다른 사람들은 아주 다른 방식으로 모빌리티와 관계한다는 생각을 유발하기 위함이다. 이 모든 면모를 가로질러, 모빌리티에 대한 우리의 개념은 앞 장에서 논의한 각종 의미와 관계하여 모빌리티가 해석되고, 이해되고, 다루어지는 방식을 채색할 것이다.

셋째, 크레스웰이 말하듯이, **모빌리티는 차이적으로 접근된다.** 이는 상이한 사회적 집단 및 이들 사이의 관계는 운전 같은 특정 형태의 모빌리티에 접근하고 이를 향유하는 우리의 능력에 차이를 만든다는 것을 뜻한다. '흑인 운전driving whilst black'이라는 표현을 들어 본 적 있는가? 이 표현은, 인종적 스테레오타입을 가지고서 흑인 운전자를 정지시키고 조사하려 하는 경찰력으로 인해 흑인 운전자들이 받는 불평등한 취급을 가리킨다. 이는 특히 과거 미국과 영국의 상황을 가리키는 것이지만, 오늘날에도 남아 있는 것으로 보인다. 앞으로 보게 되겠지만, 인종 같은 사회적 차이와 사회적 관계가 모빌리티를 생산하고 모빌리티에 의해 생산되는 훨씬 깊이 뿌리내린 방식이 있다.

이는 우리를 네 번째 요점으로 이끈다. 그것은, 모빌리티가 권력을 생산하고 분배한다면, 모빌리티에 대한 우리의 불균등한 접근 가능성, 곧 우리가 모빌리티와의 관계에서 어떻게 다르게 자리 잡고 있는지는 우리 삶의 기회를 근본적으로 형태 지을 수 있다는 것이다. **모빌리티는 우리 삶의 기회를 형태 짓는다.** 우리가 얻을 수 있는 직업, 우리가 살 수 있는 사회적 삶, 우리가 접근할 수 있는 서비스, 우리가 사회의 부분임을 느끼는 방식 또는 사회에 의해 배제됨을 느끼는 방식을 형태 짓는다.

모든 종류의 모빌리티가 이러저러한 방식으로 정치와 교차한다는 것은 명확하지만, 본 장은 이 관계들이 어떻게 이해되어 왔는지를 수많은 다양한 예와 공간을 통해 폭넓게 추적할 것이다. 본 장의 구조는 다음과 같다.

첫째, 다음 절에서는 이렇게 얽혀 있는 모빌리티 요소들을 정리할 것이다. 본 장은 모빌리티와 정치의 얽히고설킨 문제들을 풀어내려 시도할 것이다. 그 후에 이 주제가 시민권, 장애 정치 등의 주요 영역에서 어떻게 작동하는지를 탐사할 것이다. 마지막으로 본 장은 어떻게 모빌리티가 정치적 공간을 제공하였고 이 공간에서 더 직접적이고 폭력적인 정치가 발생하는지를 고찰하면서 끝맺을 것이다. 이러한 정치는 저항과 직접적 행위에서 정치적 폭력에 이른다.

## 모빌리티의 정치

### 이데올로기

앞 장에서 보았듯이 모빌리티에 대한 우리의 개념과 가정은 몹시 중요하다. 모빌리티는 흔히 이데올로기적이며, 가장 공공연한 정치적 담론 안에 자리 잡고 있다. 반복적으로, 모빌리티는 자유에 대한 우리의 개념과 함께 하는 필연적 동반자로 간주되어 왔다. 닉 블롬리Nick Blomley는 "자유와 모빌리티가 거의 상호교체 가능한 것인 한, (어떤 형식의) 모빌리티는 자유주의의 만신전萬神殿에 핵심적"임을 상기시킨다.[8] 신자유주의 정치의 우세로 인해 모빌리티의 서명이 뒷받침하는 일군의 가정들이 실체화되고 있다는 의견도 있어 왔다. 그래서 모빌리티 정치의 심부에는, 타자를 뒤로할 수 있는 보편주의와 개인주의를 가정하는 이상이 특정 이데올로기적으로 기입되어 있다(**핵심 개념 4.1**을 보라).

1980년대 자유무역, 민영화, 탈규제를 향한 대처와 레이건의 전념으로부터 등장한 신자유주의 이데올로기는 사람과 사물의 구속 없는 모빌리티를 찬양한다. 캐나다-미국 자유무역협정(1989) 같은 경

---

**핵심 개념 4.1**  **모빌리티와 자유주의**

모빌리티는 자유주의 및 여기에서 파생된 신자유주의 내에서 시민권, 국적, 정부, 법의 정치적 이데올로기의 중심에 있다.

모빌리티는 모두가 사용할 수 있고 부인될 수 없고 보편적인 권리로, "사회적, 경험적, 정치적 권력의 전제 조건"[9]으로, 우리가 당연하게 여기는 다른 권리를 위한 수단으로 생각될 수 있을 것이다. 그러나, 모빌리티와 자유의 이러한 배치는 초기 자유주의 사상을 통해 역사적으로 생산된 것이다.

하가 코테프Haga Kotef와 크레스웰 모두, 토머스 홉스의 정치철학 내에서 모빌리티와 자유의 최초의 발상을 발견한다. 크레스웰이 보기에, 홉스는 갈릴레오의 물리적 세계에 대한 작업, 그리고 윌리엄 하비의 신체의 순환에 대한 생리학적 내적 세계에 대한 작업 양쪽 모두에 영향을 받아, "움직임을 자유와 동등하게 본 인간적 삶의 철학의 심부에 부단한 움직임을" 놓으려 했다.[10] 코테프와 크레스웰 모두가 기록하듯이, 홉스에게, 자유란 "대립의 부재"였고, 홉스가 대립이라고 이해한 것은 "움직임에 대한

---

외적 방해"였다.[11]

미국에서 개인주의와 모빌리티는, 자유주의자들이 기록한 모순적 관계 속에 전적으로 묶여 있었다. 이들은 토머스 홉스의 원자적 개인이라는 발상에—여기에서 움직임이 자유의 다른 권리를 수행하는 데에 본질적이다—자주, 그러나 불완전하게 의존했다. 개인주의가 자율적 이동적 주체라는 자유주의적 이상 속에서, 이동적이 될 권리와 능력으로 표현되었다면, 이는 자유의 보편적 이상과 어떤 긴장 상태에 있었기 때문이다. 세일러가 주장하듯이, "백인, 유산층, 남성 자유보유권자freeholder의 독립성이 보장된 것은, 인종화된 노예제와 젠더화된 의존성—둘 다 부동성의 조건이다—이 부각됨을 통해서였다."[12] 달리 말하자면, 개인주의, 보편주의, (모빌리티로 표현되는) 자유는 종종 충돌했다. 특히, 흑인 아프리카출신 미국인과 관계할 때 그랬다. 세일러가 보기에, 자유주의, 자유주의적 사회성, 그리고 자유주의와 보편주의의 상충성이 궁극적으로 표현된 것은 자동차, 도로, 교통이었다. 반면에 다른 곳에서 코테프는 이스라엘의 자유주의적 모빌리티 체제 내의 방대한 모순을 보여 준다. 이로 인해서 모빌리티는 "자유로서, 위협으로서, 자기규제의 도상으로서, 이 인간이나 저 집단을 훈육시키는 것이 불가능하다는 증명으로서 생산되었다."[13]

실상 크레스웰이 보기에, 자유주의의 모순은 이동적 신체 내에서도 마찬가지로 잘 표현된다. 여기에서는 "자유주의 사고틀 내에서 자유, 시민권, 모빌리티의 융합"[14]으로 인해, 이동할 수 있는 능력아 가정된 신체의 종류에 관한 특정한 문제가 제기된다. 보편주의의 발상이 거주하는 곳은 "민주주의적 정의의 기반 기능을 하는, 신체적 평등성이라는 가짜 기반"이라고 크레스웰은 주장한다.[15] 이 가짜 기반 밖으로 떨어진 신체에게는 무엇이 일어나는가?

■ 더 읽을거리

Cresswell, T., *On the Move: Mobility in the Modern Western World*, Taylor & Francis, New York, 2006.

Kotef, H., *Movement and the Ordering of Freedom: On the Liberal Governances of Mobility*, Duke University Press, Durham, N.C., 2015.

Seiler, C., *Republic of Drivers: A Cultural History of Automobility in America*, University of Chicago Press, Chicago, 2008.

제정책을 뒷받침하는 등, 신자유주의 사상 안에는 무제한적 모빌리티 및 순환의 이데올로기가 자라잡고 있다. 이 사상은 자본과 사람의 흐름을 원활하게 하는 역할을 한다. (아래 시민권에 대한 절을 보라) 중요한 것은, 이 발상들이 사람을 다루는 방식에 큰 차이를 낳는다는 것이다. 앞 장에서 짧게 살펴보았듯이, 이데올로기적 가치는 다른 사람을 억누르고, 제한하고, 권리를 박탈하는 역할을 할 수 있다.

다시 한 번 자동차 여행의 문제를 간단한 예로 들 수 있겠다. 영국에서 사람들이 자동차를 소유하고 있다는 가정은, 사회에 참여하기 위해서는 모빌리티가 기대되며 동시에 필요하기도 한 문화와 지형을 낳았다. 모두를 위한 보편적 모빌리티 이데올로기에 사로잡힌 영국 정부의《번영을 위한 도로》백서는,[16] 예측된 자동차 소유 및 사용 수요에 걸맞은 공급을 위해 도로를 건설하겠다는 확장 계획을 약속했다.[17] 이 보고서의 제목만 해도 이미 자동차 모빌리티와 진보 및 부의 창출 개념이 병치되고 있음을 알려 준다. 그러나 이러한 가정은 예측되지 못한 귀결과 불공평한 함축을 담고 있다. **사례 연구 4.1**에서, 나는 어떻게 자동차 모빌리티의 이데올로기가 2006년 뉴올리언스 주민들에게 재앙과도 같은 귀결을 가져왔는지를 예시할 것이다.

그러므로 모빌리티와 자유, 보편주의를 이데올로기적으로 연관시키는 데에는 심각한 단점이 있다. 재닛 울프는 이렇게 표현한다. "이에 따라 자유롭고 평등한 모빌리티를 제안하는 것은 그 자체로 기만이다. 우리 모두가 도로에 대해 같은 접근가능성을 가지는 것은 아니기 때문이다."[18] 달리 말하자면, 이데올로기를 담고 있는 모빌리티 정치와 정책은 작동하지 않을 수 있다. 이것들은 모빌리티의 놀라운 불균등성과 차별성을 이해하는 데에 실패하기 때문이다. 유목주의는 "근거 없고 구속 없는 이동"과 "고정된 자아/관찰자/주체"의 저항을 제안할 수 있다.[19] 그러나 정치와 정책에 차이를 포함시키는 데에, 규범을 타협시킬 무언가를 제공하는 데에 실패한다면, 문제와 난관 그리고 앞에서 논의한 죽음이 발생할 수 있다.

울프는 모빌리티의 어휘를 비판한다. 모빌리티는 "유목민" 등 용어의 이동화를 통해 "이론에서의 인간중심적 경향을 필연적으로 초

---

**사례 연구 4.1  뉴올리언스 대피**

2006년 뉴올리언스 주민들에게 허리케인 카트리나가 주었던 충격을 검토하던 저자들은, 보편적 모빌리티 이데올로기의 비극적 귀결에 대해 조심스레 논의해 왔다. 이 사건를 다룬 다양한 저자들이 보여 주듯이, 이 도시의 대피 계획은 주민들이 사적 교통수단에 거의 보편적으로 접근할 수 있다는 가정에 입각한 것으로 보였다. 이러한 사정이, 자율적인 사적 모빌리티를 미국의 토대에 본질적인 것으로 보는 미국적 방식의 온갖 사회적 구축과 연결될 수 있다는 데에는 의심의 여지가 없다. 그러나 뉴올리언스에서 '모빌리티 특권'이 있다는 가정은 끈질기게 지속되었다. 모빌리티 인프라의 새로운 형태는 이러한 이데올로기에 바쳐진 것으로 보였다. 이 형태는 다차선 폰차트레인 호수 코즈웨이—1956년에 개통된 24마일의 유료 교량—을 통해 교외로 통하는 빠른 연결로를 제공한다는 것이었다. 이는 이 지역에 대한 이후의 투자를 악화시켰다.[20]

2006년 카트리나에 피해를 본 도시 내부 구역과 거기 살고 있던 소수민족 주민들의 이동 능력은 그다지 비슷한 방식으로 고려되지 않는 것으로 보

였다. 뉴올리언스의 비히스패닉계 백인 인구 중 사적 교통수단에 접근하지 못하는 비율은 단 5퍼센트였지만, 흑인의 경우에는 그 비율이 27퍼센트에 이르렀다. 대중교통 체계에 대한 투자의 거부, 부적절한 대피 계획, 자동차에 거의 보편적으로 접근할 수 있다는 가정에 대한 의존은, 자동차에 접근하지 못하는 사람들이 심각한 부동성과 죽음의 가능성에 종속된다는 것을 뜻했다. 카트리나로 인해 2천 명이 죽은 것으로 추산된다.

뉴올리언스 대피는 모빌리티 접근에 존재하는 명확한 인종정치를 보여준다. 그런데도 포섭과 배제를 통해 사회적 차별을 낳는 사회적 내용과 권력이 모빌리티에서 '제거'된 것은, 모빌리티가 비정치적이고 보편적으로 다루어질 수 있다는 문제로 가정되기 때문이다.[21] 미미 셸러는 이렇게 주장한다. "보편적 언어는 차이적 과정을 가린다."[22] 바틀링은 계속해서 설명한다. "특정 형식의 이동성이 특권을 가짐으로써 사람들은 어떤 렌즈를 통해 세계를 보게 되었다. 이 렌즈는 객관적인 듯이 보이지만, 사실은 특정 형식의 지배의 지속을 확실히 하는 다양한 실천에 기여한다."[23]

불행히도, 본 저작에서 그레이하운드 버스 터미널은 인종적 차별과 부정의의 현장으로 늘 등장한다. 이 터미널은 허리케인 카트리나가 왔을 때에도 비슷하게 공모하였다. 주州 방위군과 여타 경찰력은 뉴올리언스 중앙 버스정류장을 범죄나 공공 소요 혐의자를 수용하는 임시 억류소로 바꾸었던 것이다. 이 정류장의 주차장은 구치소로 사용되었고, 철조망을 두른 울타리로 보호되었다. 이 버스 정류장은 "그레이하운드 수용소"라고 불리게 되었다.

■ 더 읽을거리

Bartling, H., 'Suburbia, mobility, and urban calamities', *Space and Culture*, 9: pp. 60–62, 2006.

Cresswell, T., *On the Move: Mobility in the Modern Western World*, Taylor & Francis, New York, 2006.

Sheller, M., 'Gendered mobilities: epilogue', in Uteng, T. P. and Cresswell, T. (eds) *Gendered Mobilities*, Ashgate, Aldershot, 2008.

*Shields, R. and Tiessen*, M., 'New Orleans and other urban calamities', *Space and Culture*, 9: 107–109, 2006.

Tiessen, M., 'Speed, desire, and inaction in New Orleans: like a stick in the spokes', *Space and Culture*, 9: pp. 35–37, 2006.

래하는" 은유라는 것이다. 이러한 경향은 사회적 삶에 반영된다. 의학적 병리학으로서 모빌리티의 지도를 그리는 것은, 여러 역사적 시기를 통틀어 모빌리티에 도덕적 유해성이라는 의미를 주입하는 데에 기여해 왔다. 노숙자에 대한 연구들은, 과학을 통한 모빌리티의 질병화가 사람의 이동을 제한하거나 배제하려는 수많은 실천으로 이끌었음을 보여 준다. 미국의 맥락에서, 팀 크레스웰은 노숙과 매독의 연관을 보여 준다. "노숙"은 "도덕의 해이 및 정상성과의 단절을 암시하게 되었다. 선원, 군인, 부랑자 등 이동적인 사람들이 이병을 퍼뜨리는 것으로, 심지어 일으키는 것으로 간주되었다."[24] 앞장에서 냠조가 보여 주었듯이, "국민 건강이라는 은유와 신체정치의 조건을 작동시킴"으로써 질병화 등 이데올로기적 기입의 중요성

도판 4.1 허리케인 카타리나로 물에 잠긴 뉴올리언스의 버스. 출처: Wikipedia

은 한층 더 거대해졌다.[25]

이는 여성에 대한 취급에도 적용된다. 많은 페미니스트 학자들의 암묵적 가정은, 버지니아 샤프Virginia Scharff가 가장 직설적으로 언명하듯 "이동은 남성에게 속한다"[26]는 것이다. 여성은 "이동을 드물게 하고 마지못해 하며, 여성의 이동은 그들의 실제 이야기와의 결별"이라는 가정은[27] 여성에 대한 평등한 대우를 위협했고, 여성을 위한 이동 시스템의 제공도 위협했다. 예를 들어, 우텡과 크레스웰은 "여성적 모빌리티는 남성적 모빌리티와 다르다"고 적는다. 이러한 차이를 명명하고 가정하는 것은 "애초에 이 차이를 생산한 권력관계를 재확인하고 재생산"할 수 있다.[28] 나중에 보겠지만, 여성의 모빌리티를 기대하지 못한 것, '놀라운 것'으로 여김으로써 여성의 필요에 적절하게 봉사하는 모빌리티 인프라가 손상되어 왔다.

(신)자유주의 정치적 연관의 함축에는 어떤 것이 있는가? 손상된 모빌리티는 시민적 삶에 참여할 기회의 평등이 축소된 것을 어떻게 대면하는가?[29] 보편주의 같은 생각으로 모빌리티를 대한다면, 사회적 포섭 같은 목표에 대해 심각한 의문이 생길 수 있다. 케넌, 라이언스, 라퍼티는 이렇게 표현한다. "사람들이 고도의 모빌리티를 가진다는 가정을 둘러싸고 건설된 사회와 환경에서는, 불충분한 모빌리티"로 인해 생길 수 있는 "기회, 서비스, 사회적 네트워크에 대한 접근가능성의 감소"가 사회적 포섭을 위협할 수 있다.[30]

## 참여와 시민사회

모빌리티는 사람들이 참으로 참여할 수 있는지에, 즉 사람들이 공적 숙고 공간에 접근할 수 있는지, 목소리를 공적 포럼에 전달할 수 있는지에 영향을 끼친다. 어떤 사람이 어떻게 이동적인지, 그의 모빌리티가 어떤 성질을 가지고 있는지는 사회적 포섭과 배제의 과정의 핵심 요소로 여겨진다. 그래서 "공동체의 경제적 · 정치적 · 사회적 삶에 사람들이 참여하는 것을 저지하는" 과정에 대한 탐구와 탐색이 있어 왔다.[31]

다른 한편, 모빌리티가 꼭 좋은 힘만은 아니라는 관점도 정규적으로 있었다. 우리는 이것을 의미 있는 장소감의 파괴에 관해 앞에서 제시했던(3장) 주장과 연관지어서 봐야 한다. 앨빈 토플러[32]는 심지어, 이동적 세계의 덧없음은 "공적 · 개인적 가치 체계 양쪽의 구조의 일시성"을 발생시켰고,[33] 그래서 합의와 공동 가치에 대한 근거를 전혀 제공하지 않는다고까지 말한다. 모빌리티는 우리의 장소감을 침식하기만 한 것이 아니다. 우리의 목소리를 사회적 장까지 소통함으로써 우리가 공적이 될 수 있는, 그러므로 정치적이 될 수 있는 공간도 모빌리티는 파괴했다. 모빌리티는 사적/공적 또는 가정/타향 같은 자연적 구분을 흐트러뜨리는 것으로 여겨진다.[34]

철학자 위르겐 하버마스에 의거하여, 미미 셸러와 존 어리[35]는 어떻게 모빌리티가 사적 영역과 공적 영역의 구분을 연결하기보다는 전적으로 말소해 버리는지를 조명했다. 도시라는 공적 공간과 가정이라는 사적 장소는 "교통 흐름을 중심으로 건설된 근대 도회 환경에서는 사라져 버린" 것으로 보인다.[36] 특히 자동차의 공간은 만남의 공간, 토론의 장소, 면대면 상호작용, 그리고 중요한 의미 있는 교류를 대체한 것으로 보인다. 자동차가 거리와 광장 같은 공적 공간의 역할과 기능에 큰 변형을 가져와서, 이제 이 공간은 "교통 흐름이 기술적으로 요구하는바"에 비해 부차적인 것이 되기까지 했다는 시선도 있다.[37] 하버마스의 말에 따르면, 이 모든 것의 결과는 "사적 인민을 모아 대중으로 형성할 수 있는 공적 접촉과 소통의 공간"이 간단히 지워지고 말았다는 것이다.[38]

J. B. 잭슨은 역사적 관점을 취하여,[39] 어떻게 모빌리티 인프라의 성장이 점차적으로 참여를 침식했는지를 설명한다. 그 이유는, 특정한 종류의 모빌리티 및 거기에 접근할 수 있는 사람은 지지하는 반면에 다른 사람은 비하하는 경향이 이 인프라에 있기 때문이다. 잭슨은 이렇게 쓴다. 최초의 고속도로로 인해 "모이기 쉽게 된 것은 사회의 특정 계급뿐이다. 행정적·정치적·종교적·군사적 지도자들 말이다. 이들은 엄선된 중심지에서 만나 공적 사업을 거래할 수 있었다."[40] 모빌리티가 해방시키는 데에 실패한 것은, 그것이 이미 주변화된 자들을 더욱 불평등하게 위치시켰기 때문이다. "평범한 사람들, 특히 향촌 지역에 있는 사람들은 숙명적으로 부동적이 되고 정치적으로 비활동적이 되어야 했다."[41] 첼라 라잔Chella Rajan[42]은 어떻게 도회 공간에서 보행자를 제거함으로써 시민사회의 시민 구성원들의 사지가 잘리게 되는지를 설명했다. 비슷하게 리처드 세네트 Richard Sennett[43]는 거리의 삶의 죽음과 개인주의의 발흥 사이의 관계

를 기록했다. 자동차 모빌리티화는 보행 활동가의 손에서 "거리街" 를 효과적으로 빼앗았다. 라잔이 보기에, "이제 반대할 권리란, 자동 차 모빌리티화된 사회 내에서 '아니오!'를 통제된 형식으로 표현할 수 있게 하는 미리 규정된 주제 집합을 통해 정의된다."[44]

물론, 자동차 모빌리티의 어떤 형태는 마찬가지로 양극화하고 배 제적인 것으로 이해된다. SUV 차량은 공적 삶의 영토에 대한 참여 로부터 사람들이 물러나는 일차적인 예로 생각되어 왔다.[45] 어떤 SUV는 도시를 전장으로 표현하는 군사적 암시를 하며, 적대적인 타인으로부터 또 오늘날의 많은 도시의 빈약한 환경 조건으로부터 지켜 주는 캡슐로 표현된다. 이 점은 많은 저자들이 강조하였다.[46] 사치와 편안함도 마찬가지로 중요하다. 여기에서는 상대적 불평등 성을 고려하는 것도 도움이 될 것이다. 근대 인도의 자동차 모빌리 티를 기술하는 저자들은 자동차를 '알'로 본다. 이것은 도시적 삶을 탈출할 기회를 중산층에게 주는 것이다. 이 점은 아라빈드 아디가 Aravind Adiga의 인상적인 소설 《백호The White Tiger》(2008)에서 볼 수 있 다. 이 책의 주요 인물 발룸은, 헤쳐 나가야 할 두 도시를 기술한다. 그것은 자동차의 내부와 외부다. 외부에서는 부패, 나쁜 공기, 빈곤 의 명백한 징후가 있다. 내부에서, 자동차는 깨끗하고 멋진 편안함 의 성지다.[47]

어떻게 모빌리티와 자동차 모빌리티가 실제로 사적 영역과 공적 영역 사이의 연결을 가능하게 하여 시민사회를 가정 공간으로 끌어 올 수 있는가? 셸러와 어리가 묻듯이, 어떻게 "이동의 자동차-자유"

가 "민주적 삶의 구성 요소의 일부"가 될 수 있는가?[48] 여기서 고속도로에 대한 잭슨의 초기 저작을[49] 다시 상기해야 한다. 고속도로가 사람들을 떼어 놓으면서도, "사람들의 모으고" "면대면 상호관계와 토론을 위한 공적 공간"을 만들기도 하는 양분된 기능을 한다고 그는 주장했다. 물론 이 모든 것은 이동하고 이 공간을 이용할 능력에 의존한다. 앞에서 우리가 우리의 장소감을 이동화하려 했듯이, 모빌리티를 민주적 삶의 궁극적인 적으로 두는 것은 시민사회를 특히 고정되고 구속된 관점으로 주조하는 것으로 보인다. 학문이 더 이동적인 장소감을 재포착할 수 있었듯이,[50] 시민사회를 돌이킬 수 없이 굳고 폐쇄된 구조로 보는 관점은 모빌리티를 시민사회의 적으로 만드는 데에 기여한다. 시민사회에 대한 꽤 다른 이해에서, 모빌리티는 아주 다른 방식으로 작동한다. 셸러와 어리는[51] 시민사회를 오히려, 도로 같은 공간과 인프라 "위로 흐르는 모빌리티의 집합"으로 그린다. 그것은 현장이나 장소가 아니라 접속점이나 "교차로"처럼 생각된다.

더 매개된 형태의 모빌리티와 소통을 참조하면, 우리는 어떻게 이러한 물리적 '교차로'가 다른 종류의 가상 모빌리티로 대체되고 있는지를 엿볼 수 있다. 셸러는 이렇게 묻는다. 이동적 소통과 "산산조각난 도시성"의 맥락에서 새로운 공적·사적 "공간"을 가능케 하고 연결하는 것에 대해 우리는 어떻게 생각할 수 있을까?[52] 비슷하게, 가상 모빌리티를 통해 사람이 목소리를 획득하고, 의견을 부각시키고, 토론과 논쟁에 참여할 수 있다고 주장하는 학자도 있다. 여기에서는 물리적으로 함께 있을 필요가 없으므로, "시간적·신뢰적·비용적·모빌리티적 제약을 어느 정도 극복할 수 있다."[53] 정치이론가 고故 크리스 럼퍼드[54]가 보기에, 그러므로 모빌리티는 새롭고 변화하는 "정치의 공간성"을 제공한다. 이러한 공간성을 목격하고 대표하는 공간은, 민족국가의 영토적 공간성이나 칸막이 쳐진 시민사회라는 발상에 훨씬 덜 순응한다. 이 공간은 새로운 "공적 영역, 세계시민적 공동체, 전 지구적 시민사회, 비근접 또는 가상 공동체, 초국가적 또는 전 지구적 네트워크"이다.[55] 이를 주장하는 많은 저자들이 소셜 미디어가 도래하여 이동 기기로 이를 사용할 수 있게 되기 전에 이미 이런 주장을 폈음을 염두에 두자. 6장에서는 이동적 사회적 연결성의 시대에 럼퍼드의 새로운 "정치의 공간성"이 어떤 형태로 나타나는지를 검토할 것이다.

### 권력 기하학과 차이의 정치

모빌리티의 정치에 대한 우리의 마지막이자 가장 주요한 논의는, 사회적 정의에 대한 자유주의적 가정과 모빌리티의 연관이다. 이러한 발상을 지지하는 핵심 인물은 또다시 지리학자이자 사회이론가인 도린 매시다. 3장에서 소개했듯이, 매시는 유목주의적·낭만주의적·반응적 해석과 거리를 두고 모빌리티를 재이론화하는 데에 큰 영향력을 발휘했다. 매시의 사고 진화에 대한 더 자세한 설명은 **핵심 개념 4.2**를 참조하라.

위에서 논의했듯이, 매시의 관심사는 모빌리티의 정치학을 전개하는 데에 있었다. 모빌리티가 어떻게 사회적으로 차별되고 불평등하게 체험되는지를 탐구하고 분석한 것이다. 매시는 차이를 진지하게 고려하고, 사회적 '규범'에서 분기된 정체성과 능력을 설명하기 위해 보편주의 이데올로기를 대체할 대안적 틀을 제공하려 했다. 모빌리티와 시공간의 압축 과정은 사회 위로 균등하게 펼쳐지지 않는다. 이러한 발상은, 앞 장에서 그리고 자유주의의 신조에서 우리가 목격했던 유의 가정 속에서 유지되었다.

---

**핵심 개념 4.2** **모빌리티의 정치와 권력 기하학**

"권력 기하학"이라는 도린 매시의 정식은 모빌리티, 정치, 특히 권력 사이의 관계를 이해하는 데에 본질적이다. 매시는 특히, 증대되는 전 지구적 모빌리티의 효과를 나타내는 데 쓰인 데이비드 하비의[56] "시공간 압축"(5장을 보라) 같은 용어 사용을 문제 삼았다. 하비는 모빌리티를 문제없는 용어처럼 다룬다. 반면에 매시는 비평에서 "'시공간 압축'은 모든 활동 영역의 모든 사람에게 일어나지 않았고, 지금도 그렇다"고 요약했다.[57] 매시가 탐색한 요점은 다음 물음이었다. '차이는 어디에 있는가?' 그리고 더 나아가, 모빌리티의 정치는 배제와 주변성의 핵심 순간과 실례를 어떻게 식별할 수 있는가?

이 문제는 어떻게 상이한 사람들은 몹시 상이한 모빌리티 체험을 가지는지를 보여 주는 몇몇 사례에서 포착되었다. 태평양에 대한 버케트의 저작은 이동적 부자와 이동적 빈자를 병치하는 아이러니를 추적한다. 이는 유력한 실질적 사례를 제공해 준다.

　점보제트기 덕분에 한국의 컴퓨터 자문가들은 옆집에 들르듯이 실리콘 밸리로 갈 수 있고, 싱가포르 사업가들은 시애틀에 하루 만에 갈 수 있게 되었다. 세계에서 가장 넓은 바다의 해안들은 어느 시대보다도 모빌리티 및 특정 유형의 모빌리티에 대한 접근이 무작위하다고 는 할 수 없다. 모빌리티는 사회적으로 차별화될 수 있고, 이 차별성 은 기존의 사회적 차이와 계층을 반영하고 표현한다. 매시를 조금 더 읽어 보자.

어떤 의미에서, 모든 스펙트럼의 끝에는 이동과 소통을 실행하는 자, 그리고 어떤 방식으로 그들과의 관계를 통제할 수 있는 입장에

서로 가까워졌다. 이 사람들을 모은 것은 보잉 비행기다. 그러나 그 비 행의 아래에 있는 사람, 5마일 아래의 섬에 있는 사람들은 어떤가? 저 강력한 747은 저 사람들과 이들과 같은 물이 닿는 해안에 사는 이 사 람들 사이에 더 큰 교감을 불러왔는가? 물론, 불러오지 않았다.[58]

매시의 요점은 아주 단순하지만 본질적으로 중요하다. 모빌리티는 비용 을 감당할 수 있는 사람에게 시공간 압축을 가져다주었지만, 많은 사람 들이 그 이점을 그처럼 강렬하게 체험하지는 못한다. 거기에 접근하지 못 하기 때문이다. 그래서 그녀는 이렇게 쓴다. "가장 폭넓게 보자면, 시공간 압축은 사회적 차별을 필요로 한다."[59] 크레스웰은 더 일찍이 매시의 요점 과 공명하였다. 그것은, 모빌리티가 상이한 사회집단에 의해 상이하게 접 근되고 체험되는 방식이 모빌리티 연구에 크게 중요하다는 것이다.

■ 더 읽을거리

Cresswell, T., 'Embodiment, power and the politics of mobility: the case of female tramps and hobos', *Transactions of the Institute of British Geographers*, 24: 175–192, 1999.

Harvey, D., *The Condition of Postmodernity: An Enquiry into the Origins of Cultural Change*, Blackwell, Oxford, 1989.

Massey, D., 'Power–geometry and progressive sense of place', in Bird, (ed.), *Mapping the Futures: Local Cultures, Global Change*, Routledge, London, New York, 1993.

있는 자―제트족<sub>jet-setter</sub><sup>*</sup>이 있다.<sup>60</sup>

　매시의 말은, 이미 불평등하고 계층적인 사회의 양쪽 끝에 있는 사람들은 특정 종류와 성질의 모빌리티에 대해 상당히 다른 차원의 접근성을 가지리라는 것이다. 어떤 사람은 이를 감당할 수 있고 통제할 수 있으나, 어떤 사람은 그렇지 못하다. 어떤 사람은 그럴 시간이 있으나, 어떤 사람은 없다.

　모빌리티와의 관계에서 다른 입장에 있다는 점 때문에, 어떤 사람들은 이를 활용하기도 한다. 매시가 언급한 유의 사람은 "어떤 의미에서 참으로 시공간 압축을 책임지는 집단, 참으로 그것을 사용하고 자기에게 유리하게 바꿀 수 있는 집단, 권력과 영향력이 아주 명확히 증대되는 집단"이었다.<sup>61</sup> 특정 사람이 모빌리티에 더 잘 접근할 수 있음과 마찬가지로, 이들은 일단 획득한 자기의 모빌리티를 이용하여 자신의 사회적 입지를 강화하고 향상시킬 수 있다. 예를 들어 자동차 운전 비용을 감당할 수 있는 사람, 도로 통행료를 감당할 수 있는 사람은 더 좋은 고용 기회를 얻을 수 있다. 반면에 이를 감당하지 못하는 사람은 그러지 못할 것이다. 그러면 여기에서 궁극적인 문제는 차이의 인식 이상의 것이다. 그것은 오히려, 어떻게 이 차이들이 반영되어 사회적 불평등과 차별을 강화하느냐는 것이다.

　매시의 개입 이후 많은 저자, 사상가, 학자들이 그녀의 작업을 다

---

* 　[역주] 또는 jet set. 비행기를 타고 세계 각지를 다니며 사교와 여가 활동을 즐기는 부유층.

양한 분야로 확장했다. 시민권을 둘러싼 인류학자 아이와 옹의 글은 "모두가 모빌리티와 현대 통신수단을 평등하게 이용할 수 있다는 오도적인 인상", 그리고 모빌리티가 "모든 사람을 위해 공간적 · 정치적인 의미"에서 "해방적"일 수 있다는 익숙한 가정을 의문시한다.[62] 옹이 추적하는 것은, 혹자에게는 모빌리티 전략을 자극하는 것이지만, 다른 혹자에게는 장소에 '머무르기'나 '갇혀 있기'를 견디게 하는 과정과 변용이다. 미디어와 문화 연구 분야에서 데이비드 몰리는 매시의 '기하학'을 새로운 형식의 소통과 모빌리티의 맥락에서 고찰한다. 몰리가 보기에[63] 모빌리티 자체보다도 더 중요하고 더 근본적인 것은, "연결성에 대해 그리고 물러나고 단절할 능력에 대해, 이 양쪽 모두에 대해 누가 통제권을 가지느냐"는 것이다. 몰리는 "그 선택의 행사가 머무르기에 우호적인지, 움직임에 우호적인지는 별로 중요하지 않다"고 말한다.[64] 비슷하게, 사회학자 지그문트 바우만 Zygmunt Bauman의[65] 세계화 논고는 이동 방식으로 사회가 나뉨을 밝힌다. 바우만은 사회를 필터 기능을 하는 "차이기계"로 본다. 이 기계는 이동할 기회를 구성원들을 상대로 불평등하게 정렬하고 분배한다.

바우만은 어떻게 국제적 사업과 금융의 세계화 과정을 통해, 또 정보 흐름을 통해, 그리고 공간 고정이라는 역설적 전략을 통해, 이동의 침투적 격차가 드러나는지를 보여 준다. 이는 앞에서 살펴본 하비의 주장을 상기시킨다. '상위' 사회계층에서는 모빌리티가 손쉬운 것이나, '하위'에서 이동적이 된다는 선택지는 훨씬 제약을 받는다. 혹자는 완전히 '세계적'이 되는 것을 즐기지만, 혹자는 자기 '지

공항 터미널에 대한 가장 잘 알려진 연구 중 일부는 종종 여행 과정과 구체적인 현장 체험을 즐기는 학자들이 담당해 왔다. 여기에는 이 이동적 학자가 자기 이동성 체험을 다른 사람의 체험과 같은 것으로 가정할 불가피한 위험이 도사리고 있다.

비벌리 스케그스Beverly Skeggs가 주장하듯이, 많은 저자들은 이동성에 대해 "말하고 인식하기에 안전하고 안정된 장소에 의존하여 … 이동성과 자신에 대한 자신의 체험을 이론화하고 정당화하며, 그것이 보편적이라고 주장한다."[66] 이런 방식으로, 위에서 논의된 보편주의의 진짜 문제가 학계의 방법론적 실천에서 영속화된다.

모빌리티 연구의 맥락에서 이러한 명백한 보편주의는 문제적이며, 비행기 여행이나 항공 모빌리티에 대한 비교적 피상적인 글, 모빌리티 연구자들이 거리를 두고자 했던 종류의 글에서 특히 명확하게 드러난다. 여러 학자들 중에서도 마이크 크랭Mike Crang은, 상당히 상이한 체험과 정체성을 의식하는 더 비판적이고 현실적인 분석을 대가로 공항 터미널이라는 이상한 현장에 대해 숙고하는 논평자들을 질책해 왔다. 그는 어떻게 이에 따라 "단일 자아-이상"이 "40대쯤의 건강한 남성 사업가의 이미지로 봉합"되고, 종종 이 공간을 상당히 다르게 체험할 "다른 정체성을 배제"하는지를 논한다.[67]

비슷하게, 피터 메리먼은[68] 공항, 고속도로 휴게소, 여타 이동성 장소에 대한 마르크 오제의 유명한 글들이[69] 기업 간부의 체험에 의존하여 수집된 것임을 보여 준다. 이러한 경향으로 인해 "이러한 공간에서 지내고 이들을 가로지른" 사업 출장자의 "빈번한 체험"에 의존하는 서술을 만들어 낸다. 이러한 체험은 "익숙"하고, "기대대로"이고, 특히 루틴에 따르는 것으로 해석될 수 있다. 이는 우리가 공항 같은 공간에 대해 내릴 수 있는 결론에 막대한 함축을 행사한다. 인류학자 오르바르 뢰프그렌Orvar Löfgren은 이렇게 쓴다. "카스트루프, 히스로, 간사이 같은 공항이란 무엇인가? 그 대답은 당신이 어떤 종류의 여행자인지에 달려 있다."[70]

우리의 연구 실천에서 이러한 보편화 경향을 피하기 위해서, 우리는 조지 마커스George Marcus가 "항상적으로 이동적이며 재조정하는 입장 취하기

역성'에 그야말로 고정된다. 바우만이 표현하듯이, "알려진 모든 사회가 그렇듯이, 탈근대 소비사회도 계층화된 사회다."[71] 그러므로 이 사회에서 사람들이 이동하는 방식은 그들이 사회에서 차지하는 상대적 위치를 가장 잘 알려 주는 단서 중 하나다(본서 5장의 부르디외에 대한 논의도 보라). 사회를 표현하는 막대그래프 같은 표를 상상해 보라. '상위' 계급과 '하위' 계급은 모빌리티의 정도에 따라, "어디에 있을지를 선택할 자유"에 따라 제도된다.[72]

'상위'와 '하위'의 구분을 기술하기 위해 이러한 수직적 계층성을 이용하는 것이 갖는 함축은 놀랍도록 크다. 사회적 계층이나 사회적 모빌리티의 은유적인 의미에서만 그런 것이 아니라, 그것이 말하는 현실에서도 그렇다. **사례 연구 4.2**에서 몇 가지 예를 참조하여 논의하겠지만, 계급 위계에서 상위에 있는 사람은 문자적으로 땅 위 더 높은 곳에 있는 공간을 즐길 수 있다. 수직성은 종종 속도도 뜻한

---

실천"이라고[73] 부른 것을 주의할 것이다.

■ 더 읽을거리

Augé, M., *Non-Place: Towards an Anthropology of Supermodernity*, Verso, London, 1995.

Crang, M., 'Between places: producing hubs, flows, and networks', *Environment and Planning A*, 34: pp. 569–574, 2002.

Löfgren, O., 'Border crossings: the nationalization of anxiety', *Enthnologica Scandinavia*, 29: pp. 5–27, 1999.

Marcus, G. E., 'Ethnography in/of the world system: the emergence of multi-sited ethnography', *Annual Review of Anthropology*, 24: pp. 95–117, 1995.

Merriman, P., 'Driving places: Marc Augé, non-places, and the geographies of England's M1 Motorway', *Theory Culture and Society*, 21: pp. 145–168, 2004.

Skeggs, B., *Class, Self, Culture*, Routledge, London, 2004.

다. 그리하여 연결과 단절의 불평등한 위계를 고정하기 위해 결합되는 속도와 수직성의 복잡한 정치를 발견할 수 있다.[74]

이러한 방식으로 모빌리티를 사고하는 것은 모빌리티 위에 자기

---

**사례 연구 4.2**  **상파울루에서 헬리콥터 이동의 계층화**

도시 모빌리티 네트워크의 수직적 차원을 검토하려는 학술 연구는, 어떻게 수직적 계층화와 속도 또 접근성과 질이라는 모빌리티 문제가 있음 직하지 않은 방식으로 결부되어 있는지를 보여 주었다. 이러한 주로 도시적인 현상에 대해 가장 오래 지속되어 온 비평 하나를 그레이엄과 마빈Simon Marvin의 《산산조각나는 도시성》[75]에서 끌어올 수 있다. 이 저서는 지역적 거리 네트워크와 유리된 로스앤젤레스의 '고가통로skywalk' 구조에 대한 마이크 데이비스Mike Davis의 비판적 탐사[76]를 따른다. 여타 북아메리카 도시에서도 발견되고 남아시아 도시 지역에서 점점 더 많이 발견되고 있는 이러한 건축 개발은, 지역적 거리 네트워크를 우회하며 서로 잘 연결된 사무복합 건물과 쇼핑몰을 제공한다. 그 효과는, 아래 지면에 있는 바람직하지 못한 것에 대한 분리와 여과를 통해, 거주자들이 재빨리 오갈 수 있는 성채 또는 요새 같은 공간을 만드는 것이다.[77] 보리스 브로먼 젠슨Boris Brorman Jensen이 보기에, 이는 "차별의 실천이 통합의 이상을 대체한" 것이다.[78]

높이와 수직성은 어떤 사람에게는 단절을, 다른 사람에게는 연결성과 속도의 향상을 뜻하고 표시한다. 지역 모빌리티 네트워크를 우회함으로써, 더 먼 곳이 훨씬 접근하기 좋아진다. 데이비드 몰리는 마크 킹웰Mark Kingwell의 말을 인용한다. 그는 멀리 있는 사무 건물에서 헬리콥터가 이륙하는 것을 보면서, 수직성이 종종 속도의 특권을 뜻한다는 것을 알아챘다. "우리 중 대부분은 속도의 극한은 이용하지 못한다."[79]

태국의 방콕 같은 도시에서 거리와 도로의 빽빽한 네트워크는 비슷하게 차별화되어 있고, "속도의 위계"에 따라서 수직적으로 "분산"되어 있다.[80] 도로 건설자들의 사립 협력단은 꽉 막힌 러시아워의 시간대를 피할 요금

---

이 비싼 급행 고속도로를 건설했다. 높은 곳에 있는 '하늘 열차skytrain'(이 기차표는 일반 버스표 가격의 10배다)는 기업지구, 관광 중심지와 호스텔을 빠르게 연결해 주며, 아래의 보이지 않고 인구가 밀집된 가난한 지역 위를 승객들이 지나갈 수 있게 해 준다. 기차에서 내린 후, 승객들은 인접 쇼핑몰이나 호텔 복합건물로 미끄러지듯 직행할 수 있다.[81]

브라질 상파울루의 개인 헬리콥터 이용자 시장을 분석한 사울로 크웨르너Saulo Cwerner의 논문은[82] 수직 이동이라는 주제를 더욱 천착하여, 그레이엄과 마빈의 단초적 관찰 일부를 더 상세하게 그려 낸다. 상파울루에서는 헬리콥터 교통이 놀랄 만큼 성장했다. 크웨르너는, 도시 내 모빌리티 이용이 현저하게 분할된 상황을 이 성장이 어떻게 반영하고 또 가능케 하는지를 설명한다. 비용을 감당하지 못하는 사람에게 150에서 200킬로미터에 달하는 정체 구간은 일상이다. 이 도시에는 540만 대의 자동차가 있기 때문이다. 부유한 헬리콥터 소유자나 이용자는 헬리콥터를 통해 이 정체를 우회하여 손쉽게 다른 사무지구에 도착할 수 있고 교외에 있는 집으로 이동할 수 있다. 헬리콥터 이용자들이 살고 있을 수도 있는 출입제한 공동체와 비슷하게, 헬리콥터 이동은 출입이 제한되고 안전한 이동 통로를 허락한다. 이는 이용자들의 거주지에 설치된 보안장치와 연합한다. 크웨르너의 주장에 따르면, 헬리콥터 이용이 증대되는 주요 추동력 중 하나는 폭력 범죄, 특히 납치의 공포다. 상파울루처럼 살인이 뉴욕보다 6배나 많이 일어나는 도시에서 "흐름의 경제를 향한 모빌리티의 명령은 아래의 도시에 펼쳐진 혼란에 대한 지각과 함께한다."[83]

■ 더 읽을거리

Adey, P., 'Vertical security in the megacity legibility, mobility and aerial politics', *Theory, Culture & Society*, 27(6): pp. 51–67, 2010.

Cwerner, S. B., 'Vertical flight and urban mobilities: the promise and reality of helicopter travel', *Mobilities*, 1(2): pp. 191–215, 2006.

Davis, M., *City of Quartz: Excavating the Future in Los Angeles*, Vintage, London, 1990.

Graham, S. and Marvin, S., *Splintering Urbanism: Networked Infrastructures, Technological Mobilities and the Urban Condition*, Routledge, London, 2001.

Jensen, B. B., 'Case study Suhhumvit Line – or learning from Bangkok', in Neilsen, T., Albertsen, N. and Hemmersam, P. (eds.), *Urban Mutations: Periodization, Scale, Mobility*, Forlag, Aarhus, 2004.

지도를 다시 그리는, 이미 차별화되어 있는 사회의 이미지를 소환한다. 불평등한 사회관계는 모빌리티를 통해 스스로를 재생산하고 그래서 차별을 강화한다. 반면에 모빌리티는 더 나아가 사회적 관계를 가능케 하고 수행할 수 있다. '시공간 프리즘space-time prism'이라는 개념을 활용하는 관광 연구의 사례를 보자.

　이러한 정식에서 사람들의 잠재적 모빌리티는 그들이 속한 특정

도판 4.2 상파울루의 헬리콥터 모빌리티. 출처: Saulo Cwerner

시공간 프리즘에 관장되고 제약된다. 프리즘은 계급, 정체성, 수입 등의 특성으로 정의된다. C. 마이클 홀[84]의 모델은 해게르슈트란드의 모델과 밀접한 유사성이 있다. 홀은 이 프리즘이 어떻게 작동하는지를 부각시킨다. 그는 특정 모빌리티 기획의 비용을 지불하고 그 기획을 충족시키기 위해서는 특정 종류의 금전적·시간적 자본이 요구된다고 설명한다. 이에 따라 금전적·시간적 부유층은 부족한 사람들보다 훨씬 많은 이동 잠재력을 가진다. 해게르슈트란드나 그 이전의 학자들과 마찬가지로, 홀은 이 구조를 파괴하거나 압도하는 것은 거의 불가능하다고 지적한다. 너무나 불가능하기에, "프리즘 너머로의 이동은 불가능하기 때문에, 어떤 의미에서 프리즘을 감옥이라고 지칭할 수도 있다."[85] 의심할 여지없이 모빌리티는 자금과 시간에서 부유하다는 것 이상을 의미하며, 이들이 꼭 서로 상대를 향해 이끌라는 법은 없다는 것은 명확하다. 금전적 갑부가 시간은 거의 없을 수 있다.

일터와 여타 '통근' 모빌리티의[86] 맥락에서 일상적이고 '평범한' 모빌리티를 검토하는 프랑스 연구자들이 발견한 것은, 사회에서 가장 금전적·시간적으로 부유하지 않은 사람들은 특정한 직업적·가족적 의무로 인해 극히 광범위한 모빌리티 형태가 초래될 수 있다는 것이다. 항공 모빌리티 연구자 클로스 라슨Claus Lassen은,[87] 그가 움직임의 "복도"라고 부르는 곳에 많은 지식-경제 노동자들이 사실상 감혀 있다고 말했다. 칠레에서 진행된 히론의 작업은, 가장 배제된 사람들이 어떻게 감금 또는 '터널링' 전략을 계발하는지, 또는 계발하도록 강제되는지를 탐구한다. 이는 그들이 비용을 감당할 수 있거나 안전하게 느낄 수 있는 방식으로 산티아고를 헤쳐 나가기 위해서다. 히론이 보기에, 빈자를 위한 터널, 노인을 위한 터널, 여성을 위한 터널, 부자를 위한 터널이 있다. 이것들은 등질성의 공간이지만, 반드시 통합의 공간인 것은 아니고 종종 고립의 공간이다. 각 터널은 서로를 피하기 위한, 서로 지나치되 결코 마주치지는 않기 위한 전략이 된다. 공포, 교통, 자동차의 가능성이 함께 묶일 때 이는 더욱 강화된다.[88]

현대 산티아고의 일상적 모빌리티에 대한 작업을 제한하거나 도입하는 많은 추가적 연구가 있어 왔다. 일부는 히론이 한 것이고, 일부는 다른 연구자 팀이 한 것이다. 이 팀의 문화기술지 작업은 칠레의 산자유주의화 경제 내에 상이한 입장으로 존재하는 노동자들의 실천 · 정지 · 경로를 극히 세세하게 재생산했다. 이들은 어떻게 칠레 경제가 노동력의 유연한 아웃소싱으로 이끌었는지, 그리고 이를 통해 특정 모빌리티 실천이 이러한 종류의 생산과 노동을 어떻게 지속시키는지를 보여 주었다.[89] 이 팀이 예로 든 비혼모 소피아를 보자. 그녀는 슈퍼마켓 체인과 하도급 계약으로 고용되어 슈퍼마켓에서 물품을 채우는 일을 한다. 그녀는 매일 아침 8시 30에 콜리나에서 출발하여 트랜산티아고 버스 두 대를 갈아타고 출근하여 몇 시간을 일한 후, 다시 다른 버스를 타고 다른 슈퍼마켓 창고로 가서 다시 몇 시간을 일한다. 그리고 오후 2시면 귀가하여 아들을 학교에서 데려와 돌본다. 그녀는 이 노동 형태 덕분에 가족적 헌신을 유지할 수 있지만, 그녀의 여정은 길고 비싸고 위험하다.

여기서 더 나아가, 문자적으로 더욱 제약되거나 감금된 모빌리티에 관심을 가질 수 있다. **핵심 개념 4.4**에서 우리는 점차 증가 중인 억류와 구금의 감옥 모빌리티 연구와 마주친다.

영국의 억류소 부지 내 모빌리티 연구,[90] 망명을 원하는 이주자들

---

**핵심 개념 4.4** **감옥 모빌리티와 공간**

수감과 그 공간에 대한 이론화, 실천, 과정을 탐사하는 작업이 시작되었으며, 점점 늘어나고 있다. 도미니크 모란Dominique Moran과 앨리슨 마운츠Alison Moutz가 이끈 작업은, 모빌리티를 권력의 표현과 밀접하게 연상시키는 방식의 모빌리티 사고틀을 진지하게 비판했다. 이런 사고틀은 감옥과 감금 공간에 대한 상상을 머묾과 관계된 것으로 제한하는 경향이 있다. 이에 반해, 모란 등은 오늘날이나 과거나 처벌 시스템은 모빌리디에 크게 의존한다고 주장한다.

이들은 모빌리티가 자유와, 특히 자율과 등치될 수 있다는 자유주의적 사고틀을 반박한다. 모란 등은 이렇게 묻는다. 상이한 정도의 자율성을 가로질러, "크고 작은 정도의 강제 또는 행위자성"을 통해 모빌리티를 탐사한다면 모빌리티가 어떻게 보일까? 이들은 "모든 형태의 모빌리티—통근, 비행기 여행, 인신매매, 보기 드문 용의자 인도, 난민 지위, 망명 신청, 노숙—가 위치할 수 있는" 스펙트럼을 떠올린다.[91]

모빌리티의 스펙트럼 맥락에서 처벌 시스템에 대해 고찰하는 것은 이처럼 매혹적이다. 반면에 구금을 모빌리티와 부동성을 통해 이해하는 것은 다른 역할을 한다. 이는 교도소를 "억류의 정적 물리적 공간 내에 투옥된 구류자들의 부동성의 전형"으로 보거나 "감옥 군도群島 내의 섬"으로 보기보다는, 이 섬들 사이의 모빌리티를 이해하고 교도소의 삶 자체의 관리와 체험에 중심적인 모빌리티를 이해하는 데에 도움을 준다.

이러한 의미에서, 구금은 모빌리티와 부동성의 특정한 테크닉으로 생각되어야 한다. 모빌리티를 처벌 또는 통제 과정의 구성적 부분으로 보는 것이다. 마운츠가 보기에, 이는 "물리적으로 감금되어 있는 사람뿐 아니

라 그렇지 않은 사람도 처벌하고, 통제하고, 훈육하는 도구로서 모빌리티를" 이해하는 것이다.[92] 초기 식민시대의 '수송' 실천부터 강제추방 체제, 러시아의 강제노동수용소 시스템이 수감을 구성하는 모빌리티의 일차적 예가 될 것이다.

■ 더 읽을거리

Moran, D., Gill, N. and Conlon, D. (eds), *Carceral Spaces: Mobility and Agency in Imprisonment and Migrant Detention*, Ashgate, Aldershot, 2013.

Moran, D., Piacentini, L, and Pallot, J., 'Disciplined mobility and carceral geography: prisoner transport in Russia', *Transactions of the Institute of British Geographers*, 37(3): pp. 446 – 460, 2012.

Mountz, A., 'On mobilities and migrations', in Gill, N., Moran, D. and Conlon, D. (eds), *Carceral Spaces: Mobility and Agency in Imprisonment and Migrant Detention*, Ashgate, Aldershot, pp. 13 – 18, 2015.

을 쫓아내는 법적 도구 역할을 한 오스트레일리아의 현대 수감 군도, 미국의 강제추방 체제에 관한 역사적 검토[93] 등 수감 또는 감금 모빌리티를 바라보는 이런 사고와 매우 유관한 연구들이 진행되었다. 매개를 다루는 6장에서 탐사하겠지만, 특히 탈것과 수송 모빌리티 양상은 정치와 모빌리티에 대한 우리의 이해에서 열외 취급되어서는 안 된다. 6장의 **핵심 개념 6.1** 윌리엄 월터스의 '경유정치' 개념에서 이를 상세히 고찰해 보자.

기회 또는 잠재성이 어떻게 실제로 모빌리티로 바뀌는지를 질문함으로써, 이동적이 되는 능력 또는 잠재력에 대한 이해를 더 심화시킬 수 있다. 이 잠재적 모빌리티 또는 모빌리티 기회에 대한 일부 재이론화는 모틸리티 개념을 중심으로 진화해 왔다(**핵심 개념 4.5**에서 논의).

모틸리티, 그리고 모틸리티의 모빌리티로의 변용은 어떤 종류의 뱅상 카우프만과 그의 동료 만프레드 막스 베르크만Manfred Max Bergman, 도미니크 조이에Dominique Joye는[94] '모틸리티motility'를 사회학적으로 적용하는 데에 핵심적인 기여를 하였다. 이 개념은 이전에 생물학에서 발견된 것이다.[95]

《모빌리티를 다시-생각하기》에서[96] 카우프만은 모틸리티를 단순히 "인격체가 이동적이 될 수 있는 능력"이라고 설명한다. 더 정확히 표현하자면, "모빌리티 권역 내의 가능적인 것을 한 개인이 전유하고 이 잠재력을 자기 활동을 위해 사용하는 방식"이라고 설명한다.[97] 모빌리티에 대한 카우프만의 맥락적 접근법은 사회적 모빌리티와 공간적 모빌리티를 상호의존적 양상으로 본다. 이동적이 되는 능력은 모든 종류의 사회적·정치적·문화적·경제적 맥락 변수에 의존한다. 이 변수는 "체력", "정착하려는 열망", 여타 "존재하는 기술적 테크놀로지적 수송 및 원격통신 시스템, 그리고 그것에 대한 접근가능성"에서 "일터의 위치" 같은 "시공간적 제약"에 이른다. 모틸리티는 이동적이 될 잠재력만 의미하지 않는다. 모틸리티는 이 잠재력을 실제성으로 바꾸는 능력이기도 하다. 모틸리티에 대한 "접근성", 인격체가 이러한 접근성을 이용하는 능숙함 또는 "기량", 그리고 "전유appropriation"—이 변수들이 어떻게 평가되고 모빌리티로 변용되는가—가 모빌리티의 핵심 요인으로 보인다. 이 요인들 사이에는 흔히 일종의 타협이 일어난다.

마지막으로, 아마도 가장 중요할 가닥은, 카우프만 등이 모틸리티 또는 움직임과 "자본"을 동맹 맺게 하는 방식이다. 이들은 모틸리티가 "다른 유형의 자본과 이론적·경험적 연결을 형성하고, 교환될 수 있다"고 제안한다.[98] 그래서 모틸리티는 통분 가능하며, 그러므로 일종의 상품으로서 교환 가능하다. 이는 물리적 움직임과 금전 자본의 물리적 움직임 각각의 잠재력 사이에 존재하는 인식론적 차이를 허무는 데에 도움을 줄 수 있다. 어떻게 우리의 잠재적 모빌리티가 다른 종류의 금융 또는 사회자본으로 이끌거나 그것과 교환될 수 있을지 그려 보게 한다. 광고업계에서 전문직 커리어를 쌓아 가기를 열망하는 여성에 대한 카우프만의 묘사를 보자. 그녀는 커리어를 선택하고 두 가지 외국어 를 배움으로써 상당히 많은 모틸리티를 획득하였다. 동시에 그녀는 계류繫留도 한다. 탄탄한 사업을 하는 남편과 결혼하고, 아이를 낳고 집을 가질 계획도 세웠기 때문이다.[99] 모틸리티로 이 사례를 분석해 보면 놀라운 상호교환 가능성—모틸리티, 모빌리티, 부의 축적 잠재력을 교환할 능력이 나온다. 이 여성의 잠재적 모빌리티와 이주 소망은 커리어에서의 목표를 성취할 확률 또는 잠재력을 증대시키는 것으로 보인다. 한편, 상대적으로 비이동적인 반려자에게 뿌리내리고 있다는 점, 그리고 가족의 집에 속박될 가능성은 그녀의 이동 잠재력을 감소시키는 방향으로 작동한다.

- 더 읽을거리

Bauman, Z., *Liquid Modernity*, Polity Press, Cambridge, UK/ Blackwell, Malden, Mass., 2000.

Kaufmann, V., *Re-Thinking Mobility: Contemporary Sociology*, Ashgate, Aldershot, 2002.

Kaufmann, V., Bergman, M. M. and Joye, D., 'Motility: mobility as capital', *International Journal of Urban and Regional Research*, 28: pp. 745-756, 2004.

Kesselring, S., 'Pioneering mobilities: new patterns of movement and motility in a mobile world', *Environment and Planning A*, 38(2): pp. 269-279, 2006.

교섭이나 관리를 요구하는 것 같다. 카우프만이 타협이라고 칭하는 것은 개인의 열망, 삶의 양식, 인격적 특성 사이의 일종의 균형 잡기를 시사한다. 이것은 케셀링Sven Kesselring이 "자율적 모빌리티 정치"라고 부르는 것의 한계를 인식하는 데에 본질적이다. 이동과 자율적 결정의 자유는 일어나는 것이 아니다. 오히려 그것은 "모빌리티 제약과의 곡예 및 분투"를 내포하는 관리 과정이다. 그래서 사람들은 수송의 제약 및 역동 등 자신의 일하는 삶과 제약 및 기타 많은 다른 것들과 관계하여 전략을 수립한다.[100]

모틸리티는 이러한 기하학의 최종 단계로 우리를 이끈다. 모틸리티는 이러한 프리즘, 사회적 차이와 모빌리티 제약이 어떻게 효력을 발휘하여 힘을 행사하고 서로 내밀히 관계하는지를 고찰할 것을 요구하기 때문이다. 이 힘들이 밀고 당기고 구부리면서 불평등하고 불균일한 귀결을 낳는 동안, 이 기하학을 따라 상당한 긴장이 발생한다. 달리 말하자면, 이 기하학에는 이면이 있다. 이 이면은 이 기하학을 비틀어 보아야 비로소 보인다. 이 비틂이란, 이 기하학과의 관계에서 또 타인과의 관계에서 개인이 어떻게 자리잡는지뿐 아니라, 이 기하학이 어떻게 불균일한 효과를 낳는지를 검토하는 것이다. 우리는 어떻게 개인이 이 기하학과 관련하여 서로 다르게 자리잡는지뿐 아니라, 어떻게 개인이 모빌리티에 서로 다르게 영향 받는지도 생각할 필요가 있다. 영국의 해외 영토인 핏케언 제도에 대한 매시의 숙고는 이러한 작동의 현장으로 우리를 또다시 안내한다.[101] 비행기표 비용을 감당할 능력의 증대, 이와 동시적인 해상 이동의 감소, 섬의 존립을 위협하는 전 지구적 기후변화로 인한 해수면 상승을 병치시키며, 매시는 어떻게 한 집단의 모빌리티가 다른 집단의 모빌리티에 충격을 줄 수 있는지를 보여 준다.

이는 추상적인 예시로 느껴질 수도 있다. 그래서 매시는 독자에게 개인 차량 같은 수송 테크놀로지의 함의를 고찰해 보라고 요청한다. 그 효과는 무엇인가? 개인의 모빌리티는 누구를 억제하는가? 매시는, 개인적 모빌리티가 증대되는 반면에 "대중 교통수단의 사회적 근거와 재정적 생존력은 감소한다—그리하여 그 시스템에 의존하는 사람의 모빌리티는 감소할 수 있다"고 말한다.[102] 교외 쇼핑센터 사례가 이러한 합리성의 가장 명확한 예를 제공한다. 거기로 이동하는 것과 정규 쇼핑 목적지로서 거기에 의존하는 것은, 동네 가게와 소규모 소매상, 도시와 마을 중심가로 이끌 수 있는 교통 서비스의 생존력 감소를 가져온다.

　자동차를 타는 것은 이미 빽빽한 버스 서비스에―장애 모빌리티, 또는 상품과 아이를 짊어진 어머니에게는 장벽이 됐을―가해지는 압박을 줄여 줄 수도 있다. 아니면 이 특정 버스 서비스를 지지하거나 지지하지 않았을 공적·사적 보조금에 가해지는 압력을 줄여 줄 수도 있다. 명확한 것은, 문제가 이보다 훨씬 더 복잡하다는 것이다. 우리는 유료도로와 고속도로의 프리미엄 공간이 어떻게 그것을 이용하는 사람과 그러지 못하는 사람 사이에 불평등을 만들어 내는지를 보았다. 다른 한편으로, 이 도로와 공간은 더 공정한 함축을 가질 수도 있다. 런던의 도로정체요금, 싱가포르의 공공차량 세금 정책은 각각의 대중교통 시스템으로 자금 투자를 낳는 효과를 낳았다.[103] 그러나 그럴 때조차, 정체요금 체계의 전개 비용을 가장 "위험에-처한" 집단이 지불할 수 있다. 본살과 켈리는 "모든 자동차 소유자가 부유하지는 않다"는 점을 상기시킨다.[104]

　본 장의 맨 앞에서 논의한, 고속도로를 건너다 죽은 흑인 여성 위근스의 경우, 그녀의 모빌리티는 전적으로 그녀가 일하던 쇼핑몰에 자동차로 이동했을 고객층의 모빌리티에 의존했다. 고객들은 그들이 방문할 다양한 소매 아울렛에 위근스 같은 노동자들이 일할 것이라는 합리적인 기대를 가지고 백화점으로 이동했을 것이다. 동시에, 위근스가 백화점에 접근하는 데에 가장 큰 장벽을 제공한 것도 바로 이 모빌리티였다. 이러한 기하학을 통해 모빌리티를 본다는 것은, 모빌리티를 결코 독자적으로 볼 수 없다는 것을 뜻한다. 모빌리티는 언제나 관계 속에 있으며, 우리는 그것이 무엇인지 물어야 한다. 매시는 우리가, 누가 그리고 어떤 다른 모빌리티가 우리의 모빌리티에 영향을 끼치는지를 물어야 한다고 말한다. 그리고 "우리의 상대적 모빌리티 및 모빌리티와의 소통에 대해 우리가 가지는 권력이 다른 집단의 공간적 구금을 견고히 하지는 않는지" 질문해야 한다.[105] 크레스웰이 모빌리티의 "공생"을 참조하는 것은(2장에서 보여 주었다) 이러한 사고틀을 강화한다. "하나의 모빌리티는 전적으로 다른 문화적·사회적 특성을 지닌 다른 모빌리티와 공생적으로 관계할 수 있다."[106] 그래서 이것은 어떻게 어떤 사람이 다른 사람보다 더 많은 모빌리티를 가지느냐는 물음이나, 모빌리티가 불공정하게 분배된다는 것 이상이다. 문제는 오히려, "어떤 집단의 모빌리티와 통제가 다른 사람을 적극적으로 약화시킬 수 있다"는 것, "차별적 모빌리티가 이미 약한 자들의 영향력을 더 약화시킬 수 있다"는 것, 그러므로 타자의 권력을 무너뜨릴 수 있다는 것이다.[107]

## 모빌리티의 얽힘

모빌리티의 이 세 차원, 이데올로기·참여·권력 기하학은 매우 꼬인 방식으로 얽혀 있다. 이데올로기는 모빌리티에 대한 다양한 정책과 그것을 다루는 방식에 중요한 역할을 할 수 있다. 이러한 작용은 모빌리티를 차이화하는 데에, 어쩌면 불공정하게 차이화하는 데에 봉사할 수도 있다. 이 관계의 귀결은 개인이 일자리를 찾거나, 필수적 서비스를 이용하거나, 공적 영역에 참여하는 능력을 제약할 수 있다. 그러므로 우리가 부각시키는 것은 다른 종류의 정치다. 이 정치는, 모빌리티와 자유에 관한 의문시되지 않은 사고틀에 의문을 제기하고 평가하는 것, 그리고 "차이의 인식과 개인화된 필요에 대한 반응성, 차이의 권리 보호"를 발전시킬 대안적 틀을 그러모으는 것이다.[108]

본 장은 일련의 연구 주제와 사례 연구를 통해 이러한 발상에서 나온 사례를 구체화할 것이다. 첫 번째는 시민권이다.

## 국경과 시민권

모빌리티 정치의 면모 중 가장 명백하고 잘 연구된 것 중 하나가 시민권에 대한 것이다. 시민권은 우리가 다룰 수 있는 가장 복잡한 문제 중 하나이지만, 그 복잡성은 종종 여권 같은 단순한 대상 속에 감추어진다. 모빌리티와 시민권의 서로 얽힘의 적절한 상징이자 사례로서, 정치사가 존 토피John Torpey와[109] 국제 관계 학자 마크 솔터는[110] 여권을 훨씬 복잡한 무엇으로 본다. 여행을 관리하고 촉진하기 위하여 정부는 해당 민족국가의 시민에게 여권, 그전에는 증명서를 발급해 왔다. 이를 통해 국가는 국경 안에서든, 국경을 넘어서든 "적법한 이동 수단을 독점"할 수 있다. 시민권은 모빌리티의 교섭 및 관리를 내포한다.[111] 그리고 여권은 국가 모빌리티를 감시하고 관리하기 위한 도구인 반면에, 시민들이 자기 신분을 증명하고 여행의 권리를 주장하는 것을 가능케 한다.

자유민주사회와 민족국가의 시민들에게 이동할 권리가 주어진 지 한참 후에야 근대의 증명서와 여권이 생겨났다는 것을 간과해서는 안 된다. 이러한 권리가 미국 헌법 안에 실제로 있지 않았음을 크레스웰이 보여 주기는 했지만,[112] 다양한 판례와 대법원 판결을 통해[113] 이 권리는 논쟁되고 숙고되고, 시민됨 의미의 근본 부분으로서 굳어졌다.[114] 그러나 미국의 흑인에게는 모빌리티 지위가 종종 부인되었다. 한 마디로, 자유주의 사고의 역사에서 보았듯이, 모빌리티는 "민족, 그리고 시민이라는 것이 무엇인가 하는 오랜 세월에 걸친 개념, 또한 '상업'을 이루는 활동" 속에서 유지되었다.[115]

신자유주의의 이데올로기적 우세로 인해 자본의 흐름과 개인의 세계시민주의를 촉진하기 위해 국경의 차원과 표면을 변화시키는 정책, 국제협정, 조약이 생겨났다.[116] 이러한 시대에 모빌리티와 시민권의 논리가 어떻게 변화하였는지를 많은 저자들이 묻기 시작했다. 국경통제기술에서 일어난 혁신을 고찰하면서 매튜 스파크 Matthew Sparke는[117] 미국국토보안부장 톰 리지가 했던 연설에 주목한다. 이 연설은 2001년에 미국과 캐나다 사이의 스마트 국경 선포에 앞서 행해진 것이다. 여권을 신용카드와 나란히 놓는 리지의 예언적인 표현은 점점 더 소비자중심적(칼훈은[118] 이를 '소비주의적 세계시민주의'라고 불렀다), 경제주도적이 되어 가는 탈국가적 시민권 형태를 향해 손짓한다.

**핵심 개념 4.6**에서 더 자세히 탐구하겠지만, 옹에 따르면[119] 유연한 시민권의 새로운 형태는 자본의 유동성 및 침투 가능해진 국경에 대한 응답으로 생겨난 것이다. 유연한 시민권은 옹이 "자본주의 축적·여행·이송의 문화적 논리"라고 부르는 것을 참조한다. 이 논리는 사람들이 "변화하는 정치적·경제적 조건에 유연하고 기회주의적으로 응답"하도록 독려하거나 "유도했다."[120] 홍콩의 이동적 기업가들은―이들 중 다수는 중국의 공산주의 법률을 방어할 보험으로서 복수의 여권을 가지고 있다―"자본의 흐름과 관계하여 모의하고 기동하는 이동적 주체"들이 증가하고 있다는 예시다.[121]

옹이 보기에 유연한 시민권에서 중요한 것은 개인이 민족국가에서 탈출한다는 것이 아니라, 국가가 어떻게 이러한 관계의 출현을 허락했느냐는 것이다. 비자협정에서[122] 탈국가적 시민권 제도의 등장에 이르는[123] 새로운 형식의 국가기계와 규제 테크놀로지를 통해, 사람과 자본의 신속한 국가 간 모빌리티를 장려하고 촉진하는 다양한 국가주도적 시스템이 구축되었다. 이들은 세계시민주의의 가능성을 제공한다. '세계시민주의'란 용어는 흔히 사람들이 일종의 전 지구적 시민사회에 속하게 되는 "세계의 시민" 같은 것을 뜻한다.[124] 이러한 의미에서 속함과 구성원됨이란, 세계시민들이 "인접한 정치적 공동체의, 또한 자기 삶에 영향을 주는 더 넓은 지역적·전 지구적 네트워크의" 시민이 될 수 있음을 뜻한다.[125]

이러한 모빌리티를 차이화하면서, 바우만은 앞서 논의한 시민권 제도의 종류들이 어떻게 "새로운, 신생 계층화의 은유로" 간주될 수

이주와 시민권에 대한 아이와 옹의 다중적 설명은, 지구를 가로지르는 사람들의 움직임에 관한 그리고 어떻게 이들이 특정 장소에 귀속되는지에 관한 새로운 유연성 논리를 가리킨다. 이것은 처음에는 국가로부터의 탈출처럼 보일 수 있지만, 옹은 이후에 "유연한 시민권"을 "통치의" 새로운 "이동적 계산적 테크닉"이라고 묘사한다.[126] 중국 사업가가 미국과 캐나다로 이동하는 것을 평가하면서, 옹은 이러한 종류의 다중적인 또는 유연한 귀속이 어떻게 개인의 사회적·지리적 자리 잡기에서 계속적 유연성을 함축하는지를 검토한다. 투자·일·가족의 위치 변경에 관한 신중한 선택은, 그들의 삶, 가족, 국가, 자본 등의 다양한 층 사이에서도 비슷하게 신중한 교섭을 요구한다.

이러한 모빌리티를 가능하게 하는 것은, 생산적 이동적 자본과 노동에 응답하고 이를 유인하는 국가 체제다. 이주 법률 덕분에 수많은 이동적 기업가들이 이주 투자자 프로그램을 통해 가족을 북아메리카로 옮기고서, 중국과 캐나다의 태평양 연안 사이에서 사업을 할 수 있게 되었다. 그 결과, 밴쿠버의 중국 디아스포라 공동체의 혼종 정체성, 가정 수립 실천, 초국가적 관계 유지 방식을 들여다보는 다양한 연구가 시도되었다. '우주비행사' 부모, 엘리트 사립학교나 비싼 사립학교에 투하된 '낙하산' 자녀에 초점을 맞춘 학자들도 있었다. 이 현상들은 부모의 사업적 이해관계 때문에 일어난 국제 여행 하에서 가족적 안정성을 유지하는 최선의 방식으로서 등장했다. 옹은 또한 1990년대 미국에서 부유한 중국인 진입자를 캐나다와 오스트레일리아로부터 유인하기 위해 이주 법률에 '투자자 범주'가 새로이 만들어졌을 때 등장한 유사한 협정들을 추적한다. 거금 백만 달러의 자본을 투자한 사업가는 그 대가로 영주권을 받을 수 있었다.

■ 더 읽을거리

Hyndman, J., *Managing Displacement: Refugees and the Politics of Humanitarianism*, Minneapolis; London: University of Minnesota Press, 2000.

Ong, A., *Flexible Citizenship: The Cultural Logics of Transnationality*, Durham, N.C.: Duke University Press, 1999.

Ong, A., *Neoliberalism as Exception: Mutations in Citizenship and Sovereignty*, Durham, N.C.; London: Duke University Press, 2006.

있는지를 보여 준다. 이는 "이제 '전 지구적 모빌리티에 대한 접근가능성'이 계층화 요인 중 최고 자리에 올랐다"는 사실을 폭로하는 것이다.[127] 비슷하게 옹의 이후 주장들도 이러한 자격 밖에 있는 사람들을 시사한다. 이 "너무 현실에 안주했다거나 신자유주의적 잠재력이 부족하다고 여겨지는" 시민들은 "덜 가치 있는 주체로 취급"될 수 있다. 이는 "우리가 오랫동안 시민권이라는 동질적인 집합, 통일된 공간으로 가정해 온 것"을 파편화한다.[128] 다른 한편, 망명지를 찾는 난민들이 세계시민으로서의 권리를 주장할 수도 있다.[129]

시민권과 권리가 검토되고, 승인되거나 거부되면서 이 차이들이 조명되고 수행되는 곳이 바로 월경越境 구역과 공간이라는 점을 많은 저자들이 보여 주기 시작했다. 국경에서 비자와 여권은 신분과 귀속성의 기표 역할을 한다. 솔터가 보여 주듯이, 주권이 배제를 행하여 자기 국민의 한계를 설정할 수 있는 것도 이 월경의 순간이다. 모빌리티는 그러므로 "입국허가를 통해 구조화되어 있다. 입국허가는 시민권이나 난민 신분일 경우에는 의무적으로 주어져야 하고, 비시민권일 경우에는 전적으로 재량에 따라 주어진다."[130] 시민이 국가들 사이, 정상적 권리들 사이에 위치함으로써 국경이라는 이동적 점은 예외와 구별 없음의 구역이 된다.[131] 이 공간에서는 경찰과 국경통제원이 다양한 종류의 검문, 구금, 억류를 실행할 수 있다.[132]

윌리엄 월터스는 국경이 "철의 장막이나 마지노선"이라기보다는 "선과 악을 구별하는 방화벽 같은" 방식으로 작동함을 언급한다.[133] 월터스의 요점은 국경 구역의 정보화를 넘어, 이 정보화가 실행하는 분류 실천에 관한 것이기도 하다. 깨끗하고 안전한 영토를 형성하기 위해 "유용한 자와 위험한 자, 허가 받은 자와 받지 않은 자" 사이의 분리가 행해진다. 캐나다-미국이 맺은 유연한 시민권 프로그램 협약을 보자. 이 협약이 추구하는 것은 밴쿠버에서 시애틀을 지나 오리건주 포틀랜드까지 이어지는, 명확히 규정하기 힘든 캐스캐디아 회랑 지역*의 경제적 통합이다. 매트 스파크[134]는 국경 지대의 미시 공간 내에서 어떤 종류의 차이의 정치가 눈에 띄는지를 묻는다. 경제적으로 가치 있는 자는 누구인가? 위험도가 높은 자는 누구인가? 탈국가적 시스템의 구성원 자격은 누구에게 주어졌고 누구에게 주어지지 않았는가?

이러한 차별적 국경 형성differential bordering[135]에서 우리는 또 한 번 매시의 권력 기하학을 명확하게 목격한다. 새로운 종류의 탈국가적 국경 체제의 모순은 서로 전적으로 이어져 있는 모빌리티의 촉진과 부정을 둘러싸고 있는 것으로 보이기 때문이다. 헤이맨Josiah Heyman과 커닝햄Hilary Cunningham은 이를 '모빌리티와 울타리 치기' 과정이라고 칭했다.[136] 월경을 단지 탈국가 찬양이라고 보기는 어려움을 시사하면서, 커닝햄과 헤이맨은[137] 어떻게 국경이 사람·재화·생각의 역설적 모빌리티/부동성의 대상이 되었는지, 곧 어떻게 움직임이 가능해지고 유도되는지 그리고 어떻게 모빌리티가 "제한되고 제

---

\* [역주] 북아메리카 서북부. 대략 태평양 해안에서 캐스케이드 산맥 사이 지역. 이 지역의 정부 당국과 기업가 등은 여기서 정보테크놀로지 산업을 육성하여 '캐스캐디아 혁신 회랑'을 만들려고 하고 있다.

약될" 수 있는지를 논한다.[138]

유럽의 맥락에서, 문화·정치 이론가 지네트 버스트래트는[139] "일부(시민, 관광객, 기업가)에게 모빌리티의 자유"를 주는 것에 얽혀 있는 긴장을 논의한다. 이는 "불법적 '외부인'·이주자·난민으로서 움직이도록 강제되는 타자의 조직적 배제를 통해서만" 가능한 것이다.[140] 월터스는 "위험 요소"의 부동화와 제거를 통해 "나머지가" 미국-캐나다 국경으로 "순환해 오는 것을 가속하려는" 과정을 지적한 바 있다.[141] 이 과정이 완성되어 가면서 국경이 '일급' 월경자와 '이급' 월경자, 또는 '좋은 사람'과 '나쁜 사람'이라는 이진법 논리에 따라 참으로 나뉘어 갈라진다고 매트 스파크는 말한다. 두 번째 범주로 들어간 사람은 더 긴 질문을 받게 되고, 더 많은 서류를 요구받고, 심지어 자동차와 신체 검문을 받기도 한다. "그들은 월경이 상당히 지연되거나, 심지어 완전히 중지될 것을 예상할 수 있다. 그러는 동안 이민귀화국장은, 이 서비스가 '일급'에 속하는 사람들의 월경을 가속하는 데에 에너지를 집중한다고 강조한다."[142]

국경 공간과 울타리에서 시선을 돌리면, "정치적 구성원됨과 국가 영토로부터 자격이 분리되는" 현상을 목격한다.[143] 권리와 혜택은 어떤 사람들은 표적으로 삼지만, 다른 사람들에게서는 부정되거나 탈취되기 때문이다. 3장에서 논한 남아프리카 시민권에 대한 냠조의 설득력 있는 연구는 이러한 경향을 예시한다. 높은 숙련도와 가치를 가진 이주자들은 그들과 똑같이 이동적이지만 가사노동 일자리를 찾아 이동하는 일시적 시민들보다 훨씬 많은 혜택을, 심지어

도판 4.3 예루살렘에서 베이트 얄라를 본 풍경. 출처: By David King from Haifa, Israel(CC BY 2.0, http://creativecommons.org/licenses/ by/2.0)

이러한 정치적 공생은 국경에서 흔히 목격되는 권력 기하학이다. 그러나 아마도 웨스트뱅크를 가르는 거대한 벽으로 나뉜 팔레스타인 점령지에 설치된 국경 검문소에서만큼 냉혹해 보이는 곳은 없을 것이다. 이스라엘-팔레스타인 분쟁의 공간적 구조에 대한 에얄 와이즈먼Eyal Weizman의 선구적 작업은, 어떻게 점과 선이 이스라엘의 전략적 모빌리티 정책을 조직하는 핵심 철학적 이상으로서 등장했는지를 보여 준다. 이스라엘 방위군IDF의 남부지부장에서 이스라엘 수상이 되기까지 아리엘 샤론의 이력을 추적하면서, 와이즈먼은 샤론이 이스라엘 영토를 보호할 방어 테크닉을 어떻게 제안했는지를 탐구한다. 샤론은 깊이의 역동적 장을 만들 일련의 연속 점을 계획했다. 이 점들 사이에서 "이동적 순찰대"는 "항상적으로 그리고 예측 불가능하게 이동 중"일 것이다.[144] 샤론은 1977년 농산부정관으로 임명되자 정착정책 임무에 착수했고, 이를 통해 이 전략을 더 명확히 표현할 수 있었다. 이는 방어지를 구축하기 위한 것이었고, 이 방어지는 이스라엘 점령지를 "군힐" 것이었다.

수많은 교통 간선과 교차로가 건설되어 감시·통제점으로서 이스라엘 방위군 인터체인지를 이루었다. 이러한 점-선 매트릭스는 동심원 고리에 자리 잡고서 밖을 향하는 "파놉티콘 요새"로 기능했다. 이 움직이는-기어가는 형태들은 무기나 쐐기, 공간을 점령하는 서서히 이동하는 진형陣形 역할을 했다. 속도는 샤론의 계획에 핵심적이었다. 와이즈먼의 표현에 따르면, "전장을 가로질러 더 빨리 움직이는 쪽이 전투에서 승리하는 쪽이라는 공리"는 여기서 정말 유효하다.[145] 그리하여 속도의 격리가 일어났다. 이스라엘 정착지와 마을, 곧 점을 잇는 연결선은 빠른 가속을 가능케 했다. 거대한 우회로는 군사 차량과 민간 차량이 빨리 이동할 수 있도록 한 반면, 팔레스타인 정착지를 잇는 좁은 흙길에서는 비슷한 여정이 훨씬 더 오래 걸렸다. 웨스트뱅크를 지나는 데에 걸리는 시간 차이가 7.5시간이었다.

이러한 역학은 터널 도로, 예루살렘과 구시 에치온을 연결하는 60번 도로의 이미지를 통해 더욱 정규적으로 포착되어 왔다. 이 도로는 와이즈먼의 저작 《텅 빈 땅》이나 여타 논문집 또는 논문의 표지를 장식했다.[146] 산

속으로, 팔레스타인 정착지 아래로 파고드는 이스라엘 직선 도로 아래에는 팔레스타인인의 움직임에 쓰이는 구부러진 비포장도로가 있다. 코테프가 보기에 이 두 도로의 계층적 분리는, 인구를 분리하고 통제하는 방식으로서 팔레스타인 점령지에서 모빌리티를 관장하는 더 넓은 논리를 예시한다.

아리엘 한델Ariel Handel은[147] 이러한 도로가 웨스트뱅크 이스라엘 정착지 사이의 빠른 직행 모빌리티 통로를 형성함으로써 단지 이스라엘 정착 복합체를 묶어 주는 역할만 하지 않음을 보여 주었다. 이 도로는 동시에 (위근스에게 고속도로가 그랬던 것처럼) 격리되어 있는 이 길을 이용할 수도, 건널 수도 없는 팔레스타인인에게는 장벽 역할을 하는 것이다. 한델이 보기에 이 전략은, 팔레스타인 모빌리티를 이스라엘 도로로 둘러싸인 고립된 세포들에 예속시키는, 이동 통제를 통한 영토화의 수단이다.

또한 흥미로운 것은, 꼭대기의 이스라엘 도로에서는 팔레스타인 모빌리티가 거의 완전히 비가시적이라는 것이다. 위의 도로에서는 아래의 팔레스타인 도로가 시야에서 흐려진다. 이 도로가 지나가는 팔레스타인 마을이나 촌으로 통하는 출구도 없고, 팔레스타인 마을이나 촌에 대한 표지판도 없다. 코테프는 "그러므로 이 도로 위에서 여행자의 시야에서 팔레스타인의 현존은 씻겨 나간다"며 이렇게 결론 내린다.[148] "어떤 일부의 자유로운 이동은 타자의 존재를 제한하고, 숨기고, 심지어 부인한다. 더욱이, 어떤 일부의 이동은 이러한 타자를, 또한 타자의 이동할 욕구를 말소함으로써 더욱 최대화된다."

도로가 팔레스타인 모빌리티와 공동체를 손상시키면서 이스라엘을 위한 실제적인 경계 또는 국경을 형성한다면, 이스라엘 영토와 팔레스타인 영토의 다소간 공식적인 분리도 언급해야겠다. 이 영토는 검문소, 또는 '터미널'이라고 불리게 된 장소를 통과하는 모빌리티를 관장한다. 검문소에 대한 하가르 코테프와 아이러스 브레이버만Irus Braverman의 두 연구에 따르면, 이 터미널은 뜨거운 날씨에 몇 시간씩 줄을 서야 했던 비인간적인 조건에 대한 '인도주의적' 응답이었다. 터미널은 사실 이러한 조건에 관한 활동가들의 불만, 그리고 터미널의 대중적 이미지에 대한 응답이었다. 브레이버만은 새 터미널을 통해 이스라엘의 모빌리티 관장 방식에 변화가 일어났다고 주장한다. 더욱 전문화된 직원(일부는 민간 경비원이다), 자동화 시스템, 더 인도적인 조건에 의지하여 더욱 테크놀로지적이고 관료적이 된 것이다.

■ 더 읽을거리

Braverman, I., 'Civilized borders: a study of Israel's new crossing administration', *Antipode*, 43(2): pp. 264 – 295, 2011.

Handel, A., 'Gated/gating community: the settlement complex in the West Bank', *Transactions of the Institute of British Geographers*, 39(4): pp. 504 – 517, 2014.

Kotef, H., *Movement and the Ordering of Freedom*, Duke University Press, Durham, N.C, 2015.

Shihade, M., 'Not just a picnic: settler colonialism, mobility, and identity among Palestinians in Israel', *Biography*, 37(2): pp. 451 – 473, 2014.

Weizman, E., 'Strategic points, flexible lines, tense surfaces and political volumes: Ariel Sharon and the geometry of occupation', in Graham, S. (ed.) *Cities, War and Terrorism*, Oxford: Blackwell, 2003.

그들이 이주해 들어온 공동체의 시민들보다 더 큰 혜택을 누리기도 한다. 반면에 일시적 시민들에게는 같은 형태의 복지와 보조가 주어지지 않으며, 종종 차별과 종속에 처하게 된다.

이는 유럽에서는 조금 다르게 작동한다. 섹스 인신매매에 대한 유럽 국가들의 반응은 시민권 및 모빌리티 권리에 관한 매혹적인 논쟁을 낳았다. 성노동자의 인신매매를 통제하고 제약하려는 시도는 움직임의 자유라는 발상 앞에서 날아가 버렸다. 이 발상은 하나의 유럽이라는 기획의 심부에 있으며, 당연히 민족주의자와 우파의 운동, 독립운동에 불을 붙였다(나는 2016년 6월 영국이 EU에서 탈퇴하는 투표 뒤에 이 책을 끝맺었다). 2005년 〈유럽 성노동자 권리 선언〉을 검토하면서, 안드리야세비치Rutvica Ardrijasevic 등은[149] 어떻게 EU 28개국의 대표들이 성노동자 권리에 관한 컨퍼런스를 하러 브뤼셀에 모이게 되었는지를 보여 준다. 불법적·폭력적 거래를 억제하기 위해 만들어진 섹스 인신매매법이, 국경을 가로질러 자유로이 이동할 유럽 성노동자의 권리를 저해한 방식에 입각하여, 이 행사는 EU 원칙의 공평함, 심지어 인권 보장의 공평함에 도전했다. 선언문의 4항은 이렇게 언명한다.

성노동에 종사함을 근거로 하여 국가 간 개인의 자유로운 이동에 제한이 가해져서는 안 된다.

국가와 국가 내 공동체 내의 개인 이동의 자유에 제한이 가해져서는 안 된다. 성노동자를 통제하고자 하는 어떤 수준의 어떤 규제든지 간에, 그것은 이동의 자유 권리를 침해해서는 안 된다. 이는 거주지를 떠나고, 거주지로 돌아오고, 가족을 방문하고, 서비스에 접근할 자유를 포함한다.

2005년 회의 후 대표들은 모여서 브뤼셀 거리에서 시위를 했다. 이들은 연대를 보여 주기 위해 특징적인 붉은 우산을 들었다. 2001년의 제49회 베니스 미술 비엔날레 중에 성노동자들이 모여 행진한 이후로, 이 우산의 로고와 이미지는 성노동자 권리운동의 상징으로 사용되었다. 붉은 우산은 눈에 띄는 강력한 상징이 되었다. 흥미롭게도, 안드리야세비치 등은 2005년의 대표자회의와 이들의 활동을, 유럽 국가의 불평등 속에서 이 권리가 부정됨을 인식하는 데에 그치지 않고 시민권을 이동화한 방식으로 본다. 대표들의 **이동화**에서, 국경 넘기 및 브뤼셀에서 논쟁하고 시위하는 새로운 네트워크의 수행에서, 우리는 정치적 연대의 잠재력과 시민권의 주장을 본다. 이는 동요를 일으키는 방식으로 이루어졌다. 이들이 말하듯이, "이는 이동의 자유가 EU 시민권의 심부에 삽입하는 긴장과 모호성에서 자극을 받았다. 이는 어떻게 모빌리티가 정치적으로 채용되고, 이동화되고, 재조정되는지를 보여 준다."[150]

### 원자화된 개인과 젠더화된 이동 배제

수송 모빌리티의 영역으로 눈을 돌리면 차이와 귀결의 다른 기하학을 들추어낼 수 있다. 여기에서 우리는 3장에서 살펴본 경로와 원자의 가정과 몹시 유사해 보이는 보편적 흐름과 의존의 이데올로기

도판 4.4 붉은 우산. 유럽 성노동자 권리 국제 위원회(ICRSE) 로고.
출처: ICRSE의 허가 (www.sexworkeurope.org)

가 어떻게 사람들이 대중교통 체계 속에서 움직이는 능력에 차이를 낳는지를 목격한다. 여기에서 고찰할 문제들은, '보편적 탈신체화된 주체'라는 가정이 제공하는 것이 '젠더 없는 비장애 개인'이라는 상像이라는 점을 중심으로 돈다. 이 상은 여기서 벗어난 주체들에게 심각한 함의를 가진다. 롭 임리Rob Imrie가 표현하듯이, 이러한 상은 "장애를 가진 신체를 소외시키고 '이동적 신체'라고 명명할 수 있을 것의 움직임을 우선시하는 데에 이바지한다."[151]

테크놀로지 이론가 주디 와이즈먼은[152] 남성과 여성의 단순한 패턴과 루틴조차 실제로는 어떻게 까마득하게 다른지를 논한다. 아주 상이한 "시간, 공간, 움직임의 패턴"에 대한 추적을 통해 와이즈먼은 현대 도시 공간의 기반이 되는 "이동 양상"을 보여 준다. 이 양상은 "남성의 관심·활동·욕구를 반영하며, 이들을 둘러싸고 조직된다." 그 귀결은 종종 "여성에게는 손해를" 끼치며 작동한다.[153] 여성은 전통적으로 남성과는 상이한 리듬으로 움직여 왔다. 여기에는 아이 돌보기, 취업, 사회적 루틴과 관련된 다양한 이유가 있다. 여성의 여정은 이동에 걸리는 거리와 시간의 측면에서 볼 때 종종 더 짧다. 또한 여성의 여정은 더 빈번하고, 아침부터 저녁 러시아워에 이르는 다양한 시간대에 일어난다. 와이즈먼은 이러한 모빌리티 경향에 존재하는 차이들이 대중교통 시스템 이용에서 여성을 주변화한다고 주장한다. 교통 시스템은 이 차이에 맞는 것을 제공하지 않기 때문이다. 돌로레스 헤이든Dolores Hayden이 말하듯이, 이는 "집에서 일터로 향하는 단순한 남성적 여정이 계획의 기반이라면, 집에서 탁

아소에서 일터로 이어지는 복잡한 여성적 여정은 무시된다."[154]

　대중교통 시스템 계획자의 구상 및 물질적 교통 인프라 내에는 이러한 보편적 이상이 현존한다. 어렵지 않게 공간을 통과하여 헤쳐 나가고 자기 신체를 움직여 갈 수 있는 비장애 개인을 상정했기 때문에, 교통 계획자 및 인프라는 이를 그리 잘 하지 못하는 신체를 고려하는 데에 실패했다.[155] 그러나 이동적 당구공 모델이 건강한 신

---

**사례 연구 4.4　버스 기다리기**

"버스는 여성의 도시다." 시키부 허친슨Sikivu Hutchinson은 로스앤젤레스의 맥락에서 모빌리티의 계급, 인종, 젠더 정치를 그려 내면서 이렇게 썼다.[156] 허친슨의 출발점은 신체, 그리고 이 도시의 불평등성은 인종적·젠더적 위계의 강제를 통해 자신을 이 영토에 부과한다는 점이다. 물론, 버스는 오래전부터 인종정치의 장소였다. 1956년 로사 파크가 백인 여성에서 자리 양보를 거절했던 사건이 이 점을 잘 드러낸다. 허친슨이 보기에, 버스는 단순히 모빌리티 불평등의 정치학을 조명하는 것을 넘어선다. 버스는 특정한 정체성과 소비자를 겨냥한 자본 투자 및 도로·유료도로·기차의 경로 네트워크로 이루어진 더 넓은 인프라 시스템에 삽입되기 때문이다.

확장되는 **LA** 외곽을 가로질러 여행하면서, 허친슨은 버스가 "인종화된 신체, 단기 여행객, 저임금자, 이주자"의 수송 기관이라고 기록한다. 그녀의 여행 동료는 주로 흑인 노동계급 여성이다. 버스를 이용한 이들의 타원형 이동은 특징적인 문화적·운동적 리듬을 형성하면서 도시를 지나 일터, 공공기관, 친구나 가족으로 간다.

1994년 연합운송노조Amalgamated Transit Union의 로스앤젤레스 파업의 맥락에 위치할 때, 우리는 어떤 종류의 모빌리티 인프라의 제공 및 그에 대한 투자가 향상됨으로써 권리가 박탈된 다른 종류의 모빌리티와 다른 종류의 이동적 인간에게 어떤 함축이 생겨나는지를 볼 수 있다. **LA**에서

체를 상정하는 것과 마찬가지로, 원자화된 신체 주체를 당구공으로 단순화하는 것은 종종 너무 문자적으로 받아들여진다. 이러한 발상이 사회에 재-기입됨에 따라, 관습적 교통 모델은 그것이 상정하는 바에 비해 훨씬 의존적인―훨씬 덜 원자적인―주체에게 원자화된 개인이라는 상을 강요한다고 로빈 로Robin Law는[157] 지적했다. 로가 주장하듯이, "여성은 의존적인 사람의 동반자로서 훨씬 많은 이동

이는 이 도시의 전환정책으로 절정에 이르렀다. 이 정책은 오랫동안 개인 자동차를 우선시했고, 경철도 체계에 투자하는 데에 실패했다. 한 버스 노동자의 파업은 법정 공방으로 정점에 이르렀다. 백인 철도 통근자를 우선시하면서 주로 '저임금' '소수자'인 버스 탑승자를 차별하는 이중적 교통 시스템을 구축했다는 이유로 LA 당국이 기소되었던 것이다. 결과는 승리 였고, 대중교통국Mass Transit Authority: MTA은 버스 서비스를 개선하고 요 금에 상한선을 두어야 했다. 허친슨은 이렇게 쓴다. "노동조합은 '대부분 의 통근자들은 소수자이고 낮은 임금을 받기 때문에, 교통 시스템의 개 선은 시민의 권리 문제'라고 주장했다. 이 주장은―공적 공간의 사유 화 증가에 동반되는―교통에 대한 접근권의 거부가 유색 공동체를 '타자 화'하는 방식의 핵심에 이른다."[158]
버스는 계급·민족·인종의 차이에 따른 구별과 동의어이자 동시에 상이 한 사회적 집단을 모으기도 한다. 이러한 근접성이 긴장을 낳기도 한다. 이는 지난 10년간 스마트폰 카메라에 촬영된 버스·열차 등 대중교통 형 태에서 일어난 다양한 인종적 학대 사례에서 볼 수 있다.

■ 더 읽을거리

Hague, E., '"The right to enter every other state"―the Supreme Court and African American mobility in the United States', *Mobilities*, 5(3), pp. 331–347, 2010.

Hutchinson, S., 'Waiting for the bus', *Social Text*, 63, pp. 107–120, 2000.

Wilson, H. F., 'Passing propinquities in the multicultural city: the everyday encounters of bus passengering', *Environment and Planning A*, 43(3): 634–649, 2011

을 하기 때문에, 독립적으로 움직이는 신체라는 당구공 은유는 남성보다 여성들에게 훨씬 더 부적절하다."[159] 연구자들은 특히 여성의 타인에 대한 경로의존성을 탐구해 왔다. 여성은 나이 든 친척을 슈퍼마켓까지 데려다 줄 책임이 있을 수도 있고, 집에 아이들을 두고는 가게에 가지 못할 수도 있다. 많은 모빌리티가 타인에게 전적으로 의존하기 때문에, 개인적 당구공-양식 모델은 완벽히 적절한 모델과는 거리가 멀다.

　　대중교통 공급에서 이러한 의존성을 망각하는 것은 수많은 난점을 낳았다. 아이를 데리고 버스에 타는 것은 '고되고' '부담스럽고' '트라우마'일 수 있고, 무거운 가방을 가지고 슈퍼마켓에서 돌아오는 것은 스트레스를 주기 때문에 피해야 할 일이다. 이러한 종류의 여정을 무시한다면 대중교통 모빌리티에 대한 접근에 상당한 장벽을 만들 수 있다.[160] 아이들과 함께 이동한다는 것은 그것이 하나만이 아니라 여러 다른 모빌리티와의 씨름이라는 것을 연구는 보여 준다. 이 다른 모빌리티들은 부분적으로는 자율적이지만, 그럼에도—가령 부모에—의존적이다. 더 나아가서, 여정을 따라 추가되는 다양한 기술과 인공기관에 의해 이상화된 개인 주체는 더 복잡해진다. 대중교통의 배제를 다룬 줄리언 헤인Julian Hain과 피오나 미첼Fiona Mitchell의 탐구는, 대중교통과의 교섭이란 엄마 · 쇼핑 · 아이 · 유모차의 복잡한 결합체를 관리하는 고된 일을 내포할 수 있음을 조명한다. 잔돈을 세야 할 때 이 일은 더욱 복잡해진다.

　　모빌리티의 트라우마는 버스의 도착을 기다리는 비이동적 '기다림'의 시간에조차 배어 있을 수 있다. 대기 공간을 적절하게 공급하지 못하면 교통 접근에 또 다른 장벽이 생긴다는 것이 기록되어 왔다. 공적 공간의 사유화에 대한 마이크 데이비스의 묘사와[161] 로스앤젤레스에 대한 허친슨의 탐구로 돌아가 보자. 이에 따르면 버스 정류장은 "여성 탑승자들에게" 극도로 "적대적이다. 여성들은 밤에 버스를 기다리면서 위험의 가능성에 직면한다."[162] 영국에서도, 다른 곳에서도 범죄의 흔적 및 보호소의 부족으로 특징 지어지는 '대기' 공간에 관한 비슷한 경험이 발견된다. 칠레에서의 젠더화된 일상적 모빌리티를 탐구한 파올라 히론의 연구는,[163] 아이와 이동하면서 콜렉티보 버스*에서 씨름하고, 여정을 즉흥적으로 처리하는 여성을 발견함으로써 이러한 논증을 예시한다. 다른 사람들은 콜렉티보 버스 정류장 또는 '대기장'이 특히 위협적이라고 느낀다. 거기에는 소매치기, 상해 범죄의 위험이 있고, 가시성과 조명이 부족해서 도시 모빌리티에 관한 "외출, 경로, 양상을 제한한다."[164]

장애인 모빌리티도 비슷한 문제와 마주칠 수 있다. 특히 자신의 모빌리티를 촉진해 줄 다른 누군가에게 의존해야 하는 사람들이 그렇다. 움직여야 할 필요와 움직이고 싶다는 욕구는 그들의 모빌리티를 보조하고 증강해 줄 제3자에 의존한다. 사실 이 제3자는 테크놀로지나 함께 이동하는 다수의 대상일 수도 있다. 휠체어 사용자의 체험을 탐구하면서, 임리는 모빌리티를 해방시켜 주는―휠체어

---

* [역주] colectivo bus 또는 colectivo. 칠레를 비롯한 남미 여러 나라의 버스를 가리키는 말.

라는 이동적 인공기관—테크놀로지가 어떻게 다른 장소에 대한 접근은 가로막을 수 있는지를 보여 준다. 여기에서 우리는 전형적인 상황에 대한 한 응답자의 묘사를 인용할 수 있다. "지역 은행에 경사로가 있기는 해요. 하지만 올라가 보려고 시도해 봐요. 전혀 안 돼요. 그래서 은행은 서비스 호출기를 제공했죠. 그걸 밖에서 누르면 안에서 부저가 울리고 은행원이 나와서 나를 데려가요. 그게 자동문과 제대로 된 경사로 대신인 거죠. 얼마나 낭비예요."[165]

산소에서 휠체어, 지팡이에 이르는, 개인이 필요로 할 수 있는 인공기관이나 장비는 제3의 간병인이나 도우미가 다루기조차 어려울 수 있다. 제3자 친구, 도우미, 간병인의 자율성에 제한이 가해질 수도 있다. 간병인은 그들이 돌보는 사람에게 묶여 있기에, 정규적으로 제한과 부동성의 감각을 체험한다.[166] 더 나아가 간병인과 피간병인 양쪽 다 간병의 장소기반적 본성에 매여 있을 수 있다.[167] 아니면, 예를 들어 다른 성별의 간병인은 공용 화장실이나 세면실에 접근할 수 없을 수 있고, 그러므로 간병 서비스가 부인될 수 있다.[168]

교통 정책에 관한 지배적 담론이 "거세된 것으로 생각되는, 즉 성별·젠더나 여타 사회적 또는 생물학적 특성이 없는 것으로 생각되는 보편적·탈신체적 주체에"에 근거해 왔음을 우리는 보았다.[169] 결정적으로, 자유롭게 이동적이고 생산적인 신체에 대한 신자유주의 이데올로기[170]의 귀결은 부동적이고 주변화된 신체의 생산일 수 있음을 모빌리티 연구는 보여 주었다.

신체의 형태, 크기, 무게에 대한 서사 및 담론과 이동적 신체의 교차를 탐사해 온 연구들이 있다. 중요하며 성장 중인 이 분야에서 저 주제들은 눈이 띄게 명시적이 된다. '비만유발적 환경obesogenic environment'이라는 개념은 공공 정책 및 계획에서 특히 잘 수용되었는데, 이 방식은 탐구할 필요가 있다. 이 개념은 사람이 비만이 되는 것을 유도하거나 그런 가능성을 형태 짓는 구조적 또는 환경적 조건과의 관계 아래 놓여 있다. 콜스Rachel Colls와 에반스Bethan Evans는 이러한 환경이 다음 성질을 포함할 수 있다고 설명한다.

> 미적 가치, 깨끗함, 범죄와 안전, 한 구역의 물리적 배치와 용지의 이용(예를 들어, 포장도로/보도의 비율, 녹지의 공급, 가구의 밀집도, 자동차의 이용), 특정 식품 매장과 여가 시설의 위치와 비율(예를 들어 슈퍼마켓, 지역 상점, 여가 센터)[171]

콜스와 에반스는 이 개념을 더 비판적으로 읽고, 더 생산적으로 작동시키려 한다. 이들은 "비만유발적 환경"은 '살찐 신체로 사는 것을 문제적'으로 만드는 "특정 사회적 · 문화적 · 정치적 · 경제적 환경"을 뜻하는 것으로 변용될 수 있다고 주장한다.[172] 달리 말하자면, 문제는 어떻게 세계가 우리를 살찌게 하느냐는 것이 아니라, 어떻게 세계가―우리의 건물, 거리, 도심지, 모빌리티와 교통의 양상이―살찐 신체를 문제로 만드냐는 것이다.

이는 모빌리티에 절대적으로 핵심적인 문제다. 한편으로, 살찐 신체는 다른 신체보다 더 부동적이라거나, 그래야 한다고 가정하는 사회적 태도가 있을 수 있다. 이 태도가 이 주제에 관한 모빌리티 연구의 제한성에 반영되어 있을 수도 있다. 모빌리티의 자유주의적 개념의 보편화 논리 하에서, 이는 살찐 신체를 비가시적으로 만든다. 그래서 사회가 구축하는 환경에 쉽게 들어맞지 못하게 될 때에야 비로소 완전히 가시적이 된다.

장애의 맥락에서 보았듯이, 이는 많은 상이한 장소와 환경에 대한 보편주의적 가정이 바로 살찐 신체를 차이 나고 까다로운 신체로 생산하는 것일 수도 있다. 조이스 허프Joyce Huff가[173] 보여 주었듯이, 비행기 여행은 이 문제에 관해 특히 논쟁적인 공간이다. 어떤 저가 항공사는 몸이 무거운 승객은 '지방세fat tax'를 내도록 강제해야 한다고 공표함으로써 미디어의 분노를 유발하였다. 라이언에어 사장은 심지어—여타 심히 모욕적인 노이즈 마케팅 중에서도—공항 체크인 과정의 능률화를 고려할 때, 승객의 체중을 개별적으로 재는 것이 왜 현실적이지 않은지를 설명하기까지 했다. 미국과 사우스웨스트 항공의 소위 "거구의 승객 정책customer of size policy"에서도[174] 비슷한 논쟁이 일어났다. 이는 일정 체구 이상의 승객에게 인접 좌석을 미리 사고 나서, 이 좌석의 환불을 요구할 것을 장려하는 정책이다. 사우스웨스트의 정책을 비판하는 이들이 주장하듯이, "논쟁의 현장은 항공기 좌석 자체가 아니라, 그 좌석을 차지할 수 있는 신체다."[175] 그리고 그 효과는 "살찐 사람을 문제의 근원으로 만들고—그래서 해법도 그들 책임으로" 만드는 것이라고 허프는 말한다.[176] 어떤 사람이 보기에는, 선택지는 이러한 조건에 적응하는 것뿐이다. 활동가이자 블로거인 스테이시 바이어스Stacy Bias는 "비만비행Flying While Fat"을 위한 일련의 조언과 팁을 제공한다. 현명한 항공기 예약, 올바른 항공사 고르기, 공간을 최소화하여 앉는 신체적 행동거지 등이 그것이다.[177]

## 개발과 강제이주

우리가 고찰할 수 있는 이동적 차이화의 마지막 예는 개발 연구의 중요한 영역에 자리하고 있다. 이 영역은 개발과 모빌리티의 관계, 또는 '강제이주displacement'라고 지목되어 온 것과의 관계를 진지하게 탐구한다. 제니 로빈슨Jenny Robinson은 "강제이주의 역학이 개발에 끼치는 영향을 논할 필요가 늘어나고 있다"고 쓰고,[178] 개발 연구에 대한 소위 더 "이동적인 고려"를 독려했다. 모한Giles Mohan과 로빈슨의 최근 저서《개발과 강제이주》는 사회적·경제적 개발과 모빌리티와 이주 사이의 복잡한 관계를 타진하려 시도한다.[179] 저자들은 "개발 연구가 분석할 지적 자원이 별로 없다"는 점을 인정하면서도, "모빌리티의—사람의, 자원과 생각의—일군의 조건"을 한데 모으고 이를 통해 "그것이 개발에 가지는 함의를 발굴하려고 시도"한다.[180]

이 연구가 마주친 핵심 문제 중 하나는, 개발 당국이 대중의 강제이주에 어떻게 대응할 수 있느냐는 것이었다. 우리는 이후 전쟁이 모빌리티에 끼치는 충격을 고찰할 것이다. 전쟁과 마찬가지로, 대량 이주와 강제이동은 막대한 양의 식량, 보호소, 재정착지, 장기적 송환을 요구하는 기근, 질병 및 그 밖의 많은 요소에 의해 일어날 수 있기 때문이다. 강제이주는 모빌리티 자체를 자극하고 유발할 수 있다. 로빈슨은 이를 "개발의 이름으로 강제된 이주 … 개발성 development-induced 이주"라고 이름 붙인다.[181] 제국과 국가의 팽창 역사에는 특기할 만한 역사적 전례가 수없이 많다. 이전의 주민들이 흩어지고 이주했다고 가정된 공간을 가로지르는 이동은, 제국의 탐사를 정의하는 특징이다. 오스트레일리아에서는 테라 눌리우스terra nullius, 곧 주인 없는 땅의 원리[182]에 근거해 '정치적 사회' 없이 고립된 개인이 차지했던 공간은 모두 발견하고 차지할 수 있는 것으로 간주되었다. 오스트레일리아에서[183] 그리고 캐나다에서 원주민 공동체의 대량 이주의 근거로 기능했던 저 법적 원리는, 이미 주인이 있던 땅[184]에 대한 정치적 주권과 소유를 도구화하였고, 그러하여 이 땅을 비우는 것을 합법화했다.

오늘날 대규모의 개발 계획은 모빌리티와 이주에 막대한 충격을 끼쳐 왔다. 그러나 광산 개발, 도로 건설, 도시 개발 같은 비교적 소규모의 계획이[185] 어쩌면 전체적인 강제이주에는 더 많이 이바지했을 수 있다. 특히 댐은 제3세계 개발에서 강제 재정착을 가장 많이 일으키는 것 중 하나다.[186] 터턴David Turton이 보기에, 세계위원회의 통계를 빌리자면, 세계에서 댐 건설로 강제이주된 사람은 4천만 명에서 8천만 명 사이에 이른다. 1950~1990년 사이에 중국에서만 1,020만 명이 댐 건설로 집을 옮겨야만 했다. 댐은 토지와 재산을 전유함으로써 이동을 강제한다.[187] 국가가 강제 구매 명령 권한을 행사하기 때문에, 이러한 개발은 나라의 "경제적·물리적·심리학적·사회-문화적 안녕"에 처참한 귀결을 가져올 수 있다.[188] 여기에는 개인이 땅, 직업, 집을 잃는 것도 포함될 수 있다. 강제이주된 사람은 경제적·사회적 주변화를 겪고, 기본적인 식량을 감당하지 못함으로써 영양 결핍이 될 수 있다. 다른 사회적 유대와 네트워크도 상실될 수 있다.[189]

댐 같은 대규모 개발 인프라 계획에 휘말린 모빌리티는, 다른 내밀한 규모와 구역에서 일어나고 또 도전받는 여타 형태의 개발 관련 모빌리티, 특히 강제퇴거 형태와 병치되어야 한다. 인도의 도시들에서, 마닐라의 보고타에서 그리고 집시의 임시 캠프를 제거하는 파리에서의 퇴거 패턴을 따라서, 올즈Kris Olds, 버넬, 레키Scott Leckie는[190] 주거 재정비와 인프라 계획을 포함한 개발 활동으로부터 대규모 행사, 토지 소유권 분쟁, 난민의 움직임에 이르는 다양한 강제퇴거의 형태와 근거를 제공한다. 캄보디아 남부 프놈펜에 위치한 벙깍Boeung Kak 호수에서의 퇴거를 다룬 캐서린 브리켈의 연구는, 중국의 자금 원조를 받은 토지 재개발이 어떻게 광범위한 강제퇴거로 이어졌는지를 보여 주었다. 이 퇴거는 개발, "정부 권력을 통한 기업", "집을 불도저로 밀어 버려야 할 필요"의 위험한 정렬 속에서 이루어졌다.[191] 크메르 루주의 대량 강제이주와 학살이 이 퇴거를 가리기는 힘들겠지만, 이 퇴거는 지리경제학이 가장 사적인 공간을 동요시키고 뒤흔들게 되면서 일어난 배제의 치명적이고 극히 젠더화된 형태를 폭로한다.

퇴거는 불균형하게 여성에게 영향을 끼친다. 여성들은 종종 아이 및 피부양자와 집을 옮기는 부담을 지며, 그들이 의지하고 그들을 의지하는 공식적·비공식적 사회적 네트워크와 서비스 밖에 위치한다. 브리켈은 여성의 신체와 가정 사이의 내밀함이 어떻게 정치적 플랫폼이 되어, 이로부터 캄보디아의 여성 활동가들이 강제퇴거라는 역경에 항의하고 있는지를 탐사한다. 이들의 항의는 "전 세계가 보고 있다"는 구호가 적힌 티셔츠부터 집단적 나체 시위, 퇴거된 집을 재건축하고 되찾기, 더 넓은 미디어 통로를 이용하여 외국 정부에 캠페인 펼치기, "무퇴거 구역" 홍보 등 다채로운 규모에서 일어난다. 그런데 역설적으로, 브리켈은 이들의 모빌리티가 가정에서 오는 권리 기하학의 특정한 거미줄 내에 위치한다는 점으로 인해, 이 여성 활동가들의 활동이 그들의 결혼, 부부, 가족 관계에 커다란 짐을 지움을 보여 준다. 이들의 정치적 모빌리티는 가정 내에서 그들의 역할에 대한 전통적 이해에 도전하고 무리를 줄 수 있다. 가정에는 모성이라는 보수적 상像이 '약간', 정지 상태로 남이 있기 때문

**도판 4.5 벙깍의 무퇴거 구역.** 출처: Katherine Brickel

이다. 더욱이, 이러한 이동화된 활동에 압박을 가하는 방법으로 국가는 이들의 남편과 배우자의 직업 안정성을 위협했다.

다른 개발 관련 모빌리티는 급박한, 위기와도 같은 조건에서 일어난다. 특히, 재난이나 긴급의 순간에 일어난다. **핵심 개념 4.7**에서 탐구되듯이, 점점 더 많은 모빌리티 연구들이 지진, 쓰나미에서 내전에 이르는 자연 재해, 정치적 긴급 사건에서 나타나는 복잡한 모빌리티와 부동성을 탐구하고 있다.

---

**핵심 개념 4.7   개발, 재난, 긴급 모빌리티**

국제구호단체와 조직은 본성상 고도로 이동적이다. 그러나 재난도 그렇다. 허리케인 카트리나와 뉴올리언스에서의 차이적 대피에서 보았듯이, 긴급 상황은 고도로 복잡하고 불평등한 형태의 모빌리티를 생산한다. 일부는 재난 지역에서 대피할 수 있거나 강제로 대피당하지만, 일부는 전혀 대피하지 못한다. 그렇기에 NGO, 국가, 심지어 외국의 구호단체조차도 사물과 사람을 그들이 필요로 하는 장소로 이동시키기 위해 애를 쓴다. 2010년 아이티 지진의 맥락에서 미미 셸러가 보여 주었듯이,[192] 포르토프랭스Port-au-Prince(아이티의 수도) 같은 재난을 맞은 지역의 거주자들은 가정 없이 남겨지며 실상 부동적인 반면에, 구호대, 정치가, 유명인, 자본, 식량의 방대한 모빌리티는 비행기를 타고 아이티에 도착한다. 셸러는 이를 재난, 인도주의적 구호와 물류의 상대적 "섬화islanding 효과"라고 했다〔셸러는 국제적 구호의 움직임이 일부에만 도움을 제공하여 도움을 받지 못하는 사람들이 섬처럼 고립된다고 보았다〕.

고故 리사 스미얼Lisa Smirl은[193] 긴급 인도주의적 응답 모빌리티에 있는 몇 가지 문제를 식별했다. SUV와 랜드로버 선행 모델은 오늘날 운동적kinetic 엘리트들에게 신자유주의적 시민권의 고치와도 같은 캡슐적 내부 공간을 제공하는 것으로 이해되었다. 이와 마찬가지로, 긴급 인도주의에서 SUV는 구호대원에게 한 안전 지역과 다음 안전 지역 사이의 울타리를 제공했다. 스미얼이 보기에, 이는 국제 구호대원들의 어떤 속성들로 부각된다. 그것은 "차량 내 침투 불가능성, 그리고 자신들은 그들이 이동하는 땅의 저 위편에 존재한다"는 속성이다.[194] 이런 식으로 매개되는 긴급 인도주의 모빌리티의 특성은, 그들 주위에서 움직이고 있는 것으로 지각된 안전에 대한 위협으로부터의 절연하기 위함이다. 이러한 분리는, 이들이 네트워크된 소거주지 사이를 오가기만 함을 뜻한다. 이를 더필드Mark Duffield는, 인도주의 국제 공간 내의 '군도'에 있는 벙커라고 묘사한다.[195] 스미얼은 2004년 인도네시아 아체에서 일어난 인도양 쓰나미 당시 NGO에게 어떻게 항공 모빌리티가 배치되었는지를 조사했다. 여기에서도 비슷하게, 셸러와 마찬가지로, 구호대원의 항공 모빌리티는 거리두기를 가능케 하는 성질이 발견된다. UN 평행적 수송 시스템—여기에는 해안도시 간의 비행도 포함된다—으로부터 옥스팜Oxfam〔국제 구호단체〕의 헬리콥터 투자, 그리고 기독교 NGO인 항공선교회Aviation Mission Fellowship까지, "그 효과는 다음과 같았다. 국제 요원들—이 중 다수는 지역을 방문한 전문가, 자문가, 본부 요원이었다—은 극히 유동적이고 이동적인 방식으로 쓰나미 이후의 공간을 체험했으며 … 이는 도와주러 온 국제 구호대원과 수혜자로 의도된 사람들 사이의 구분을 강화하는 것이었다."[196] 아이티에서 재난으로 무너진 부적절한 위생 인프라로 인해 발생한 콜레라는 거의 지진 때만큼이나 많은 목숨을 또 빼앗을 것이었다. 그런데 아이로니컬하게도, 이 질병을 UN 평화유지군이 들여온 것으로 판명되었다. 이들은 적절한 검역을 받지 않고 네팔에서 콜레라 박테리아를 가지고 온 것이었다.

■ 더 읽을거리

Adey, P., 'Emergency mobilities', *Mobilities*, 11(1), pp. 32–48, 2016.
Duffield, M., 'Risk-management and the fortified aid compound: Everyday life in post-interventionary society', *Journal of Intervention and Statebuilding*, 4(4), pp. 453–474, 2010.
Sheller, M., 'The islanding effect: post-disaster mobility systems and humanitarian logistics in Haiti', *Cultural Geographies*, 20(2), pp. 185–204, 2013.
Smirl, L., *Spaces of Aid: How Cars, Compounds and Hotels Shape Humanitarianism*, Zed Books, London, 2015.

## 시위와 저항

모빌리티의 두 가지 상이한 양식으로 본 장의 마지막 절을 시작하자. 2006년 〈007 카지노 로열〉로 제임스 본드가 영화적으로 재창조되었을 때, 영화의 두 번째 장면에서 대니얼 크레이그의 본드는 건설지의 울퉁불퉁한 지형을 지나 테러리스트 용의자를 뒤쫓는다. 본드의 모빌리티는 강력하고 근육질이다. 그는 플라스터보드 벽을 부수고 통과하고, 채굴기로 콘크리트 벽을 쓰러뜨리며 지나간다. 그는 꽤 곧고 예측 가능한 선을 따라 움직인다. 반면에 그가 쫓는 용의자 몰라카는(세바스티앙 푸캉Sébastien Foucan이 배역을 맡았다. 그는 파쿠르 또는 프리러닝이라는 기술의 공동수립자라는 논쟁적인 칭호를 가지고 있다) 상당히 다른 양식으로 움직인다. 푸캉의 테러리스트 도망자는 공간을 지배하지 않는다. 그는 공간을 부수며 지나가지 않고, 공간을 다룬다. 그의 모빌리티는 공사 중인 건물에서 새로운 가능성을 찾는다. 몰라카는 창을 뛰어 통과하고, 벽을 뛰어오르며 층 사이를 도약하여 다닌다. 본드와 몰라카의 모빌리티 양쪽 모두 공사 현장 주변의 정규적인 이동 규범을 전복시킨다. 그런데 이들 사이에는 차이가 있다. 본드의 움직임이 그 과정에서 현장을 박살내고 공간을 창조하고 해체한다면, 푸캉의 모빌리티는 그가 가지고 있는 공간만으로 작동한다. 몰라카는 공간을 바꾸지 못하지만, 공간과 교섭할 대안적 방식을 찾을 수 있다.

내가 두 모빌리티를 구분한 것은 단순화한 것이고, 물론 이들의 공간 활용 방식은 이보다 훨씬 복잡하다. 그렇기는 해도, 이 구분은 충돌・논쟁・폭력의 모빌리티 형태를 기술하는 두 가지 흔한 방식을 묘사한다. 본드는 강력한 지배자로 보인다. 그는 용의자를 뒤쫓고, 그 과정에서 공간을 파괴하고 제거한다. 다른 한편 푸캉의 테러리스트는 쫓기고 있다. 그는 도주함으로써 체포나 더 나쁜 상황에 저항한다. 007과 달리 그의 저항적 모빌리티는 주어진 공간을 가지고 작동해야 한다.

이것과 미셸 드 세르토의[197] '전술tactic' 개념과의 유사성은 즉각 인지될 수 있다. 이 개념은 모빌리티의 저 은유에 뿌리박고 있다. 세르토에게 걷기는 저항의 행위다. 걷기를 통해서, 지역적 즉흥 행위로 공간적 요소와 형태가 약화될 수 있다. 이는 영화에서 본드를 피하는 푸캉의 전술과 같다. 다른 한편, '전략strategy'은 강력한 쪽의 테크닉이다. 본드가 할 수 있었듯이, 전략은 공간을 형태 짓고 지시하는 자에 의해 실행된다. 우리가 3장에서 목격했듯이, 이 두 종류의 모빌리티와 지배/저항의 입장은 정치적 갈등을 이해하는 흔한 방식이다.[198] 모빌리티에는 종종 권력과 지배로부터 도망치는 방식이라는 의미가 주어진다. 그래서 유동성과 모빌리티의 이상화가 퀴어 이론 같은 다채로운 장소에서 사용되는 것은 놀라운 일이 아니다. 여기에서는 "움직임"에 대한―"특히 그것이 규칙과 규제, 규범과 관습, 경계와 한계에 대항하거나, 이들을 넘어서거나, 이들로부터 멀어지는 움직임일 때"―"큰 투자"가 이루어진다.[199]

크레스웰은[200] 다른 영화 〈폴링 다운〉을 들어 모빌리티와 권력에 관한 다른 요점을 밝힌다. 마이클 더글러스가 분하는 인물 디펜스가 LA 프리웨이와 물질적으로 교섭하는 방식을 기술하면서, 크레스웰은 모빌리티가 권력 없는 자만을 위한 전술이라는 주장을 논박한다. 크레스웰의 "진단"이 말하는 것은, 모빌리티는 언제나 권력을 행사하고 권력을 회피한다는 것이다. 〈폴링 다운〉을 이렇게 읽는다는 것은, "공적 공간을 걸어 다니면서 총을 쏘는" 디펜스의 능력이 위협적인 남성 권력으로도 또 동시에—그가 지나가는 골프 코스에 중첩되는—제도화된 규범에 대한 모독으로도 읽힐 수 있음을 뜻한다.[201] 다른 말로 하자면, 모빌리티는 본질적으로 저항인 것도 지배인 것도 아니다. 그것은 둘 다 될 수 있고, 둘 중 하나가 될 수도 있다. 모빌리티는 지배하고, 변화시키고, 항의하고, 해방시킬 수 있는 권력의 행사다.[202] 이에 대한 증거로 우리는 저 저격 장면에서 이동적 신체들 사이의 관계를 다시 볼 수 있다. 본드가 공격자라고 말하는 것은 너무 단순하다. 어떤 면에서, 더 지배적인 힘은 테러리스트다. 이 추격을 설정한 것은 그이다. 본드를 회피하고, 본드가 승강기 통로에서 크레인으로 점점 더 위험한 위치로 가게끔 강제하는 것은 그다. 심지어, 대사관의 명백한 존엄성으로 도망침으로써 일단 승리하는 것도 그다. 달리 말하자면, 양 진영 모두 이동적 권력을 행사한다. 둘 다 저항하고 둘 다 지배한다. 두 권력의 수행은 한 형태나 다른 형태로 쉽게 본질화될 수 없다.

본 장 내내 우리는 사회적 차이 및 불평등과 모빌리티의 관계를 통해 모빌리티의 정치가 실행되는 메커니즘을 생각해 왔다. 그러나 정치의 행사에 대해서는 별로 말한 바가 없다. 우리가 한 것은 오히려 정치적 관계를 밀고, 당기고, 가능케 하고, 제한하는 권력의 물리학을 그린 것이다. 이렇게 되면 모빌리티는 지배적이고 강력한 관계 때문에 목 졸리거나, 분류되고 부인되거나, 과잉결정된다고 이해할 위험이 있다. 본 장의 이 마지막 절에서는 모빌리티가 어떻게 저항과 폭력의 명시적 형태를 구성하는지를 추적함으로써, 정치적이 된다는 것이 무슨 뜻인지에 관한 더욱 가시적인 형태를 더 자세히 살펴볼 것이다.

## 걷기

모빌리티는 오랫동안 불평등, 권력투쟁, 부정의를 폭로하는 수단으로, 다른 곳에서는 이것들을 유지하는 수단으로 사용되었다. 저항의 '행진'은 거리, 도로, 도시를 통해 움직이는 사람들이 공간을 통과하는 모빌리티의 상징과 의의를 통해 권력을 전복시키고 항의하는 기능을 하는 고전적인 예다. 폭넓은 예가 있다. 제이슨 킹이 확언하듯이, 게이 프라이드 행진과 흑인 프라이드 행진은 "모두, 자신의 긍지를 표현하는 유일한 방법이자 최선의 방법은 나와서 가시적이 되는 것이라는 발상을 고취한다."[203] 프라이드 행진은 옷장 안에 있기를 거부하고 개방성과 가시성을 모빌리티로 표현하는 것이다. 킹이 보기에는, 올곧음의 표현이기도 하다.

루시 G. 바버Lucy G. Barber는[204] 공적 관심사에 대해 목소리를 내기 위해 도시에서 일어났던 여러 행진을 목격한 정치적 저항의 극장으로서 워싱턴 DC의 진화를 탐구한다. 도시 내의 모빌리티는 정치적 문제에 목소리를 내고 국가의 신조를 거부하는 공간적 전략을 실행했다. 비슷하게, 미국과 동맹국이 이라크에서 전쟁을 하기로 결정했다는 데에 대중들은 모욕감을 느꼈고, 2003년 2월 15일·16일에 전 세계 도시들에서 총 천만 명가량이 수백 건의 행진을 일으켰다. 그런데 걷는 자들이 항의 형식으로 공간을 차지하기 위해 저항적으로 행진한 것과 마찬가지로, 퍼레이드와 야외 행사는 국가의 선전과 지배 강화라는 명확히 반대되는 목표로 작동하기도 한다. 군사력의 과시를 위해 병사들이 런던과 모스크바의 거리와 공공 광장을 행진하는 것도 익숙하다. 싱가포르에서 국가의 날National Day 퍼레이드는 "평범한 거리를 거창한 극장으로 변모시킴"으로써, "국민의 거주지"에 직접 개입함으로써, 일상적 삶의 공간을 전유하고, 차지하고, "침략하는" 기능을 한다.[205] 행진, 퍼레이드, 시위의 정치적 의의가 맥락에 크게 의존한다는 것은 명백하다.

행진은 기존 질서에 대한 저항이나 불만의 의사를 전달한다. 행진은 또한 이 질서를 전달하고 강제하려 할 수 있다. 행진을 더 자세히 살펴보고 더 상세히 풀어낸다면, 우리는 항의의 모빌리티에도 꽤 다양한 종류가 있음을 밝힐 수 있다. 특히, 시위와 퍼레이드는 상징적 전시보다 훨씬 많은 것을 의미한다. 네팔 시위에 대한 폴 루트리지Paul Routledge의[206] 연구를 보자. 이 예에서 시위 운동은 양식, 속도, 수위 면에서 다변화된 보행자 모빌리티의 몇 가지 상이한 전략을 수행했다.

루트리지의 예는 저항의 모빌리티가 어떻게 단순한 상징 이상일 수 있는지를 그려 준다. 모빌리티가 언제나 강력한 재현과 메시지를 소환할 수 있는 것은 아니다. 오히려, 행진과 운동은 목표를 이루기 위해 때로는 혼란을 낳고 정상상태를 변화시켜야 한다.

제임스 C. 스콧James C. Scott은[207] 어떻게 폭동 정치의 거리와 공간이 다양한 종류의 모빌리티를 뒷받침하는 데에 사용되어 반란을 진압하고 저지할 수 있는지를 보여 주었다. 스콧은 19세기 후반 하우

---

**사례 연구 4.5  무리, 떼, 카트만두 시위의 양식들**

이 글상자에서 우리는 지리학자이자 활동가인 폴 루트리지의 저작을 숙고할 것이다. 그는 1990년 네팔 카트만두에서 왕에 대항하여 일어났던 시우 전술을 연구한다. 체제에 대한 저항은 몇 가지 상이한 모빌리티 전략을 통해 실행되었다. 이 테크닉은 두 가지 상이한 지평에서 작동했다. 이들은 기존 질서에 대한 가시적 대항으로서 그들의 운동이 갖는 의의를 통해 현 상태를 상징적으로 공격했다. 동시에, 이들의 모빌리티는 당국의 체포를 능동적이고 실천적으로 회피했다.

루트리지는 이 과정의 열쇠는 특정 모빌리티가 공간을 차지할 수 있는 방식이라고 설명한다. 저항은 "떼swarm" 또는 "무리pack" 같은 진형을 형성한다. 그의 주장에 따르면, 떼는 수가 많고 "영토화의 움직임을 행사한다."[208] 이 모빌리티는 공간을 전유하고, 그리하여 의미 있는 영토를 차지함으로써 권력을 전유한다. 그러므로 떼의 움직임은 대규모이고, 권력의 공개적이고 아주 가시적인 항의로서 정치적으로 의미가 있었다.

반면에, 시위자들이 채택한 다른 테크닉은 상당히 다른 효과를 내기 위해 상당히 다른 움직임의 형태를 실행했다. 루트리지가 "무리"라고 부르는 것의 항의는 훨씬 덜 가시적이고, 덜 공개적이고, 덜 직접적이었다. 그

스만 남작이 파리를 재조직했던 유명한 사례를 탐구한다. 도시를 끊임없이 이어 주는 웅장한 대로를 건설하면서, 하우스만은 파리의 오래된 좁고 꼬불꼬불한 거리가 전복적이고 폭동적인 저항의 정치를 가능하게 했다고 믿었다. 이 지리에 거주하던 사람들은 재산과 별 연관이 없던 유목적 인구로 생각되었다. 더욱이, 당시의 1848년 혁명은 (사슬, 화강암 더미, 자갈, 그 밖에 혁명가들이 손에 넣을 수 있었던 모든 재료를 써서 만든) 바리케이드의 힘을 증명한 바 있다. 그것은 방어적 장벽을 만들어, 그들의 행렬을 뚫으려 하는 왕의 군대의 능력을 제한했다.[209]

이러한 예측 불가능하고, 비가시적이고, 이동적인 인구에 대항하

대신, 무리는 훨씬 유동적이 되려 하며, 간헐적으로 이용되었다. 무리는 훨씬 무작위적인 규칙성을 가지고 나타났다. 이러한 접근법은 유목적이거나 게릴라적이라고 할 수 있다. 소수의 시위자들이 장소들에 뛰어나와 반정부 슬로건을 외치거나 왕의 인형을 불태웠다. 이 모든 일은 놀랍도록 신속하게 일어났고, 그 후 시위자들은 재빨리 계속 이동했다. 루트리지가 기술하듯이, 무리는 "지배 권력과 대치하지 않는다. 무리는 더 비밀스럽고, 지하 전술과 급습을 활용한다. … 이들의 행위는 언제나 임박한 해산을 함축한다."[210] 저항자들은 여러 무리를 동시에 형성하기도 했다. 그것은 경찰의 시선을 더 핵심적인 집회에서 돌리는 견제 전술 역할을 할 수 있었다.

■ 더 읽을거리

Routledge, P., 'Backstreets, barricades, and blackouts - urban terrains of resistance in Nepal', *Environment and Planning D: Society and Space*, 12, pp. 559–578, 1994.

Routledge, P., 'A spatiality of resistances: theory and practice in Nepal's revolution of 1990', in Pile, S. and Keith, M. (eds) *Geographies of Resistance*, London: Routledge, 1997.

기 위해 하우스만은 내부의 대로와 도시 외곽의 병영을 잇는 일련의 새로운 길을 만들었다. 이 움직임의 배후가 지닌 목적은 도시의 다양한 구역들 간의 자유로운 움직임을 가능케 하려는 것이었다. 그러면 새로운 도로는 질서를 유지할 군사 기지와 각 구역 사이의 더 직접적인 기차 및 도로 수송을 가능케 할 수 있었다. 스콧이 보여 주

**도판 4.6 파리 코뮌의 바리케이드, 1871.** 출처: Pierre-Ambrose Richebourg, Met Museum of Art (OASC license)

듯이, "파리 북동부의 새로운 대로는 군부대가 꾸르브브와 병영에서 바스티유로 달려와서 포부르 생-앙투안의 소요를 진압할 수 있게 해 주었다."[211]

## 공간 차지하기

우리는 지금, 이동적 항의는 가시적이고 상징적인 움직임을 통한 권한의 직접적 반대나 행사 이상을 뜻한다는 사고에 이르고 있다. 모빌리티는 종종 도시 영역과 환경 사이의 신체화된 교섭이라는 방법을 통한 강력한 항의 형식으로 그려져 왔다. 1957년에 형성되어 기 드보르Guy Debord가[212] 주도했던 국제상황주의자Situationist International: SI의 활동이 열쇠가 된다. SI는 도시지역을 자본주의 산업과 시각적 매개가 들끓는 영역으로 보고, 도시적 광경의 마법을 풀 수 있는 여러 다양한 테크닉 또는 전술을 채택했다.[213] 드보르의 심리지리학은 거리와 개인 간의 정서적·물리적 유대를 재포착하려 했다. 이 유대는 진정시키면서 동시에 탈정치화시키기도 하는 기호·상징·상像이 주의를 산란시키며 매개하는 바람에 상실되었던 것이다. 상황주의자들은 걷기 또는 데리브dérive*를 통한 '표류'를 실천했다. 이는 위에서 언급한 세르토의 걷기 정식과 많은 유사성이 있다. 전유의 모빌리티를 실행하면서, 걷기를 통해 개인은 공간

---

* [역주] 표류drift를 뜻하는 프랑스어. 드보르는 이를 도시 속에서 일상적 관계에 매이지 않고, 그때그때의 관심과 마주침에 따라 빠르게 옮겨 다니는 움직임의 양상이라 하며, 상황주의자의 혁명적 전술로 보았다.

을 차지하고 자기 목적을 위해 사용할 수 있다. 이는 사용을 통한 공간의 능동적 생산이다. 곧, 이데올로기적·규범적 기입을 조작하고 전복시키기 위한 '장소를 벗어난 공간적 행위'이다.

'크리티컬 매스Critical Mass'는 특히 흥미로운 자전거타기 운동이다. 이들은 자동차가 도로를 배타적·지배적으로 전유한다고 보고 이에 저항하고자 했다. '매개'를 다룬 6장에서 더 논의하겠지만, 우리가 자동차를 물건으로도 실천의 집합으로도 생각한다면, 자전거 연구자 레이첼 앨드레드Rachel Aldred와 카트리나 융니켈Katrina Jungnickel이[214] 말하듯이 우리는 자동차를 "소유하고 사용함으로써 다채로운 실천을 가능케도 하고 잠그기도 하는 물건"이라고 생각할 수 있다. 잭 퍼니스Zack Furness의[215] 주장에 따르면, 크리티컬 매스는 상황주의자의 이동적 예술과 큰 유사성을 가진다. 반反자동차 운동으로서, 크리티컬 매스는 명확히 정의하기 어렵다. 퍼니스는 크리티컬 매스의 공동창립자 중 하나인 크리스 칼슨을 인용하여, 이 위계도 중심도 없는 것으로 알려진 조직을 이렇게 기술한다.

크리티컬 매스는 자동차 소유 및 여기에 속한 투자라는 쳇바퀴로부터 탈출하기 위한 독려와 강화를 제공한다. 그러나 더욱 전복적인 것은, 임계질량이 이를 행하는 방식이다. 그것은 경제적 논리 밖에서 매개되지 않은 인간의 창조 행사에 능동적으로 참여하는 것, 실질적으로 망각된 삶의 짜릿한 맛을 제공하는 것이다. 그것은 자유롭고, 유쾌하고, 협동적이고, 연결되고, 집합적이다.[216]

크리티컬 매스의 핵심 발상은, 공적 공간으로서의 도로는 다른 종류의 도시 모빌리티를 제거하는 대가로 운전 등의 자동차 모빌리티를 장려하도록 발달해 왔다는 것이다.

퍼니스가 보기에, 크리티컬 매스의 저항과 반대의 전술은 상황주의자의 "수행적 비평" 실천과 닮았다. 직접적 비판을 가할 뿐 아니라, 자동차 기반적이고 배타적인 모빌리티에 참된 대안을 제공한다는 점에서 그렇다. 이를 행하는 가장 직접적인 방식 중 하나는, 거리에 떼 지어 모이는 것이다. 이런 행동은 도로를 자동차 사용자들이 결코 통과할 수 없게 만들며, 집단행동에 함께 나선 자전거 이용자 사이의 특정한 유쾌함과 연결성을 낳는다. 다음 장에서 보겠지만, 이러한 이동적 수행의 정치는 본질적으로 자동차 운전이 수행하는 감각적 소외와도 관련이 있다. 자동차 모빌리티는 사람을 가두고, SUV의 재현은 이를 찬양한다. 크리티컬 매스가 보기에 이는 운전자를 도로로부터, 서로로부터 소외시킨다. 그러나 크리티컬 매스는 그 배제적이고 전유적인 전술로 비판받기도 한다. 이는 크리티컬 매스가 가시화하고 무너뜨리고자 하는 자동차 기반의 배제 형태를 미러링한다. 2011년 브라질 포르토알레그레에서 이러한 긴장이 극에 달해, 한 운전자가 시위 중인 크리티컬 매스 자전거 이용자 무리를 뚫고 지나가려다가 살인미수로 기소되었다.

이 절을 시작할 때 테러리스트를 추적하는 본드의 움직임에서 이미 보았듯이, 프리러닝 또는 파쿠르는 도시적 질서를 흐트러뜨리는 일련의 실천으로 몹시 가시화되었다(**사례 연구 4.6**에서 더 자세히 다

룰 것이다). 파쿠르 활동은 이를 실천하는 사람들에 의해, 유토피아
적 잠재력을 가지고 잠긴 공간을 푸는, 도시 건축에 대한 신체적 저
항으로서 폭넓게 이론화되었다.[217]

파쿠르처럼, 벽타기 같은 다른 형태의 '극한 스포츠'도 "일종의 신
체적 전복적 정치"로 기술되었다.[218] 이러한 이동적 실천은 일상적
이고 평범한 것을 거부하고 특이하고 고양된 체험을 탐색한다. 이
러한 예는 유토피아주의를 형성하는 실천을 형상화한다. 이들은 공
간과 신체의 잠재적 협력에 가치를 두는 것으로 보인다. 이 협력은

---

**사례 연구 4.6  파쿠르, 유토피아, 저항의 수행**

파쿠르 또는 프리러닝은 모빌리티의 창의적·창조적 유형 주위를 도는 도
시적 실천의 고도로 신체화된 형태다. 제임스 본드, 텔레비전 다큐멘터
리, 비디오 게임에 등장하는 유명한 파쿠르 재현은 파쿠르의 해방적 잠
재력을 강조하고, 그리하여 오투자Jimena Ortuzar가 "운동적 도시 유토피
아kinetic urban Utopia"라고[219] 부르는 것을 수행한다. 도시 풍경을 가로질
러 실천자가 달리고, 도약하고, 뛰어오르고, 뛰어넘고, 균형 잡고, 흘러갈
때, 파쿠르는 현대 도시의 구속 속에서 일어나는 영웅적 탈출로 그려진
다. SI처럼, 이것도 걷는 자가 도시적 직물을 전유하는 것에 대한 세르토
의 설명과 쉽게 비교된다.
파쿠르의 공간에 대한 지리학자 스티븐 사빌Steven Saville의[220] 매혹적인
해설은, 우리가 이러한 상을 신중하게 받아들여야 한다고 말한다. 그럼에
도 불구하고, 그는 파쿠르의 일상적 실천이 규정을 초월하는 유토피아적
잠재력으로 생각될 수 있다고 주장한다. 사빌은 어떻게 파쿠르의 철학이
사고틀로 쓰였는지를 설명한다. 세바스티앙 푸캉(앞에서 논의한 본드의
적수를 연기했다) 또한 어떻게 파쿠르가 상상과 꿈의 신체화를 실행하는
지를 썼다. "계속해서 연습하고, 찾고, 여행하여 발견하고, 만나고, 공유
할 필요가 있다."[221] 나중에 보겠지만, 이는 여타 형태의 도시적 위반적

---

도시 공간에 거주하고 도시 공간을 통해 이동하는 몹시 새로운 방식을 낳는다.

비슷하게 다른 미래를 가능케 하기 위해서지만 꽤 다른 종류의 움직임과 신체를 함축하는, 정치적 공간의 구축을 내포하는 다른 종류의 이동적 충돌이 있다. 특히 공항은 새로운 활주로 건설 같은 문제에 대항하는 시위 공간으로 사용되었다. 2008년 12월 태국 방콕 수바르나부미 공항에서는 정부에 반대하여 집회하는 수천 명의 저항자들이 야영을 했다. 이들은 공항에 출입하는 모든 움직임을 며칠 동안 막았다. 2000년대 말경 태국의 정치적 불안은, 태국에서 정치

실천, 가령 도시탐사[222]와 명백히 비교해 볼 수 있다.

그러나 이러한 실천에 대한 참여적 문화기술지 연구자인 사빌이 보기에, 파쿠르는 자유 찾기라는 완료된 일에 불과한 것이 아니다. 파쿠르 과정에 대한 그의 탐구적 탐색(연구)은 이 활동을 탐색 또는 탐구questing, "새롭고 더 정교한 상상의 탐색"과 비슷한 것으로 드러낸다.[223] 파쿠르는 어떤 열림을 여는 것으로 보인다. 그것은 "가능적인, 그러나 꼭 획득할 수 있는 것은 아닌 모빌리티"로 만들어진 구멍, 그리고 도시 및 건축물과의 놀이나 창조적 교류를 위해 독보적인, 움직임을-통한-공간을 구성하는 구멍이다.

■ 더 읽을거리

Garrett, B., *Explore Everything: Place-Hacking the City*, London: Verso Books, 2013.

Mould, O., 'Parkour, the city, the event', *Environment and Planning D: Society and Space*, 27(4), pp. 738-750, 2009.

Ortuzar, J., 'Parkour or l'art du déplacement: a kinetic urban Utopia', *TDR/The Drama Review*, 53(3), pp. 54-66, 2009.

Saville, S. J., 'Playing with fear: parkour and the mobility of emotion', *Social and Cultural Geography*, 9, pp. 891-914, 2008.

도판 3.6 파쿠르를 수행하는 스티븐 사빌. 출처: Steven Saville

적 목적으로 모빌리티와 이동성을 이용해 온 긴 역사에 또 한 시기를 표시하면서 모빌리티, 부동성, 정치적 이동화 사이의 관계를 볼 수 있는 매혹적인 현장을 제공했다. 소프란체티Claudio Sopranzetti의 지적대로, 우리는 "모빌리티를 조직적 전략으로도, 정치적 무대로도" 볼 수 있다.[224] 특히 모빌리티와 자본 순환의 중요한 공간에서 그렇다.

소프란체티는[225] 방콕에서 20만 명에 달하는 남성 오토바이 택시 운전자를 발견했다. 그는 오토바이를 부자와 빈자 사이의 접속 장치로 보았다. 그것은 "부와 박탈의 공간 사이"를 움직이고, "배제와 착취의 더 큰 시스템을 상기시키는 물질"이다.[226] 2006년 군사 쿠데타로 퇴임되고 추방당한 전 총리 탁신 시나와트라를 지지하기 위해 오토바이 운전자들이 모였다. 이들은 독재에 대항하는 민족통합민주주의전선National United Front of Democracy Against Dictatorship이 조직한 붉은 셔츠 정치 시위의 일부를 이루었다. 오토바이 운전자들은 방콕 상업 지구를 가로막는 거대한 서행 캐러밴을 형성했고, 나중에는 시위자들이 설치한 시민 바리케이드를 지켰다. 아마도 가장 중요한 것은, 도시 공간을 되찾음으로써 상업적인 라차프라송 교차로Ratchaprasong intersection〔방콕 교차로. 주변에 쇼핑몰과 호텔이 밀집된 중심가〕를 사실상 폐쇄시킨 것이다. 소프란체티는 이곳을 "자본주의 순환의 신경통적 접속점, 방콕의 교통과 중산층 소비의 상징적 공간"이라고 불렀다.[227] 이 시위는 이 운동을 진압하려던 군대와의 폭력적 충돌로 끝났다. 80여 명의 시민이 죽었고, 수천 명이 부상을 입었다. 저항의 정점에서, 운전자와 여타 시위자들은 놀라운 행위를 했다. 2010년 3월 15일 이른 아침부터 이들은 피를 뽑기 위해 줄을 섰던 것이다. 목표는 거의 1천 리터의 혈액을 모으는 것이었다. 한 작은 시위자 집단이 이를 방콕 중심가 정부 관저까지 옮겨서 바닥에 뿌렸다. 피는 정부 행정 건물 현관 아래로 스며들었다.

이 시위는 모빌리티의 현장 내에 있는 다른 저항과 비교될 수 있다. 물론 여기서는 피가 상당히 다른 정치적 의미로 이용되지만 말이다. 태국 시위의 의도는 그들이 국가를 위해 얼마나 자기 피를 바칠 용의가 있는지를 보여 주는 것이었다면, 소위 다이인die in〔죽은 자를 형상화하여 드러눕는 식의 시위 형태〕 시위에서 런던 세인트판크라스 유로스타 터미널에 부어진 가짜 피 시위자들의 의도는, 유럽 국경을 강제하는 유럽 국가들의 피 묻은 손을 상징하는 것이었다. 이주 활동가 연합의 조직 하에 2015년 10월 16일, 이 철도 터미널에서 시위자들은 가짜 피를 건물 바닥에 부었고, "너의 국경은 사람을 죽인다! 너의 국경은 사람을 죽인다!"라고 노래하면서 기둥에 스스로를 묶었다.[228] 방콕에서 있었던 것과 마찬가지로, 이 시위의 의도는 영국-

도판 4.8 런던 세인트판크라스 국제 터미널의 '다이인' 시위자들. 출처: Morgan Potts

유럽 이동의 극히 수익성 높은 모빌리티 집합을 방해하고, 그럼으로써 시위자들의 메시지를 가시적으로 만드는 것이었다. 그러나 이경우, 이들이 강화하고자 했던 메시지와 그것에 함축된 정치적 변화는 다른 모빌리티 집합을 이루었다. 이들 중 일부는 유로터널 내부나 근처에서의 죽음을 묘사하는 플래카드를 들고 있었다. 이것이더 폭넓게 암시하는 것은, 수백 킬로미터 저편의 에게해와 지중해에서 익사한 수천 명의 이주자, 즉 내전과 빈곤과 박해로부터 '유럽 요새'에서 피난처를 찾으려는 이주 모빌리티의 필사적 통로였다.

### 느림과 빠름
이제 어떻게 모빌리티가 정치적 충돌, 특히 저항을 구성하는지를 알 수 있다. 저항과 항의의 전략은 종종 이러한 행위를 진압하고 가라앉히려는 목표를 가진 비슷한 전략과 마주친다. 우리가 보았듯이, 이들은 움직임에 근거할 뿐 아니라 다른 양식의 움직임에, 다른 방향·속도·예측가능성을 가진 모빌리티에 근거한다.

이 역동을 보여 주는 유용한 예는 본 장의 시작에서 언급했던 휘발유 위기에서 찾을 수 있다. 이 위기는 2001년 여름 영국의 많은 운전자들을 동요시켰다. 공황적 구매 행태로 주유소에서의 대량 혼란이라는 의도치 않은 귀결이 생겨났다. 휘발유 가격 인상과 연료 부족에 저항하기 위해 화물 수송업자 등 다양한 이익단체가 잉글랜드, 스코틀랜드, 웨일스의 다양한 고속도로와 간선도로에서 서행 수송대go-slow convoy를 형성했다. 정치학자 브라이언 도허티 등이[229] 검토했듯이, 농부와 수송업자는 북서부와 웨일스 펨브로크셔의 정유공장에서 시위를 했고, 대형 트럭 100대와 트랙터로 꾸려진 서행 수송대는 M1 도로에서 장대한 차량 행렬을 만들었다. 다음 날, 웨일스 및 잉글랜드 북부와 서부의 모든 대형 정유공장과 급유소가 봉쇄되었다.[230] 프랑스에서 일어난 연금 개혁에 대한 저항에서도 비슷한 전략을 볼 수 있었다.

물론 저항 수송대는 새로운 것이 아니다. 최근에 바르바라 뤼티는[231] "자유의 승객freedom rider"이 주도한 저항의 표출을 검토했다. 이로 인해 서서히 도입되고 시행된 법들에 근거해 미국 남부 주에서 아프리카계 미국인을 백인과 분리하려 했던 짐 크로우 법이 사실상 폐지되었다. 1961년 5월에 인종평등회의Congress of Racial Equality: CORE

의 구성원들로 이뤄진 자유의 승객들은 그레이하운드사와 트레일 웨이사社의 주간州間 버스를 탔다. 이들은 워싱턴으로부터 남쪽과 남서쪽을 향해 뉴올리언스에 결집했다. 앨라배마주 애니스톤에서 버스 승객들과 마주친 한 무리는 이들을 폭행하고 버스를 불태웠다. 이 무리는 버스 문을 폐쇄하여 저항자들을 불태워 죽이려 했다. 앨라배마주 몽고메리에서 승객들은, 인종분리가 시행된 것으로 유명했던 그곳 버스 터미널로 행진하기 전에 몽둥이와 방망이로 무장한 군중의 공격을 받았다. 이 터미널은 로사 파크스가 자리 양보를 거절한 후 일어난 1955년 몽고메리 버스 보이콧의 현장이었다. 이로 인해 대법원은 도시의 버스에서 인종분리를 금지하게 된다. 1961년으로 돌아가자. 자유의 승객이 저항한 다음 날 밤에 마틴 루터 킹은

도판 4.9 앨라배마주 몽고메리시 사우스코트가 210의 그레이하운드 버스 정류장.
출처: Carol Highsmith Archive, National Library of Congress

몽고메리 제1침례교회에서 예배를 주관했다. 여기서 자유의 승객 지지자와 백인의 가세로 불어난 군중들 사이에 충돌이 일어났다. 이 대치는 이 도시에서 더 폭넓은 폭동을 촉발했다. 몽고메리 터미널은 더 이상 존재하지 않지만, 이 장소와 시민 권리 운동의 불가분의 관계를 보여 주는 건물 앞면은 기념물로 보존되고 있다.

이러한 의미에서, 저항 모빌리티/부동성은 이러한 움직임을 멈추거나 축소시키고 방향을 바꾸려는 상호적 모빌리티와 종종 마주친다. 닉 블롬리는 1980년대 영국의 산업 불안의 도가니 속에서 나타난 이러한 역학을 탐사했다. 광부들이 사용한 저항의 테크닉을 상대하기 위해 경찰은 "가로채고 되돌리기"라는 이동적 전략을 개발했다.[232] 블롬리는 파업자의 피켓 시위선이라는 작은 공간장 내에 어떻게 모빌리티의 복잡한 정치가 구축되었는지를 설명한다. 파업의 맥락에서, 피켓 선은 저항의 가시적이고 공적인 형태를 생산하기 위해, 또 다른 광부를 방해하고 훈육하기 위한 물리적 장소로서 광산 바깥에 세워졌다. **사례 연구 4.7**에서 탐구할 것처럼, 이데올로기 · 권리 · 모빌리티의 연합이 동시에 일어난 것이다.

---

**사례 연구 4.7  파업의 이동화: 모빌리티와 산업적 동요**

산업적 동요나 계급투쟁에 관한 모빌리티/부동성에 바쳐진 연구는 얼마 없지만, 1984년 광부 파업에 대한 닉 블롬리의 설명은 이 장에서 다룬 많은 문제들의 가시적인 실체화를 보여 주다. 마거릿 대처 정부의 잦은 탄광 폐쇄에 맞서, 수천 명의 광부들이 석탄 채굴 산업의 붕괴에 저항하기 위해 파업에 나섰다.

광부들의 피켓 선은 충돌의 "근육질"이며 가시적이고 이동적인 실체화 역할을 했다. 선은 광산을 향한 이동과 접근을 제한하고 부인하는 기능을 했다. 이 선을 넘는 광부의 모빌리티는 동시에 "훈육된 행동"을 구성했다. 이는 고용주와의 계약에 순응하는 것이면서, 동시에 노동조합 및 동료 노동자들과의 신뢰와 연대를 깨는 것이었다.

이러한 모빌리티 역학은 광산에서 멀어지면서 더 확대되었다. 다양한 도로와 고속도로를 따라 다른 광산으로 가려는 노동자들을 막거나, 느리게 하거나, 방해하려는 "플라잉 피켓"이 있었다. 블롬리가 말하듯이, 대규모의 플라잉 피켓은 비교적 작은 규모의 부동적 피켓 선보다 훨씬 더 위협적이었다. 그것은 "예측 불가능하게, 마음대로, 대규모로, 국가의 훈육 나침반을 넘어 이동하려는 두려운 능력에 기반한" 것이었다.[233]

플라잉 피켓에 대한, 자체로 놀랄 만큼 이동적이 된 경찰의 대응을 우리는 어떻게 이해할 수 있을까? 경찰은 그들 나름의 "유연성과 모빌리티"를 통해 플라잉 피켓에 직접 대항했다.[234] 피켓 선과 노동조합 파업자들을 멈추게 하고 그 선을 깨려는 "배반자scab"들의 모빌리티를 촉진하기 위해 경찰은 그들 나름의 모빌리티의 차이적 정치를 실행했다.

블롬리가 보기에, 이러한 구도는 개인의 "일할 권리"와 "이동할 권리"의 얽힘에 의존한다. 모빌리티라는 구성 요소가 없으면 "일할 권리"는 가치가 거의 없다. 이는 "노동조합이 파업 불참자에게 행했던 도덕적 설득" 중 약한 불평을 이루었을 뿐이다.[235] 블롬리가 주장하듯이, "'일할 권리'는 다른 지배적 자유에 흡수되었다. 그것은 자유로운 이동의 자유다." 당국이 보기에, 피켓 선은 배반자들을 가로막음으로써 개인의 "이동할 권리"를 제한하는 역할을 한 것이다.[236] 이에 따라 정부는 이들을 멈추기 위한 거칠고 폭력적인 경찰 전술을 정당화했다.

■ 더 읽을거리

Blomley, N. K., *Law, Space, and the Geographies of Power*, New York; London: Guilford, 1994.

Blomley, N. K., 'Mobility, empowerment and the rights revolution', *Political Geography*, 13, pp. 407–422, 1994.

Featherstone, D., 'Towards the relational construction of militant particularisms: or why the geographies of past struggles matter for resistance to neoliberal globalisation', *Antipode*, 37(2), pp. 250–271, 2005.

# 결론

움직인다는 것은 정치적이 된다는 것이다. 모빌리티 및 모빌리티의 가능성—모틸리티—을 특정한 방식으로 사회와 권력관계에 맞도록 배치하는 정치적 의사 결정과 이데올로기적 의미는 모빌리티를 강조한다. 개념적으로 볼 때, 모빌리티는 복잡한 영향의 기하학 내에 자리 잡는다. 모빌리티는 다른 행위자와 제약을 형태 짓고 강제하고, 이들에 의해 형성되고 강제되기 때문이다. 그래서 모빌리티의 정치는 사회적 대상으로서의 모빌리티에 대한, 그리고 누구 또는 무엇이 모빌리티에 접근 가능한가 하는 더 넓은 이데올로기적 가정에 주의를 기울일 것을 요구한다. 이는 모빌리티에 대한 특정하고 불평등한 차이적·위계적 관계 속에 던져진 사람들에 대해 분석을 강제한다. 이미 논의했듯이, 혹자는 모빌리티에 대한 통제권을 가지지만, 혹자는 모빌리티에 뒤쳐지거나 휩쓸리고 만다.

권력과 통제의 관계는 훨씬 더 복수적이고 복잡한 방식으로 실행되기 때문에, 지배와 저항의 이진법은 이러한 분석에서는 별로 성립하지 않는다. 모빌리티가 형성되고 효과를 발휘하게 되는 권력의 기하학 내에서 모빌리티를 이해한다면, 우리는 모빌리티가 연루된 종종 난해한 정치적 관계를 시각화할 수 있다. 서비스에 대한 단순한 접근가능성, 시민으로서 개인의 권리를 가능케 함으로부터, 탈국가로 귀속이 복잡하게 흐려지는 것, 정치적 이동화에서 모빌리티와 부동성의 전술, 그리고 해수면 상승에 영향을 받는 수천 킬로미터 밖의 사람들에게 모빌리티가 갖는 불확실한 귀결까지, 모빌리티의 정치는 명확하게 다면적이고 놀라울 만큼 우연적이다.

본 장이 1980년 영국의 광부 파업 중 광부와 경찰의 행위를 묘사하는 사례 연구로 끝나는 것은 우연이 아니다. 이들의 움직임은, 우리의 모빌리티 논의가 지금까지 계속 맞닥뜨린 자연적 구분을 향해 손짓한다. 선을 넘는 광부들과 선을 이루는 광부들 둘 다 여러 가지 서명을 가지는 모빌리티를 구성하는 것으로 보였다. 모빌리티/부동성은 상징적 수하물을 가지고 다닌다. 피켓 선 넘기를 실행하는 것은 또한 다른 무언가를 넘는 것이다. 그것은 노동조합의 연대와, 어쩌면 유대, 친구 및 동료 노동자들과의 언어적 약속이나 무언의 연관을 넘는 것이다. 이들의 모빌리티 또는 부동성이 형성하는 것을 블룸리는 "근육질의" 현존이라 칭했다. 이러한 모빌리티를 행하는 것이 다른 사람을 물질적으로 막거나, 영향을 끼치거나, 멈추는 한에서 그렇다. 의미 또는 재현의 한계 너머로 나아가면서 우리는 다음 장에서 이렇게 물을 것이다. 모빌리티는 어떻게 행해지는가?

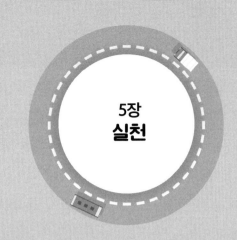

5장
**실천**

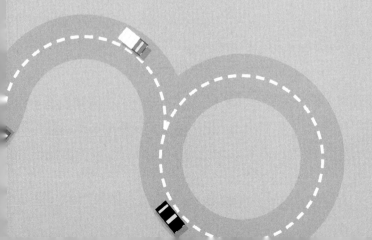

*느낌, 정서, 감정이나 어떤 심적 · 정신적 상태를 표현하는 말은,*
*신체적 행위의 형태와 리듬이 유발할 수 있는*
*내적 반응의 언저리만을 건드릴 뿐이다.* [1]

*행위에는 눈에 보이는 것 이상이 있다.* [2]

## 서론

지금까지 우리는 '모빌리티' 개념에 주목했다. 그것이 모빌리티의 의미와 작동 방식을 숙고하는 학자에게서 온 것이든, 모빌리티가 저 바깥세상에서 생각되는 방식에서 온 것이든, 그것은 개념이었다. 지구의 회전부터 발의 움직임까지 거의 모든 종류의 모빌리티가 의미와 의의를 얻을 수 있고, 깊거나 미세한 사회적 · 정치적 굴절과 귀결을 가질 수 있지만, 이는 모빌리티가 실제로 어떻게 일어나는지에 대해서는 별로 말해 주는 바가 없다. 본 절에서는 모빌리티가 실제로 어떻게 일어나는지를 생각해 보려 한다. 그렇게 하려면, 모빌리티의 실천에 주목했던 저자들의 논의에 의존할 필요가 있다.

여기서 분명히 해야 할 것은, 이것이 시각적이거나 재현적인 것의 중요성을 억누르라는 뜻은 아니라는 점이다. 이것은 오히려 행위의 실행 및 거기에 동반되는 모든 것으로부터, 즉 이동적인 것의 실천으로부터 글래스고의 지리학자 헤이든 로리머Hayden Lorimer가 [3] 명명한바 "관심을 빼앗는 체험의 재현적 조각 '그-이상'의 것"으로 시선을 돌리는 것이다. 춤 이론가 이사도라 던컨Isadora Duncan은 말했다. "그것을 내가 말로 할 수 있었더라면, 나는 춤출 필요가 없었을 것이다."[4] 이동적 신체와 체험을 이해하는 데에 춤과 공연 연구가 갖는 유용성이 점점 커지고 있다는 점을 기억하자. 모빌리티 연구가 탐사하려는 바는 움직임의 행위 자체, 모빌리티를 행함이라는 근원적이고 일차적인 체험이다.

올레 옌센의[5] 표현을 따르자면, 그가 "아래로부터" 무대에 올림 staging이라고 부르는 것이 모빌리티의 실천에 내포되어 있다. 많은 환경과 공간이 모빌리티를 염두에 두고 설계되었음을 인식하면 그걸로 끝인가? 우리의 모빌리티가 전적으로 예측 가능하다고 말하면 그걸로 만족할 것인가? 아래로부터의 모빌리티는 각 종류의 이동적 상황 내 무대 또는 무대에 올림을 헤쳐 나가고, 또 그와 교섭하는 항상적인 과정을 내포한다고 옌센은 주장한다.

본 장의 구조는 다음과 같다. 처음에는 모빌리티를 재현 그-이상으로서 검토하는 세 가지 지배적이지만 서로 연관된 입장 또는 접근법에 대해 숙고할 것이다. 그 다음에는 이러한 사고방식이 어떻게 모빌리티에 적용될 수 있는지를 다룬다. 이 대목에서 살펴볼 예들을 통해 중요한 사회적 행위와 현상을 구성하는 것이 모빌리티의 다중 감각적이며 감정적인 특성임을 탐구한다. 먼저 모빌리티를 행함이 어째서 그렇게 자주 상실되거나 망각되어 왔는지를 숙고해 보자.


## 모빌리티를 행함


인류학자 브렌다 파넬Brenda Farnell은[6] 그녀가 몸담은 인류학 연구

분야를 표적으로 재현에 대한 논문을 썼다. 여기서 파넬은 다양한 인류학적 모노그래프와 보고서가 연구 대상의 행동과 활동을 재현하는 방식을 문제 삼는데, 이 폭넓은 시류時流의 예로서 에번스-프리처드의 고전적 모노그래프 《누에르족의 종교》를 다룬다.[7] 이 단일 주제 논문에서 에번스-프리처드는 "결혼식 춤의 움직임"이라는 표제가 달린 사진을 사용한다.

파넬은 움직이는 신체가 학술적 연구에서 제시되어 온 수많은 방식, 말하자면 움직임이 순간 사진으로 동결되는 방식을 이 이미지가 말해 준다고 주장한다. "이런 식으로 행위가 자세 또는 일련의 자세들로 환원되는 일은 드물지 않다. 가령, 일련의 사진, 소묘, 2차원 도면에 제도된 도상이나 사지의 위치가 움직임의 기록으로서 제시된다."[8] 파넬은 이러한 작업이 단지 도상의 맥락으로부터 움직임을 제거하기만 하는 것이 아니라고 주장한다. 사진에 의한 모빌리티의 제거는 어떤 인식론적 속임수를 수행한다. 이는 "신체적 움직임의 매개 자체를 사회적 행위의 구성 요소로서 진지하게 고찰하는 것을 막았다."[9] 그 결과, 모빌리티는 학술 연구를 진보시킬 진지한 주제에 못 미치는 것이 되었다. 모빌리티는 보여 줄 수 없는 것이고, 그에 대한 지식은 연구 발견, 자료, 정보로 인정받기에 적합하지 못한 것이었다.[10]

더 나아가, 파넬은 이미지에서 모빌리티를 지워 버리는 것이 인류학 탐구에 존재하는 어떤 타협을 반영하거나 심지어 독려한다고 주장한다. 그것은 모빌리티를 둘러싼 "인식 및 존재 방식에 대한 우리의 이해를 왜곡함으로써 인류학 탐구"를 타협적으로 만든다.[11] "많은 사회문화 인류학자는(이들만 그런 것은 아니지만) 말 그대로 움직임을 경험적으로 '보지' 못한다." 그리고 "본다고 해도, 그것은 '행위'로 생각되지 않고 '행동'으로 생각된다."[12] 달리 말하자면, 모빌리티를 맥락적 의미로부터 추상하는 것은, 사회와 문화가 담당하는 층의 아래 또는 너머에 위치한 비자발적이고 행동적인 반응으로 모빌리티를 격하시키는 데에 기여한다.

인류학에서 '무력하거나 오염되지 않은 세계'라는 개념은 다른 방식으로도 지배적이었다. 이는 많은 인류학 논문에 끈질기게 남아 있는 "도착 비유arrival trope"에 대한 메리-루이즈 프랫Mary-Louise Pratt의[13] 비평이 보여 준다. 부족 야영지에 도착하는 것은 학술 담론에서 지속적으로 낭만화되고 허구화되었다. 이 담론은 마을 주민들이 일어나 "석탄을 때고, 불을 다시 피우고, 아침 찬 공기 속에서 몸을 데우고 있는" "일출", "담요와 가죽 더미" 같은 장면을 낳는다.[14] 프래트가 보기에, 이러한 장면은 "문화기술지적 유토피아"를 제공한다. 그것은 "관찰하는 외래의 존재자에게는 망각된, 전통적인 일을 하는 전통적인 사회"이다.[15] 이것은 부동성 그리고 어느 정도는 순수성을 가정하며, 관계와 연결을 시야로부터 숨기는 망가지지 않은 세계다.

파넬은 계속해서 신체 매개를 통해 수행되고 소통되는 의미 체계를 밝힌다는 더 넓은 인류학적 관심사 속에 자신의 사고를 위치시킨다.[16] "신체는 생물학적이거나 기계론적인 존재자가 아니라 사회적이고 문화적인 존재자임에도 불구하고 정적 대상에 머문다."[17] 파넬은 "신체를 실행하는, 즉 의미의 행위적 생산을 위해 물리적 행위를―습관을 통한 의식에서 나온 것이든 숙고적인 안무로부터 나온 것이든 간에―사용하는 개인에 대해" 훨씬 더 많은 것을 알고자 했다.[18] 파넬은 우리가 3장에서 본 바대로의 움직이는, 이동적 신체를 통한 "의미의 생산"을 밝히려고 하였다. 그러나 더 중요한 것은, "물리적 행위자"로서의 움직이는 신체에 의한, 모빌리티를 행함을 사회적 세계의 핵심 구성 요소로 회복하려 했다는 것이다.

파넬의 주장은[19] 과거의 인류학적 저술을 다소간 불공평하게 다루었다고 할 수도 있지만, 이 장에서 다루려는 두 가지 요점을 부각시키는 데에 특히 유용하다. 이는 의미 있는 사회적 행위로서 모빌리티가 어떻게, 종종 사고되지 않는 습관적 움직임을 통해 일어날 수 있는지에 관한 것이다. 또한, 모빌리티의 더 풍부하고 더 신체화된 의미가 어떻게 사진을 통한, 심지어 텍스트를 통한 재현의 추상화 가능성을 벗어나는지에 관한 것이다. 그래서 여기에서 알고자 하는 것은, 모빌리티가 그 이상의 무엇이라고 어떻게 다양한 저자들이 주장했느냐는 것이다. 그것은, 우리가 책의 페이지에서 읽을 수 있는 생각 그 이상의 무엇, 결혼식 춤에 대한 해석 이상의 무엇, 우리가 그에 관해 말하려 애쓰는 내용 이상의 무엇이다.

관광 모빌리티는 명시적으로 시각적 재현 및 지각과 관련된 소비의 이동적 실천을 보여 주는 극히 유명한 형식의 훌륭한 사례지만, 이 역시 그 이상의 무엇이다. 물론, 모빌리티와 관련하여 시각적인 것을 우선시하는 것은 일반적이었다. 시각적 실천으로서의 모빌리티에 대한 가장 심도 있는 기술 중 하나는 아마도 사회학자 어빙 고프먼의[20] 연구일 것이다. 그는 도시 환경에서의 산책을 환상적으로 독창적이게 관찰했다. 고프먼이 보기에, 도시 권역에서의 모빌리티는 눈이 지휘하고 주도한다. 고프먼의 미세한 초점은 이동적 산책자들이 스캐닝scanning 행위와 관계한다고 가정한다. 그러므로 산책은 "거의 전적으로" "시각적 활동"으로 간주된다. 고프먼의 보행자는 조종사에 비유된다. 그는 "신체를 인도하기 위해 눈을 사용하게 되어 있다."[21] 고프먼처럼, 생태론적 지각에 대한 심리학자 제임스 깁슨의[22] 작업도 시각적 행동유도Affordance* 이론을 제안한다. 여기에서, 주어진 상황의 시각적 지각은 주어진 공간을 통과하는 사람의 움직임을 '유도'하거나 끌어내도록 되어 있다. 그러나 모빌리티에는 눈에 보이는 것 이상이 있다.

좀 단순하지만 유용한 예를 들어 보자. 상당한 양의 신체 움직임을 내포하는 게임이나 실천을 생각해 보라. 춤을 춘다든가, 축구공을 차는 것을 생각해 보라. 이 신체 움직임을 기술해 보라고 한다면, 이는 얼마나 쉬울까? 우리는 우리가 구사한 테크닉의 움직임, 즉 내가 어떻게 움직였는지를 상당히 설득력 있게 기술할 수 있을 것이다. 그러나 이것은 움직임에 대한 꽤나 피상적인 접근이다. 이는 실제로는 이 체험의 아주 얇은 단면만을 포착한다. 우리의 신체가 A에서 B로, 이 자세에서 저 자세로 어떻게 움직였다는 것이 정말 거기 있는 것 전부

---

* [역주] 깁슨은 환경이 유기체에게 지각적으로 파악될 뿐 아니라, 유기체가 특정한 행동을 하게끔 유도하는 특성을 가짐을 발견하고, 이를 가리키기 위해 'affordance'라는 단어를 창안했다. 가령, 뾰족한 나무둥치와 달리 평평한 나무둥치는 앉는 행동을 유도할 수 있다.

인가? 나이절 스리프트는 비트겐슈타인의 유명한 정식을 사용하여 문제를 제기한다. "내가 팔을 들어 올릴 때, 내 팔이 올라간다는 사실을 제거하면 남는 것이 무엇인가?"[23] 한번 해 보라, 무엇이 남는가?

나도 방금 이를 직접 해 보았다. 내가 자신 있게 할 수 있는 부분

---

**핵심 개념 5.1** **관광객의 시선**

우리는 관광이 어떻게 일차적으로 시각적 감각과 재현의 활동인지를 탐구할 수 있다. 그러나 "관광객의 시선tourist gaze"이라는 개념이 마치 오직 시각적인 활동을 함축하는 것처럼 보임에도 불구하고, 관광에 대한 연구는 이를 다른 감각적 이동적 체험의 만화경으로 본다. "'근대'를 정의하는 특징 중 하나"로서 관광을 검토하면서, 어리는[24] 휴가를-보냄이라는 것이 일련의 움직임과 멈춤을 내포함을 강조했다. 머묾과 감, 떠남과 도착함, 양쪽 모두 근대 사회의 지위 상징으로서의 관광을 구성한다. 역사에 조응함을 통해, 어리는 산업화 시대 영국에서 철도가 부상하면서 관광 사업이 태어났음을 식별했다. 철도의 확장은 노동계급의 모빌리티를 해방시키기 시작했다. 이들은 더 나은 삶과 노동의 조건이 주는 혜택, 그리고 빅토리아 시대 영국에서 여가 활동에 더 많은 시간의 혜택을 새로이 받게 되었다. 철도 회사와 기관사 토머스 쿡이 가져온 혁신은 이른바 활동의 '패키지'라고 부른 것이었다. 그것은 관광객을 '즐거운' 활동으로 이끌고, 가게 및 역사적 가치가 있는 장소를 추천했다. 이러한 모빌리티는 여름휴가에 으레 하는 일이 되었고, 이는 분명한 시각적 향취가 있었다. 어리가 보기에, 관광을 이루고 관광 조직화의 중심이 되는 일군의 시각적 이동적 실천이 있다. 그는 이를 "관광객의 시선"이라고 불렀다. 이것은 특히 시각적 소비를 중심으로 "사회적으로 체계화되고 조직된" 모빌리티의 형태다. 관광객은 심지어 여행을 떠나기 전에 이미 목표지의 이미지와 상像에 종속되고, "백일몽과 환상"을 통한 기대에 자극받는다.[25] 이러한 이미지와 상은 관광 안내 책자나 텔레비전 방송 같은 다른 이동적 미디어를 통해 전달된다.

관광객의 시선은 또한 포착과 수집의 기예다. 여행 장소의 이미지, 체험

---

의 순간 사진은 재-현의 역공정을 가능케 한다. 그 휴가는 친구에게 다시 이야기할 수 있는 것, 나중에 다시 떠올릴 수 있는 것, 돌아가는 길에 다시 들를 수 있는 것이다. 관광객의 시선은 더 나아가, 특이한 것, 일상을 벗어난 것을 보는 것이다. 관광객은 차이, 경탄, 예상치 못한 것을 추구할 수 있다. 그러나 이러한 경탄은 미리 매개되거나, 미리 결정되어 있을 수 있다. 관광의 공간에는 종종 자세한 대본이 쓰여 있으며, 관광객의 시선은 표지판, 상징 등의 형상을 통해 특정한 것으로 인도되고 이끌린다. 예를 들어, 발칸반도와 구 유고슬라비아에서 오랜 전쟁이 끝나면서 동유럽 관광의 재패키지화가 가능해졌다. 전쟁은 이제 역사와 유산의 대상을 제공하며, 종전은 향촌으로의 도피 그리고 프라하와 사라예보에 대한 세계시민적 체험을 판매한다.

어리의 접근법이 다른 종류의 이동적 체험을 배제하는 것은 아니지만, 관광객의 '시선'은 모빌리티의 시각적 양상을 우선시한다는 이유로 비판받아 왔다. 비판자들의 주장은, 관광 활동을 체험하고 이루는 것은 눈만이 아니라 신체 전체라는 것이다. 관광 학자 파우 오브라도 폰스Pau Obrador Pons는 이 점을 놀랍도록 간명하게 표현한다. 그는 "사실, 관광객의 거주에 결부된 것은 신체 전체"라고 주장한다. 냄새, 촉감에서 흥분, 스릴, 공포에 이르는, 관광 체험과 연관된 일군의 체화를 떠올려 볼 수 있다.

폰스는 어떻게 관광 실천이 여타 이동적 활동에 "깊이 근거"하는지를 설명한다. 해변이라는 고전적인 관광 배경이 좋은 예이다. 피부와 모래의 볼거리[26]로서, 심지어 붉은색과 오렌지색 석양의 수평선으로서, 일출까지 지속되는 환각적 파티psychedelic rave는 고아, 타이, 이비자의 전형적인 해변 장면이다. 여기에는 시각적 공간보다 훨씬 많은 것이 있으며, 이동적 관광객의 공간과 실천에서 일어나는 신체 전체의 도취경을 고려함으로써, 우리는 운동-중의-신체의 "능동적, 표현적, 감각적" 체험을 고찰할 수 있다. 이동적 신체라는 것이 무슨 뜻인지 고려하지 않고서도, 이러한 접근법은 육체적·촉각적인 "실험과 욕망"을 발견해 낸다.[27] 고전적 음악회장에서, 부동적으로, "사고적으로, 멈춘 채로, 조용히" 음악을 듣는 청중이 공연을 받아들이는 동안 "연주자들은 신체적으로 음악을 생산"하리라고 우리는 기대할 수 있다. 그러나 고아나 이비자의 해안과는 아주 다른 장으로, 청중, 공연자, 모빌리티 사이의 이러한 관계는 꽤나 다르다.

"신체적 움직임"은 "듣는다는 것이 뜻하는 바의 필수적인 부분"이 된다.[28]
이 단계에서, 어리의 주장을 과도하게 단순화하지 않도록 주의를 기울일
필요가 있다. 다른 수많은 감각이 관광 체험에 극히 중요하다는 것을 어
리는 명확히 보았다. 시선의 의의는, 시선이 시각적인 것을 우선시한다
는 것, 더 중요하게는 시선이 이러한 체험을 소비하는 일련의 실천과 태
도를 수립하고 지시한다는 것이다. 관광객의 실천과 행함은 종종 일군의
비반성적 태도로 이루어져 있을 뿐 아니라, 관광 무대에서 어떻게 연기
해야 하는지에 관한 여타 실천적·신체적 규범으로 이루어져 있다. 팀 에
덴서는 이러한 규범이 "수행적 방향 설정"을 위한 "안내"로서, "무엇을 해
야 하는지에 관한 현행적 합의"로서의 역할을 한다고 보았다.[29] 이러한 규
범은 심지어 안내서 같은 텍스트 형태로 형식화되기도 한다. 안내서는 무
엇을 보고, 무엇을 만지고, 어디에 서고, 어느 박물관에 가고, 어느 식당
에 가서 먹을지를 말해 준다. 에덴서가 예로 든, 타지마할 지역을 돌아다
니는 영국인 관광객의 사례를 보자. 에덴서는 어떻게 그녀가 근처 내국인
관광객의 행동에 화가 났는지를 기록한다. "그녀는 격분해서 외쳤다. '정
말이지 인도인들은 몹쓸 관광객 같아요. 인도인들은 관광객이 된다는 게
뭔지 몰라요. 뛰어다니고, 늘 떠돌고 있고, 멈춰서 무언가를 보는 법이 없
어요—심지어 여기 타지마할에서도요!'"[30]
이러한 맥락에서, 이 영국인 관광객이 가진 습관이 갑자기 드러난다. 그
녀의 인도인 대응물에서 명백한 차이가 보이기 때문이다. 타자성에 노출
됨으로써, 관광객으로서 그녀의 존재 방식이 갑자기 규범으로서 가시적
이 되며, 타자와 비교할 기준이 된다.[31] 이 영국인-관광객에게, 올바로 행
위한다는 것은 시각적 감상, 수집, 사색의 무조건적인 수행을 뜻한다. 관
광 모빌리티와 실천이 보편적이 아님은 명백하다.

■ 더 읽을거리

Edensor, T., *Tourists at the Taj*, Berg, London, 2001.

Hannam, K., 'Tourism geographies, tourist studies and the turn towards mobilities', *Geography Compass*, 2, pp. 127–139, 2008.

Pons, P. O., 'Being-on-holiday: tourist dwelling, bodies and place', *Tourist Studies*, 3(1): 47–66, 2003.

Urry, J., *The Tourist Gaze: Leisure and Travel in Contemporary Societies*, London; Newbury Park: Sage Publications, 1990.

은, 내가 볼 수 있고 상상할 수 있는 부분이었다. 내 팔의 기본적이고 실제적인 역학적 모빌리티를 기술하는 것은 그리 까다로운 일이 아니다. 그것은 내가 종이 위에 시각화할 수 있는 것, 실제와 거의 분리하여 선과 화살표 몇 개로 그릴 수 있는 것이다. 크레스웰이[32] 그린 A에서 B로의 움직임 도상을 상기해 보라(**도판 3.1**). 이 실험을 직접 해 보면, 장담컨대, 움직임의 다른 면모, 내가 느낀 느낌과 감각을 기술하는 것이 훨씬 힘든 도전이 될 것이다. 우리는 우리의 모빌리티를 의식하는 일이 거의 없다. 꼼지락거리기부터 일터까지 운전해 가고서도 어떻게 그랬는지를 잊어버리고, 화가 나서 테니스공을 확 쳐내고도 우리는 우리가 하는 모든 움직임을 제대로 인식하지 않는다.

이와 관련해 우리가 소위 '심적 지도'를 그리고, 이를 통해 집으로 일터로 또 모든 곳으로 가는 길을 찾는 일상적 삶의 과정에서 인도하고 인도받을 수 있게 된다는 견해가 있다. 이-푸 투안은[33] 운전의 예를 사용하여 이 입장에 의문을 제기한다. 투안이 보기에, 이 모든 것은 꽤 무의식적으로 일어날 수 있다. 그 역시 도로에서 10마일을 달리고도 어떻게 거기까지 갔는지는 기억하지 못했다. 여정 동안 그의 마음은 어딘가 다른 곳에 있었을 것이다. 데이비드 비셀은[34] 모빌리티의 특히 반복적인 유형, 그의 경우에는 오스트레일리아에서의 통근 같은[35] 것이 어떻게 특히 습관적이 되는지를 탐사했다.

이러한 연구들로 사회과학에서 이론적 전환이 일어났다. 이 전환은 수행과 실천이라는 용어, "비재현적 이론"이라는 개념 주위를 공전한다. 이는 3장에서 본 방법과 꽤 다른 방법으로 모빌리티를 이해하도록 도와줄 수 있다. 내 팔의 예가 이 문제를 썩 잘 설명해 주지는 않지만, 이 영역의 연구자들이 검토하고자 하는 것도 바로 움직이는 팔, 이동적–신체에 대한 기계론적 재현에서 남는 것이 무엇이냐는 것이다. 앞에서 본 대로, 우리가 목표해야 할 것은 체험·느낌·감각의 우주다. 결정적으로, 모빌리티를 논하는 이러한 방식은 앞 장에서 탐사했던 사회적·정치적 문제에서 비껴나 있거나 그 아래에 있는 것이 아니다.

---

### 사례 연구 5.1  통근 모빌리티와 습관

앞서 논의했듯이, 모빌리티가 어떤 것을 겪느냐의 문제에서 습관은 본질적인 것으로 보인다. 우리는 이런 많은 습관을 당연한 것으로 여긴다. 습관은 반복적인 행위의 레퍼토리 안으로 들어가 사라지면서 비가시적이 되는 경향이 있기 때문이다. 그러나 이것이 일종의 안정성을 함축하는 것은 아니다. 오스트레일리아 시드니의 통근자에 대한 데이비드 비셀의 연구는 통근 모빌리티의 중요성에, 그리고 열성적인 정책 수립자들이 어떻게 통근 실천을 변모시키려 하는지에 초점을 맞춘다. 저탄소 고효율 모빌리티로의 전환은 사람들이 이동하는 거리, 사람들이 모빌리티를 사용하는 양상, 그리고 모빌리티와 묶여 있는 의미와 실천의 더 깊은 사회적·문화적 층에서의 단계적 변화를 요구한다.

비셀의 비재현적 접근은 통근 모빌리티를 개선(또는 개악)하려는 외부 개입을 강조하려는 것이 아니다. 그러나 그는 이 변모가 실제로 통근 모빌리티에 임박했다고 지적한다. 그는 "통근 실천은 언제나 진화하고, 적응하고, 세공되고 있다"고 주장한다.[36] 통근 실천을 변화시키려는 지역 정부 당국의 레이더에는 이러한 움직임이 감지되지 않는다 해도 말이다. 2013년 시드니에서 몇몇 통근자 집단과의 인터뷰를 진행한 비셀은, 이를 근거로 다양한 통근 체험담을 전달해 준다. 이 체험들이 꼭 통근 체험에 대한 굴곡 없는 인내의 서사로 제시되거나, 습관으로 제시되는 것은 아니다. 다리 뻗을 공간이 부족한 좌석에 대한 앎 같은 테크닉이나 숙련을 익힐 때, 이를 일단 익히고 나면 체험과 실천에 필요한 새로운 능력을 발달시키게 된다. 예를 들어, 한 통근자는 태블릿으로 텔레비전 쇼를 보는 것 같은 통근 중에 즐길 다양한 방식을 탐색하기 시작했다. 다른 통근자는 통근 모빌리티에 대한 기억이 자신의 통근 습관을 이끌고 다시 형태 짓는다는 사실을 발견했다. 비셀과의 인터뷰 중에 한 참여자는, 운전하여 돌아오는 길에 거의 잠들 뻔 했던 기억에 대한 주목할 만한 본능적인 반응을 표현했다.[37]

비셀은 이러한 주제에 관한 인터뷰를 자료를 생산하는 어떤 형태에 대한 포착, 기록, 유도로 생각하기보다, "세계 속의 사고, 느낌, 행위의 윤곽을 미세하게 옮기는 창조적 차이의 생성 현장"으로 생각해야 한다고 말한다.[38] 통근자의 습관이 임계점에 이르러 변이할 수 있는 만큼, 상이한 통근 실천들이 등장하고 등장할 것이다. 지리학자 사이먼 쿡Simon Cook이 박사논문에서 탐구한 달리기-통근이 그 예이다. 쿡은 상이한 연구 방법 집합을 가지고 혁신을 거듭하고 있다.[39]

■ 더 읽을거리

Bissell, D., 'Transforming commuting mobilities: the memory of practice', *Environment and Planning A*, 46(8), pp. 1946 – 1965, 2014.

Bissell, D., 'Encountering stressed bodies: slow creep transformations and tipping points of commuting mobilities', *Geoforum*, 51, pp. 191 – 201, 2014.

Bissell, L, and Overend, D., 'Regular routes: deep mapping a performative counterpractice for the daily commute', *Humanities*, 4(3), pp. 476 – 499, 2015.

## 실천, 실행, 재현-이상의 모빌리티

모빌리티 연구는 재현과 의미의 일차성을 넘어서, 현상학 같은 철학적 전통에 뿌리를 두고 있는 신체중심적 체험과 인식 형식을 향해 움직이려고 시도했다. 이 절에서는 모빌리티, 사고 양식, 재현 방식 사이의 관계를 복잡하게 하고 또 의문시하는 식으로 모빌리티를 이해하고자 한 세 가지 상호연관된 접근법을 검토할 것이다.

## 습관과 실천

철학자 모리스 메를로-퐁티의 현상학은 다양한 정신질환을 탐구함으로써 행위 중의 신체를 이해하고자 했다. 그는 이를 통해 "우리가 신체에 대한 더 나은 이해에 이를 수 있을 것"이라고 생각했다.[40] 메를로-퐁티는 정신과 신체 사이의 데카르트적 구분을 거부하고 그가 '신체주체'라고 부르는 것을 선호했다. 이는 우리가 현상적인 것으로서의 모빌리티에 주목하는 데에 도움을 주었다. 이는, 세계에 대한 반성적·의식적 사고가 일어나기 전에 생기는 세계를 논하는 것이다. 이러한 활동적이고 선인지적이 이해 속에서 이동적 신체는 단순한 시공간적 통 속에 그저 앉아 있는 것이 아니다. 신체가 주체와 세계 사이의 직접적 매개자가 되면서 이동적 신체는 시공간을 능동적으로 떠맡는다.

여기서 중요한 것은, 이동적 신체에 대한 이러한 이해가 '모빌리티 전환'이 아니라 여타 분과학문적 논쟁과 논의에서 기원한다는 것이다. 다음 **핵심 개념 5.2**에서 우리는, 1970년대 후반에 데이비드 시먼이 모빌리티에 대한 인지주의적·행동주의적 접근법을 의문시하면서 어떻게 이 논쟁에 끼어들었는지 주목할 것이다.

시먼은 모빌리티의 실천을 들여다보았다. 즉, 의미 있는 사회적 행위로 이루어진 과정에서 모빌리티가 어떻게 나타나는지를 보았다. 이러한 발상은 의의 있는 인간적 실존의 안정성에 대한 지금은 익숙한 인본주의적 관심에 영향을 받은 것으로 보인다(3장에서 보았다). 시먼은 이러한 안정성이 어떻게 이동적이 될 수 있는지를 탐사한다. 즉, 어떻게 어떤 '선반성적' 신체 움직임이 신체적 '삶의 지층'으로서 기능하는지를 탐사한다. 우리가 살아간 공간lived-space, 일상적 루틴, 습관은 '발 내딛기, 돌기, 손 내밀기' 등의 미시 몸짓으로 이루어져 있는 것으로 보인다. 이 몸짓들은 더해져서 일상적 활동이 되거나, 합쳐져서 의미 있는 루틴과 의의 있는 장소 및 환경이 될 수 있다.

설거지하기, 밭 갈기, 집 짓기, 식물 심기, 사냥하기, 냄비에 끓이기, 커피포트 켜기는 작은 규모의 신체 움직임의 조합이다. 이들은 특정한 임무, 목표, 욕구를 성취하는 인지 가능하고 반복 가능한 실천으로 결합된다. 이러한 실천은 단순한 '팔, 다리, 몸통 움직임'으로 이루어져 있다. 이것들은 임무와 일의 완수를 위해 정렬되거나 심지어 '조응'된다. 중요한 것은, 이것들은 "자발적으로 자신을 지휘하는" 것으로 보인다는 것이다.[41] 이러한 모빌리티 연구를 통해 우리는 "특정 생활 세계를 안정화하는 습관적 힘의 그림"을 얻어야 한다.[42]

이러한 접근 양식에서 볼 때, 이러한 신체 움직임은 혼합되어 더욱 큰 집합적 모빌리티 형태가 될 수 있다. 이를 시먼은 '시공간 발레'라고 부른다. 자발적으로 반복되는 미시운동의 안정성 또는 '연속성'이라는 개념은 더 확대되어 일상적 거리의 삶의 패턴을 이루기

도 한다. 시먼이 참조하는 제인 제이콥스Jane Jacobs의 고전《미국 대
도시의 죽음과 삶》은 인용을 할 가치가 있다.

---

**핵심 개념 5.2**  **현상학과 이동적 "신체 주체"**

인문지리학자 데이비드 시먼David Seamon은[43] 행동주의나 인지과학에서
끌어온 접근법에 대항하여 싸우면서, 일상적 삶에서의 신체적 실천과 모
빌리티의 역할에 관해 중요하게 개입하였다.

그의 동시대인들, 특히 모리스 메를로-퐁티의 글에서 영감을 얻어, 시먼
은 학자들이 인간의 체험, 더 나아가 일어나는 대로의 인간 체험에 더 큰
관심을 쏟을 필요가 있다고 주장했다. 그는 체험이 신체를 통해 직접적
으로 파악된다는 가정을 출발점으로 삼았다. 시먼은 메를로-퐁티의 신
체-주체 개념을 가져와, 일상적 사회적 관계와 사회적 장소의 형성에서
습관적이고 평이한 신체적 모빌리티가 중심이 됨을 탐구했다. 이러한 연
구를 통해, 그리고 현상학에 대한 해석을 통해 그는 당시의 다른 모빌리
티 이론들을 논박했다. 시먼에 따르면[44] 행동주의자는 신체의 움직임에
관심이 있기는 했지만, 운전 같은 행위의 모빌리티를 "외적 자극에 대한
반응의 집합"으로 단순화했다. 시먼은 접근법은 어떻게 신체가 정규적인
욕구와 행동을 "일상적 삶의 요구에 맞는" 습관으로 변용시킬 수 있는지
를 그려 주었다. 일상적 모빌리티가 심적 지도 또는 반성적 사고를 요구한
다는 인지적 가정을 극복한다면, 각 "손의 손짓, 발의 매 걸음, 매 시작"
에[45] 끊임없이 주의를 기울일 필요가 없다. 오히려 시먼의 접근법은 "신체
주체"를 행동주의자들이 말하는 신경 반응의 집합 이상으로, "지시하는
지적인, 전체론적인 과정"으로 이론화한다. 그리하여 "반작용만 할 수 있
는 수동적 반응의 집합"으로서의 신체 개념을 극복한다.[46]

■ 더 읽을거리

Seamon, D., *A Geography of the Lifeworld: Movement, Rest and Encounter*, London: Croom
    Helm, 1979.
Seamon, D., 'Body–subject, time-space routines, and place–ballets', in Buttimer, A. and
    Seamon, D. (eds) *The Human Experience of Space and Place*, New York: St. Martin's
    Press, 1980.

내가 살고 있는 허드슨가街 지역은 매일이 복잡하게 얽힌 길거리 발레의 장면이다. 내가 이 장면에 처음 등장하는 것은 8시가 조금 지난 후이다. 나는 쓰레기통을 내놓는다. 물론 하잘것없는 일이지만, 나는 내 배역, 중학생들이 사탕 포장지를 버리면서 이 무대의 중심을 지나가는 옆에서 내가 내는 작은 땡그랑 소리를 즐긴다. … 나는 포장지를 치우면서 아침의 다른 의식을 관찰한다. 햄파트 씨는 창고 문에 세탁소 손수레를 묶어 두었던 줄을 푼다. 조 코나치아의 조카는 식료품 가게에서 빈 상자를 내놓고 쌓는다. 이발사는 접이 의자를 가지고 나온다.[47]

---

**핵심 개념 5.3** **모빌리티와 아비투스**

알제리 부족사회에 대한 부르디외의 주목할 만한 민족기술지적 연구, 《실천의 이론의 개요》[48]와 《구별》은[49] 문화 분석에서 칭송받는 텍스트가 되었다. 부르디외는 사회적 규범과 가치가 신체의 움직임, 실천, 루틴을 통해 내면화되고 반복될 수 있다고 했다. 이를 그는 "아비투스habitus"라고 부른다. 그의 기술에 따르면, 이것은 의식적으로 겨냥할 필요 없이 목적에 맞추어 규제되고 적응될 수 있으며, "의식적 지휘의 산물이 아니면서도 집단적으로 조화될" 수 있는 "원리, 실천, 재현"이다.[50]

신체적 모빌리티에 주목하는 부르디외는 움직임을 향한 남성과 여성의 성향에 대한 흥미로운 예를 제공한다. 그는 이것이 신체적 "헥시스hexis"을 보여 준다고 말한다. 부르디외에게 "헥시스"란 "실현된, 신체화된embodied 정치적 신화"다〔본래 의미에서 볼 때 habitus와 hexis는 모두 습관, 성향 등을 의미한다. habitus는 라틴어에서, hexis는 그리스어에서 유래한다. 그러나 부르디외는 이를 구별하여, 아비투스 중에서도 신체적인 부분을 '헥시스'라고 부른다〕. 그가 살펴본 지역사회의 규범과 가치는, 신체 모빌리티의 반복을 통해 느끼고, 생각하고, 움직이는 특정한 지속적 방법이 형성되

제인 제이콥스가 환기시키는 거리의 사회적 장면으로 모빌리티
가 합쳐지듯이, 다른 모빌리티 이론가들은 모빌리티가 사회적 질서
의 재생산을 가능케 한다고 주장한다. 이러한 접근법에서 모빌리티
의 기능은 습관적·무의식적 행위를 통해 의미 있는 사회적 마주침
을 소환하는 것 이상이다. 모빌리티는 사회적 개념, 규범, 이데올로
기를 반복하고 강화하는 기능을 한다. 이것들도 습관적이고 생각되
지 않는 것으로 간주되기 때문이다. 이제 우리는 본 장의 두 번째 핵
심 개념으로 시선을 돌릴 수 있겠다. 이는 프랑스 사회학자 피에르

면서 "항구적 성향이 되었다." 이러한 규범은 특히 젠더화되어 있다.
부르디외는 젠더화된 모빌리티에 존재하는 가장 큰 차이가 움직임에 대한
태도 성향임을 보여 주었다. 여성의 구심적 성향의 경우, 이들의 움직임은
아주 내향적이고, 집과 가정생활로 이끈다. 남성의 경우, 여성의 모빌리티
와 반대로 원심적이며, 시장과 들판으로, 밖으로 이끈다. 남자는 "자신이
어디로 가는지 알며, 어떤 장애물이 있든 제시간에 도착할 것임을 알며,
힘과 결단을 표현한다."[51]
다른 한편, 여성의 구심적 태도는 그녀가 "몸을 조금 구부리고서, 내려다
보며, 자신이 다음 발을 내딛을 곳에 눈을 고정"하리라는 것을 뜻한다.
"그녀의 걸음에서는 엉덩이가 과도하게 흔들려서는 안 된다."[52] 중요한 것
은, 이러한 성향들이 "의식의 손아귀" 너머에 있으며, 그래서 자의적으로
변용하기가 거의 불가능하다는 것이다.[53]

■ 더 읽을거리

Bourdieu, P., *Outline of a Theory of Practice*, Cambridge: Cambridge University Press, 1977.
Bourdieu, P., *Distinction: A Social Critique of the Judgement of Taste*, London: Routledge and Kegan Paul, 1984.
Cresswell, T., 'Guest editorial: Bourdieu's geographies: in memoriam', *Environment and Planning D*, 20, pp. 379–382, 2002.

부르디외에서 온 것이다.

여성의 모빌리티에 대한 부르디외의 '구심적' 기술은, 상당히 다른 관점에서이긴 해도, 다른 곳에서도 반복된다. 아이리스 매리언 영Iris Marion Young은[54] 메를로-퐁티의 현상학적 접근의 보편주의를 부르디외보다 더 자세히 의문시했다. 그녀의 유명한 논문 〈소녀처럼 공 던지기〉도 여성적 신체적 운동이 구심적, 수동적, "자기참조적"으로 보인다는 비슷한 결론에 도달한다. 메를로-퐁티가 차이 없고 원초적인 지향적 작용으로서 신체와 신체 운동을 탐구하는 것을 부정하면서, 부르디외와 마찬가지로 영은 여성이 자신의 신체 전체를 운동으로 이동화하기를 삼가고 오히려 "신체의 단 한 부분"에만 움직임을 집중한다는 것을 발견한다.[55] 신체의 단 한 부분만을 움직임으로써, 상대적으로 부동적인 부분은 정박을 하며, 심지어 나머지 신체 부분을 끌어내리기까지 한다. 영은 여성스러운 운동이란 흔히 모순적이고, 이들의 움직임은 우회적이며 낭비적이라고 주장한다. 더욱이, 여성적 운동은 훨씬 내향적이다. 영은 여성스러운 움직임이 젠더화된 불평등을 반영한다고 말한다. 그것은 관찰되기 위해 수행된다. 그것은 "보이는 것, 행위되는 것"이다.[56] 그녀는 자기 신체의 "운동이 전적으로 자기 통제 하에 있다"고 느끼지 못하며, 하고 있는 임무로, 그리고 신체를 행위시키는 데로 주의를 분산시켜야 하기 때문에, 이러한 행위는 불확실하다.[57]

"소녀처럼 달리기, 소녀처럼 암벽 타기, 소녀처럼 휘두르기, 소녀처럼 때리기"에서[58] 부르디외와 영이 보는 것은, 다르게 젠더화된 신체가 자기 모빌리티를 통해 세계를 상당히 다르게 대한다는 것이다. 영에게는 이 차이화가 사회적인 것의 등록 아래에 있는 것으로 보이지만, 부르디외는 이 차이화의 실행을 훨씬 더 명시적인 데에 둔다. 모빌리티는 여성임과 남성임에 대한 일련의 사회적 규범, 가치, 개념을 재생산한다. 이러한 개념은 대중적 신화와 문화적 가정에서 반복된다. 이는 문학에서 여성 모빌리티와 남성 모빌리티의 상호관계를 고찰한 매리 고든의 연구에서 드러난다. 여기에서 "여성은 구심적 힘으로, 영웅을 자연적 행복으로부터 끌어당길 뿐 아니라 영웅주의로부터도 끌어당긴다."[59] 여기에서 우리는 모빌리티와 사회가 동시대적으로 얽힘을 본다. 그러나 세 접근법이 모두 강조하는 모빌리티의 특징은, 그것이 원초적이고, 선인지적이며, 확실히 비의도적인 행위라는 것이다.

### 실행과 비재현 이론

우리는 어떻게 상대적으로 안정화된 모빌리티 형태가 겉보기에 사회적 질서로 더해지고, 질서를 반영하고, 재생산하는지를 보았다. 습관화된 모빌리티는 의미 있는 장소의 상대적 영구성과 반복적 만남의 침전을 낳았다. 다른 식으로, 부르디외는 젠더 구분 같은 특정 사회적 관계를 반영하고 강화하는 신체적 모빌리티를 설명했다. 다른 접근법은, 비슷한 사고 양식에 의존하면서도 방정식의 다른 쪽 끝을 잡았다. 이들은 행위의 순간에 주목한다. 행함의 실행에 주목하는 것이다. 이들은 어떻게 모빌리티가 그것을 생각하고 재현하는 우리의 능력조차 뛰어넘는지를 묻는다.

이러한 글의 대부분은 춤과 공연 이론 같은 분야에서 전개되었다. 춤 같은 활동을 수행하는 이동적 신체의 비재현적 특성을 부각시키려던 루돌프 라반Rudolf Laban의 작업이[60] 그 예이다. 춤의 내적-세계적 느낌에 관심을 가짐으로써, 라반은 이 느낌을 부각시키는 것이 산문으로 번역된 시와 비슷하다고 했다.[61] 라반은 두 과정 모두 전적으로 불만족스럽다는 것을 깨닫고서, 창작을 폐거나, 남을 안거나, 심지어 위협하는 움직임을 고찰한다. 그의 주장에 따르면, 이러한 움직임은 움직임의 상징성과는 별로 관계가 없다. "정서를 품고 있는 이 침묵의 움직임 속에서 인간은 의미 없어 보이는, 아니면 어떻게 봐도 불가해한 이상한 움직임을 수행할 수 있다." 말을 통해 이러한 움직임을 그려 내려는 어떤 시도도 이 체험의 "변죽"만을 울릴 뿐이다. "움직임은 짧음에도 불구하고 여러 쪽의 언어적 기술보다 더 많은 말을 할 수 있다."[62] 행위 속에 있는 언급할 수 없는 무언가에 대해 말하는 라반의 언어에는 중요한 주제가 들어 있다. 그 무언가는 여러 쪽의 언어적 기술을 통해서 그것이 무엇인지 설명하는 우리의 능력을 압도하는, 신체적 모빌리티의 행함이다. 라반은 모빌리티를 통해 형성되지만 명료히 하기는 아주 힘든 수많은 감정, 정서, 상태, 체험의 목록을 만들어 낸다. 이는 움직임을 수행하는 주체에게만 그런 것이 아니고, 이 행위의 수행이라는 사건을 바라보는 관람자에게도 그러하다.

이러한 의미에서 모빌리티의 수행은 '비재생산적'일 수 있다. 원본에서 뭔가가 상실되기 때문에, 그것은 재-현될 수가 없다. 이는 움직임 행위에 새로운 것이 있음을 암시한다. 공연이론가 페기 펠란Peggy Phelan은 관객성spectatorship의 기술을 통해 이 새로운 것을 기술한다. 펠란이 보기에, 관객이 "미친 듯이 꽉 차 있는 현재에" 보고 듣고 느끼는 모든 것을 흡수하려 애쓰기 때문에 "남는 것"이란 없다.[63] 펠란이 기술하는 공연에는, 앞서 내가 독자에서 생각해 보라고 한 것 같은 움직임처럼, 포착이나 지식의 재현적 형태를 벗어나는 요소가 있다. 사진이나 비디오테이프를 통해 공연을 재현하는 것은, 공연 자체의 무수하고 복잡한 차원의 부분적 복제화를 기록할 뿐이다.

이를 한 번 생각해 보라. 이동적인 나—공을 차거나, 가능한 한 높이 뛰거나, 언덕을 내달리거나, 단순히 손을 들어 올리는 나를 촬영해 보라. 이 운동을 재생해 보라. 나는 무엇을 얻게 되는가? 이미지와 소리로부터 나는 체험에 관한 무언가 그리고 확실히 나의 활동이 일어났던 장소나 풍경에 관한 무언가를 상기할 수 있을 것이다. 여기서 결여된 것은 무엇인가? 내 얼굴에 불던 바람의 느낌이 이미지에 재현되어 있는가? 가능한 한 빨리 움직이려던 운동감각적 느낌이 그려져 있는가? 고통은 내 얼굴에 찡그린 표정으로서 새겨져 있을 수도 있지만, 그것이 내 근육이 타오르는 감각이나 속도로 인해 들뜬 마음을 다시 만들어 내는가? 그렇지 않을 것이다. 로이크 와캉Loïc Wacquant이 권투의 맥락에서 기술하듯이, "강렬하게 육체적인 실천, 철저하게 운동적인 문화, 가장 본질적인 것은 언어와 의식 아래에서 전달되고 획득되고 이용되는 우주를 어떻게 인류학적으로 설명할 것인가."[64] 춤, 달리기, 콩콩 뛰기, 높이뛰기, 그리고 문화적 실천, 스포츠, 게임, 몸짓, 역할극의 부분으로서 실행되는 수다한 모빌리티, 이 모든 움직임은 재현 그-이상의 의미를 가지는 체험을 생산한다. 달리 말하자면, 이 움직임들은 "육체적으로 감각되는 존재 방식"이다.[65]

---

**핵심 개념 5.4**  시공간 루틴과 콜라주

재현의 한계, 그리고 모빌리티의 체험을 재현하는 데에 걸린 문제들에 대한 지금까지의 논의의 관점에서, 우리에게는 다음 질문이 주어졌다. 이 동적 방법은 어떻게 이러한 잉여분을 설명할 수 있을 것인가? 실상, 이동적 사회적 실천이 "비인지적이고 대부분 비언어적인" 것으로 생각된다면, "이것들이 어떻게 연구에 포함될 수 있는가?"[66]

스위스의 지리학자 토르스텐 해게르슈트란드는 지리학 내 모빌리티 연구에 놀랍도록 큰 영향력을 미쳤다. 그의 시간-지리학의 토대는 시공간의 개념화였다. 그러니까 공간 내에서의 모든 움직임은 시간 내에서의 움직임이기도 하다는 것이다. 개인의 '생애적 기획biographical project'"으로서의 루틴과 경로에 초점을 맞추면서, 해게르슈트란드는 어떻게 개인의 움직임 패턴과 활동이 진공에서 일어나지 않는지, 오히려 어떻게 이것들이 공간과 장소라는 주변 환경과 상호작용하는지를 이해하려 했다. 시간과 공간 속에서 움직이는 해게르슈트란드의 접근법은 표기적인notational 것이었다. 이 접근법이 사람들이 보이는 루틴의 특징적 형태와 패턴을 추적하려고 했다는 의미에서 그렇다.

사람들이 통과해 가는 시간과 공간이 사람들에게 부과하는 것을, 해게르슈트란드는 사람들의 모빌리티 능력과 기획 착수 능력에 가해지는 "제한"이라고 정의했다. 그가 시공간 프리즘이라고 그리는 것은, 사람들이 행위할 수 있는 물리적/공간적·시간적 벽이다. 그래서 특정 이동 또는 그가 "기획"이라고 부른 것에는 일정한 양의 시간이 들며, 이는 일상적으로 이용 가능한 시공간의 용량에 의해 제약된다. 이것들은 장, 중심으로부터 행위 중의 모빌리티의 순간적 사건에 주목하는 것은, 이를 추상하고 재현하려는 시도에 대한 "신체적으로 느껴지는 존재 방식"에 조응됨으로써, 우리는 신체적 모빌리티의 귀결을 검토할 뿐 아니라, 더 나아가 그것이 어떻게 실현되는지—그것이 어떻게 일어나는지를 이해하려 할 수 있다.

방사되는 이동의 장으로 이해되었고, 이 중심은 흔히 거주지였다. 그래서 "일터, 가게, 휴식 장소, 친밀한 친구의 거주지, 접속점으로 기능하는 여타 장소들"[67]은 시공간적 루틴화가 일어나는 정거장과 같은 것이다.

앨런 라담이 보기에, 지금까지 대부분의 이동적 방법에 참으로 중요했던 것은 말하기였다.[68] 라담은 시간지리학을 통해 비교적 전통적인 형태의 연구 방법을 개편할 길을 제안한다. 뉴질랜드 오클랜드를 통과하는, 그의 조사에 응한 사람들의 모빌리티가 가진 유동과 느낌의 감을, 라담은 피조사자들이 기록한 일기 및 일기 인터뷰 인용구, 그리고 일기를 쓴 사람의 사진 등을 결합시켜 전달한다. 이러한 인용, 사진, 주해의 콜라주를 구축한 후, 이를 시간성과 공간성의 축에 따라 도표로 완성한다. x축은 가정, 직장, 폰스비 도로의 공간을 표시하고, y축은 시계 시간의 눈금을 포함한다. 화살표로 된 연결선은 하루의 활동을 함께 묶는데, 실상 그날 체험의 대부분을 이룬다. 이는 "독자를 일기 필자의 세계 속으로" 이끈다.[69]

라담은 이후 이러한 콜라주 접근법을 더 강화하여, 피터 우드Peter Wood와 함께, 이동적 자전거 타기 실천을 도표화하는 테크닉을 제시한다. 이는 7장에서 보게 될 것이다.

■ 더 읽을거리

Gregory, D., 'Suspended animation: the stasis of diffusion theory', in Gregory, D. and Urry, J. (eds) *Social Relations and Spatial Structures*, Basingstoke: Macmillan, 1985.

Hägerstrand, T., 'Diorama, path and project', *Tijdschrift Voor Economische En Sociale Geografie*, 73, pp. 323–339, 1982.

Latham, A., 'Research, performance, and doing human geography: some reflections on the diary–photograph, diary–interview method', *Environment and Planning A*, 35, pp. 1993–2017, 2003.

우리가 지닌 신체적 모빌리티를 통제하는 능력을 예로 들어 보자. 어렵거나 복잡한 신체 운동을 완수하려고 할 때 정신과 신체 사이에 작동하는 고투를 아는 사람은 안다. 사회학자 로이크 와캉은 권투의 맥락에서 이를 보여 준다. "훈련된 신체는 즉흥적 전략가다. 그것은 동시에 인식하고, 이해하고, 판단하고, 반응한다."[70] 자기 신체를 완성된 권투 선수로 훈련하는 것은 그러므로 사고하지 않고 이동적이 되는 법을 배우는 것이다. 훈련하고 배운 신체와 아마추어를 비교해 보면, 초보자는 "경직됨과 틀에 박힘academicism"으로 쉽게 인지될 수 있다. 이는 "몸짓과 움직임의 조응에 의식적 사고가 끼어들고 있음을 누설한다."[71] 달리 말하자면, 배운 것은 "행함이라는 행위에서만 가시적이 될" 수 있다.[72] 공중곡예사 수련을 다룬 비범하고 반성적인 샘 킨Sam Keen의[73] 저작은 재현적 앎의 약점을 조명한다. 킨은 이른바 "운동감각적 지성kinesthetic intelligence"이라는 것을 발달시킴으로써 "내 머리에서 나와서 내 신체로 가는 길—감각의 길"을 찾으려 했던 본인의 노력을 기술한다. 킨은 어떻게 그가 "개념, 분석, 이미지, 말을 버려야" 했고, "근육과 신호 말단"에서 오는 신호와 자극으로 직접 들어가 느껴야 했는지를 설명한다. "내 신체가 공간 속에서 어디에 있는지에 대한 직접적·직관적 알아차림"을 만들어 냄으로써 킨은 점차 그의 "운동-중의-신체"로 들어가는 길을 느끼게 되었다.[74] 이런 식으로 이동적이 되는 법을 배우는 것은 꼭 보기, 읽기, 의식적으로 지식 얻기, 말과 도상과 개념을 통해 순수하게 생각하기를 통해 완수되는 것이 아니었다. 공중곡예사로서 킨의 능력은 행함 및 이 행함의 체험으로 생성된 직관적 알아차림을 통해 생겨난 것이었다.

권투에 대한 와캉의 문화기술지는 모빌리티에 대한 재현적 가르침이 어떻게 명시적으로 거부되었는지를 보여 준다. 권투 교본의 유용성에 대해 코치이자 트레이너인 디디와 논의하는 장면에서 이 긴장이 발견된다. 와캉의 매혹적인 기술을 인용해 보자.

수건으로 몸을 닦는 동안 말이 튀어나왔다. "디디, 전에 내가 대학 도서관에서 뭘 발견했게?《권투선수를 위한 완벽한 운동법》이라는 책이야. 여기는 권투의 기본 움직임과 연습법이 다 나와 있어. 이걸 읽으면 기본적인 걸 배우는 데에 도움이 될까?"

디디는 넌더리난다는 듯이 얼굴을 일그러뜨렸다. "권투는 책에서 배우는 게 아냐. 체육관에서 배우는 거지."

"하지만 다양한 펀치를 알아보고 더 잘 이해하는 데 도움이 되지 않을까?"

"안 돼, 도움 안 돼. 책 본다고 권투하는 법을 배우는 게 아니야. 그런 책은 내가 알아. 그런 책에는 사진이랑 그림이 잔뜩 들었지. 발과 팔을 어떻게 두는지, 팔 각도는 어떻게 움직여야 하는지, 그런 온갖 것을 보여 주려고 해. 하지만 그건 다 정지화면이라고! 그걸로는 움직임에 대한 감을 잡을 수가 없어. 권투는 움직임이야. 중요한 건 움직임뿐이야." 나는 굽히지 않았다. "그래서 책으로는 권투에 대해 아무것도 배울 수가 없다고?"

"그래, 안 돼."

"그런데, 왜 안 돼?"

내 고집에 짜증이 난 목소리로, 반복해서 말하는 것이 쓸데없을 만큼 너무나 자명한 일이라는 듯이, 디디는 말했다. "그냥 안 돼! 끝! 안 돼. 책에 있는 건 다 정지화면이야. 링에서 무슨 일이 일어나는지는 알려 주지 못해. 그건 권투가 아니야, 루이. 안 돼. 그게 다야."[75]

교본으로부터 올바른 움직임, 올바른 모빌리티의 테크닉을 읽고, 이해하고, 배울 수 있는 예는 많다. 권투에서도 늘 이런 일이 일어난다는 것은 확실하다. 그러나 이 예에서 재현은 거부된다. 로이크가 체험하기를 디디가 바란 것은, 신체화되고, 운동감각적으로 움직이며, 근원적인─그 순간의─모빌리티의 질이다. "정지화면"을 통해서는─체험 없는─이동적이 되는 올바른 테크닉을 결코 배우지 못할 것이다. 이 예가 뜻하는 바는, 움직임의 실천이란 그저 사고되지 않은 것이란 점이 아니다. 다만, 특정 활동을 향하는 단순한 의식적 사고는 배우는 체험에 필수가 아니라는 것이다.

### 재현-이상의 모빌리티

이 문제에 대해 글을 쓰는 몇몇 저자들은 비재현 이론이 행위와 생성의 선인지적 역영으로 주의를 너무 확장한 것은 아닌지 질문해 왔다. 사실, 비재현 이론은 본래 어떤 이원론을 극복하고자 했지만, 오히려 이 이원론을 촉진하는 기능을 했다고 이들은 말한다. 사고와 행위 사이, 사회적인 것과 "선인지적이거나 선반성적인 것의 분석 불가능한 세계" 사이에 암묵적 선을 그을 수 있는지를 학자들은 의문시했다.[76] 캐서린 내시Catherine Nash는, 춤이 모든 종류의 사회적 공간 위에 있다고 참칭함으로써만, "춤을" 사회적·문화적 영역에 대한 모든 개념 아래나 위에 있는 "체험의 자유로이 떠도는 권력으로 상상함으로써"만, 춤이 "선언어적, 선사회적 신체적 체험으로 생각될" 수 있었다고 말한다.[77]

모빌리티를 둘러싼 논쟁은 몇 가지 방식으로 이 토론에 개입했다. 어떤 학자들은 신체적 비재현적 모빌리티가 어떤 방식으로 권력의 손아귀를 벗어난다는 낭만적 명제에 초점을 맞춘다. **사례 연구 5.2**에서 논의하는 크레스웰의 작업이 아마도 이러한 가정을 의문시하는 가장 주목할 만한 예일 것이다.

크레스웰의 주장은, 모빌리티는 언제나 재현에 의해 관리되어 왔으며, 그러므로 권력으로부터 슬쩍 빠져나올 수 없다는 것이다. 운동 표기로부터 시간-운동 연구까지, 모빌리티를 포착하고 재현하려는 다양한 체계는 신체적 체험을 측정되고 계산되는 함축적 양으로 옮겨 놓았다. 모빌리티를 이런 식으로 다룸으로써 신체는 이해되고, 합리화되고, 의미가 기입될 수 있게 되었다. 어떤 모빌리티는 받아들여졌고, 어떤 모빌리티는 거부되었다. 모빌리티를 배우고 관리하는 일은 재현을 통해 이루어졌다. 춤과 같은 신체적 움직임은 순수한 놀이와 즐거움을 제한하려 했던 관계에 대한 전면적인 부정이 아니라, "재현적 권력의 작동의 일부"가 되었다.[78] 춤을 순수하게, 오직 "비재현적"인 이동적 신체적 행위로 기술하는 데에는, 사고와 행위, 재현과 현전 사이의 관계를 분리하려는 위험이 있다. 이러한 구분을 넘어서야 한다는 요구에 대한 크레스웰의 대답은, "인간의 모빌리티는 동시에 재현적"이며 "실천적 재현을 실천으로, 실천을 재현으로" 봐야 한다는 것이다.[79]

나는 우리가 이러한 관점에 호의적이어야 한다고 생각한다. 다

---

**사례 연구 5.2  근대의 모빌리티 재현과 규제**

크레스웰의 《이동 중》은[80] 비재현 이론에 대한 가장 강한 비판 중 하나를 제공한다. 크레스웰은 서구 근대에서 모빌리티가 추상화되고 재현되었던 다양한 순간을 발견하는 작업에 착수한다. 특기할 만한 것은, 다양한 형태의 신체적 탐구와 합리화를 통해 인식을 이동적 신체에 도로 재기입하기 전에 모빌리티를 인식 가능한 것으로 만드는 체계적 과정이다.

런던의 무용교사 제국협회Imperial Society of Teachers of Dancing에서는 빅터 실베스터Victor Sylvester〔20세기 전반에서 중반까지 활동했던 영국의 사교댄스 무도가이자 음악가〕가 사교댄스 위원회장이 되었다. 펜실바니아주 베들레헴의 테일러 철강공장에서는 신체에 대한 과학적 관리법이 등장했다. 심지어 릴리언 길브레스Lillian Gilbreth는 분석한 것을 가정에 적용했다〔미국의 심리학자이자 공학자인 릴리언 길브레스는 과학적 노동관리 방법을 가사 노동에 적용하려 하였다〕. 이러한 것들은 크레스웰이 우리에게 제시한 순간들 중 일부에 불과하다. 모빌리티를 인식 가능하게 만들고, 비가시적인 것을 가시적으로 만드는 다양한 이미지화 장치를 통해 모빌리티를 포착하려는 지속적인 시도가 있었다. 시간-운동 연구는 파악 불가능한 신체 운동을 시간 신호와 함께 놓음으로써,[81] 매끈한 운동을 구성 부분들의 기계론적 결합체로 분해할 수 있었다.

모빌리티를 추상하는 많은 상이한 방법들이 완성되자, 모빌리티에 대한 인식은 다양한 판단과 계산에 처해졌다. 이 방법들은 다양한 사회적 가치, 원리, 이상에 상응하며 이 가치 등을 강화한다. 자본주의의 회전 시

---

만, 이러한 비판이 비재현 이론 저자들이 만들려 했던 것 같은 구분을 지나치게 중시할 수 있음은 주의해야 한다. 리듬에 대한 데렉 맥코맥Derek McCormack의[82] 연구는 저 저자들이 비판받았던 이러한 이분법을 실로 아주 조심스럽게 피하려 한다. 춤에 대한 그레고리 베이트슨의 글에 의존하는 맥코맥의 리듬 연구는, 사고 자체라는 말을 통해 우리가 뜻하는 것이 무엇인지를 물음으로써 이동적 행위에서

간과 통분 가능하게 만들어진 테일러 철강공장의 신체적 모빌리티는 비효율적이고 느리고 게으르고, 심지어 동물적인 것으로 간주될 수 있다. 인종적 성향 및 연상과 나란히 놓인 채, 실베스터의 무용학교는 부적절한 춤 스텝, 가령 "쉬미shimmie"(또는 shimmy. 20세기 초 미국에서 발생한 춤 종류. 외설적인 것으로 여겨져 당시 여러 무도장에서 금지되었다.)를 불법화하려 애썼다. 쉬미는 "미국적"이며 "적절한" 영국적 취향을 위협하는 것으로 보였다.[83] 실베스터의 학교가 움직임과 스텝을 기입할 때, 사회적 관계와 정치는 결코 멀리 떨어진 것이 아니었다. 저 기입은 자유로운 표현의 함의를 통해, 적절함과 부적절함이나 옳음과 그름이라는 얼룩을 통해 표시되었음을 우리는 보았다. 테일러주의적 공장도 비슷하게 비생산적이거나 비효율적인 움직임을 불법화하고, 노동자의 모빌리티를 생산적인 것으로 재구축했다.

■ 더 읽을거리

Bahnisch, M., 'Embodied work, divided labour: subjectivity and the scientific management of the body in Frederick W. Taylor's 1907 "Lecture on Management"', *Body and Society*, 6, pp. 51~68, 2000.

Cresswell, T., *On the Move: The Politics of Mobility in the Modern West*, London: Routledge, 2006.

Rabinbach, A., *The Human Motor: Energy, Fatigue, and the Rise of Modernity*, New York: Basic Books, 1990.

Solnit, R., *River of Shadows: Eadweard Muybridge and the Technological Wild West*, New York: Viking, 2003.

사고를 분리시키려는 경향을 의문시한다. 베이트슨을 인용하자면, "'그것을 내가 말로 할 수 있었더라면, 나는 춤출 필요가 없었을 것이다'라는 이사도라 던컨의 말은 말이 안 된다. 그녀의 춤은 말함과 움직임의 조합이었기 때문이다."[84]

이는 맥코맥이 검토하는 신체적 이동적 실천이 생각이나 재현적 사고 위나 너머에, 곧 순수하게 선인지의 권역에 있다는 말이 전혀 아니다. 오히려 이동적 실천은 사고와 느낌에 대한 다른 종류의 이해를 요구하거나 함축한다는 뜻이다. 사고와 느낌은 상호함축한다.

모빌리티의 감각적 이야기가 언제나 인지적으로 유리된 상태를 뜻하는 것은 아니다. 모빌리티가 촉감에 활력을 줄 수 있는 만큼, 신체의 근육 의식 활성화는 사고와 계산의 더 강렬한 형태를 가능케 할 수 있다. 철학자 장-자크 루소는 거니는 기술을 사고 행위 자체로 여겼다. 이 이동적 실천을 통해 그의 "영혼은 해방될 수 있었고 … 그의 사고는 더 '용감'해질 수 있었다."[85] 루소는 산책에 특별한 무언가가 있다고 말했다. 그것은 전등 스위치처럼 발상을 켜고, 발상에 "혼을 불어넣고" 발상을 "살려내는" 데에 도움을 준다. "한자리에 머무는 채로는 거의 생각을 할 수가 없다. 내 정신이 움직이기 위해서는 내 신체가 움직여야 한다." 데카르트의 성찰적 여정에 신체적 안정성이 필요했던 것과 반대로, 루소의 정신 운동은 신체 운동을 통해서만 촉발될 수 있었다. 사고와 운동은 너무나 얽혀 있어서, "내가 멈출 때, 사고도 즉시 멈춘다. 내 머리는 내 발과 함께만 움직인다."[86]

우리는 재현적 사고에 제한되거나 비재현적 실천에도 제한되지 않는 접근법을 선호하는데, 춤 같은 모빌리티는 사고·행위·느낌·부각의 다양한 조합을 내포한다는 사실을 인식해야 한다. 팀 인골드Tim Ingold 역시 걷기에 대한 비슷한 재고를 제안한다. "머리와 발꿈치 사이의 구분선에 따라서 인지를 장소 이동에서 제거해서는 안 된다."[87] 이러한 의미에서 걷기는 무의식적 지각과 느낌의 핵심이지만, "그 자체로 유랑적 인식의 한 형태"이다.[88] 더 나아가, 걷기가 과학적 측정, 자료 수집, 설문조사와 매핑 같은 놀랄 만큼 사고적인 실천의 일부를 이룬다는 사실도 고려해야 한다. 로리머와 런드 Katrin Lund는[89] 산악지대 등산 연구에서 이를 보여 주었다. 맥코맥이 기구 실험과 탐사에 대한 인상적인 연구를 통해 보여 주었듯이, 공중의 가벼운 모빌리티 체험을 여기에 동반된 추상이라는 과학적 실천과 분리하기란 거의 불가능하다.

모빌리티는 재현적이면서 동시에 비재현적인 것으로 보인다. 모빌리티에는 종종 의미가 주어지며, 모빌리티는 매우 자주 재현되고 아주 잘 숙고될 수 있다. 트레이닝과 신체적 건강은 사고와 모빌리티의 명백한 예다.[90] 재현은 모빌리티를 뒤쫓고, 추적하고, 통제하는 데 사용될 수도 있다. 그러나 동시에, 거의 재현 불가능하고, 의미를 벗어나고, 사고 없이 일어나지만, 완전한 통제나 숙련을 벗어난다고 해도 꼭 권력은 아닌 모빌리티의 요소도 있다. 따라서 모빌리티를 완전히 재현하는 것이 거의 불가능하다는 것이 그런 노력을 할 필요가 없음을 뜻하지는 않는다. 중요한 것은, 모빌리티의 이러한 두 가지 면모가 짝지어 공존한다는 것이다.

**사례 연구 5.3** 글래스턴베리 산을 걷고 오르기

지금까지 보았다시피, 보기 외의 여타 감각적 구성 요소들에 대한 주목은 지리학자 존 와일리John Wylie가 강력하게 내놓은 논증을 가리킨다. 여기에서 우리는 보행의 이동적 실천을 본다. 메를로-퐁티의 현상학적 저술에 영감을 받아, 알폰소 링기스, 또 그 후 팀 인골드와 와일리는[91] 이동적 시선에 대한 깊이 있는 탐구와 비평을 제공했다. 정신과 신체의 데카르트적 분리에 반대하는 메를로-퐁티를 따라, 와일리는[92] 풍경을 관찰하는 이동적 보행자와 풍경 자체 사이의 "휘감기enlacement"를 목격한다. 인골드가 강변하듯이, 이런 관점에서 우리는 "이전에 이미 지도가 그려졌고 건설된 세계의 표면"을 스쳐 갈 뿐인 보행자 개념을 거부할 수 있다. 그보다는 풍경과 보행자가 서로를 구성하는 것으로 보는 접근을 택해야 한다.[93]

폴 애덤스Paul Adams는[94] 한 장소를 걷는다는 것은 "시각", "청각", "촉각", "후각", "자기수용감각proprioception(오감을 통하지 않고서도 자기 신체의 위치와 상태를 알려 주는 감각)이라고 불리는 운동의 감각", 심지어 "미각" 같은 감각들과의 "결부"를 요구한다고 쓴다. 소리는 "새의 울음으로부터 교통과 경적 소리에 이를" 수 있으며, 촉감은 "풀에 스침, 젖은 도로를 지나는 차가 뿌리는 물, 혼잡한 장소에서 낯선 사람의 밀침을 포함"할 수 있다.[95] 시각장애인이 공적 공간과 어떻게 교섭하는지를 보면 그들이 풍경을 산책할 때 촉감이 얼마나 중요한지가 드러난다.[96] 박물관 같은 장소에서 보도의 촉감은 시각적 또는 비시각적으로 길을 찾는 행동을 보조해 줄 수 있다. 이를 통해 우리는 "돌이나 벽의 단단하고 거친 표면, 유리의 연약함, 정원의 흙의 부드러움" 등을 보거나 지각할 수 있기 때문이다.[97] 중요한 것은, 이 감각들은 의식적으로 숙고되지 않을 수도 있다는 것이다. 케빈 헤더링턴Kevin Hetherington은[98] 시각장애인이 길을 찾을 때 어떻게 공간에 대해 생각하지 않으면서도 공간을 헤쳐 나가는지를 논한다. "우리 심장의 박동처럼" 생각되지 않는 선반성적 권역에 이동적 촉각이 연루될 수 있다.[99] 산의 암벽을 헤쳐 나가는 방식에 주목해 보면, 다양한 촉감과 촉각의 중요성이 드러난다.[100] 지도와 같은 재현적 앎은 루이스 Neil Lewis가 "촉각적 길 찾기"라고 부르는 더 미시적인 층위로 보충될 수

있다. 여기에서 "등반하는 신체는, 자신이 세계를 지나는 길을 느낌으로써 자신의 위치를 파악한다."[101] 이런 방식으로, "등반가에게 지식은 손에 잡히는 것이다."[102]

와일리는 영국 브리스톨 근처의 글래스턴베리 산을 오르면서 개인적 서사와 개념적 분석을 결합시켜, 풍경에 대한 표준적인 시각적·담론적 해석을 의문시한다. 와일리는 어째서 저 산을 오르는 것도, 저 산에서 내다보는 것도 단순히 보는 것이 아닌지를 보여 준다. 길에서 마주치는 다양한 감각과 느낌을 고려함으로써, 와일리는 산을 오르는 것이 감싸 안는 enfolding 행위임을 보여 준다. 그의 고고한 시야는 "가슴과 다리에서 느껴지는 무거움"을 통해 형성된다. 다른 때에 그것은 "점점 가벼워지는 느낌, 닻이 미끄러져나가는 감각"과 결합한다. 응시하는 이동적 신체는 풍경으로부터, 풍경과 함께 바라본다. 이때 이 신체는 풍경과 병합된다. "감싸기 folding"의 실행을 통해 "폐색전선(한랭전선이 온난전선을 따르며 따뜻한 기운을 지표에서 밀어 올려 이루어지는 전선)과도 같이" 주체는 풍경에 둘러싸인다.

이런 폐색 과정에서 볼 때 산과 주체는 모두 변용으로서 나타난다. 이들은 여정에 따라 함께 변화해 간 동행자와도 같다. 등반가는 "보는 자로서 등장"하고, 더 항구적인 산은 조금 달라진다.

■ 더 읽을거리

Adams, P. C., 'Peripatetic imagery and peripatetic sense of place', in Adams, P. C., Hoelscher, S. and Till, K. (eds) *Textures of Place: Exploring Humanist Geographies*, Minneapolis: University of Minnesota Press., 2001.

Ingold, T., *The Perception of the Environment: Essays on Livelihood, Dwelling and Skill*, London: Routledge, 2000.

Ingold, T., 'Culture on the ground: the world perceived through the feet', *Journal of Material Culture*, 9, pp. 315–340, 2004.

Wylie, J., 'An essay on ascending Glastonbury Tor', *Geoforum*, 33, pp. 441–454, 2002.

Wylie, J., 'A single day's walking: narrating self and landscape on the South West Coast Path', *Transactions of the Institute of British Geographers*, 30, pp. 234–247, 2005.

Wylie, J., *Landscape*, London: Routledge, 2007.

다음 두 절에서는 모빌리티의 실천과 실행을 이루는 여러 차원과 사례를 살피는 여정을 떠날 것이다. 특히 부각시키거나 재현하기 곤란한 모빌리티 감각과 느낌에 중점을 둘 것이다.

## 운동과 정동: 모빌리티의 느낌

모빌리티는 우리가 느끼는 무언가라는 점이 이제 명확해졌을 것이다. 모빌리티가 우리를 움직일 수 있듯이, 우리에게는 이동하려는 동기가 생길 수 있다. 모빌리티, 정동emotion, 정서 사이의 밀접한 연관을 식별하려 한 철학자와 사회이론가들이 있었다. 줄리아나 브루노Giuliana Bruno는 물리적 운동과 정동 사이의 인과적 상호작용을 발견했다. 여기에서 "운동은 참으로 정동을 낳으며" "상관적으로, 정동은 움직임을 포함한다."[103] 비슷하게, 브라이언 마수미Brian Massumi도 정서와 모빌리티는 불가분하다고 보았다. 이동적 신체는 "움직이면서 느끼고 느끼면서 움직인다."[104] 신체의 가장 작은 움직임조차도 "질적 차이를 소집한다. … 그것은 느낌을 손짓해 부른다."[105] 또한 느낌은 상관적인 움직임을 요구할 수 있다. 미미 셸러는 운전을 예로 들어 이렇게 주장했다. "운동과 정동은 … 신체, 테크놀로지, 문화적 실천의 교차를 통해 운동감각적으로 얽혀 있고 함께 생산된다."[106]

기분과 정동은 그 자체로 움직임으로 간주되기까지 한다. 가스통 바슐라르는 희망과 공포가 "우리를 가볍거나 무겁게" 만들 수 있는 만큼 "수직적 차이$_{\text{vertical differentia}}$"을 가진다고 썼다.[107] 긍정적 정동은 "우리 안의 해방, 즐거움, 기쁨"을 함축할 수 있다.[108] 반면에 공포와 불안이라는 더 부정적인 정동은 "내려가는 여정"이나 "추락"을 함축한다.

나중에 정동과 정서 개념 사이의 미묘한 차이를 살펴보겠지만, 신체의 움직임은 느낌을 소환할 수 있는 것으로 보이며, 느낌들은 이어서 서로에게 간섭하고 서로를 약화시키고 보충하고 대체한다. 비슷하게, 정서와 기분은 모빌리티를 촉발할 수 있다. 이러한 관점은 정서 이론에 근거한다. 윌리엄 제임스가 이 이론을 전개한 것은 유명하다.[109] 제임스가 제시한 곰을 만난 사람 사례는 잘 알려져 있다. 곰을 만난 사람이 도망칠 때 일어나는 일이 무엇인가? 우리가 도망치는 원인은 정동인가─우리는 무섭기 때문에 도망치는 것인가? 아니면, 우리가 도망치기 때문에 무서운 것인가? 비슷한 다른 질문도 던질 수 있다. "나는 슬퍼서 우는가, 울고 있어서 슬픔을 느끼는가?" 이는 반직관적인 것 같다. 정동 과정의 복잡한 연쇄가 작동하는 것으로 보인다. 제임스의 주장은, 느낌은 정동에 대한 인지적 체험이 아니라는 것, 느낌은 도망치는 행위라는 것이다. 이러한 관점에서, 겁에 질렸다는 느낌은 도망친다는 모빌리티 속에, 겉으로 드러나는 질적 정동에 묶여 있다. 도망친다는 이동적 행위 없이 겁에 질리지는 않을 것이다.

물론 우리는 수많은 느낌과 정동을 모든 종류의 모빌리티와 연결할 수 있다. 셸러는 운전 행위를 자동차 모빌리티의 특히 강력한 형태로 본다. 그것은 특정 신체에 특정한 방식으로 "인상을 줄" 수 있으며, 그래서 변화하는 "인상impression"[110] 또는 변화하는 정서적 상태를 생산할 수 있다. 운전의 움직임 및 이와 연관된 움직이는 시야 감각, 바람의 느낌, 움직임의 전이, 윙윙대는 엔진, 빠른 속도로 급커브를 돌 때 가해지는 힘. 이 모든 것은 "행복, 흥분, 기대감" 같은 다양한 느낌을 낳을 수 있다. "다른 사람은 공포에 빠지고, 불안해지고, 배가 아파질 수도 있다."[111]

많은 형태의 모빌리티는 특정 종류의 느낌을 체험하고 만들어 내려는 의도를 가진다. 르 브르통David Le Breton은[112] 다양한 종류의 모험 스포츠 또는 극한 모빌리티를 "스트레스에 대한 추구"라고 불렀다. 느낌은 그저 단일한 것도 아니다. 어떤 종류의 모빌리티는 하나씩 잇따르거나 서로 피드백하는 정동의 연쇄를 방해할 수 있다. 번지 "점프" 전의 "첫 발짝"은 "아찔한 감각"을 공황으로 변모시킬 수 있으며, 이는 "정동을 한계까지" 밀어 올려서 "비명"으로 표현될 수 있다.[113] 이와 달리, 더 지속적인 움직임 형태로 인해 이동적 느낌이 더 일관적이 될 수도 있다. 지금까지 논의한 많은 종류의 기분, 느낌, 상태는 재현하기 어렵다. "러너스 하이runners high"〔오랜 시간 달리기를 했을 때 느끼게 되는 도취적인 쾌감〕는 "비반성적이며, 체험되고, 문화적으로 특정한 신체적 반응"이며, 그래서 "정확한 재현을 통해 설명될 수 없는" 것이라고 기술되어 왔다.[114] 베일은 영국 달리기 선수 데이비드 배니스터David Bannister가 자기 체험을 자전적으로 기술한 것을 인용한다. 여기에서 우리는 배니스터에게 달리기란 어떤 느낌인지를 제한적으로만 감지할 수 있다.

달리기를 할 때, 어쩌다 한 번, 나는 엄청난 안녕감이 나를 덮치는 것을 느낀다. 나에 대한 모든 것이 조화를 이루는 것으로 느껴진다. 나는 굴곡 없음을 느낀다. 호흡이 안정되어서, 영원히 달릴 수 있을 것 같은 느낌이 든다. 나는 시간도 공간도 의식하지 않는다ㅡ고요라는 놀라운 감각만이 있다.[115]

조깅 형태는 달리기 경주에 비해 덜 연구되었다. 쿡이[116] 최근에 보여 주었듯이, 조깅은 정동과 감각, 다른 조깅하는 사람 및 그렇지 않은 사람과 함께 길과 포장도로를 헤쳐 나가는 전술로 이루어진 상당히 다른 집합을 발달시킨다.

스리프트가 말하듯이,[117] 이러한 느낌-상태를 이해하는 것은 중요하다. 특히, 이 상태들은 감각ㆍ느낌ㆍ체험을 판매하는 더 넓은 경제와 산업에 편입되기 때문이다. 아드레날린으로 가득 찬 모험적 관광에서 테마 파크, 자동차까지 그렇다. 본 절의 나머지 부분에서는 모빌리티를 이해하는 두 가지 다른 방식을 추적할 것이다. 그것은 정서와 정동이다. 이 두 가지는 서로 다른 철학적ㆍ학문적 맥락의 집합에서 유래했지만, 우리는 이것들이 어떻게 이송, 소통, 참여를 향해 크게 열려 있는 이동적 신체의 이미지를 가능케 하는지를 보게 될 것이다.

자전거 모빌리티에서 시각은 여러 다른 감각 중의 한 차원으로 보충된다. 저스틴 스피니Justin Spinney는 시각에 대한 집착이 재현에 대한 집착과 평행한다고 주장하면서, 자전거 타기의 세계를 탐험함으로써 자전거 타기 체험의 비시각적·비재현적 차원을 이해하려 한다. 스피니와 자전거의 관계에서 테크놀로지는 단순히 신체가 공간을 통해 움직일 수 있게 하는 도구가 아니다. "우리는 그것으로부터 느낀다"고 스피니는 쓴다.[118] 스피니의 놀랍도록 생생한 묘사 덕분에 우리는 극단적인 열, 고통, 리듬, 순전한 의지의 체험을 떠올릴 수 있다. 몽방투 자전거 경주에 참가한 경험을 기술한 대목을 인용해 보자. 스피니는 문화기술지적 일기에서 이 체험을 다시 기술한다.

> 숨을 쉬고, 안장에 앉고, 안장에서 일어서고, 다른 근육을 쓰고, 아프기 시작하고, 하지만 못 참을 정도는 아니고, 바로 그늘로 들어가고 … 발목이 아프기 시작하고, 리듬을 찾으려 하고, 그늘에 들어가고, 지나치게 공을 들여 숨을 쉬고, 숨을 쉬어라, 시속 9마일, 기어 2단, 기어 한 단이 남았고 … 안장에서 일어서고, 커브가 다가오는데, 비탈길이고, 내가 볼 수 있는 것은 길 뿐이고 … 허벅지가 불타고.[119]

스피니의 감각 연쇄는 모빌리티의 본능적 신체 행위를 전달하는 데에 도움을 준다. 단순하고 직관적이고 선반성적인 자전거 타기 수행을 기술함으로써 그의 이야기는 생동감을 얻는다. 이로써 우리는 어떻게 그의 신체가 사고하지 않고서도 그늘의 패턴화, 도로 경사의 변동, 도로포장 윤곽의 변화에 반응하는지를 알게 된다.

잠시 멈추어, 여기에서 부각된 가장 강한 감각 중 하나를 생각해 보자. 모빌리티의 감각과 체험은 종종 느낌 및 정동과 얽혀 있다. 달리기의 맥락에서 존 베일John Bale은 묻는다. "선수가 견디는 고통이 즐거움의 뒤틀린 원천일 수 있는가?"[120] 베일이 보기에 이에 대한 대답은, 고통이 종종 불가피한 것으로 생각된다는 것, 어떤 사람에게는 달리기의 목표이자 모빌리티 자체의 목적으로 간주된다는 것이다. 고통은 개인 최고 기록의 달성이나, 경주의 승리의 핵심이다. 이러한 의미에서 고통은 즐거움 느낌을 성취하기 위한 수단이다. 다른 사람들에게는 다른 방식으로, 고통과 모빌리티가 마조히즘이라는 형태로 포장된다. 베일은 이렇게 관찰했다. "더 고통스러울수록, 우리는 더 열심히 달리려 한다."[121] 고통은 스피니의 사이클 체험의 핵심이지만, 그가 꼭 숙고하거나 고심하고서 행위를 하는 것은 아니다. 신체 모빌리티의 면모들은 비인지적 행위를 통해, 숙고된 의도를 통하지 않고서 나타난다. 스피니에게 전체적-신체적 근육 의식은 "움직임의 기획 내에서 시각이 격하된 상황에서, 감각 우위의 재설정"을 의미한다.[122]

자전거 타기의 이러한 감각은 다른 종류의 모빌리티 및 그 감각과 직접 대조될 수 있다. 이는 특히 정치적으로 활동적인 자전거 선수의 경우에 가장 명백하다. 그는 자전거를 배제적이고, 오염을 일으키고, 격리적인 자동차 모빌리티를 뒤이어 나타난 자연적 후임자로 본다. 알론 라압alon Raab은 이렇게 설명한다.

> 그들의 자동차가 내 안에 불러일으키는 이미지는 대중적으로 광고되는 편안함과 자유의 이미지가 아니다. 그것은 주차장이라고 부리는 공동묘지를 향하여 끝없이 다른 관과 접촉하는 이동적 관이다. 운전자도 자전거 선수처럼 유리 새장이 아니라 직접적이고 특정한 방식으로 세계를 느낄 수 있었던 때가 있었다. 자전거 선수를 볼 때 운전자는 이 때를, 일시적이라 할지라도, 떠올릴 수 있다.[123]

그래서 잭 퍼니스에게 자전거 타기란 "이동적 신체와 환경 사이의 현상적·물리적 단절을 극복하는 수단"이다.[124]

더 나아가, 우리가 앞에서 임계량을 통해 보았듯이, 자전거 타기는 공동성과 집단성의 격렬한 형태를 포함한다. 자전거 타기는 아주 사회적인 활동이다. 폴 매킬브니Paul McIlvenny는[125] 자전거를 타며 함께함에 대한 매우 혁신적인 연구를 했다. 그는 특히 아이와 아이-부모의 자전거 타기 체험에 초점을 맞추었다. 매킬브니는 자전거 타기가 상호적으로 즐기는 것이며, 자전거 타는 사람의 움직임·실천·대형이 공동의 감각과 정동을 생산한다는 점을 조명한다.

■ 더 읽을 거리

Bale, J., *Running Cultures: Racing in Time and Space*, London; New York: Routledge, 2004.
McIlvenny, P., 'The joy of biking together: sharing everyday experiences of vélomobility', *Mobilities*, 10(1): 55–58, 2005.
Spinney, J., 'A place of sense: a kinaesthetic ethnography of cyclists on Mont Ventoux', *Environment and Planning D*, 24, pp. 709–732, 2006.

## 정서, 애착, 능력

느낌을 운동으로 상상한 일군의 저술이 있었다. 로마의 철학자 루크레티우스는 모든 것을 원자화된 물질 조각으로 분해했다. 이에 따라 그는 주체가 환경에 반응함으로써 기분이 나타나는 것 같다고 썼다. 우리의 느낌, 우리의 "생명적 혼"은 우리를 이루는 가장 작은 분자들로 이루어져 있는 것으로 보인다. 그래서 이 분자들이 "가장 먼저 휘저어진다." 우리는 날씨처럼 단순하면서 우리를 둘러싸고 있는 것에서 일어나는 변화에 우리가 얼마나 민감한지를 잘 안다.[126] 루크레티우스도 이를 알았고, "온기, 바람의 보이지 않는 에너지, 이어서 공기가" 우리 정서를 "사로잡는다"고, 그리고 "모든 것을 움직이도록 독려한다고 주장했다. 핵심은 수용성이다. 느끼는 주체는 희미한 바람에 흔들리는 촛불처럼 움직인다. 자극을 받으면 "피의 흐름이 빨라지며", 마치 쓰러지는 도미노와 같이, "충동이 육체 전체로 전파된다. 최종적으로, 뼈와 골수까지 즐거움이나 반대되는 흥분으로 전율한다."[127]

루크레티우스가 그리는 민감한 신체는 재현의 문제와 자유의지의 문제를 모두 가리킨다. 움직임은 "심장"에 의해 만들어져 "신체

각부까지" 이동화될 수 있다. 아니면 그것은 밖으로부터 올 수 있다. 가령 "누군가가 때려서 받은 강제적인 힘으로 인해" 유발될 수 있다. 이런 경우 모든 "우리 신체의 물질은 움직여지고, 비자발적으로 밀쳐진다." 이는 견제와 균형이 부과되어 신체를 정지시킬 때까지 계속된다.[128] 비슷하게, 정서에 대한 현대적 사고의 아버지 중 하나인 스피노자는 질 들뢰즈의 저작을 통해 엄청난 영향력을 발휘했다. 루크레티우스처럼 스피노자도 언제나 대상·다른 신체·사물의 물결의 습격 하에 있는 신체를 언급한다. 느낌, 기분, 움직이려는 경향은 "다른 물체에 의해 일어나야 하는데, 이 물체는 다시 다른 물체에 의해 움직이거나 정지하도록 결정되었던 것이다."[129] 운동과 정동. 원인과 결과. 차례차례, 스피노자의 상에 따르면, 물체는 다른 물체에 끝없이 계속해서 영향을 끼치고 있다.[130]

여기에 서로 부딪히는 물체들이 있다. 물체들이 순환하고 충돌한다. 이들은 강화되거나 약화되고, 흥분하거나 진정하며, 서로 협력을 통해 능력이 형성된다. 움직이는 능력과 느끼는 능력. 이러한 관념에 대한 사라 아메드Sarah Ahmed의 최근 탐구를 살펴보자. 아메드는 공포 같은 느낌의 능력을 탐구한다. 우리가 곰의 사례를 들어 이미 고찰했듯이, 공포는 이동적이 되는 능력을 낳는다. 공포는 신체가 할 수 있는 것은 약화시키고 축소시킨다. 아메드가 보기에, 사실 공포는 이중적인 능력을 함축한다. "그것이 신체의 모빌리티를 제약"하는 만큼 그것은 "신체를 도망칠 수 있는 상태로 준비시키는 것 같기" 때문이다.[131] 여기에는 복잡한 정치가 있다. 그것은 공포의 운명을 다른 것의 운동성을 통해 봉인하는 힘의 기하학이다. 아메드는 지나가는 흑인에게서 도망치는 백인 소년에 대해 파농이 들려주는 이야기에 의거한다. 소년이 어머니 품으로 달려가는 것을 아메드는 이렇게 설명한다.

백인 아이가 명백한 공포를 느낀다고 해서 그가 이 세계에 거주하기를 거부하게 되지는 않음을 우리는 볼 수 있다. 오히려 그는 안전해 보이는 울타리를 통해서 세계를 포용하게 된다. 이 울타리는 이 백인 아이의 공포를 두려워하는, 이 아이가 사랑하는 사람으로 이루어진다. 이 아이는 공포로 인해, 긴장되어 더 작은 공간을 차지하게 된 신체로 봉인됨으로 인해, 으스러진다. 달리 말하자면, 공포는 다른 신체의 움직임이나 확장을 통해 어떤 신체를 제약하는 역할을 한다.[132]

이런 식으로 아이의 공포는 아이가 어머니 품으로 달려들게 만든다. 그러나 아이의 정동에 어머니가 공감한다는 것은, 이 "으스러뜨리는", 부동화하고 제약적인 공포를 인수함을 뜻한다.

아메드가 제시한 공포와 모빌리티의 인종적 부호화는(화이트 플라이트white flight〔도심에 유색인종이 증가하면서 범죄 및 인종의 섞임을 피해 백인들이 교외로 이주하는 현상〕가 또 다른 예가 될 것이다) 이러한 능력에 대한 인종화된 가정과 비교될 수 있다. 베일은[133] 어떻게 흑인 선수들이 "태생적 달리기 선수"라는 이해가 널리 퍼졌는지를 설명한다. 이 이해에 따르면, 이는 위험에 반응하고 그로부터 '도망치려는' 이들의 훈련된 그리고 원초적인 본능적 능력의 결과다. 베일은 본능적 모빌리티에서 아프리카인이 지니는 탁월함에 대한 전형적인 선입견을 따르는 설명문을 인용한다. "'재빠르게 출발하는' 그의 속도, 그리고 짧은 거리에서 빠른 행위를 유지하는 것은, 의심할 여지없이 정글 본능에 대한 원초적 반응에서 나온 것이다."[134] 어떤 학자는, 다른 성향도 민족성과 국가성이라는 기반층에 흡수될 수 있다고 보았다. 베일은 계속해서, 핀란드인의 정동적 기질을 묘사하는 1930년대 독일의 글을 인용한다. "깨끗하고, 깊고" 푸른 숲이나, "풀이 무성한 탁 트인 벌판"이나, "나무가 빽빽하게 들어선 고원"을 대하게 된 핀란드인은 "고양감"이라는 내적 느낌에 압도되고, 사로잡히고, 유혹 받아, "달리고 싶게 된다." 이는 이들의 핏속 깊이 흐르는 성향에 기반하는 것으로 보인다.[135]

### 소통과 공동체

이러한 정동과 정서는 어떻게 자체로 이동적이 되는가? 정서는 어떻게 움직이는가? 이 물음을 다루는 저작은 흔히 신체의 이동적 수행, 그리고 통합성에 초점을 맞추었다. 에밀리 마틴Emily Martin[136] 같은 사상가의 저작에 따르면, 신체는 외부의 힘을 차단하는 "요새"라기보다는, 침투 가능한 막과 비슷한 피부를 가진 것으로 도식화되었다. 정서에 대한 테레사 브레넌Theresa Brennan의[137] 신경생물학적 검토에 따르면, 이는 "자아가 체험하는 정서에 있어서 자아가 자족적이라는, 부담스러운 믿음을 털어 버리는" 것을 뜻한다.[138] 단단한 자아의 '해방'은 자족성의 종말, 그리고 확장을 향하는 신체를 뜻한다. 본 장 논의의 이 마지막 영역에서 우리는 어떻게 정동과 정서가 신체들 사이에서 일어나고 솟아나는지를 탐구할 것이다. 사람들이 서로 함께 이동함으로써, 신체는 개인적인 것 그-이상의 유대와 연합 속으로 확장된다. 정동과 정서는 사람들 사이에서 뛰어다니고, 이들을 더욱 긴밀히 묶으면서 피드백한다.

고아 해변 파티의 예는 이 논의에 들어서는 유용한 진입로를 제공한다. 우리는 제의적이고 정규적인 모빌리티에 직접 참여할 수 있다—나가서 클럽에서 춤을 추는 것이다. 퍼레이드나 군대, 여타 비슷한 것들에 속해 봤을 수도 있다—내가 여기서 떠올리는 것은 훈련과 행진이다. 운동경기장에서 하는 파도타기 응원에 한 번 혹은 정규적으로 참여했을 수도 있다. 아니면 축구 경기에서 골이 들어갔을 때, 농구 경기에서 점수가 났을 때 동료 스포츠 팬들과 함께 응원했을 수도 있다. 이러한 움직임이 어떤 느낌인지 생각해 볼 수 있겠는가? 연대의 느낌, 집단의 느낌—무언가 나보다 거대한 것에 대한 느낌을 회상하는 사람도 있을 것이다. 자존감의 느낌, 사기의 함양이나 주변 사람에 대한 존중을 느낀 사람도 있을 것이다. 주위 사람들과의 내재적 결속, 소속감을 느낀 사람도 있을 것이다. 어쩌면 그것은 일종의 고양감, 나와 주변 사람 사이에서 솟아나는 쾌감이었을 수도 있다(**사례 연구 5.5**를 보라).

시간에 맞춰 함께 이동적이 되는 것은 "집단적 목적의 감각과 공동 이해를 수립하는 데에, 그리고 증진시키는 데에 모두 핵심적"이 역사가 윌리엄 맥닐William McNeil의 책 《시간에 맞춰 함께 하기》의[139] 중심 테제는, 시간에 맞춰 함께 움직이는 사람들이, 사회와 문화를 집합적으로 묶는 정서적 접착제를 제공한다는 것이다. 맥닐은 활동적인 춤의 나눔을 군사훈련 같은 여타 리듬적 움직임 형태와 비교한다. 어떻게 춤이 종종 작은 부족이나 마을 같은 작고 고립된 공동체를 안정시키는 기능을 했는지를 탐구하면서, 맥닐은 이렇게 주장한다. "춤이(그리고 국가적 행진이나 군사훈련 같은 덜 활동적인 리듬적 움직임의 형태가) 주는 정동적 고양은 우리 인류 사이의 사회적 유대를 더 넓히고 더 상세하게 하는 데에 근본적이었다."[140] 리듬적 움직임은 공동체와 마을 내에서, 또 군사적 상황에서 소속감을 창출하는 것을 도왔다.

"원초적이고 아주 강력한 사회적 유대감"을 창출하기 위해 리듬적 단일체를 이루며 움직이는 것은 부대의 연대감을 일으키는 대중적 기술이 되었다. 훈련을 하려면 큰 군인 집단이 정확한 시간과 리듬에 따라 움직임을 수행해야 하고, 이는 집단의 조응과 동시 활동에 이득을 줄 뿐 아니라 더 무형적인 보상도 낳는다. 이러한 방식으로 움직이는 것은 "강렬한 동료감"이나 "사회성의 원초적 보유고"—이는 종종 단결심espirt de corps이나 사기esprit de morale라고 불렸다—를 창출했다. 부대가 지시에 답하고, 탈영을 거부하고, 전투에서 '용맹'하기를 보장하기 위해서는 사기의 유지가 극히 중요하다는 것을 많은 지휘관들은 알았다.

이러한 군사훈련으로부터, 섬 공동체의 부족적 춤, 매 금요일 밤마다 보이는 동작·모습·범프 앤 그라인드bump and grind(클럽 등지에서 추는 유혹적인 춤)까지, 거리에서 벌어지는 집단적 저항 움직임까지, 맥닐은 이 모든 것이 본질적으로 같은 원리를 가지고 있다고 본다.

지난 1천 년 이상의 실천을 추적하고서, 맥닐은 사람들을 함께 하게 하는 것은 정확히 이러한 종류의 신체적 움직임이라고 말한다. "이러한 운동감각의 뒷받침 없이, 크고 복잡한 인간 사회를 오래 유지하는 것은 십중팔구는 불가능하다." 맥닐이 보기에 실제적 힘을 발휘하는 것은 이데올로기와 담론의 힘이 아니라, 느낌이다. "몸짓 표현·근육 표현과 불가분한" 느낌이다.[141]

■ 더 읽을거리

Gagen, E. A., 'Measuring the soul: psychological technologies and the production of physical health in progressive era America', *Environment and Planning D*, 24, pp. 827–850, 2006.
McNeill, W. H., *Keeping Together in Time: Dance and Drill in Human History*, Cambridge, Mass.: Harvard University Press, 1995.

다. 이는 스포츠 이벤트나 3장에서 논의했던 다이크 온 바이크 참여자 같은 여타 공동체 모임에서 "안녕"의 감각을 생산한다.[142] 느낌은 확장되어, 시간에 맞춰 움직이는 집단을 감쌀 수 있다. 서로 맞추어 움직이는 것은 행위의 언어적 · 소통적 · 상징적 형식 없이 연대와 소속의 감각과 느낌을 불러일으킨다. 이러한 유대감과 동료감이 꼭 시간에 맞춘 움직임을 통해 생겨나야 할 필요는 없다. 단순히 함께 움직임을 통해 생겨날 수도 있다. 함께 움직인다는 것이 이러한 정서적 유대에 정확히 반대되는 것을 뜻해 왔음 우리는 이미 보았다. 지멜은 도시 환경을 관찰하여, 신체 · 대상 · 사물의 속도의 결과로서 산책자라는 개인적 도식이 생겨났음을 발견했다. 산책자가 밖으로부터 안으로 돌아선 것은, 근대의 혼잡함이 주는 신경질적인 자극 때문이었다. 그러나 이는 여러 해석 중 하나일 뿐이다. 도시의 유동성은 사람들이 서로에게서 물러나는 것이 아니라 서로를 향하는 맥락을 제공할 수도 있다. 마페솔리Michel Maffesoli[143](**핵심 개념 5.5**를 보라)는 신체들이 서로 외면하지 않고 조응하는 것, 그가 "대중의 생명성"이라고 부르는 이 대형, 그리고 "따뜻하고 정동적인 인간 신체가 집단적 대형 속으로 자발적으로 엮여 들어가는 것"을 묘사한다.[144]

4장에서 살펴본 원자화된 주체들에 대한 논의를 떠올려 보라. 산책자는 근대 세계에 대한 매혹을 대변하면서 동시에 그로부터 물러나려는 특유의 노력을 대변한다. 산책자와 현대의 유목민은 자기의식적 개인주의에 의한 공동체 및 사회적 유대의 파괴를 대변한다.[145]

사회학자 마페솔리는 논쟁적인 저작 《부족의 시간》에서 일상적 삶의 원자화에서 드러나는 개인화 경향을 부인한다. 그러면서 사람들을 묶어 주는 "정서 구름affective nebula"를 생각해 보라고 촉구한다. 이 구름을 이루는 것 중 하나를 그는 '촉각적 관계'라고 부른다. 이는 함께-함의 물질성을 이루며, 이는 앞서 논의했던 대중이론가들, 특히 엘리아스 카네티Elias Canetti의[146] 개념을 상기시킨다. 마페솔리는 이렇게 쓴다. "대중 속에서 사람은 다른 사람과 마주치고, 부딪히고, 스쳐 간다. 상호 관계가 수립되고, 결정crystallization과 집단이 형성된다."[147]

마페솔리의 부족을 특징짓는 것은 경우에 따라 모이고 흩어지는 유동성이다. 그는 근대 도시의 거리에서도 그 예를 찾을 수 있다고 말한다. 가령 "조깅하는 사람들, 펑크 패션이나 복고 패션, 프레피preppy(또는 preppie. 본래는 미국에서 사립 고등학교를 다니는 부유층 청소년을 가리키는 속어였으나, 이들 특유의 패션, 그리고 그런 패션을 한 청소년들을 가리키는 말이 되었다.)와 거리의 악사들이 우리를 순회 로드쇼로 초대한다."[148] 이러한 행위의 반복을 통해 어떤 미적 분위기가 형성되고, 이는 유대감의 "즉각적 응결"을 가능케 한다. 이것은 "쉽게 깨지기는 하지만, 바로 그 순간에는 의미 있는 정동적 투자의 대상이 된다."[149]

마페솔리 테제의 핵심은, 정서적 유대와 개인적이고 신체적인 움직임 사이의 인과성으로 보인다. 앞서 논의했던, 데이비드 시먼과 제인 제이컵스가 이해했던 식의 의미 있는 장소-발레와 비슷하게, 마페솔리는 이러한 움직임에 담론적 의미 이상의 것, 의식적으로 부과될 수 없는 정동적 투자가 배어 있다고 주장한다. 마페솔리가 보기에, 미국의 고속도로와 교통에 대한 글에서 장 보드리야르가 내린 결론, 즉 사회적 상호작용 또는 "따뜻한 현재"는 "추진력"의 "집단적 강제"를 통해서만 발견된다는 것이다.

마페솔리가 우리에게 보여 주는 것은 거의 동물적이거나 태곳적이라고 할 수 있을 역량puissance이다. 이는 개인의 모빌리티와 움직임을 그들이 거의 의식하지 못하는 "광대한 발레"의 일부로 본다. 이 발레에서 신체들은 성좌의 체계로 굳게 묶인다. 지향성이나 반성은 제거되고, "의지도 의식도 아무 역할을 하지 않는다." 마페솔리가 묘사하듯이, "이것이 사회성의 아라베스크다."[150]

- 더 읽을거리

Maffesoli, M., *The Time of the Tribes: The Decline of Individualism in Mass Society*, London: Sage, 1996.

Sennett, R., *The Corrosion of Character: The Personal Consequences of Work in the New Capitalism*, New York; London: Norton, 1998.

정서적 기분을 작동시키는 것은 '플래시몹'이라는 현대적 대형에서도 찾아볼 수 있다. 그것은 조응된 사교적 활동의 한 형식이다. 캐슬린 스튜어트Kathleen Stewart는[151] 플래시몹이 문자메시지나 여타 소통 수단을 통해 조직화된, 재빨리 형성되는 대중적 시위로서 등장한다고 설명한다. 이러한 이벤트는 정서의 돌발적·이동적 본성을 잘 그려 준다. 플래시몹을 점화시키는 것은 "작은 세계, 나쁜 충동, 어떤 종류의 변화와 함께 살아 있는 이벤트"의 타오름이다.[152] 몹은 즉흥적으로 보일 수도 있지만, 이들은 흔히 아주 조직화되어 있다. 그렇다고 이들의 '흥분시키는' 수행이 손상되지는 않는다. 앞 장에서의 저항적 모빌리티 논의와 관련하여 보자면, 명시적이고 의도적인 저항의 움직임은 흔히 기분과 움직임의 관계를 통해 이해된다.

공유의 경험을 함축하는 다른 종류의 참여적 모빌리티와 이를 비교해 볼 수 있겠다. 전과 마찬가지로, 이동적 물리적 결부의 체험은 그들이 공유한 바를 숙고하는 재현적이거나 반성적인 순간 그-

이상일 수 있다. 지리학자 맥코맥이 보기에 이는 "움직임의 제시 presentation"다. 제시적 춤에 대한 베이트슨의 글을 따라가며, 맥코맥은 움직임과 춤의 공유된 체험을 진지하게 고찰한다. 이 체험 동안 신체는 "나" 또는 자신 이상의 것이 되나, 다른 신체를 통해, 다른 신체 위로 움직이며 다른 신체를 방해하는 외적 경로도 된다. 베이트슨을 인용하자면, "내가 '나'라고 부르는, 경로들의 개인적 연합은" 더 이상 중요하거나 "소중"하지 않은 것 같다. 이 연합은 정신과 신체의 더 큰 결합체의 일부다.[153]

맥코맥은 2001년 런던 치슨헤일 댄스 스페이스에서 겪은 체험을 기술하며 회상한다. "우리는 신체들을 둘러싸고 활동하며, 서로 스치고, 건드린다. 우리는 신체들이 우리 움직임의 속과 주변에서 공간을 찾으면서 앞뒤로 위아래로 초조하게 뒤섞이는 것을 본다. 집단적 불안, 연결적 정서."[154] 함께 움직임으로써 정서는 개인을 무의식적 집단과 이어 주는 연결 경로를 제공하는 것으로 보인다. 정서적 구름은 여타 설계된 환경에서도 나타날 수 있다. 가령 클럽에서, 음악은 그 자체로 동일시의 힘을 포함하고 있다. 음악은 듣고 움직이는 실천을 통해 주체들을 하나로 이어 줄 수 있다. 벤 맬번Ben Malbon은 이것이 엑스터시 또는 사이에—있음의 특별한 감각—"정체성과 동일시 사이의 난류"를 형성한다고 주장한다. 춤추는 군중 속의 개인이 "자아의 의식, 그리고 무언가 더 큰 것의 일부가 된다는 의식 사이로 파고들 수 있는" 것은 모빌리티에 의해서, "움직임, 타인과의 근접성, 그리고 때로는 타인과의 닿음"에 의해서다.[155]

우리는 이러한 종류의 신체적 경로를 더욱 광범위한 집단성으로 확대할 수 있다. 하나의 정서적 집단은 운동-중이 될 수 있다. 케빈 헤더링턴은[156] 뉴에이지 여행자new age traveller*들이 형성한 상호개인적 공동체를 고찰한다. 여행자 집단—차량 행렬—으로서 이동하는 것은 소속감을 가능케 하고, "강한 정동적 체험 및 시련에 대한 공유된 감각을 근거로 일원이 되었다는 감각을 참여자들에게" 제공했다.[157] 공동체로서 이동하는 것은, 순례자의 공회와 비슷한 정서적이거나 정동적인 공회☖를 구축할 수 있다.[158] 차량 행렬을 함께 체험하는 것은 '분위기vibe'나 '도취감buzz' 같은 용어를 통해, 심지어 그들 여정의 기분이나 색조를 통해 표현되었다. 이는 동료라는 느낌의 정서적 동일시의 기초, "순례 중의 공동체communitas"로 보인다.[159]

이러한 이동 중의 집합적 정서에 참여하는 또 다른 방법은 공기와 분위기라는 관념에서 발견될 수 있다. 기차 여행에 대한 데이비드 비셀의 저작은[160] 특정한 "탑승자 분위기"의 생산을 식별했다. 이는 흥분이나 기대, 좌절과 짜증, 의식되지 않은 채로 기차 안에서 순환하고 분출하고 등장하는 것으로 보이는 긍정성과 부정성의 결합이다. 비셀이 보기에, 이들은 고립되고 원자화된 개인이 아니라 "의미 있는 집합"을 낳는다. 실제로, 내가 참여했던 프랑스와 영국 학자들의 공동 작업은, 프랑스와 영국의 유로스타역에서 겪는 특정한 보안

---

* [역주] 1980년대 영국에서 정처를 거부하고 이동식 차량을 타고 음악 페스티벌 사이를 오가면서 생활하던 사람들. 뉴에이지 사상과 히피 사상의 영향을 받아 생겨났다.

과 감시 분위기에 조응하는 방법을 실험한 적도 있다.[161]

더 넓은 규모에서 우리는 어떻게 이러한 관계들이 장소의 더 복잡한 안무를 통해 형성되는지를 고찰할 수 있다. 이주자의 도착과 출발의 순간을 다루면서, 데이비드 콘래드슨과 앨런 라담은[162] 모빌리티를 통한 함께-하게-됨이나 함께-옴의 느낌을 논한다. 이 느낌은 사람과 사건의 새로운 마주침과 구성을 생산하는 모빌리티를 통해 생겨난다. 마주침이라는 사건은 정서적 충전의 일시적 장을 형성하는 "생동적" 상호작용으로 이루어진다. 그것은 생겨나고 솟았다가 가라앉고 다른 곳에서 재형성되는 "에너지와 느낌의" 이동적 "구성 configuration"이다.[163] 이어서 이들은 주장한다. "식별 가능한 장소가 특정한 정서적 가능성을 제공한다고 생각하는 것이 어렵지 않다면", 새로운 지리적 배경으로 이동하여 그 배경과 마주칠 때에는 무엇이 일어나는가?[164] 이러한 장에 들어서고, 장을 가로지르고, 변경하는 사람에게는 어떤 정서적 가능성들이 있는가?

이주자와 새로운 도시의 첫 마주침은, 완전히 새로운 "소리"와 "냄새", 다른 언어와 어휘나 방언, 아주 다른 방식의 행위의 폭격일 수 있다. 콘래드슨 등은 무슨 일이 일어나고 있는 것인지 이주자가 설명하거나 기술할 기회를 얻기도 전에, 이러한 다중적 모빌리티의 수행이 모든 종류의 느낌과 직관적 응답을 촉발할 수 있음을 보여준다.[165]

애브릴 매드렐Avril Maddrell이 "신성한 모빌리티"라고 부른 것은 지리학적 범위로 볼 때 전 지구적이며 매년 (가령, 연례적인 무슬림의 메카 순례인 하지Hajj) 여행하는 사람의 수가 막대하다. 그뿐 아니라, 그것은 명백히 역사적으로 깊은 뿌리를 가지고 있다. 순례는 수천 년 동안 이어져 오고 있다. 실제로, 12년마다 일어나는 순례이자 축제인 마하 쿰 멜라Maha Kumbh Mela는 2013년에 1억 2천만 명에 달하는 힌두교도의, 역사상 최대 규모의 단일한 신성 모빌리티가 되었다. 순례자들은 갠지스강에 몸을 씻기 위해 축제를 찾았는데, 이는 그 자체로 이동적 물질성이다.

모빌리티 연구를 하거나 모빌리티에 관심이 있는 사람들은 순례에 초점을 많이 맞추었다. 아일랜드 지리학자 리처드 스크리븐Richard Scriven은 순례 내에서 순례 활동을 구성하는 "운동-중심적" 실천을 향한 여러 경향들을 식별하였다. 이는 장거리 여행을 이루는 일군의 상이한 모빌리티를 조명한다. "순행, 기도 패턴, 철야기도, 목욕과 트레킹은 모두 믿음을 적재하고 위치를 가진 실행이다. 이는 명상적이고 평화로운 상태, 정신적이고 정동적인 마주침을 촉진한다."[166] 그래서 연구자들은 이러한 모빌리티의 크기와 범위를 칭송하기보다는, "육체적·감각적·정동적·정서적인 신체화된 실천"으로서 순례의 모빌리티에 가장 면밀히 초점을 맞추어 왔다.[167]

더 읽을거리

Howard, C., *Mobile Lifeworlds: An Ethnography of Tourism and Pilgrimage in the Himalayas*, Routledge, London, 2016.

Maddrell, A., 'Moving and being moved: more-than-walking and talking on pilgrimage walks in the Manx landscape', *Culture and Religion*, 14: pp. 63–77, 2013..

Maddrell, A., Terry, A. and Gale, T. (eds) *Sacred Mobilities*, Ashgate, Farnham, 2015.

Scriven, R., 'Geographies of pilgrimage: meaningful movements and embodied mobilities', *Geography Compass*, 8: pp. 249–261, 2014.

# 결론

모빌리티는 어떻게 행해지는가? 이 물음을 이제야 논하는 것이 다소 늦은 것으로 보일 수도 있겠지만, 이는 더 넓은 범위에서 학자들이 모빌리티의 수행을 느리게 붙잡았음을 반영하는 것이다. 우리가 탐구했듯이, 시각과 재현은 종종 실천, 수행, 움직임 자체에 대한 더 감각적인 체험의 문제를 놓치게 한다.

본 장이 탐구한 것은, 수많은 사회적 과정과 실천에서 모빌리티는 단순하고, 의식적이고, 계산적인 행위를 훨씬 넘어선다는 것이다. 여러 상이한 이론적 입장에서 나온 모빌리티에 대한 일군의 사고들을 병치함으로써, 우리는 모빌리티가 언제나 의식적으로 생각되거나 재현되는 것이 아닌 다중감각적 활동으로 이해되었음을 확인했다. 살펴보았듯이, 이러한 문제들은 고차적인 이론의 관심사일 뿐 아니라, 사회적 실천의 형성과 체험에 불가결한 부분 역할을 한다. 이러한 문제들은 어째서 모빌리티가 종종 습관적인지를 설명하고, 우리가 이동적일 때 어떻게 느끼는지를 조명한다. 그러나 실천이나 수행으로서의 모빌리티는 재현과 실천의 물음, 또는 사고와 비사고의 물음 사이에 겉보기 대립만을 세우는 것이 아니다. 보았다시피, 이러한 문제들은 우리가 사고와 재현이 무엇인지 더 주의 깊게 생각하는 데에 이바지한다.

모빌리티의 재현 이상의 정동적·정서적 차원을 다룸으로써 우리는 단일한 이동자와 이상적 개인의 지배 너머로 계속 나아갈 수 있게 되었다. 연결, 집합, 논의, 조합—이 모든 용어들은 모빌리티의 행함, 실천, 수행과 강하게 연합되어 있다. 모빌리티는 어떤 사람과 사물을 나란히 놓고, 다른 사람과 사물은 멀리 놓을 수 있다. 함께-이동적이 된다는 것은 신체 간의 장벽을 허물고, 관념·정동·동료감을 전달하는 것을 가능케 하여, 느낌 자체가 이동적이 될 수 있게 한다.

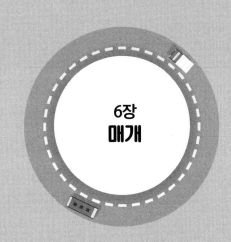

6장
**매개**

## 서론

홍콩에서 비행기를 타고 토론토 공항에 도착했다고 치자. 공항에 도착하여 비행기를 나서면 몸에 이상한 기계를 들이대는 여러 보안검색대와 출입국관리소를 지나게 된다. 많은 승객과 직원이 마치 수술이라도 하려는 양 마스크를 하고 있는 것을 보면 상황은 더 불편해진다. 2003년에 남아시아 내에서나 남아시아로부터 이동을 하는 많은 승객들이 이런 상황에 마주쳤다. 특히 캐나다에 올 때에는 더 그랬다. 사스(중증급성호흡기증후군)의 발생은 보안, 건강의 측면에서 긴급 상황을 낳았다. 바이러스는 싱가포르에서 캐나다, 미국 서부, 또 홍콩과 대만, 그리고 중국 내륙으로 여행하는 사람들의 움직임을 통해 퍼졌다. 출장자, 관광객, 이주자들이 일종의 폐렴을 닮은 이 병을 옮겼다.[2] 이 여정을 따라 사스는 8천 명 이상에게 전염되었고, 7백 명가량의 목숨을 빼앗았다. 공항 경계에 근무하는 요원들은 승객의 체온 상승을 관찰할 수 있는 감지장치를 사용했다. 체온 상승이 바이러스 보균자의 중요한 증상이었다.

뒤에서 더 자세히 논하겠지만, 이 사건을 더 살펴보면, 더 나아가 이 몇 달 동안 발생했던 대중적 불안을 고찰할 수 있다. 앞서 언급한 마스크는 아시아와 캐나다 국경 지대 및 공항터미널에 흔했다. 많은 사람들이 여행을 포기했다. 뉴스 방송사는 예측을 했고, 컴퓨터 시뮬레이션을 통해 이 전염병의 전파 가능성을 그려 냈다. 사람들의 이동을 관리하고 규제하는 온갖 메커니즘이 가동되었다. 케일과 알리가 말하듯이, 이 메커니즘은 "이 병을 옮기고 있거나 그런다고 의심되는—인간과 비인간의—신체에 대한 규제와 묶여" 있었다.[3]

   사스의 예로 본 장을 시작하는 것은 불안감도 주지만 강렬하다. 지난 몇 년간 아프리카 동부에서 빠르게 전파된 에볼라를 생각해 보면 더 그렇다. 이 사례에서 케일Roger Keil과 알리S. Harris Ali는[4] "옮기다"라는 단어를 사용하여 인간의 신체든 비인간의 신체든, 심지어 인공위성을 통한 전달이든 간에 모빌리티의 활동을 기술한다. 이러한 모빌리티는 통로와 경로—움직임을 위한 도관 역할을 한다. 이들 자신이 움직일 때조차 그렇다. 사람의 모빌리티는 놀랍도록 빠르게 지구상에서 전파되었던 이 병의 잠재적 이동화를 뜻한다. 그것은 도시 안에서 퍼질 수 있었다. 그것은 비행기 내에서 전달될 수 있었다. 그리고 그에 대한 뉴스는 다양한 미디어 전달자에 의해 빠르게 전파되었다. 하나의 모빌리티—사람의 움직임—는 다른 생명 형태의 모빌리티도 전적으로 가능해졌음을 뜻했다. 사람만이 매개자가 아니었다. 승객들을 수송한 것은 비행기와 기차였다. 인쇄물, 그리고 여타 형태의 전기적 소통 형태가 이 병에 대한 뉴스를 더 나아가 지구상에 전송했다. 모빌리티가 다른 모빌리티를 옮겼다.

   본 장은, 서로 개념적으로 분리된 것으로 보이는 상이한 종류의 모빌리티를 다룸으로써 이러한 매개된 모빌리티의 면모들을 탐구할 것이다. "통신"이라는 용어가 점차 수송과 분리되고 있음에 처음 주목한 사람은 아마도 마셜 매클루언Marshall McLuhan일 것이다. 이로 인해 스리프트는 후에 "수송과 통신은 분리될 수 없다"고 주장했다.[5] 매클루언이 보기에[6] 이러한 분리의 원인은 말, 관념, 이미지 같은 정보적 모빌리티가 돌, 동전, 파피루스 같은 물리적 대상 및 상품과 별거하게 된 데에 있었다. 매체와 메시지의 이혼은, 이어서 도로·차·물리적 수송 인프라와 정보 모빌리티의 연이 끊어진다는 것을 뜻했다. 본 장은 통신으로도 수송으로도 생각될 수 있는 모든 종류의 전기적·정보적·물리적 모빌리티에 초점을 맞추겠지만, 더 강력한 물음을 던질 수 있는 곳은 통신과 수송이 교차하는 곳—둘의 매개 방식—이다.

스리프트는[7] 어떻게 수송과 통신 각각이 "모든 방식으로 상대에게" 의존하는지를 설명함으로써 이러한 상호작동을 요약한다. 그는 신문이 우편의 역사, 그리고 "철로(또는 철도)와, 전보와" 밀접하게 짝을 지어 진화했다고 말한다.[8] 스리프트는 계속해서, 매개는 연결, 복잡성, 또한 일상에 대한 것이라고 말한다. 이러한 매개적 모빌리티는 "사람들의 삶으로 감싸이고 삶을 감싸는" 식으로 편재한다.

그래서 기차, 차, 자전거, 비행기에 의한 수송 모빌리티를 허락한 수송 테크놀로지로부터, 도로, 철로, 규정, 전선, 파이프와 케이블의 인프라, 그리고 이제 편재적인 이동전화 모빌리티라는 이동적이고 조그마한 대상까지, 본 장은 모빌리티가 매개 테크놀로지를 함축하는 다양한 방식을 탐구할 것이다. 그것은 인간, 동물, 사물의 결합체일 수도 있고, 신체와 행동 범위를 증강하는 인공기관일 수도 있고, 심지어 그 자체로 주체·병·혁신을 수송하는 모빌리티일 수도 있다.

첫째, 본 장은 우리 사회가 놀라우리만치 매개되어 있고 이동적임을 보여 줄 것이다. 이러한 매개성과 모빌리티는 사회적 관계를 허락하고, 촉진하고, 가능케 한다. 매개된 여행이 몹시도 중요해졌기에, 여행의 수단—매개자—은 국가의 문화, 지역적 정체성, 도락가 집단과 관련하여 식별해야 할 대상이 되었다.

이어서 본 장은 매개 역할을 하는 확산 과정을 논의할 것이다. 이는 어떻게 모빌리티가 다른 것의 모빌리티, 가령 질병의 모빌리티를 옮기고 전달할 수 있느냐는 것이다.

셋째, 우리는 모빌리티 인프라에 의해 경로가 정해지고, 방향이 지시되고, 매개되는 물질의 흐름을 탐사할 것이다. 우리는 이러한 인프라 모빌리티의 정치경제학, 공식적이거나 비공식적인 이것의 공급의 정치, 그리고 그 사이 공간에 주목할 것이다.

마지막으로, 본 장은 우리와 함께 이동하는 다양한 테크놀로지 및 물건, 특히 휴대전화로 증강된 모빌리티의 속성을 탐구할 것이다. 이는 경로와 이전을 추적하고, 가능케 하고, 규제한다.

## 비행기, 기차, 자동차, 그리고 그 이상: 수송되는 모빌리티

모빌리티 연구자들이 철도와 자동차 같은 근대 테크놀로지에 얼마나 많은 관심을 기울였는지를 탐사하기 전에, 종종 간과되었던 모빌리티의 한 범주를 잠시 고찰해야겠다. 이는 기수騎手 결합체의 비인간 수송 테크놀로지 같은, 동물에 의한 모빌리티다. 말과 기수의 관계에 대한 현상학적 접근법은 말과 말을 타는 신체가 거의 융합되는 것, 마치 하나처럼 리듬에 맞추어 움직이는 것을 논의해 왔다.[9] 과거 사회에 대한 고고학적 이해를 통해서, 이동적이 되는 우리의 능력에 동물이 기여한 중심적 역할을 눈치 챌 수 있다. 우리는 동물들로 인해 이동할 수 있게 되었을 뿐 아니라, 동물 때문에 이동했다. 소나 오리 등의 동물들을 도시에 있는 시장까지 몰아갔던 것이다. 오늘날에도 동물과 함께 이주하는 전통적 삶의 방식을 지속하는 사람들이 있다. 이 '이동방목 실천'에는 목자牧者, 양치기, 소몰이꾼이 관계되어 있다. 이들은 소유한 동물의 이주 패턴에 때라 주권국가의 경계를 넘는다. 제이컵 셸Jacob Shell은[10] 남아시아와 동남아시아에서 코끼리 모빌리티의 중요성을 밝히기도 했다. 이는 특히 도로가 파괴되었거나 지나갈 수 없거나, 아예 없을 때에 중요하다. 동물의 모빌리티는 위기, 홍수, 내전, 정치적 봉기의 순간에 결정적이 된다.

테크놀로지의 복잡화와 물신 가능성으로 인해 우리는 초기 사회를 극적으로 변화시켰던 인간과 동물의 더 단순한 협동적 발명을 보지 못할 수도 있다. 폴 비릴리오Paul Virilio는[11] 어떻게 수송 수단으로서의-말이 발명됨으로써 지도상의 점들이 더 가까워지고, 장소들을 효과적으로 연결하는 능력이 가능해졌는지를 보여 준다. 말의 신체는 "신체-가교"로 생각될 수 있고, 승마는 "고가 교차로"로, 글자 그대로 "인터체인지"로[12] 이해될 수 있다. 물론, 바퀴와 등자는 또 다른 핵심적 발명으로 간주되었다. 사람, 동물, 기계의 결합을 통해 이 발명품들은 인간의 이동을 해방시켰다.[13]

---

"이제 수송 수단을 진지하게 고려할 때다." 윌리엄 월터스는 그가 제안한 "경유정치viapolitics" 개념의 윤곽을 그리면서 이렇게 제안한다. 이주 연구와 모빌리티 사이를 움직이면서, 월터는 수송 수단 또는 "경유via"를 당연히 여기지 말아야 다양한 종류의 정치적 관계가 눈에 들어온다고 주장한다. 그러면 "우리는 이주를 배처럼 보거나, 문화적 정체성을 기차의 각도에서 보게 된다."[14] 모빌리티 및 여타 연구 영역 내의 이질적인 연구들을 인정하면서도, 월터스는 모빌리티의 포괄적 이론이 역사적 맥락적 환경을 덮어야 한다는 통일의 시도에 의혹의 시선을 보낸다. 오히려 월터는 어떻게, 언제 수송 수단이 이주의 정치를 매개하고, 확증하고, 복잡화하는지를 우선시해야 한다고 말한다.

그의 개념은 세 테제로 작동한다. 첫째, 수송 수단이 다양한 "이주 논쟁"에 연루되어 있다는 점은 삭제할 수 없으며, 수송 수단은 이주의 정치와 체험이 더 많은 대중에게 소통되는 방식을 매개한다. 실제로, 월터스가 보여 주듯이, 이주자들이 국경을 넘을 때 지나가는 불법적이고 절망적인 길에 사람들이 접촉하게 되는 것은 종종 탈것을 통해서다. 그는 이렇게 주장한다. "보트, 트럭을 통한 여정, 사막을 건너는 일이 헤드라인에 오른다. 이러한 이주의 시각적 경제에서, 특정 탈것과의 연합은 불편한 감각, 절망, 이주민과 연결된 스캔들을 심화시킨다."[15]

둘째, 탈것을 이주의 지도 위에 놓아 보면, 그것은 또한 "자기 나름의 권리를 갖는 관리와 논쟁의 이동적 구역이다." 달리 말하자면, 탈것은 이미 자기 특징적인 권력 기하학을 가진 채로, 중첩되는 관리 및 통제의 양상들과 교차한다. 이주자들은 여기에 알지도 못한 채 휘말릴 수 있다. 국경은 물론 탈것이 채우고 있다. 탈것은 보험 산업, 항구와 통관, 심지어 상할 수 있는 식품의 냉장 기준에 대한 생명정치적 관리 하에 놓인다. 이어서 밀항자를 밀반입하는 데에 사용될 수도 있다. "세계의 항로를 헤치고 나가는" 화물선, "주요 공급 루트를 따라가는 트럭, 지구를 둘러싼 상업적 항공로로부터 우리는 이제 탈것 자체를 끌어들이는 산포된 권력의 경제를 볼 수 있다."[16]

마지막으로, 월터스는 탈것이 정기적으로 정치적 행위의 배경이 된다고 주장한다. 여기에서 "하나의 탈것은 대중 앞에서 표현된 정치적 불만에 틀을 부여하는 '논쟁적 장면'이 된다."[17] 이후의 논문에서[18] 월터스는 국외추방 비행의 경유정치적 실천을 매혹적으로 상술한다. 이주자, 아마도 불법이주자를 추방하는 데에는 종종 상업 항공기나 대여 항공기가 사용된다. 이러한 실천은 더욱 가시적이 되었지만, 그 방식은 상당히 불균등했다. 상업 항공기는 이 실천에 대한 일종의 대중적 간과를 가능하게 했고, 그냥 보기에 피추방자를 더 불투명하고 심지어 비가시적으로 만드는 다양한 방식이 존재하기 때문이다. 월터스는[19] 이 방식들을 상술한다. 피추방자의 탑승 수속은 야단스럽지 않게 처리될 수 있다. 피추방자는 일반 승객보다 먼저 탑승할 수 있다. 모든 제약은 감추어지거나 숨겨져야 하고, 이들의 수와 빈도에 대한 자료는 이를 탐색하는 학자, 저널리스트, 대중에게 대체로 비가시적이다.

다양한 사회운동은 이러한 실천에 맞서려 했다. 이들은 강제 출국자가 처한 곤경을 보여 주기 위해 운항을 방해하는 활동을 했다. 가장 방해되는 피추방자들은 대여 항공기나 '특수 비행편special flight'에 타는 경우가 많고, 대중들에게 보이지 않은 채로 소위 '감시'를 통해 조사받곤 하지만, 여기에서도 역설적 가시성이 작동한다. 월터스는 영국의 정책을 상술하는데, 어떤 정부는 추방을 가시적으로 만들려는 의도에서 상업 항공을 이용한다. 정부가 진지하며, 정부가 내세운 이주 규칙을 강제하려 함을 보여 주려는 의도다.

■ 더 읽을거리

Walters, W., 'Migration, vehicles, and politics: three theses on viapolitics', *European Journal of Social Theory*, 18(4): pp. 469–488, 2015.

Walters, W., 'The flight of the deported: aircraft, deportation, and politics', *Geopolitics*, 21(2), pp. 435–458, 2016.

모빌리티 연구자들이 모빌리티의 정치를 진지하게 고려해야 했듯이, 매개된 동물 모빌리티도 불평등한 권력관계, 분리, 불평등에 처해 왔다. **사례 연구 6.1**에서 데이비드 램버트가 보여 주듯이, 인간과 동물의 결합에 대한 검토는, 계급 · 인종 · 권력의 미묘한 관계를 생산하는 복잡하고 대단히 불평등한 조합을 드러낸다.

뒤에서 보겠지만, 모빌리티와 동물의 순환은 또한 몹시 만연한 모빌리티의 형태, 가령 질병을 매개한다. 모빌리티 관리는 이러한 모

---

**사례 연구 6.1**  **식민시대 서인도에서의 공동-모빌리티**

역사가이자 지리학자 데이비드 램버트는 18, 19세기 자메이카와 바베이도스에서 그가 "주인-말-노예" 관계라고 부르는 삼중 관계에 대한 재현과 체험을 탐사한다. 그는 네덜란드의 캐리커처를 출발점으로 삼는다. 여기에서 서인도의 노예 소유자는 말에 타고 있고, 노예는 말의 꼬리를 잡고 뒤에서 걷거나 달리고 있다. 이 만화는 실제적이고 공통된 어떤 실천을 표현하는데, 램버트가 보기에 이는 두 가지 중요한 이유로 의미가 있다. 첫째, 이러한 배치가 보여 주는 것은, "인종화된 권력의 지배적 관계를 표현하고—이 경우에는—강화하는 데에 봉사하는 일상적 이동 실천"이다.[20] 영국이 지배하던 서인도에서 말을 타는 것은 엘리트나 중위 계층 백인 서인도인의 주요 수송 수단이었으며, 또한 경주 같은 즐거움과 여가 활동이기도 했다. 말 꼬리를 붙잡아서 말을 멈추는 노예 없이 엘리트 노예주가 말을 탄다는 것은 거의 생각할 수 없는 일이었다. 둘째, 말의 지위와 노예가 동급이거나 심지어 더 낮음을 보면, 노예와 말은 함께 취급되었다. 카리브해의 플랜테이션 농장주의 소유 목록에서 비슷한 범주를 보자면, 말은 일종의 동산動産이었다. 말, 노예, 주인이 함께 움직임으로써, 이들의 관계는 램버트가 일종의 '공동-모빌리티co-mobility'라고 부르는 것을 보여 준다.

주인-말-노예의 공동-모빌리티는 불평등한 식민 관계를 표현했을 뿐 아니라, 실제로 이를 강화하는 역할을 했다. 백인이 걷는 것은 상상할 수 없는

---

일이었다. 말 등에서—그리고 그것이 실체화하는 사회적 위계에서—내려온다는 것은, 백인 엘리트 공동체에서도, 자기 기준에 맞추는 데에 실패한 백인 유럽인을 손가락질하는 노예들 사이에서도 망신당할 위험을 감수하는 것이었다. 램버트는 말의 육체적 특성조차도 일종의 '주인됨', 동물에 대한 기수의 지배를 상징했다고 본다. 이는 주인과 노예의 이상적 관계를 수행하는 것이었다.

높이의 차이, 땅에 있는 인물을 내려다볼 수 있는 기수의 능력, 말의 크기와 체구가 모두 지배관계를 물리적으로 의미했다. 채찍과 낙인, 노예제와 동물에 대한 지배의 일차적 상징은 둘 다 이러한 연상의 연쇄를 한층 강화시켰다. 그래서 주인-말-노예는 백인의 권력과 특권의 반영일 뿐 아니라, 이 권력과 특권을 부각시키고 강화하는 수단이었다.[21]

카리브해의 더위 속에서 말을 타는 것은 당연히 힘든 일이었고, 노예의 임무는 이러한 불편을 누그러뜨리는 것이었다. 물론 주인의 불편은 더위 속에서 달리거나 걸어야 했던, 말 뒤라는 위험한 위치에 있던 노예의 고통에는 비할 바가 아니었다. 다만, 이 공동-모빌리티에 대한 체험과 목격이 언제나 이 관계에 주어진 이러한 문화적 의미를 강화하지는 않았음에 주목해야 한다. 램버트는 1796년 안티구아를 방문했던 프랜시스 베일리 Francis Baily의 기록을 인용한다. 그는 말 꼬리를 잡도록 주인에게 "허락을 받은" 노예를 목격하고서 느낀 이견을 기록했다.

> 이러한 식으로 나는 흑인들이 주인을 따라가는 것을 보았다. 흑인들은 종종 채찍을 쥐고 있었는데, 이는 주인이 채찍을 드는 노고를 하지 않게 하기 위해서였다. 이러한 터무니없는 광경을 목격할 때, 나는 종종 주인이 저 불쌍한 짐승보다 훨씬 채찍을 맞아 마땅하다고 생각했다.[22]

■ 더 읽을거리

Lambert, D., 'Master–horse–slave: mobility, race and power in the British West Indies, c. 1780–1838', *Slavery & Abolition*, 36(4), pp. 618–641, 2015.

Specht, J., 'Animal history after its triumph: unexpected animals, evolutionary approaches, and the animal lens', *History Compass*, 14(7), pp. 326–336, 2016.

The special issue of *History and Theory*, 'Does History Need Animals?', 52(4): p. 146–167, December 2013 참조.

빌리티와 불편한 관계를 가진다. 구제역 모빌리티에 대한 존 로John Law의[23] 혁신적 저작은, 영국에서 동물을 도살하고 분배하는 산업에 대한 관리와 규제가 부분적으로 2001년 영국의 구제역 사태의 원인이 되었음을 보여 준다. 그래서 동물 모빌리티는 이러한 움직임을 훈육하고 통제하려는, 점점 늘어나는 형태의 관리와 보안의 주제가 된다. 공항에서 일어나는 생명보안적 실천을 다룬 루시 버드Lucy Budd의[24] 작업이 이에 해당한다. 스테파니 라보Stephanie Lavau가[25] 명확히 표현했듯이, 모빌리티는 "전염성이 어떤 것인지"와 관련해 전적으로 핵심적이다. 기후와 에너지의 불확실성은 전쟁과 환경 파괴에 민감한 국민들의 불안 감각을 증대시킬 수 있다. 그렇다면 비인간이나

도판 6.1 고故 토머스 히버트 님의 기념비, 1820~1824년 자메이카 세인트 메리 교구 아구알타 계곡에서. 헤이크윌Hakewill(1825), 《자메이카 섬 그림 여행A Picturesque Tour of the Island of Jamaica》 출처: Wikipedia, public domain

반인간 모빌리티에 어떻게 주목해야 하는가?[26] 힌치리프Steve Hinchliffe 와 라보는[27] 그들이 새로운 "조류 풍경avian landscape"이라고 부르는 것을 추적하면서, "조류의 삶"을 형성하게 된 새들의 국제적 이동의 전 지구적 순환을 탐사한다.

새의 이동 움직임은 이러한 종류의 "공중의 삶"이 주권국가의 국경을 전적으로 침투할 수 있음을 보여 준다.[28] 이와 마찬가지로 힌치리프와 라보는 또한 세계에 관하여 "지구상에 고정적으로 대략 210억 마리의 새를 보유한, 몹시 높은 처리량을 가진 가금 산업이 등장하기 50년 전에는 상상할 수 없었던 방식으로 현재는 질병이 순환하고" 있다고 기술한다.[29] 서식지의 변화, 가금 농장과 여타 산업으로 혼란스러워진 새의 모빌리티는 공간과 근접성의 얽힘을 새로이 형성하고 있다. 새와 야생동물의 모빌리티와 순환은 전례 없는 밀접성과 교환을 자득할 수 있다. 남아시아와 중국 같은 지역에서는 비행기 여행의 증가가 가속화되면서 여행과 무역 네트워크가 생겨나고 있다. 또한, 멀리 떨어진 장소들을 가깝게 만드는 상호연결된 모빌리티 체계의 귀결을 이해하려는 다양한 모델, 시뮬레이션, 예측과학이 생겨나고 있다.[30]

## 기차 여정

아마도 이동적 매개에 초점을 맞출 때에 가장 명백한 출발점은, 이제는 익숙한 '시공간 압축'이라는 용어일 것이다. 데이비드 하비[31] 같은 저자들이 철도와 비행기 같은 모빌리티 테크놀로지의 결과로 본 것, 시간과 공간을 건너가는 여정을 매개하는 능력은 공간 '압축'의 핵심 재료로 간주된다. 이 압축은 19세기 철도 네트워크의 성장 및 여타 매개 테크놀로지 덕분에 가능해졌다. 스티븐 컨이 보기에 이는 자기 신체와 정보를 공간을 건너 빠르게 이동시키는 "물질적 기반을 수립"했고, 또한 그런 행위의 의미를 변화시켰다.[32] 이동적 매개자는 진보적 사고의 상징으로 이해되었고, 종종 해방적 테크놀로지로서 추구되고 조달되었다. 볼프강 쉬벨부쉬Wolfgang Schivelbusch의[33] 철도사史에 의거하여, 스리프트는[34] 어떻게 순환의 모빌리티가 "건강"하고 "진보적"인 것으로 간주될 수 있었는지를 탐구한다. "소통, 교환, 운동"이 "고립과 단절"이라는 장애를 극복하여 "계몽과 진보"를 가져왔다는 관념은[35] 실로 오래된 발상이다.

철도 여행과 철도 지각 문화의 핵심적인 역사적 의미는 쉬벨부쉬의 훌륭한 저작 《철도 여정》에서 가장 명확히 느껴진다. 쉬벨부쉬는 철도 모빌리티에 관한 엘리트적이고 문학적인 산문으로부터 일반인의 의견에 이르는 다양한 관점들을 제공해 준다. 존 러스킨과 여타 문학적 · 풍경적 낭만주의자들은 일종의 상실을 애도했다. 철도의 속도와 가속은 승객을 혼란시킬 뿐 아니라 세계로부터 차단하기 때문이다. 퍼드 매덕스 퍼드가 보기에, "우리는 박물관의 침묵을 들여다보는 것마냥 유리 뒤에 있다. 거리의 비명, 아이의 외침은 들리지 않는다."[36] 러스킨은 자동차, 심지어 근대 비행기에 대한 관점과 비슷하게, 기차가 승객을 절연시킨다고 보았다. "러스킨은 말한다. '당신이 눈이 있든, 자고 있든, 눈이 멀었든, 똑똑하든 맹하든 상관이 없다. 시골을 지나가면서 당신이 알 수 있는 것은 기껏해야 그 지질학적 구조와 일반적인 옷감뿐이다.'"[37]

반면에 숭배자가 보기에 철도 여정은 인상파 회화와 비슷한 것을 제공했다. 그것은 형태와 모습의 선명한 윤곽을 흐릿하게 증발시킨다. 그것은 터너의 유명한 작품 〈비, 증기기관차, 속도〉에 표현된 파노라마적 지각이나 무상한 지각과 비슷한 것이었다. 빅토르 위고는 이렇게 보았다.

길가의 꽃은 더 이상 꽃이 아니라 붉고 하얀 색점, 어쩌면 줄무늬였다. 더 이상 점은 없고, 모든 것이 줄무늬가 되었다. 밀밭은 대단히

도판 6.2 J. M. W. 터너의 〈비, 증기기관차, 속도〉, 1844. 출처: Wikimedia Commons

충격적인 노란 머리칼이었다. 자주개자리 밭은 녹색 긴 머릿단이었다. 마을과 나무는 지평선에서 미친 듯이 어우러져 춤을 추었다.[38]

철도는 모욕을 느끼거나 무시할 양식이 아니었고, 오히려 철로를 평원이나 평범한 전원 풍경에서 미를 찾아내는 수단으로 보는 시각이다. 프랑스에서는 이런 의견이 있었다.

기차는 몇 시간 만에 … 당신의 눈앞에 무한한 파노라마, 매혹적인 회화와 새로운 놀라움의 방대한 연속을 펼친다. … 기차에게 세부를 보여 달라고 요청하지 말라. 살아 있는 전체를 보여 달라고 요청하라. 기차는 당신을 화가와도 같은 기량으로 매혹시킨 후에, 갑작스레 멈춘다. 그리고는 그저, 당신이 내려서 원하는 길을 가도록 해 준다.[39]

철도 여정에 대한 더 현대적인 접근은 글렌 라이언스Glen Lyons 등이 "여행 시간"이라고 부른 것을 진지하게 고려하려 했다. 그것은 여행에—가령 기차 여행에—들인 시간이 사용되고, 지각되고, 경험되는 방식이다. 특히 라이언스는 여행 시간을 선물로 이해하려 했다. 그러니까 기차 여행에 들인 시간을 "낭비된" 것으로 보지 않고, 오히려 그 덕에 철도 모빌리티를 다르게 생각할 수 있다는 것이다. 예를 들어, "이행 시간"으로서 철도 여정은 가족적·직업적 등등의 의무와 역할 사이를 조정하는 방법으로 볼 수 있었다.

제인Juliet Jain과 라이언스는[40] 사람들이 철도 여행을 "깨어날 시간"

또는 정비하는 시간으로 본다는 것을 발견했다. 여행은 예를 들어 일을 준비하는 과정, 탈스트레스 과정, 즉 삶의 긴장과 스트레스에서 탈출하는 과정일 수 있다. "연결된 시간"[41]으로서, 라이언스는 기차 여행이 더 이상 시간을 어떤 사회적 관계로부터 단절하는 것이 아니라, 오히려 관계를 유지하는 시간을 제공한다는 것을 발견한다. 이러한 의미에서 여행은, 그러한 순간을 사실상 사람들은 바라마지 않는 연결로 "감염"시킴으로써 사회적 관계를 유지하고 보존하는 능력을 제공한다. 그러나 라이언스가 보여 주듯이 이런 시간 개념, 종종 편파적이고 상당히 비뚤어진 시간 개념은 거대한 인프라 기획 논리에까지 배어들었다. 예를 들어, 영국 고속철도 논쟁이 그렇다. 이 논쟁은 흔히 여행 시간이 낭비된 시간이라는 작위적인 논증에 근거한다. 패트리샤 모크타리언Patricia Mokhtarian은 이를 "여행은 최소화되어야 할 비효용이라는 가정"이라고 표현했다.[42] 그러니까 여정을 더 빠르게 만들 수만 있다면 "비생산적인" 시간이 "회복"될 수 있으리라는 것이다.[43]

이러한 사고에 따라, 철도 여행에 관한 다른 관점은 승객들이 기차를 타는 동안에 작동하는 이동적 행위와 경험이 어떤 종류인지를 탐구하려 했다. 이는 철도에서의 소위 낭비되는 시공간에 사람들이 무엇을 하는지를 묻는 것이다. 데이비드 비셀[44]과 로라 와츠[45]는 세세한 문화기술지적 현장 연구를 통해, 승객이 된다는 것의 일상적 실천을 검토했다. 이들의 연구가 보여 주는 것은 텅 빈 순간들이 아니라, 일에서부터 독서, 몽상, 사교에 이르는 다양한 능동적·수동적 활동을 지닌 여정이다. 비셸은 기차와 탑승자를 점령하는 특정한 승객 분위기의 조정과 공동생산뿐 아니라, 정서와의 실질적인 교섭에까지 관심을 가진다.

이 논쟁에 비셸이 기여한 바는 모빌리티를 생산성과 연결하거나, 심지어 부동성을 수동성과 연결하는 것과 완전히 모순된다. 기차 여행에 대한 비셸의 현상학은 차량 안에서 대기하고 있는 부동적 신체 주체가 단순한 이분법에 순응하지 않는다는 것을 보여 준다. 여행 모빌리티와 매개된 모빌리티가 요구하는 것은 단순히 흥분하기 쉬운 신체가 아니다. 승객이 화를 내고, 짜증 내고, 심하게 스트레스 받는 일은 빈번히 일어날 수 있다. 그러나 조용히 있는 것도 노력을 요한다. 승객의 경험은 낯선 이나 그들의 대화로부터 잠자코 물러나는 것일 수 있다. 그것은 열차의 흔들림에 따라 순순히 잠에 빠져드는 것일 수 있다.[46]

물론 이러한 물러남은 철도 여행에 대한 완전히 새로운 특징짓기는 아니다. 공적 공간에 대한 어빙 고프먼의 유명한 사회학적 분석은[47] 몹시 매개된 환경에서 일어나는 우연한 마주침과 원치 않은 접촉을 헤쳐 나가기라는 현대적 문제를 묘사한다. 열차 차량의 폐쇄 공간에 낯선 이들이 모이면 어떤 일이 일어나는지를 설명할 때, 고프먼이 발견하는 것은 다른 승객의 눈을, 특히 바라보기를 기피하는 성향이다. 이는 "확실하게 다른 방향을 바라보는" 행위를 요구하는 것으로 보인다.[48] 이러한 실천은 무의식적 태도와 습관 이상의 것으로 보인다. 그것은 "여기 있는 사람과 교류할 수 없음, 또는 교류하고 싶지 않음을 아주 생생하게" 표현할 수 있는 의식적 행위이기도 하다.[49] 이러한 행위는 미세하고 무의식적인 사회적 실천에서 일어나기도 한다. 엘리베이터를 기다릴 때의 사회적 마주침이 때로 꽤나 어색한 순간을 제공한다는 것을 우리 대부분은 알고 있다. 엘리베이터 안에서는 "시민적 무관심civil inattention"의 사회학이 등장한다. "안전한 여행이 이러한 깊은 집중에 달려 있기라도 하다는 양" 승객들은 "엘리베이터 안내원의 목덜미", "바닥을 밝히는 작은 빛"을 과도하게 주목한다. 무관심은 이러한 과도한 관심으로 형성된다.[50]

고프먼과 비셀은 근대 기차 여행의 통상적 모빌리티를 환기시켰다. 다른 한편, 철도 모빌리티에서 빠름만큼이나 느림이 핵심이 되는 경우를 보면, 철도에서 일어나는 교제의 또 다른 형태를 볼 수 있다. 확실히 인도는 빠름을 강조하지 않는다. 뭄바이의 밀집 현상에 대해 바이제얀티 라오Vayjayanthi Rao가[51] 썼다시피, 인도 도시의 철도와 통근열차는 그 혼란스러움, 각 차량에 놀랄 만큼 빽빽하게 들어찬 사람들로 유명하다. 라오는 키란 나가르카르Kiran Nagarkar의 책《라반과 에디》를 인용하여, 일상적 모빌리티의 한 장면을 환기한다.

지역 열차 한 대가 역에서 멈추지 않고 지나갔다. 스펀지를 쥐어 짜는 것처럼, 플랫폼 위의 사람들이 물러섰다. 차량 창문의 손잡이에 통근자들이 매달려 있었다. 어떤 사람들은 차량 사이의 뭔지도 모를 곳에 위험하게 서 있었다. 가끔 한 번씩, 바지 입은 다리나 팔이 마구 흔들리다가, 교각에 달린 신호등이 쏜살같이 지나갈 때엔 황급히 주

인에게로 돌아갔다. 기차의 옆면은 꽉 들어찬 사람들이 가하는 압력으로 인해 부풀어 있었다.[52]

이러한 속도와 근접성의 압력솥 같은 풍경을 로이와 한남의 글과[53] 비교해 볼 수 있겠다. 이 글은 벵골 북부 히말라야 고원을 올라가는 유명한 식민 철도인 다질링 히말라야 철도DHR에 관한 글이다. 이 기차에 대한 문화기술지적 작업의 탐구 대상을 저자는 "속도와 놀이"라고 부른다. 승객들은 이러한 느린 속도에 반응했다. 이는 우리가 논의했던 철도 여행의 익명성과 비인격적 속도를 환기시키지 않는다.

그래서 DHR은 나를 일깨운다. DHR의 느린 속도로 인해 풍경을 보고 열차 내부를 볼 기회가 생기기 때문이다. 다른 여행 방식과 달리 DHR은 보고, 생각하고, 기차 안팎의 사람들과 관계할 시간을 제공한다.[54]

여행자들은 통상적으로 사진을 이용해서 이러한 체험을 포착하려 한다. 그것은 말하자면 "머물러 있는 순간, 멈춤, 시각적 장면", 철도의 이 극적인 등반의 매 걸음에 대한 "찬미"다.[55]

다른 한편, 멜리사 버처Melissa Butcher는,[56] 승객의 모빌리티를 등질화 · 순수화하려는 노력이 아주 명백함에도 불구하고, 인도의 도시 자체 내에서 기차에 거주하고 기차를 이용하는 양상은 아주 다양하게 존재함을 보여 준다. 델리의 새 도시철도 노선에서 승객의 실천을 검토하면서, 버처는 행동규칙을 도입하여 철도 여행에 관한 새로운 감수성을 구축하려는 도시철도 당국의 노력을 탐구한다. 가까이 있는 사람을 존중하고, 장벽을 넘어가지 말고, 철도를 횡단하지 말고, "길을 비켜 주고, 멀리 이동하고, 왼쪽에 서고, 줄을 서고",[57] 차량 바닥에 앉지 말라는 규칙이 승객들에게 글과 말로 전달된다. 다른 훈육 형태와 마찬가지로, 인도 철도의 이러한 새로운 행동규칙은 배제하는 역할을 한다. 이제 자신이 여기에 맞지 않는다고 느끼거나, 새로운 시스템을 이용할 자금이 없는 행동과 여행 주체를 배제하는 것이다. 실상, "젠더, 민족, 연령, 계급의 차이" 같은 도시의 다양성이 좁은 공간에 압축되는 이 놀라운 감각을 델리 도시철도가 여전히 허용하는 한, 철도 모빌리티 실천을 배우는 목적은 타인과 근접하는 데에서 오는 모욕, 수치, 불안, 안전 문제를 헤쳐 나가고 피하기 위해서임을 버처는 보여 준다. 칠레의 히론의 연구에서도 그렇듯이, 승객들이 찾아낸 대처 방안은 스스로를 덜 방해되게, 어떻게든 더 작게 만드는 것이었다.

## 자동차 모빌리티

자동차 테크놀로지는 모빌리티 연구에서나 더 먼 분야에서나 가장 많이 논의된 주제일 것이다. 이를 분석한 많은 논문, 모노그래프, 특집호가 있다. "자동차 모빌리티automobility"란 용어는 자동차가 매개하는 모빌리티를 가리키는 주된 명칭으로 등장했다. 어리와 셸러의 도식에 따르면,[58] 기계와 인간의 접합이 현현함으로써 "자동차-운전자car-driver"가 생겨났다. 그 이후로 자동차 모빌리티는 신체와 자동차 사이에서, 또한 "도로, 건물, 표지판, 모빌리티 문화 전체"의(같은 곳) 더 넓은 결합체 사이에서 등장하는 모빌리티의 새로운 가능성을 뜻한다. 어리에 따르면, 자동차는 사회적 상호작용이 이러한 이동적 증강을 통해 직접적으로 일어남으로써 "〔이〕움직임을 통해서 사람들이 거주하고 사회적으로 상호작용"하게 된다는 것을 뜻한다.[59]

자동차는 종종 현대사회를 특징짓는 테크놀로지로 이해된다. 어리는 정규적으로 다음 상황에 대해 썼다. "지금 사람들이 '사회적 삶'이라고 생각하는 것은 자동차 여행의 사용과 유연성이 없었더라면 그냥 불가능했을 것이다. 자동차는 변덕스럽게, 준비 시간을 별로 계획하지 않고서도 이동하여 일터로, 가족과 친구에게로 갈 수 있게 해 준다."[60]

개인적 자동차 여행은 매개된 모빌리티의 가장 유연한 형태 중 하나다. 가령 철도 여행과 비교해 보자면 그렇다. 자동차 여행은 개인이 자기 활동과 삶을 책임지게 하기 때문이다. 어리가 보기에 이는 "사회뿐 아니라 자신에 대한 반성적 검토"도 낳는다. "사람들은 끊임없이 수정되기는 하지만, 그럼에도 불구하고 일관적인 생애의 서사를 유지하려 한다."[61] 철도 시간표는 모든 여행자들이 타고 내리는 시간을 창조하는 반면,[62] 자동차는 다수 "시간들"의 가능성을 창조한다. 그것은 "개인화된, 주관적인 시간성"을[63] 허용하여, 사람들이 자기가 선택한 시간에, 자기가 끌리는 목적지로, 철도 같은 경직된 시스템에 의존하지 않고 이동할 수 있게 해 준다.

자동차 여행이 얼마나 많은 일상적 활동을 구성하는지를 숙고하지 않고서 사회에 대해 생각하기란 불가능에 가깝다. 이러한 문헌들에서 "오토피아Autopia"나 "자동차-문화Car-culture" 같은 다양한 용어와 명명이 발달하였다.[64]

운전과 일의 관계를 추적하는 프로젝트를 통해 에릭 로리어Eric Laurier가[65] 밝혀낸 것은, 흔히 책상에서 하는 근무 형태와 이어져 있는 실천을 응답자들은 정규적으로 운전하면서 처리한다는 것이었다. 그것은 비서에게 편지를 받아쓰게 하거나, 불평하는 클라이언트에게 전화 응답을 하거나 하면서 근무자와 멀리 떨어진 사무실과 계속해서 소통하는 활동을 포함한다. 이 모든 것이 운전과 동시에 시도된다.[66]

로리어와 그의 팀은 문화기술지적 방법을 이용하여 실천 또는 수행의 지점에 접근할 수 있었다. 이 방법에서, 연구자들은 이동 중 근무를 이루는 신체적 실천들을 목격하고 기록함으로써, 응답자들이 단순히 자기 행위를 다시 설명하는 것 이상을 가능케 했다. 응답자 앨리의 근무 활동을 묘사하는 그들의 문화기술지적 연구에서 약간 인용해 보자.

앨리는 도로를 따라서 상당히 빠르게 이동하고 있다. … 눈앞의 도로를 훑어보는 일과 동시에 그녀는 내 허벅지에서 균형을 잡고 있는 인쇄된 이메일함을 내려다본다. 오늘 그녀 옆 좌석에 문화기술지학자가 타고 있지 않았다면, 이 문서들은 조수석 위에서 균형을 잡고 있었으리라. 커다란 더미를 정리하는 데에 내 도움을 받으며, 그녀는 문서 두 개를 선택하여, 전화를 걸기 전에 우선 자기 앞의 핸들에 올려 둔다. 문서를 올려 두는 동안, 앨리는 문서를 훑어보며 다음에 누구에게 전화를 해야 하는지, 통화 중에 어려운 점이 무엇이 있을지 조용히 되뇐다.[67]

실천을 다룬 앞 장에서 논의했던 감각과 촉각적 체험에 따르면, 자동차 이동에서 느껴지고, 보이고, 들리고, 냄새나는 것들 그리고 그 밖의 훨씬 더 많은 것들은 자동차와의 상당히 구체적인 동일시로 이끌 수 있다. 이는 자동차 애호가, 카 레이서,[68] 클래식 카 수집가[69]―사라 레드쇼Sarah Redshaw가 보여 주었듯이[70] 이들은 자동차 소유를 성인으로의 통과의례로 본다―에서부터, 종종 성차별적 · 인종혐오적 · 반환경적인 주제가 프로그램을 뒤덮음에도 불구하고 〈탑 기어 Top Gear〉 같은 쇼〔2002년부터 현재까지 영국 BBC에서 방영 중인 자동차 버라이어티 프로그램〕가 가지는 폭넓은 호소력에까지 이른다.

다른 한편, 도로만으로 된 인프라 공간에는 강력한 형태의 애착과 의미가 주어졌다. 예를 들어 영국의 M1 고속도로,[71] 독일의 아우토반,[72] 그리고 물론 미국의 66번 국도나 블루리지 파크웨이에 대한 반응이 그랬다. 팀 에덴서Tim Edensor는 인도에 대한 연구에 근거하여, 자동차가 실천과 행함의 일상적이고 평이한 형태를 통해 민족의식에 녹아들어 갔다고 주장한다.[73] 그는 고유의 독특한 문화적 공간에 자리하고 있는 "자동차중심적" 문화적 실천을 끌어옴으로써, 도로와 운전에 관한 고유의 관습과 사회규범을 제공하는 인도의 운전 사정의 풍부한 사례를 제시한다.

결정적으로, 우리의 자동차 기반 사회는 결백하지 않다. 자동차는 우리의 모빌리티를, 우리 삶의 방식을 조직했을 뿐 아니라, 몹시 다른 종류의 자원에 근거하는 다른 종류의 모빌리티를 아주 특정한 방식으로 몰아내기까지 했기 때문이다. 어리와 드니스Kingsley Dennis는 이렇게 표현한다.

> 자동차 체계는 삶의 방식, 문화 전체다. 그것은 현대 세계의 움직임, 즐거움과 정서를 재정의했고, 다른 모든 모빌리티 체계에 풍경이 가지는 적도適度를 변형시켰다. 이 체계들은 자동차 체계의 지배가 조각한 풍경에서 자기 자리를 찾아야 한다.[74]

자동차의 단일 환경은 시간과 공간을 지배하여 "보고, 듣고, 냄새 맡고, 심지어 맛볼 수 있는 것이 무엇인지를 변형"한다.[75] 베크만Jörg Beckmann은[76] "도보만-이용하는-사람feet-only-user"이 어떻게 드라이브인 극장 같은 곳에서 거부당하고, 도로만-있는 환경을 헤쳐 나가는 데에서 어려움에 맞닥뜨리는지를 기술한다. 이동을 위해 개인적으로 자동차를 이용하지 못하는 사람은 "점점 갓길로 밀려난다. … 이러한 자동차 기반 도시에서, 걸음이란 … 모빌리티에 대한 대중적 사고틀에서 사라져 버렸다."[77]

린 퍼스는 맨체스터를 무대로 한 서설에 근거하여 이 주제들을 탐사하며, 자동차에서 내다보는 세발드의 압도적인 관점에 대한 묘사를 발견한다. 맨체스터에 도착한 후, 세발드가 겪은 택시 모빌리티는 인간 존재가 제거된 도시, 자동차만을 위해 남겨진 도시 인프라를 발견한다.

우리는 벽돌 건물 사이의 어두운 협곡을 따라 운전했다. 건물 대부분은 6층이나 8층 높이였고, 어떤 것은 번쩍이는 도기 타일로 장식되어 있었다. 심지어 이곳, 도시의 심부에조차, 이제 시간이 6시 15분 전쯤 되었을 터임에도, 사람 하나 찾아볼 수가 없는 것이었다. 혹자는 이 도시가 버려진 지 오래라고, 이제는 거대한 공동묘지나 영묘로 남아 있을 뿐이라고 추측할지도 모른다. 택시 기사들은 ⋯ 좁은 길목으로 들어가는 그레이트 브리지워터 거리로 꺾어, 겨우 창 두 개 폭밖에 안 되는 집 앞에 차를 세웠다. 그을음으로 새까매진 집 전면에는 **AROSA**라는 이름이 네온사인으로 흔들이고 있었다.[78]

그래서 우리는 자동차와 관련한 많은 연구가 자동차 모빌리티를 테크놀로지의 폐쇄성과 차단, 심지어 "감금"과 연결시키고, 뿐만 아니라 타인을 출입 금지시키는 실천과도 연결시킴을 본다. 자동차 모빌리티를 비판적으로 다룬 현대의 저작들은 자동차와 자동차 모빌리티 체계를 자원 및 환경에 관한 일군의 우려 사항과 관련해 심히 문제적인 것으로 보려 했다. 자동차 모빌리티는 자동차 생산과 소비에, 또한 석유 또는 탄소에 기반한 에너지 형태에 의존하는 훨씬 폭넓은 산업과 경제를 암시한다. 어리가 보기에, 경제가 자동차 모빌리티에서—그래도 탄소에 기반한 자동차 모빌리티에서—멀어지거나 다른 것으로 이행해 가는 것이 어려운 만큼, 사회는 이러한 결합체에 "감금"되어 있다.[79]

자동차 기반 체계 속으로 고정되고, 또 그로부터 정의되는 것은 특정 실천들만이 아니다. 자동차 모빌리티는 또한 우리가 살고 있는 정착지의 구성, 마을 · 도시 · 이웃의 형태를 구조지었다. 프로인드Peter Freund와 마틴George Martin은 그들이 "초-자동차 모빌리티"의

---

**핵심 개념 6.2** **모빌리티 이행**

기후변화 및 전 지구적 환경 변화가 지역에 끼치는 영향을 인지하게 되면서, 연구자들은 자동차 모빌리티 같은 체계를 고탄소 형태에서 저탄소나 비교적 저탄소 모빌리티 형태로 옮기는 것이 중요함을 인식했다. 이 과정은 일종의 '이행'으로 이해되었다.

모빌리티 이행에 대한 모빌리티 연구자들의 탐구는 이행에 대한 사회기술적socio-technical 이해에 어느 정도 영향을 받았다. 이는 주로 네덜란드의 이론가 프랑크 헤일스Frank Geels와 다층위 관점Multiple Level Perspective에 근거한다. 이러한 접근법은 변화에 대한 체계의 저항을 이해하고자 하되, 그들이 사회기술적 "체제regime"라고 부르는 것 속의 테크놀로지에 일차적으로 초점을 맞춘다. "과학적 지식, 공학적 실천, 생산과정 테크놀로지, 제품 특성, 기량과 절차, 기관과 인프라"가 그것이다.[80]

여러 가지 매혹적인 사례들이 있다. 기업적이고 사업적인 지방정부가 기획하는 저탄소 모빌리티 이행, 지속 가능한 이행 공동체, 시민사회와 활동가의 운동 등이 그렇다. 그러나 큰 규모에서 이러한 시도는 주로 미래 도시의 상상이나 예비 단계의 형태를 취한다. 두바이 토후국에 위치한 마즈다르시市가 그 예이다.

수송 기하학과 모빌리티 연구의 관점에서 다층위 관점을 비판하는 학자들은, 사회, 문화, 개별 모빌리티 습관을 섬세히 이해하는 것이 더 효과적인 이행을 이해하는 데에 더 생산적이라고 제안한다. 미미 셸러는,[81] 익숙한 모빌리티 습관과 실천의 "문화적 이행"이라고 우리가 생각할 수 있는 것, 모빌리티가 사로잡혀 있는 사회적 관계, 모빌리티를 자율성이나 자유와 연결하는 식의 문화적 의미에 주목할 것을 요구했다. 셸러는 이렇게 주장한다.

> 현행 자동차 모빌리티 패턴에 단순히 더 많은 대중교통수단, 약간의 자전거 도로와 전기차를 끼워 넣는 것은 사실은 혁신적 변화에 저항한다. 그 기저에 있는 자율적 모빌리티의 문화, 자동차 모빌리티가 동반하는 공간적·사회적 관계, 개인적 모빌리티를 자유와 등치하는 문화적 담론의 지형은 문제시하지 않은 채로 남겨 두기 때문이다.[82]

팀 크레스웰이 이끌고 필자와 안드레 노보아Andre Novoa, 제인 리Jane Lee, 크리스티나 테메노스Cristina Temenos, 안나 니콜라에바, 애스트리드 우드Astrid Wood가 참여하는 연구팀은 이동적 삶 포럼의 자금을 지원받아, 세계 14개국에서의 모빌리티 이행을 탐구하는 프로젝트를 시작했다(아래 더 읽을거리를 보라).

■ 더 읽을거리

Schwanen, T., 'Sociotechnical transition in the transport system', in Givoni, M. and Banister, D. (eds), *Moving Towards Low Carbon Mobility*, Edward Elgar, Cheltenham, pp. 231–254, 2013.

Schwanen T., Banister, D. and Anable, J., 'Rethinking habits and their role in behaviour change: the case of low carbon mobility', *Journal of Transport Geography*, 24: pp. 522–532, 2012.

Sheller, M., 'The emergence of new cultures of mobility: stability, opening and prospects', in Geels, F. W., Kemp, R., Dudley, G. and Lyons. G. (eds), *Automobility in Transition? A Socio-Technical Analysis of Sustainable Transportation*, New York: Routledge, 2012.

Shove, E. and Walker, G., 'Governing transitions in the sustainability of everyday life', *Research Policy*, 39: pp. 471–476, 2010.

Living in the Mobility Transition website and blog: http://en.forumviesmobiles.org/project/2014/07/08/living-mobility-transition-2471.

"정착지 확장"이라고 부르는 정착지 변동 속에서 자동차의 역할을 식별한다. 이 확장을 특징짓는 것은 일터, 생활 장소 등의 낮은 공간적 밀도로서, 미국에서 두드러진다.[83] 그렇다면 우리가 매개에 대한 장에서 자동차 같은 테크놀로지를 논하는 것은 아이러니다. 사회에 자동차가 도입됨으로써 생긴 논리적 귀결로서 사회적 배제 및 패자 간의 사회적 유대가 생겼기 때문이다. 웨스트뱅크의 이스라엘 도로에서 우리가 보았듯이(4장을 보라), 도로는 분리 또는 "절단"을 만들고, 또한 대기오염, 사고, 여타 환경 파괴를 통해 대중의 건강에도 귀결된다. 특히 자동차 모빌리티를 논할 때에, 운전자의 자율성을 해방시키기 위한 인프라의 종류 또는 행위자와 테크놀로지의 결합체를 가리키기 위해서 "체계"나 "체제" 같은 용어가 제시되었다.[84]

자동차는 운전자와 풍경 사이의 일종의 연결 부위를 형성할 수도 있지만, 운전자와 풍경, 여타 운전자 사이의 완전한 차단기로 작용하기도 한다(**사례 연구 6.2**를 보라). 마거릿 모스Margaret Morse의 유명한 고속도로 작업은[85] 영화나 소설과 더 유사한 상상적 공간을 열어 준다. 고속도로는 3장에서 탐사했던 추상적 접속점, 선, 점 바로 그것이다. 모스가 보기에, 고속도로는 "사이에서, 흔히 강철 거품 속에서 홀로, 고립되어 낭비하는 시간"이다. 그것은 "사회적 세계에서 유리된, 극히 사적인 공간"이다.[86] 고속도로로 이동하는 거의 마찰 없는 경험은 "지금 여기와의 접촉을 부분적으로 상실"하게 한다. 마치 영화를 보는 것과도 같은 흥밋거리를 제공함으로써, 자동차 여행은 운전자를 "다른 세계"로 가라앉게 하는 가상 여행의 한 유형을 이룬다.[87]

승객의 대량 이동의 발생, 그리고 이와 승객의 신체적 편안함과의 관계에 대해 문화이론가 폴 비릴리오는 놀라운 논평을 했다. 속도를 통해, 그가 "육체적 '포장'"이라고 부르는 것에 의해 승객이 매개되는 일이 증가한다. 그것은 승객이 "부드러운 천을 씌운 망토 속으로, 팔걸이 달린 의자 속으로, 그리고 움직이는 미라의 이미지 속으로 밀어 넣어졌음"을 뜻한다.[88] 실제로 우리는 포장되는 경험에 익숙하다. 버스 좌석으로 몸을 끼워 넣어야 했을 때, 자동차의 편안함에 둘러싸였을 때, 양쪽 팔걸이로 경계 지어진 비행기 좌석에 묶였을 때가 그런 경우다.[89] 이 물건들은 여행자를 보호하기 위해 개발되었지만, 또한 부자와 특권층의 미적 취향을 표현하는 편안함의 정치를 이룬다.

그러나 이러한 배제의 감각은 일관된 것도 아니고, 늘 그렇게 명료한 것도 아니다. 자동차 모빌리티는 어떤 사람에게는 표현의 배출구, 정체성의 형성, 해방을 제공하는 반면에, 다른 사람은 제약하고, 배제하고, 지배하기 때문이다. 일부 사람들이 자기가 원하는 때와 장소에서 일을 하기 위해 통근을 하고, 자신의 패턴·루틴·시간을 지키는 것에 유연성과 자기통제의 감각을 갖고 있음은 명백하다. 자동차는 "모종의 사교가 일어날 수 있는 환경"에 대한, 그리고 개인이 사용할 수 있는 시간에 대한 대단한 통제 수단을 제공한다. 자동차 운전자는 본인이 태워다 주는 승객을 통제할 수 있다. 어리는 자동차가 "집으로부터의 집", "사업, 연애, 가족, 우정, 범죄 등등을 실행하는 장소", 개인의 정체성을 반영하고 실행하는 장소가 되었다고 말한다.[90]

우리가 보았듯이, 모빌리티 연구자들은 자동차의 권력에 특히 비판적이었다. 자동차는 그것이 제공하는 모빌리티, 그리고 더 넓은 공간과 문화적 실천으로부터 배제하고, 좌천시키고, 억압하는 권력을 가진다. 연령, 젠더, 성별, 인종, 민족 같은 사회적 차이의 범주는 자동차 모빌리티에 접근하는 우리의 성향에 큰 영향을 미치는 것으로 보인다. 미국에서의 자동차 모빌리티에 대한 코튼 세일러Cotton Seiler의 기념비적 연구는[91] 인종과 연관된 자동차 모빌리티에 대한 놀라운 탐구를 제공한다(**사례 연구 6.2**에서 탐구한다).

---

**사례 연구 6.2**  **자동차로 달리기/인종화하기**rac(e)ing

오늘날에는 자동차와 도로가 평등화하며 비차이화된 자유의 공간이라고 생각하는 사람은 드물 것이다. 우리는 "흑인 운전" 같은 표현에 대한 집단적 의식을 가지고 있고, 흑인 운전자들이 경찰의 폭력이나 과도한 검문 검색의 형태로 경험하는 현대의 부정의를 알고 있다.

세일러의 연구는[92] 종종 자유를 상징하는 대상으로 낭만화된 미국의 자동차와 미국사를 지배해 온 인종 및 시민권 패턴 사이의 관계에 대한 의문을 진지하게 고려한다. 1948년 로버트 말라드는 조지아주에서 자동차 안에서 공격받아 살해당했다. 그 이유는 "말하자면 너무 유복하고 '올바른 니그로가 아니어서'"였다.[93] 조지아주 시민권 미제사건 프로젝트는 또한 가족 앞에서 구타와 폭행을 당한 제임스 브레지어의 사례를 강조한다. 그 이유는, 음주운전으로 체포된 아버지의 무죄를 주장했다는 것, 그리고 특기할 만한 것은, 셰보레 자동차를 여러 대 가지고 있다는 것이었다. 아마도 그는 버스 같은 인종차별적 대중교통수단을 피할 기회를 열망했던 것 같다. 흑인 중산층의 소유권이란 아프리카계 미국인의 부의 증가를 표현하는 것이었을 뿐 아니라, 미국 남부를 갈라 놓은 짐 크로 법Jim Crow laws(공공장소에서 흑백의 분리를 강제한 인종차별적 법안. 미 남부에서 1877년에 제정되어 1965년까지 유지되었다)에 직접 도전하는 것이었다. 1949년 잡지 《에보니》에 실린 이야기는 캐딜락에 대한 시선을 보여 준다.

> 공격 수단. 많은 니그로에게는, 그가 여느 백인만큼 괜찮다는 것을 뜻하는 확고하고 단단한 상징 … 니그로에게 사치에 몰입한다는 것은 최고의 백인에 견줄 수 있는 자기 능력에 대한 자기 믿음을 입증해 주는 것이다. 그것은 백인 세계 내에서의 존엄과 지위의 정점이다.[94]

세일러가 보기에, "미국의 도로 공간은 인종화된 불평등의, 그리고 이 불평등이 재생산하는 제한된 접근 규칙의 구체적인 체제 하에서 수립되었다. 이는 시민권의 윤곽과 마찬가지였다."[95]

흑인 미국인을 위한 자동차 여행 안내서를 자처하는 책 《녹색 책》과 《여행안내》에 주목해 보자. 여기에서 아프리카계 미국인은 "행락객으로서 증가하고 팽창하고 있고, 이동적 출장자로서 흔해지고 있으며, 돌아다니는 소비자로서 유쾌해지고 있다"고 재현되기 시작했다. 이 안내서의 부제/소제목은 "굴욕 없는 휴가와 기분 전환"을 약속했고, "흑인 부르주아"를 대상으로 여가와 소비 장소를 알려 주었다. 이 장소는 찻집, 미용실에서 나이트클럽과 컨트리클럽에 이르는데, 역설적이게도 이곳들은 흑인 출입 금지였을 것이다. 자동차 여행과 관광에 대한 책들은 차별과 분리의 면전에서, "개인주의적"이고 "시장지향적"인 특정한 종류의 인종적 해방을 홍보했다.[96]

도로를 평등하게 만들기 시작한 것은, 아이러니하게도 미국 대부분을 연결한다는 아이젠하워 대통령의 냉전 기획인 주간州間고속도로 시스템이었다. (이에 대한 이유 중 하나는 침략 위협이 있을 때에 군부대가 나라를 가로질러 빠르게 이동할 수 있다는 것, 또는 핵 공격을 피하여 대도시에서 대피할 수 있다는 것이었다.) 주간고속도로는 자동차 모빌리티를 익명적으로 만들었고, "낙인찍힌" 운전자들에 대한 심각한 편견과 증오를 조장했던 사회적·문화적 환경으로부터 흑인의 자동차 여행을 구해 내기 시작했다. 다른 도로에 대한 재현에서 세일러는 주간도로가 "뿌리 뽑힌 공간"이었다고 결론 내린다. 척 베리의 노래 〈딱히 장소랄 것은 아닌 곳No Particular Place to Go〉(1956)

은 이러한 특정한 자유를 완벽하게 표현한다.

■ 더 읽을거리

Seiler, C., *Republic of Drivers: A Cultural History of Automobility in America*, Chicago: The University of Chicago Press, 2009.

Suber, A. (2012) 'Taking the wheel: consumerism and the consequences of black automobile ownership in the Jim Crow South', https://scholarblogs.emory.edu/emorycoldcases/taking-the-wheel-consumerism-and-the-consequences-of-black-automobile-ownership-in-the-jim-crow-south/.

훌륭한 Georgia Civil Rights Cold Cases Project at Emory University, https://scholarblogs.emory.edu/emorycoldcases/ 도 참조.

자동차가 인종화되어 있다면, 그것이 젠더화되어 있다는 것도 명확하다. 자동차와 자동차 모빌리티의 서사를 전적으로 남성적 영역으로 과장하는 것은 잘못이라 할지라도 말이다. 흥미롭게도 한때 디트로이트의 자동차 판매원이었던 크리스 레조트가[97] 주장하듯이, 여성을 "승객이나 '열렬한 관중'으로서 주변적 인물로만" 보는 것은 근시안적이다.[98] 샤프가 보기에, "여성이 자동차를 사용할 권리와 능력은 논쟁거리였다."[99] 영화, 광고, 근대 저술에 나타난 유명한 재현들에 근거하여 자동차 모빌리티 문화 내 여성들의 역할을 '회복'시키려 했던 역사가들과 문학 연구자들이 있었다. 이들에 대한 레조트의 지적은 유용하다.[100] 자동차 모빌리티와 젠더를 검토하기에 가장 명백한 장소 중 하나는 미국의 전후戰後 자동차 문화다. 여기에서 자동차 모빌리티 광고는 자동차를, 여성을 집 밖으로 해방시키는 장소로 보았다. 그러나 이는 차가 갈 수 있는 곳까지 가사 일터를 단순히 확장하는 형태였다. 포스터, 잡지 광고, 게시판은 여성과 자동차가 거의 서로 사슬에 묶여 있는 양 묘사했다. 자동차에 대한 여성의 관계는 수행해야 할 부모의 책임, 모성, 여타 가사 의무 중 하나였다.

반면에, 레즈트 등은 자동차 모빌리티 문화와 가장 남성적인 분야라 할 미국의 머슬카 애호가 집단에 등장한 소위 '칙카chick car〔주로 여성들이 운전하는, 귀여운 형태의 자동차〕를 추적함으로써, 여성 공동체와 여성 즐거움의 새로운 공간을 검토한다. 그리고 이 독해는 머슬카 쇼에 여성이 참여하는 상황을 여성의 자유에 대한 자유주의적 이해의 바깥에서, "초남성적" 문화의 재구조화로 본다. 이를 통해 초남성적 문화가 "'전통적'—백인, 기독교, 이성애, 두 부모, 중산층—가족을 강화하고 안정화하는 실천"으로 재구조화되었다는 것이다.[101]

그러므로 자동차와 자동차문화가 속박적이거나 배제적인 일련의 테크놀로지적 실천이라고 생각하는 것은 너무 단순하다. 잭 카츠 Jack Katz는 운전자들이 "핸들을 꽉 잡거나 살살 잡는" 작고 미시적인 몸짓의 움직임을 통해 다른 운전자와 상호작용한다는 것을 상기시켰다.[102] 정동과 정서는 공유되거나 유발될 수 있다. 운전자는 단지 자기의 현존을 살짝 밀어 넣는 것만으로도 다른 운전자를 외견상의 고립에서 일깨울 수 있다. 그것은 경적의 울림, 손가락 신호, 아니면 가벼운 접촉사고나 명백히 이기적인 운전 방식일 수도 있다. 데보라 립턴Deborah Lupton은 이렇게 쓴다. "우리는 더 이상 우리의 안전한 세계에 갇혀 있지 않다. 우리는 분리되고 자율적인 채로, 타자와의 적대적 관계로 끌려든다."[103] 자동차는 타자에 대한 인정의 순간을, 다른 형태의 관계를 만들 수 있다. 아이들은 번쩍이는 새 차를 가리키고, 리본이 묶인 결혼식 차는 사람들의 반응을 불러일으킨다. 장례 행진의 엄숙한 분위기도 있다. 리무진의 선팅된 유리창은 우리의 상상력을 자극한다. 운전자-자동차는 외부의 교통에 영향을 받는다. 외부가 들어온다. 라담과 맥코맥은 이러한 아주 액체적인 공간에 대한 레럽의 인상적인 묘사를 인용한다. 그 공간 속에서는,

춤과 무희가 현기증 나는, 자기를 낳는 운동 속에서 결합된다. 이 운동을 일으키는 것은 재빨리 내달리는 운전자의 눈이다. 그 눈은 거리, 덮개천, 집, 나란히 선 자동차, 빨간불, 옆길, 테자노 106.5 라디오 기지국, 자동차 위의 자동차, 도구, 나무 둥치, 조깅하는 사람, 짖어대는 개, 떠다니는 나뭇잎, 크게 부풀어 오른 곳과 푹 팬 곳, 햇빛 한 조각을 (아주 내밀하고, 아주 익숙하므로) 만진다.[104]

## 항공 모빌리티

자동차 모빌리티와 함께 항공 모빌리티aeromobility도 모빌리티 학자들에게 결정적인 모빌리티 형태가 되었다. 이 말은 사울로 크웨르너, 스벤 케셀링, 존 어리가 고안했다.[105] 연구자들은 공항 터미널, 그리고 연구에 다소간 제한이 있는 비행기 선실 같은 핵심 장소에 초점을 맞추었다. 항공 모빌리티와 자동차 모빌리티를 통해 사람들은 휴가를 가서 여가 활동을 하는 것에서부터, 가깝고 먼 곳의 친구와 가족과의 만남, 일터로 가거나 사업상 만남을 위한 이동 등 관계와 네트워크를 형성하고 지속하는 데 필요한 사회적 활동과 의무를

행할 수 있다.

비행기 여행이 창조하는 것을 클로스 라슨은[106] "여행의 복도"라고 불렀다. 그것은 장소들을 이어 주는 도관導管으로서, 이를 따라 통근자와 보통 여행자는 회사 회의, 컨퍼런스, 업무 약속과 연결될 수 있다. 이는 새로운 형태의 사회적-경제적 공간과의 연결을 만든다. 공항호텔의 부흥에서 알 수 있듯이, 사업이나 국가기관, 여타 조직의 본부들과 관련된 장소들 간의 경로를 따라 연결의 네트워크가 형성되었다.[107] 런던에서 제네바로, 프랑크푸르트에서 오슬로로, 파리에서 스톡홀름으로의 여행이 2002~2005년 사이 유럽에서 발생한 사업상 비행기 여행의 대략 45퍼센트를 차지했다.[108] 유럽 항공사 연합의 자료를 토대로 드러더Ben Derudder 등이 재구성한 **도판 6.3**은 이러한 네트워크의 위계를 보여 준다.

| 도시 | 사업상 비행기 여행객 수 |
|---|---|
| 런던-제네바 | 3,281,117 |
| 프랑크푸르트-오슬로 | 2,026,604 |
| 파리-스톡홀름 | 2,019,845 |
| 암스테르담-뒤셀도르프 | 1,737,635 |
| 코펜하겐-프랑크푸르트 | 1,096,543 |
| 뮌헨-런던 | 1,080,402 |
| 스톡홀름-취리히 | 863,045 |
| 밀라노-코펜하겐 | 853,438 |
| 비엔나-뮌헨 | 764,851 |
| 브뤼셀-비엔나 | 763,111 |

**도판 6.3 사업상 비행기 여행 네트워크의 위계.**

앞 절에서 우리는 도로 같은 매개된 이동적 인프라의 배제성에 관한 쟁점을 고찰했다. 그러므로 항공 모빌리티가 특히 불평등한 이동적 매개로 규정되었다는 것은 그다지 놀랍지 않다. 공항은 물질적 · 경제적 · 정치적 · 사회적 변화를 일으켜 근처 지리를 교란시킴으로써, 지역의 맥락과 비슷한 권력을 행사한다. 공항 인프라는 대지와 땅을 옮김으로써, 지역 인구와 야생의 삶을 전복시킴으로써, 환경을 "테라포밍Terraforming"하거나 변용한다.[109] 이것이 최종적으로 완성되면, 이제 지역 지리를 쫓아내고 재조정하고 양극화하는 소음 공해와 대기오염의 장이 구축된다.

항공 여행 이용자들이 주로 사회의 가장 부유한 구성원임을 보여주는 증거가 있다. 유럽과 미국에서 저가 항공 여행이 빠르게 성장하기는 했지만, 이는 항공 여행을 진정으로 민주화하는 데에는 실패했다. 2004년 영국 공항을 이용한 18만 명의 승객을 대상으로 실시한 민간항공국의 조사는, 스탠스테드(런던의 저가 항공 "허브" 공항)를 이용한 승객 중 평균 가계 수입 5만 파운드〔한화 7,300만 원가량〕 이상의 비율을 보여 준다. 저가 항공사를 통해 이전에 비행기 여행을 감당할 수 없었던 사람들이 더 많이 여행을 할 수 있게 되긴 했지만, 그래도 부유한 사람들의 비행 빈도가 더 높아진 것이다.[110] 동시에, 연구는 항공 여행이 비록 통상 고고한 국제 허브 공항 밖에서이긴 하지만 대중의 일상적 모빌리티의 복잡한 회로에 진입하고 있다는 사실도 보여 준다. 이는 저가 전세기와 패키지여행을 즐기는 수백만 서구 관광객뿐 아니라, 저소득 공동체와 이주민의 보잘것없는 월경 모빌리티도 포함한다. 항공 여행 모빌리티가 상위 중산층과 부유층이라는 '이동 엘리트'에 의해 더 정규적으로 차이화되고 있기는 하지만, 여기에서도 빠른 모빌리티를 엘리트의 전유물로 축소시키는 것은 너무 단순화한 것이다. 막스 허시Max Hirsch는[111] 홍콩 국제공항을 지나는 중국 본토 여행자들은 다른 승객들은 받아야 할 세관과 입국심사를 건너뛸 능력이 있음을 기술한다. 실제로는 작은 공항 터미널에 불과한 소위 '상류를 향하는upstream' 이 심사 시설은 광저우에서 멀리 떨어진 인접 지역에 자리 잡고 있다. 허시의 묘사에 따르면 이곳에서는,

여행자들이 발권을 하고, 수하물 검색을 하고, 중국 출국심사대를 지나간다. 이어서 탑승 제한이 있는 페리가 이들을 홍콩 국경 너머로 수송해 준다. 여기에서 여행자들은 출국 게이트까지 직접 이어지는 지하철로 환승하게 된다.[112]

아부다비 등의 토후국과 가사 노동 일터 사이를 왕복하는 인도네시아 이주노동자들의 순환적 모빌리티도 예가 될 것이다.[113] 이들은 자카르타 수카르노 하타 공항의 이주자 전용 터미널로 돌아올 때, 놀랍도록 제한된 모빌리티와 여행 실천을 경험한다. 2004년 폴란드가 유럽연합 회원국으로 승격되었을 때에도 폴란드와 영국 사이의 동-서 이주 패턴을 촉진하는 저가 항공사의 급작스러운 증가가 뒤따랐다. 이 증가가 창조한 문화를 캐시 버렐Kathy Burrell은 "초모빌리

티hypermobility 문화"라고 불렸다.[114] 버렐은 어떻게 폴란드 이주자들이 저렴한 표로 정기적인 왕복 비행을 하는지를 보여 주었다. 이에 따라 그녀는 "저가 항공기는 더 저렴하고 더 접근 가능한 여행 테크놀로지를 통한 새 모빌리티 시대의 도래를 알리는 현대의 증기선"이라고[115] 결론 내렸다. 실상, 여행 짐과 여타 여행 물품은 모빌리티와 승객 되기의 물질문화 및 체험의 엄연한 일부가 되기 시작했다.[116]

항공 모빌리티에 대한 중요한 역사적 연구가 식별해 낸 심히 젠더화된 관계는 비행기 안에만 있지 않다. 이미 우리는 승무원에 대한 과도한 성애화를 잘 알고 있다. 이 관계는 조종실 안에도 있다. 다이디아 들라이서Dydia DeLyser나[117] 리즈 밀워드Liz Millward[118] 같은 저자들이 미국 초기 항공술에 대한 비범한 연구에서 보여 주듯이, 항공술에서 여성이 차지하는 지위는 애매했다. 여성 조종사는 극히 드물었고, 흔히 비행에서 배제되었다. 반면에 어떤 '여비행사aviatrix'는 여자가 할 수 있다면 누구나 할 수 있으리라는 서사를 증명하는 역할을 했다. 들라이서는 어떤 여성 조종사들은 자기 비행기를 더 평등한 권리를 위해 투쟁하는 수단으로 사용할 수 있었음을, 그리고 다른 여성은 시험비행이라는, 황량한 서부의 가장 남성화된 비행기 이동적 공간에서도 핵심적 역할을 수행했음을 보여 준다.

수송 수단이 사회 및 문화에 너무 잘 엮여 들어가서 이제는 평범한 것이 되긴 했지만, 수송 수단은 재미와 정체성 형성의 대상일 수 있다. 다양한 맥락에서 사람들은 "비행에 빠져 있다는air-minded" 표현을 썼다. 이는 비행기 여행의 약속을 믿는다는 뜻이다.[119] 사회적 정체성을 이런 수송 테크놀로지와 묶을 이유는 많다. 이 테크놀로지 다수는 사업적 야망, 민족 수립, 시민성의 정치적 기획을 충족한다. 이 점은 사치스럽고 편안했던 초기의 비행에 표현되어 있다.[120] 항공사 역사가들은 다양한 사회적 맥락에서 비행기가 이용했던 상징 자본의 반짝이는 사례를 제공한다. 페터 프리체Peter Fritzsche의[121] 충격적인 분석은, 권력 획득과 설득을 도모한 독일 국가사회주의당(나치당)의 선전 운동에서 비행기가 급진적으로 활용되었음을 보여 준

---

**사례 연구 6.3**  **젠더화된 항공 모빌리티와 판초 반스**

톰 스케리트(토니 스콧 감독의 영화 《탑건》(1986)에서 사령관 마이크 '독사' 메드길프 역을 맡은 것으로 유명하다)가 내레이션을 맡고, 닉 스파크와 다이디아 들라이서가 프로듀스한 TV 다큐멘터리 〈판초 반스와 해피 바텀 라이딩 클럽Pancho Barnes and the Happy Bottom Riding Club〉(2009)은 항공 모빌리티, 젠더와 성별 관계의 초기 형태를 볼 수 있는 매혹적인 창문을 제공한다. 시험비행 공간은 여성에게 봉쇄되어 있고, 여성에게 허락된 것은 그를 지지해 주는 배우자나 성적인 장비로서의 역할뿐이라고 과도하게 규정하기는 쉽다. 그러나 반스가 전해 주는 이야기는 항공 모빌리티의 공간을 여성이 관통하고 조직했던 훨씬 더 모호한 방식을 들추어낸다.

해피 바텀 클럽을 열기 전에 판초 반스는 당당한 여성 조종사였다. 그녀는 다양한 최고 속도 기록을 깼고, 최초로 '영화 스턴트 조종사 노동조합'을 설립했다. 반스는 술과 도박 및 여타 향락거리도 즐길 수 있는 유명한 '해피 바텀 라이딩 클럽'을 지금은 에드워드 공군기지가 된 지역 내에서 운영하게 되었다. 척 이거Chuck Yeager 같은 유명한 단골들이 이 가게를 드나들었다. 이 세계의 일원이나 내부자가 되는 것을 가로막는 제한으로 이 세계에서 배제되기는커녕, 아이러니하게도 반스는 이 클럽의 운영자였다. 물론 그녀를 깎아내리는 사람도 있었다. 이 군사시설은 반스가 공군의 '프라이버시'를 침해했다고 여겼다. 남성의 것으로 여겨진 공중 공간이

다. 비슷하게 로버트 월Robert Wohl은[122] 하늘을 나는 비행기의 극적인 시각적 능력이 예술과 표현에서의 다양한 문화적 운동을 알리고 재현할 수 있었음을 보여 주었다. 수송학자 라구라만Krishnasamy Raguraman은[123] 말레이시아와 싱가포르의 맥락에서 '국기를 달고 있는' 항공사가 표현하는 상징자본의 사례를 제공한다. 아마도 다른 어느 여행 수단보다도, 민간항공사는 국가의 상징 또는 유비물로, 또 민족국가 형성을 위한 효율적인 도구로 활약한다. 남아프리카공

'침범'당한 것이다. 영화 마지막에서 우리는 반스가 결국 그녀가 사랑한 클럽에서 퇴거당했음을 알게 된다.

젠더와 성별의 다른 선들도 교차한다. 반스가 흥미로운 것은, 그녀가 젠더의 통상적 범주와 수행을 동요시키기 때문이다. 그녀는 어머니처럼 돌보는 자, 마지못해 된 아내, 애인, 술꾼에 주정뱅이라는 다양한 위치를 차지하는 것으로그려진다. 이러한 모호성은 판초의 신체 각 부위로도 표현된다. 반스의 얼굴은 거의 남자로 보일 정도여서 오빌 라이트[라이트 형제 중 동생]가 속아 넘어갈 정도였다. 반스의 입에서 나오는 말들은 남성의 것만큼이나 날카로웠다. 판초는 위트와 재담으로 유명했고, 통상 남자들의 것이던 농지거리에 가담할 수 있었다. 그녀는 정성 들인 욕설로 유명했다. 여러 면에서, 반스는 여성 조종사의 경계를 넓히면서 어떤 남성성에 대한 기대를 충족시켰다.

■ 더 읽을거리

DeLyser, D., 'Flying, feminism and mobilities – crusading for aviation in the 1920s', in Cresswell, T. and Merriman, P. (eds) *Geographies of Mobilities: Practices, Spaces, Subjects,* Farnham: Ashgate, pp. 83–98, 2011.

DeLyser, D., 'Towards a participatory historical geography: archival interventions, volunteer service, and public outreach in research on early women pilots', *Journal of Historical Geography,* 46: p. 93–98, 2014.

Millward, L., *Women in British Imperial Airspace: 1922–1937,* Montreal: McGill–Queen's University Press, 2008.

화국의 항공사에 대한 고든 피리Gordon Pirie의[124] 독보적인 연구는 이 점을 보여 주었다. 오늘날에도 마찬가지다. 2008년에 개장한 런던 히스로 제5터미널을 첫 몇 주 동안 괴롭혔던 많은 문제들을 영국 신문들은 '국가 망신'이라고 표현했다. 특히 2012년 런던올림픽까지 입국 대기줄이 중단되고 지연되었을 때, 이 공항은 국가적 위기를 생산했다. 공항과 항공사는 국가의 얼굴 역할을 하여 자국민과 외

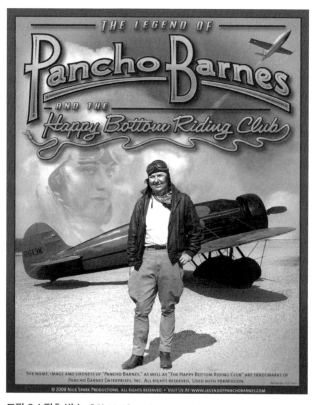

도판 6.4 판초 반스. 출처: Nick Spark Productions LLC

부에서 보는 사람들에게 국가를 대표한다.

그러나 국적기에, 심지어 '국가' 공항에 초점을 맞추는 것에도 문제가 있으니, 바로 여타 지역적 · 일상적 공간의 '평범성'을 망각한다는 것이다. 더욱이, 모빌리티에 관한 많은 문헌들은 서구적이거나 국제적인 거의 '유명인'급 항공 모빌리티는 떠받들면서 주변부나 남반구의 대안적 관점을 망각하는 경향이 있다. 웨이치앙 린이 설득력 있게 보여 주었듯이,[125] 항공 모빌리티의 이런 체계 자체가 식민적 · 탈식민적 권력관계에 의해 오랫동안 주변화되어 왔다.[126]

하와이의 헬리콥터 투어에 대한 베르나데테 비쿠냐 곤살레스Verna-dette Vicuña Gonzalez'의 연구가[127] 보여 주는 식민적 항공 모빌리티는, 식민적 군사력과 모빌리티의 강력한 연계를 밝혀낸다. 이는 하와이가 이 섬에 대한 미국의 오랜 식민적 전유를, 그리고 태평양에서 전략적 위치를 확보하는 데 필요한 군인, 군사기지, 군사적 자산의 주둔을 견뎌 왔음을 상기시킨다. 곤살레스는 스티븐 스필버그의 영화 〈쥬라기 공원〉의 촬영 장소로 유명해진 산과 화산이 이루는 풍경을 가로질러 급강하하고 선회하는 극적인 헬리콥터 비행을 보면서, 헬리콥터가 흔해졌던 베트남전과 캄보디아전의 그림자를 본다. 드라마 〈사립탐정 매그넘Magnum P.I.〉〔사립탐정 탐 셀렉을 주인공으로 한 하와이 배경의 미국 텔레비전 드라마〕에서 볼 수 있듯이, 하와이 관광사업 및 텔레비전으로 보이는 섬의 시각적 재현을 지배하는 것은 퇴역한 베테랑 군용 헬리콥터 조종사 그리고 헬리콥터였다.[128] 곤살레스는 이 텔레비전 시리즈가 여러 명의 베트남전 퇴역 베테랑들을 기용하여 종종 수직적 관점과, 탐 셀렉의 자동차나 등장인물 TC의 헬리콥터 등 그 밖의 고속 모빌리티 관점을 이용했음을 지적한다. 이 모든 것은 하

---

**사례 연구 6.4** **항공 모빌리티, 영공, 싱가포르**

싱가포르 항공 모빌리티와 영공에 대한 웨이치앙 린의 범례적 연구는 항공 모빌리티에 대한 관점이 북아메리카와 북유럽에 고정되어 있던 이전 상황을 탈중심화하는 결정적인 역할을 수행했다. 싱가포르와 동남아시아를 검토하고서 린이 주장하듯이, 이런 관점들은 '서구'의 외부에서 오는 대안적 항공 모빌리티를 억압하고, 전 지구적 항공 모빌리티의 역사적·현재적 구조의 불평등성까지 소거해 버렸다. "이러한 맥락에서 항공 모빌리티는 불균등한 관계에서 유래한 가능성과 제한의 명확한 정점이다." 린은 항공 모빌리티와 영공 규제라는 매혹적 지정학을 발굴하고, 싱가포르가 영국 제국주의의 사슬 속에서 자신을 주장하기 위해 어떻게 진력했는지를 보여 준다. 독립 이후 이 나라의 항로 확장과 영공 규제가 국가 수립과 국가 이익에 핵심적 역할을 했음에도 불구하고, 영공·환경권·경로에 대한 전 지구적 관리에서 싱가포르는 여전히 주변적 행위자에 불과하다. 린은 또한 싱가포르의 국적 항공사인 싱가포르항공의 신체화된 모빌리티를 검토하여, '싱가포르 여자'라는 형태로 기내에 승객과 항공기 승무원 사이의 심히 젠더화된 관계가 있음을 들추어내었다. 린이 보여 주듯이, 그리고 여러 다른 항공사들이 그렇듯이, 이 항공사는 여승무원에게 특히 성애화되고 조신하며 동양화된 페르소나를 장려했다. 이렇게 여승무원들의 도움을 받아 조성된 특정한 선실 분위기는 국제 여행의 증가에 유익할 것으로 여겨졌다.

■ 더 읽을거리

Gleiss, M. S. and Lin, W., 'The historiography of Asian aeromobilities: power, agency, and the limitations of the "Western" Gaze', *Mobility in History*, 7(1), pp. 98–105, 2016.

Lin, W., '"Cabin pressure": designing affective atmospheres in airline travel', *Transactions of the Institute of British Geographers*, 40, pp. 287–299, 2015.

Lin, W., 'Re-assembling (aero) mobilities: perspectives beyond the West', *Mobilities*, 11(1), pp. 49–65, 2016.

와이를 '보호'하고 '정찰'하고 '소비'한다.

군사적 항공 모빌리티 등 군사적 모빌리티에 대한 관심은 최근에 탄력이 붙었다. 공군의 우주적 관점에 대한 캐런 캐플런의 선구적 저작은[129] 현대전에서 무인기의 역할, 비행 테크놀로지와 원격 테크놀로지의 복잡성을 탐구함으로써 더 폭넓은 저작들의 시발점이 되었다.[130] 2014년 왕립지리학회와 영국지리학회의 연례 컨퍼런스에서 벌어진 토론을 바탕으로 한 '군사 모빌리티' 특간호도 근간 예정이다.[131]

## 해상 모빌리티

우리 사회가 바다 위의 모빌리티로 성장하고 번영했는데도, 해상 또는 선박 모빌리티를 이런 절의 마지막까지 남겨 둔 것은 이상해 보일 수도 있겠다. 그러나 최근까지 연구자들은 이 모빌리티를 무시했다. 수많은 재화와 상품이 자체의 '화물 모빌리티cargomobility' 회로를 따라 이동하고 있으며, 다양한 식민 기획 내에서 언제나 그래 왔음에도 불구하고 말이다. 말라카 해협이나 소말리아 해안에서 선박 모빌리티에 대한 해적의 위협이 덴마크 영화 〈하이재킹〉(2012)이나 할리우드 영화 〈필립스 선장〉(2013)을 통해 유명해졌음에도 불구하고 말이다. 허름하거나 지나치게 많은 사람을 태운 보트를 타고 유럽 등지에 이르기 위해 바다로 나서는 광대하고 위험한 이주 이동에도 불구하고 말이다. 그리고 지구를 횡단하는 개인 요트 소유자와 유람선의 특권적 모빌리티가 성장하고 있음에도 불구하고 말이다.

헤이스티William Hasty와 피터스Kimberly Peters가 주장하듯이, "선박은 해상의 삶이 기능하기 위해 핵심적인 것이면서도, 연구 문헌에서 대체로 무시당했다. 해상 세계에서 선박은 통상 인정받기는 했지만, 고찰된 적은 거의 없는 요소다."[132] 물론, 헤이스티와 피터스의 진단을 예표한, 바다 세계에 대한 역사적 검토는 있어 왔다. 특히, 오랫동안 순환적 공간으로 그려졌던 대서양이 그렇다.

램버트, 마틴스Luciana Martins, 오그본Miles Ogborn은,[133] 결정론에 빠지지 않도록 조심하면서, 흐름과 순환의 장소로서의 바다와 해양에 대한 이미지는 해류와 흐름의 방향성에서 비롯된다고 말한다.

이 순환적 논리는 유럽과 아프리카, 아메리카를 잇는 '삼각무역' 개념에서 가장 명확하게 표현된다. "대체로 잔잔한 사르가소해 주위를 회전하는 바람과 해류의 우주적 시계 방향 소용돌이에 응답하는" 배들의 "거대한 항해의 원환" 말이다. 이 개념은 해상운송 패턴의 복잡성과 쌍방성을 인식하는 수정 작업에도 불구하고 지속되고 있다.[134]

필 스타인버그Phil Steinberg와 킴벌리 피터스Kimberly Peters의 저작을 통해,[135] 바다의 이동적 물질성에 대한 관심은 증가했고 체계적이 되었다. 이들은 바다의 소용돌이치고, 유동적이고, 원소적인 성질을 특별한 이동적 물질성으로 파악하기 위해 "젖은 존재론wet ontology"을 제안한다.

앞에서 보았듯이, 해상 모빌리티는 갑부들의 엘리트 형성, 그리고 퇴직 후 풍성한 연금으로 유람선을 즐기려는 서구 중산층의 염원에 관심을 가진 연구자들에게는 특히 풍부한 연구 자원이었다. 선박은 부자들을 위한 프라이버시와 번영을 담은 외딴 섬만을 제공하는 것이 아니다.[136] 유람선 모빌리티는 일련의 여타 인프라 및 투자와 함께 움직이며 그 지원을 받는다. 이는 전 지구적 자본을 이국적인 장소와 연결시키면서, 지역 경제와 인구는 그 이득으로부터 단절시킨다. 관광 이미지에서 당연한 장소로 꼽히는 카리브해에서 그 예를 쉽게 발견할 수 있다. 셸러가 보여 주듯이, 여기에서 유람선 산업은 "유람선 승객들만 이용할 수 있는 분리된 사적 해변이나 섬 전체"를 만드는 데에 일조했다. "특히 아이티와 바하마 제도에서 그러한데, 여기에서 이러한 사적 오아시스 서비스는 산업" 및 여타 사치스러운 개발과 관계된 "이윤의 또 다른 원천을 제공한다."[137]

탈식민주의와 관광업의 접점은 또한 여타 모빌리티를 검토할 비옥한 토양을 제공한다. 재스비르 푸아르Jasbir Puar는 퀴어 관광업, 1998년 영국령 케이맨 제도나 여타 카리브해 국가들에서 입항을 거부당했던 게이·레즈비언 유람선의 예를 든다. 푸아르는 어떻게 퀴어 모빌리티의 실천과 재현 내에서 그리고 관광업 "밖"에서, 인종과 정체성의 여타 단층선이 횡단되거나 예상대로 강화되는지를 보여 준다. 영국과 프랑스가 생산한 관광 책자를 "지배하는 것은 소비와 유람선 여행을 하는 중산층이나 상류층 백인 남성이며, 이들의 신체는 국가적 기념물, 깃발, 무지개 색과 병치된다"는 것을 푸아르는 보여 준다.[138]

도판 6.5 게이 · 레즈비언 세계여행 엑스포 포스터, 1999. Community Marketing, Inc.

바다에 관심을 가진 모빌리티 연구자들의 일차적 초점이 된 것은 화물이다. 버치넬Thomas Birtchnell 등은 "화물 모빌리티"라는 용어를 고안했다.[139] 이 말이 가리키는 것은, 화물 형태로 세계를 순환하는 모든 종류의 비인간의, 때로는 인간의 온갖 유통이 보여 주는 (그들의 표현에 따르면) "질서 잡힌 무질서"다. 가전제품, 탈것, 전자제품, 부품, 동물, 식품, 연료, 장난감, 의류, 건축자재, '폐기물', 무기, 불법 마약, 불법이주민 등 이들은 근대의 사회적·경제적 삶에 핵심적인 '이동하는 물질'들의 일부이다. 화물을 이동시키기 위해 또 다른 대상과 재료들이 이동하고 정지한다는 점, 또한 "컨테이너, 트럭, 기차, 선박, 선원, '외래 유입종 등'" 화물과 함께 움직이는 온갖 다양한 것이 있다는 점도 저자들이 명확히 하는 바다.[140]

화물 모빌리티 세계에 핵심적인 것은 '컨테이너화containerization' 과정이다. 바로 안전하고 튼튼하며 표준화가 가능한 금속 상자, 즉 화물 컨테이너에 온갖 종류와 크기의 대상을 넣어 옮기는 능력이다. 크레이그 마틴Craig Martin의 놀라운 작은 책 《화물 컨테이너》는[141] 이동적 대상으로서의 컨테이너 자체에 초점을 맞춘다. 컨테이너는 선박운수회사의 관심사인 운송 대상이자 우리가 소비하는 소비재일 뿐 아니라, 중요한 정치적 공간으로 상술된다.

그런데 화물은, 실은 바다 자체가 모빌리티 관리라는 특수한 문제를 제기한다. 모빌리티는 어떻게 관리되는가? 누가, 어떻게? 킴벌리 피터스는 연구자로서 이 영역을 주도해 왔다.[142] 북해에 정박한 선박 '캐롤라인'호에서 1964년에 첫 방송을 개시하여 유명해진 해적 라디오방송국 '라디오 캐롤라인'에 대한 그녀의 연구는, 이 배가 어떤 정치적-법적 조건을 통해 영국 영토 내 라디오방송국에 대한 정부와 상업의 통제를 회피할 수 있었는지를 밝힌다. 피터스는 이 보트의 활동을 감시하고, 이 보트에 연료・물・디젤유를 공급하는 것을 가능한 한 방해하고, 이 보트의 신호를 차단하는 임무를 맡은 정부 부서의 노력을 상술한다.

다른 모빌리티 실천은 국가의 해상관리 전략과 바로 상충한다. 줄리엣 핼래어Julliette Hallaire가 연구한 세네갈 이주 어부들을 보자. 이 어부들은 그들의 전통적인 어업장에서 멀리 떨어진 곳에서 어업을 하도록 강제되었다. 때로는 세네갈이 영해 내 활동을 허가한 외국과의 경쟁이 심해졌기 때문이고, 때로는 어업 실천을 규제하기 위해서였다. 핼래어의 연구는,[143] 이 어부들이 세네갈 바다에서 기니비사우와 서아프리카 해안까지 먼 거리를 이동한 후 이렇게 잡은 비싼 어획물을 팔기 위해 세네갈로 돌아오면서 생긴 새 모빌리티 패턴을 탐구한다. 이들 중 일부는 합법적인 어업권을 구매하여 인정받았다. 다른 일부는, 모리타니 해안경비대를 피해 밤에 모리타니 해상국경을 넘어 불법어업을 했다. 유럽의 국경관리기관 프론텍스를 지나쳐 유럽으로 가는 항로를 탐색한 어부들도 있었다(이는 다음 장에서 더 자세히 탐구될 것이다).

어쩌면 이 연구는 해상 모빌리티를 너무 목적적인 것으로 느끼게 하는 면도 있겠다. 이에 따르면, 선박이나 다른 수단에 의한 해상 모빌리티는 인간 행위자들의 전투다. 더 최근의 해상 모빌리티 연구는 다른 종류의 바다 위 모빌리티 양상을 탐구함으로써 이러한 관점에 도전한다. 가령, 이들은 난파하여 해안에 흘러들어오는 화물 컨테이너에 끼치는 난류亂流의 영향을 탐구한다.[144] 피터스도[145] 표류에 대한 고찰의 중요성에 눈을 돌려, 해적 라디오 탐구에서 바다에서 실종되는 선박 이야기까지, 해상 모빌리티는 우리 생각보다 훨씬 까다로운 것임을 설득력 있게 보여 준다. 표류라는 것은, 그 자체로 '까다롭기도' 하지만 '상충적·모순적'이기도 한 모빌리티, 오류의 합류, 인간적 관계와 비인간적 관계 및 바다·해류·바람이란 자연력의 예측 불가능한 결합체다. 다음 장에서 논할 '죽음으로 남겨진 보트'에 대한 골드스미스의 불편한 연구 프로젝트가 보여 주듯이, 끝없는 표류는 인간 삶의 격렬한 귀결을 가져오는 책임 포기의 산물, 외면의 산물일 수 있다. 이러한 교훈은 바다 너머까지 이른다. 모빌리티를 권력이 규제하거나, 관리하거나, 감시하는 것은 불확실하고 심히 어려울 수 있다. 2장의 결여된 실종자 지리학 프로젝트에서 보았듯이, 모빌리티는 의도적으로든 아니든 아주 쉽게 상실되고 만다.

## 확산과 질병

지금까지 우리는 우리 사회가 가장 가시적이고, 논쟁적이며, 지배적인 자동차 모빌리티와 항공 모빌리티 형태에 의해 얼마나 매개되는지를 생각해 보았다. 본 절에서는 어떤 것이 전송되거나 전달되기 위한 옮김 또는 옮겨짐의 행위를 모빌리티가 어떻게 실행하는지의 문제를 다룰 것이다. 이는 '확산diffusion' 과정이라고 알려져 있다. 이 주제에 대한 가장 영향력 있는 저작 중 하나는 세계화 같은 과정을 지적한다. 폴리 토인비Polly Toynbee가[146] 제시한, 거품이 일고 천천히 흐르며 다가오는 거대 딸기 밀크셰이크 비유를 통해 우리는 개념, 상품, 재료 등 수많은 것들의 해일을 이미지화할 수 있다. 서구 문화는 이를 통해 서구의 경계 너머로 넘쳐흐를 수 있었다. 인류학자 아르준 아파두라이는[147] 문화의 전달자를 식별했다. 그것은 자체적으로 몹시 이동적인 다양한 매개들 사이의 다양한 분리점disjuncture이다. 아파두라이는 "사람, 기계, 돈, 이미지, 개념"의 모빌리티로 이루어진, 끝없이 움직이는 매개적 풍경을 상상한다.[148] 이러한 모빌리티들은 종종 연결되어 있다. 힘 있는 개념과 이미지가 영화 같은 상품을 통해 전달됨으로써 더 많은 모빌리티와 흐름이 만들어진다.

아파두라이는 미라 나이르Mira Nair의 〈인도 카바레〉(1985) 같은 영화의 문화적 흐름이 어떻게 거리와 국경을 넘는지를 들어, 어떻게 젊은 여성이 '대도시의 광채'라는 재현의 유혹을 받아 봄베이(지금은 뭄바이)시로 이동하고, 카바레 댄서와 성매매 여성으로 일하게 되면서, "전적으로 인도영화의 외설적 춤 시퀀스에서 유래한 형식의 춤을 추며 클럽에서 남자들을 즐겁게 하게" 되는지를 적는다.[149] 이러한 실천이 그러한 '분방한' 여성에 대한 이미지를 불러오고, 그리하여 이곳을 방문하는 남자들의 실제 모빌리티를 낳는다는 것은 아이러니해 보인다. 비슷하게, 태국과 아시아의 섹스 관광은 시공간을

횡단하는 "전 지구적 무역 경제"와 "야만적 모빌리티 판타지" 속에서 강화된다.[150]

문화적 확산에 대한 아파두라이의 탐구는 전혀 새로운 것이 아니다. 이 문제에 대한 최초의 저작 중 하나는 인간 신체 수준의 규모에서 시작했다. 인간 신체의 모빌리티는 거의 언제나 뭔가를 한 장소에서 다른 장소로 옮기는 것을 함축했다. 재화와 식량을 정기적으로 조달하고 교환하는 데에 "인간의 운반"은 아마도 "가장 보편적이자 가장 원시적인 수송 수단"일 것이라고 주장되어 왔다.[151] 운반은 가족과 친족의 생존, 교역의 연결, 단순한 관계의 형성을 가능케 하는, 사회 발달에 본질적인 것이었다. 물질과 커다란 물건의 묵직한 확산과 마찬가지로, 희미한 것들도 전달될 수 있다. 토르스텐 해게르슈트란드는[152] 시간-지리학에 대한 선구자적 작업을 해내기 전에 혁신의 움직임이라는 분야를 연구했다. 스웨덴 중부 지역을 대상으로 삼아, 해게르슈트란드는 농부와 농장 공동체가 방목지 개선을 위한 경제적 보조금은 물론이고, 의학적 예방접종 방법 같은 테크놀로지 혁신 등 다양한 농업 혁신을 어떻게 받아들였는지를 탐구했다. 이러한 발상들은 물결처럼 움직이는 것으로 이해되었다. 혁신은 시골과 마을을 포함하는 공간의 공동체와 지역을 가로질러 전파되었고, 이 공간은 결국 포화점에 도달한다.

감염은 혁신에 적용하기에 적합한 비유를 넘어선다. 감염은 공간을 가로질러 질병이 전파되고 확산되는 데에 핵심이 되는 중요한 물리적 과정이기도 하다. 본 장의 시작에서 보았듯이, 감염이나 질병의 모빌리티는 다른 종류의 비인간 생명체가 방대한 거리를 가로질러 상당한 속도로, 그리고 복잡하고 불확실한 방법들로 이동화되고 전파되는 중요한 방식이다.[153] 전염병학의 분과, 의학에 대한 사회적 연구, 건강 지리학 등 여러 곳에서 이를 검토한다. 실상, 전염병에 대한 연구는 그 확산을 더 잘 이해하기 위해서 활용되어 왔다.[154]

　이동적 인간은 질병 확산의 매개자일 수 있다. 유럽 제국주의로 전 지구를 가로질러 질병이 확산된 것은, 토인비 등이 서구 문화 제국주의에서 지목해 낸 현대의 확산과 닮았다. 특히 유목적·이동적 인구는 종종 질병을 전파할 큰 위험을 가진다. 몽골의 준유목적인 향촌 인구는 바로 이러한 경향 때문에 탐구되어 왔다.[155] 유목적 순환 모빌리티는 1년 간격으로 행정적 중심으로 돌아오는 것으로 보인다. 이로 인해 전염의 전파 위험이 증대된다.[156] 미미 셸러와 클래퍼턴 마붕가가 보여 주었듯이, 모빌리티에 대한 식민사는 이러한 관심을 폭력적일 만큼 억압적인 방식으로 설명해 줄 수 있다. 마붕가의 연구는 **사례 연구 6.5**에서 상세히 탐구할 것이다. 그의 초점은 "치명적인 미생물이 동물과 인간 사이를 옮겨 다닐 능력, 그리고 그 결과로 생겨난, 이러한 모빌리티를 설명하기 위해 결합될 수 있는 무기류"에 있다.[157] 비슷하게, 크레스웰,[158] 레빌George Revill과 리글리 Richard Wrigley는[159] 병리학적 모빌리티를 탐구하여, 매독 심지어 에이즈 같은 질병의 전파와 이동적 주체 사이에 있는 혼동을 탐구했다. 미국 내 부랑자의 역사에서 크레스웰이 보여 주듯이, 매독은 떠돌이나 유랑자의 비도덕적 모빌리티와 동의어가 되었다.

MIT의 학자 클래퍼턴 마붕가는 모빌리티, 테크놀로지, 권력에 대한 서구적 개념을 탈중심화하려는 논쟁의 맥락에 짐바브웨의 식민사와 현재를 위치시키는 일련의 훌륭한 논문을 저술했다.

마붕가는 동물 모빌리티, 특히 토착 모빌리티를 동물로, 역병으로 취급하여 무차별적 제거와 박멸의 실행을 정당화하던 선식민시대의 경향과 유럽 식민지 시대의 경향을 병치한다. 마붕가가 보기에, 이러한 경향을 가지는 것은 유럽 식민주의자들이 자연과 아프리카 인구를 지각하는 방식만이 아니었다. "식민화와 식민적 정착의 운동학"도 그랬다.[160]

인간이 역병으로 보았던 것은 자신의 모빌리티를 침범하는 종들의 모빌리티였다. 이들의 의도는 인간에게 역병일 수도 아닐 수도 있다. 그러나 이들의 움직임은 역병이었다.[161]

그래서 오늘날의 짐바브웨와 남아프리카 사이의 토지와 영토에 대한 정규적인 식민적 전유에서, 마붕가는 동물들이 다루어진 방식을 추출한다. 특히 중요했던 것은, "편모충, 구제역 바이러스, 우질이 체체파리, 야생동물, 가축을 질병의 매개체로 이용했던" 체체파리와 그 몸에 살던 미생물들이었다.[162] 현재의 로디지아 지역에서 정부는 DDT 같은 화학물질을 이용하여 이 질병을 통제하고 박멸하려 했다. 정부는 이를 대지에 살포하여 보균자인 가축들을 대량살상하였다.

더 매혹적인 것은, 이 같은 모빌리티 관리 접근법을 영국으로부터 독립하려는 정치적 운동을 다루는 방식의 원형으로 보는 마붕가의 관점이다. 가축을 위협하는 체체파리와 그것이 옮기는 바이러스의 모빌리티를 근절하려는 시도와, "적흑 테러리즘"에 대항하는 시골의 예방 대책 사이에는 이해의 미끄러짐이 있는 것으로 보인다. 로디지아 보안군RSF은 두 무장혁명운동, 짐바브웨 인민혁명군ZIPRA과 짐바브웨 민족해방군ZANLA의 구성원들을 내란을 일으키는 '게릴라'로 묘사했다. 이 게릴라는 무기, 공산주의, 혁명적 이상에 모빌리티를 제공하는 일종의 "차량"이었다. 이들은 "역병 역할을 하며 살아남았다. 즉, RSF의 밀집진형을 방해하고, 교란하고, 분산시키고, 파괴했다. … 이 게릴라는 역병처럼 움직이기만 했던 것이 아니다. 이들은 해충 그 자체였다."[163]

■ 더 읽을거리

Mavhunga, C. C., 'Vermin beings: on pestiferous animals and human game', *Social Text*, 29(1), pp. 151–176, 2011.

Mavhunga, C. C., *Transient Workspaces: Technologies of Everyday Innovation in Zimbabwe*, Cambridge, Mass.: The MIT Press, 2014.

앞서 논했던 2001년 영국의 구제역 발병 사례에서, 이 바이러스가 이동할 수 있는 비인간적 통로 몇 개가 발견되었다. 사회학자 존 로는, 이 바이러스가 변이 능력 덕분에 "여타 이동이나 흐름에 따라 성공적으로 기생할 수 있다"고 주장한다.[164] 이는, 바람도 바이러스를 말 그대로 운반할 수 있음을 뜻했다. 동물의 모빌리티 자체도 그럴 수 있다. 다른 요인으로는 동물들이 감염된 동물과 섞여 있었는가, 살균이 공유되었는가, 마지막으로 감염 공간을 따라 감염 공간으로부터 순환한 육류와 육가공품이 어떻게 유통되었는가 등이 있었다.

본 장의 서두에서 말했던 사스 바이러스 문제로 돌아가 보자. 케일과 알리[165]는, 토론토와 홍콩의 물질적 연결성의 증대로 인해 사스가 전파될 수 있는 엄청난 수의 전 지구적 경로와 도관이 생겨났다고 주장한다. 이러한 맥락에서 네트워크는 이러한 연결성을 시각화하는 적절한 방법이 된다. 물건, 고양이, 사람, 공기 조절, 공간, 이 모든 것이 이 질병의 전달 경로 역할을 했다.[166] 신체, 유기체, 물건을 깨끗이 하는 것도 전파 전달자에 포함되는 것으로 보인다.[167] 유기체와 비유기체, 동물과 인간의 모빌리티는 "공동함축되어coimplicated" 있어서,[168] 이들의 "우연성, 복잡성, 순환"은 임박한 사회적 위협이 된다.[169] 멜린다 쿠퍼Melinda Cooper는[170] 질병의 복잡한 모빌리티로 인해 안전하지 못하게 된 생물학적 불안의 새로운 세계를 제시한다.[171] 위협적인 생물학적 이동의 다양한 차원을 기술하면서, 쿠퍼는 어떻게 21세기가 이러한 확산을 통해 정의되었는지를 요약한다. "새로운 병원체가 불가침으로 여겨졌던 경계를 넘고 있었다. 이 경계는 종 간의 접경 지역도 포함했다(광우병과 크로이츠펠트-야콥병). 전염은 공짜 무역이라는 전달자에 히치하이크를 하고 있었다 (미규제된 혈액시장으로 인해 오염된 혈액 스캔들이 일어날 수 있었다). 식품의 복잡한 월경 움직임이 광우병에 함축되어 있다. 어쩌면 유전자 변형 작물과 치료법의 생산에 연루된 이동적 전달자에도 함축되어 있을 것이다."[172]

내가 이 책을 끝맺으려 할 때, 지카 바이러스의 발병이 2016년 리우데자네이루 올림픽의 준비에 영향을 미쳤다. 올림픽은 빙산의 일각에 불과하다. 이 질병은 비행기로 운반되는 모기를 통해, 또한 성적 접촉을 통해 남아메리카와 북아메리카 사이로 전파되었다. 비극적이게도, 이 질병은 또한 산모에게서 태아에게로 전파되어 소두증 같은 장애를 일으키기도 했다.

국제적 보안, 그리고 다양한 양상의 관리 및 보안화와[173] 관련하여 수많은 문제와 복잡한 함축이 있다는 것은 명백하다. 바로 본 장의 시작에서 우리는 동남아시아에서 사스가 발병했을 때 그 대응책으로 캐나다 공항에서 엄격한 국경 통제가 이루어졌음을 보았다. 이 질병이 모빌리티를 통해 매개될 가능성 때문에, 이 밀항자를 여과하여 도시와 국경 밖에 묶어 둘 수많은 통제와 관리 형태가 구축되었다. 케일과 알리에 따르면, "주의 깊게 지켜졌던 사람과 세균 사이의 구별이 ⋯ 이제는 예상치 못한 도전을 받으면서, 관리 방식도" 영향을 받게 되었다.[174] 이들이 주장하듯이, 이러한 도전은 사람 또는 신체, "이 질병을 옮기거나 옮길 것으로 의심되는 인간과 비인간"을 여과하고 제한하는 목표를 가진 방어적 정책과 제도로 이끌었다.[175]

존 로에 따르면, 모빌리티를 규제하기 위한 방어적 전략은 때로는 매개된 이동의 문제를 악화시켰다(규제에 관해서는 **핵심 개념 6.3**을 보라). 다시 영국에서 발생한 구제역의 맥락에 근거하여, 로는 이전에 있었던 1980년대 후반 광우병 문제로부터 어떻게 안전문화가 생겨났는지를 보여 준다. 식품과 위생 안전에 대한 더 강한 규제란, 육류가 도살되고 취급되는 장소와 공간에 대한 훨씬 빡빡한 규제를 뜻했다. 그러나 더 엄격한 규제가 실제로는 등록된 도살장으로의 육류 모빌리티를 증가시켰고, 어쩌면 "구제역 파동 규모에" 기여했을 수도 있다.[176]

지카나 에볼라 같은 질병의 전달과 함께, 이 질병들은 움직이는 감정, 공포와 불안의 조류를 발생시켰다. 다른 학자들은 사고나 질병의 전달이 아니라, 앞 장에서 논했던 여러 종류의 정서적 감정들을 문제 삼았다. 정동과 정서는 그 자체로 이동적이 되어 사물들 사이에서 전달될 수 있다. 일종의 정서적 전염이다. 엘스페스 프로바인Elspeth Probyn은 교실 공간에서 어떻게 "나쁜 농담, 웃음의 공유, 교사와 학생의 공모 및 학생들 간의 공모가 재미-흥분의 전염을" 일으키는지를 드러내었다.[177] 미디어 이론가 앤 깁스Anne Gibbs는 정서의 전염병학을 텔레비전이라는 매개 테크놀로지에 의해 전파되는 것으로 간주한다. 텔레비전이 "중재자" 역할을 함으로써, 영화나 정당 정치 방송의 감정은 "정서가 신체에서 신체로 이주"함을 뜻할 수 있게 된다.[178] 부글부글 끓어오르는 정동의 가마솥은 사람들을 공황 상태, 비인간적 상황으로 몰고 가는 방식으로 모빌리티와 감정을 작동시킬 수도 있다.[179]

다른 관점에서, 감정의 확산은 물리적 전염의 확산과 더 비슷하게 작동한다. 테레사 브레넌의 연구는,[180] 인간이 발산하고 다른 사람이 흡수하는 페로몬과 외분비 호르몬을 생물학자들이 발견했음을 설명한다. 방이 주는 분위기는 새로운 분위기나 정서를 생리학적으로 생산함으로써 주체에게 뭔가를 '더한다'. 정서는 소통의 다양한 경로를 따라 매개된다. 아파두라이의 테크놀로지-지형technoscape에서, 새로운 이동적 매개는 "강력한 새로운 요소를 이러한 상황에" 도입한다고 깁스는 말한다.[181] 텔레비전의 소통은[182] 목소리와 얼굴의 "음조, 음색, 음높이를 강화"하며 전달 속도와 범위를 극적으로 증대함으로써 정서를 고조시킬 수 있다. 물론, 여타 문화적 실천은 이러한 움직임을 위한 다른 통로를 형성할 수 있다. 이전 장에서 보았듯이, 정서는 리듬 있는 신체 운동을 통해 전달될 수 있다. 음악에 따라 함께 움직이는 것은 "정서적·육체적 동일성이라는 집단적 메시지"를 표현하는 인간 상호 간 소통의 여러 형태를 가능케 한다.[183]

음악을 고찰해 보면, 소리도 다른 종류의 확산 및 매개 모빌리티로 생각할 수 있다. 코넬John Connell과 깁슨Chris Gibson은 음악을 "가장 기초적으로 보아" 단순히 "미시 규모(침실, 술집, 자동차, 헤드폰 사이)로부터 거시 규모(전 지구적 미디어 등 다양한 수단을 통해)로 전달되는 소리"로 그려 보라고 독려한다.[184] 가장 근본적인 형태에서 음악이란 본질적으로 어떤 패턴을 매개하는 물질적 전달 또는 공간을 가로지르는 운동이며, (취향에 따라) 우리는 그 패턴을 음악이라고 부를 수도 부르지 않을 수도 있다. 그래서 음악의 모빌리티는 공기를 가로지르는 파동 운동의 물리적 역학 이상이다. "사람과 함께 움직이는 인공물"로서 음악은 경계와 거리를 넘어설 수 있고, "토착적 지식, 구전, 구술 기록"으로서 전달될 수 있다.[185]

지리학자 타리크 자질Tariq Jazeel은 "소리는 고정성과 손쉬운 정의를 벗어난다"며, 이러한 유동성으로 인해 "소리에 경계선을 긋기 힘들다"고 주장한다.[186] 실제로 음악을 특정 장소나 문화적 기원의 관점에서 고정하고 위치시키기는 극히 힘들다. 음악이 여행자, 이주자, 소통, 상품의 길을 따라 움직이기 때문이다.[187] 음악은 여러 상이한 매개, 수송과 소통의 형태를 가로질러 구매되고, 판매되고, 시청되고, 시험되고, 전달될 수 있기 때문에 터무니없을 만큼 이동적이라는 점을 어렵지 않게 생각할 수 있다. 그러나 전자 mp3나, CD · 테이프 · 음반 같은 여타 물리적 휴대용 포맷을 통한 음악의 확산이 그다지 어렵지 않다는 바로 그 이유로 인해, 우리는 "음악 확산의 다른 형태들은 대체로 상품이나 자본이 아니라 사람의 이동에 기반한다"는 것을 잊지 말아야 한다.[188] 케빈 라빈스Kevin Robbins가 말하듯이, "모빌리티가 생기면 마주침도 생긴다."[189] 그리고 사람의 움직임과 음악의 전수가 일어나면, 문화적 형태가 전달될 수 있다.

음악이 옮기는 적재량은 굉장히 크다. 그것은 다양한 문화의 수하물을 수송하기 때문이다. 음악이 차지할 수 있는 다양한 환경 속으로 '가정', '지역성', '구속된 정체성' 같은 개념도 전달되어 들어온다. 이는 음악이 차지하게 된 문화적 공간을 음악이 단순히 덮어쓴다는 말이 아니다. 음악문화는 실제로 사람과 음악의 움직임을 통해 진화했다. 랩을 주제로 삼은 폴 길로이Paul Gilroy의《검은 대서양》은[190] 랩이 이동하고 변용되어 간 문화적 경로를 광범위하게 추적했다. 길로이는 "랩이 어느 장소에 속하는지를 밝히는 것이 랩을 설명하는 것이라는" 일반화된 "가정"에 의문을 제기한다. 그러면 음악적 문화 형태로서 랩이 가지는 "모빌리티, 변이가능성, 전 지구적 매개를 부정"할 위험이 생기기 때문이다.[191] 길로이의 연구가 본질적으로 보여 주는 것은, 음악문화가 뿌리내리는 곳도 형성되는 곳도 자기 자신의 확산 속이라는 것이다.[192] 실제로 여러 음악문화가 모빌리티로부터 태어났다. 삼각무역, 남아메리카를 향한 유럽 제국주의, 또는 "제3세계 안팎의 경제적·정치적 난민의 왕래"에 의한 문화적 이동은[193] 미국에서의 소울, 블루스, 재즈 같은 새로운 음악 전통의 출현에서 모빌리티가 행한 역할을 잘 보여 주는 예다. 새로운 공간과 문화를 가로지르는 인간 모빌리티의 횡단은 이 움직임이 형성하는 음악문화를 동시에 동반한다.

음악의 놀라운 움직임을 강조하기는 했지만, 부동성 역시 음악에 아주 중요하다. 특히 음악이 홍보되고 소비되는 방식에서 그렇다. 코넬과 깁슨이 보기에, 흐름과 유동성이라는 은유는 "이야기의 일부만을 설명한다."[194] 모빌리티는 실제로는 "고정하려는 새로운 시도를 촉발"하기 때문이다. 음악 홍보 방식의 중요성을 고려한다면, 장소와 기원은 본질적이며, 종종 음악 작품 자체에 극히 중요하다. 음악은 장소를 통해, 장소는 음악을 통해 홍보된다. 리버풀은 문화적 회생을 꾀할 때, 비틀즈의 고향이라는 유산을 이용하여 이 도시를 음악의 문화적 허브라고 홍보했다.[195]

## 네트워크, 인프라, 물류

모빌리티의 매개를 가능케 하는 통신 테크놀로지는 어떤 것인가? 어떤 종류의 도로, 철도, 전선, 케이블, 파이프, 테크놀로지가 사람과 사물의 움직임과 사교를 허용, 관리, 조직, 통제, 변형하는가? 본 장 본 절에서는 초점을 이러한 테크놀로지적 모빌리티 매개, 특히 많은 삶을 떠받치는 네트워크화된 인프라적 물질적 모빌리티의 몇 가지 면모로 좁힐 수 있겠다.

이런 영역의 연구가 특히 부족하다는 것을 한탄한 저자들이 있어 왔다. 그레이엄과 마빈은 대부분의 "도시에 대한 사회적 분석"이 계속 "도시사회학, 경제적 발전, 행정과 정치, 도시문화와 정체성, 도시사회학과 환경을 논하기만" 할 뿐, "모든 것을 매개하는 데에 네트워크 인프라가 행하는 역할을" 진지하게 고려하지 않음을 발견한 좌절감을 2001년에 토로한 바 있다.[196] 인프라가 비가시적인 것은 부분적으로 마르크스의 상품 개념에 맞게 그것이 물신화되어 온 방식에 있다. 19세기 파리와 빅토리아 시대 런던의 정교한 건축양식으로 이루어진 위대한 공학적 구조물을 재고하면서, 카이카Maria Kaika와 스빈헤도위Erik Swyngedouw는[197] 인프라의 평범화가 사람들을 사회적 관계로부터 절단하는 데에 기여했다고 주장한다. 이 사회적 관계가 바로 도시 네트워크의, 그리고 이것이 옮기는 물과 같은 물질 흐름의 생산과 상품화 속으로 들어갔는데도 말이다. 근대 초기에, 바로크·비잔틴·고전시대 펌프장 건축에서의 하수구는 진보라는 이데올로기적 가치로 치장되었다. 나중에 하수구는 폄하, 망각, 매장되었다. 스빈헤도위와 카이카가 보기에, 이제는 "멀리 자리 잡은" 이 "테크놀로지적 매개(댐, 정수 시설, 펌프장)"는 서비스와의 연결을 통한 진보의 약속을 전제하는 것이었지만,[198] 이제는 땅에 묻히거나 위장 및 변장된 공리주의적 구조물 속에 가려진 채로, "사회적 관계의 은폐"를 촉진하고 거기에 기여한다. 바로 이 사회적 관계를 통해서 물 같은 자원이 기성품으로 바뀌어 운반, 소비되는 것이다. 그렇기에 "사용가치, 교환가치, 사회적 권력 사이의 밀접한 연결"이 절단된다.[199] 무선전화 통신탑 같은 다양한 21세기 인프라는 단순히 매장되지 않고, 더 자연스럽게 보이게 하는 등의 절차를 통해 위장된다. 리사 파크스Lisa Parks가 보여 주듯이, 어떤 통신탑은 마치 나무 같은 모습으로 만들어졌다. 그러나 그녀의 주지는, 모빌리티 인프라의 은폐는 물신주의로 고발되는 것과 비슷한 일을 한다는 것이다. 즉, "시민들이"

"네트워크의 소유권, 발전, 접근성"에 대한 논쟁으로부터 떨어져, "그들이 값을 지불했으며 매일 사용하는 네트워크 테크놀로지에 대해 순진하고 무지하도록 유지하는" 것이다.[200]

어쩌면 카이카와 스빈헤도위가 기술하는 인프라의 주마등과도 같은 성질은 우리에게 그리 익숙하지 않을 수도 있다. 어느 정도, 우리는 인프라에 관한 상당한 사실적 이해를 바탕으로 인프라 문제를 보도록 독려 받아 왔다. 메리먼은 최근에 인프라에 대한 이러한 "실재론적" 검토를 반박했으며, 이는 상품 물신에 대한 카이카와 스빈헤도위의 염려와 어느 점에서 맞아떨어진다. 메리먼이 보기에, "도로와 같은 식상한 인프라도 '신체, 리듬, 방향 설정, 분위기'로 '꽉 찬 구성체'이다."[201] 그는 이렇게 결론 짓는다. "도로는 정서적 분위기와 공명한다."[202]

그러나 이 영역에서 등장한 많은 저작들은 이질적인 연구들의 정점에 앉아서, 정보통신 테크놀로지가 제공하는 사회적 활동으로 인해 물리적 모빌리티가 필요 없어질 것이라고 주장한다. 면대면 소통을 위한 이동이 불필요해지기 때문에 가상적 모빌리티가 물리적 이동을 무효화하리라는 것이다. 이는 이메일이 물리적 편지를 대체하고 있다거나, 화상회의로 인해 물리적 회의가 필요 없어지리라는 발상으로 표현될 수 있다. 전화 신호나 인터넷 데이터 패킷 같은 정보의 이동이나, 묻혀 있는 케이블・전선・인프라의 구조체는 둘 다 건조하고 기술적이며 우리와 별로 상관이 없는 것으로 보일 수 있다. 그러나 이 저자들은, 이런 것들이 사실상 모빌리티에 대한 우리

관심의 핵심과 돌이킬 수 없게 묶여 있기 때문에 결정적인 사회적 굴절과 귀결을 가져온다고 주장한다.

모빌리티 '대체substitution' 개념으로 알려진 것을 제안함으로써 이 관계를 풀어내려는 광범위한 작업이 존재해 왔다. 이에 대한 정식화는, 대체의 격렬함에 대한 저자의 평가에 따라 다양할 수 있다. 혹자에게 이것은 물리적 여행 전체의 제거를 뜻하지만, 다른 이에게는 여정의 단축과 변형의 징후일 뿐이다. 1970년대와 1980년대에는 이러한 발상에 관해 제한적인 합의만 있었지만,[203] 1998년 수송지리학자 수잔 핸슨Susan Hanson은 "IT가 도입한 변화는 도로상의 과정과 교차하며, 어쩌면 그것을 변화시킬 수도 있다"고 주장했다.[204] 전체적으로 볼 때, 모빌리티와 새로운 가상적 모빌리티의 매개는 실제로

도판 6.6 성당에서 하수도로, 애비 밀스 펌프장, 런던 그림 뉴스Illustrated London News, 1868. 출처: 19th era / Alamy Stock Photo

실제 세계 여행을 자극하고 보강하는 효과를 가져왔다.

"상보성complementarity"은 정보통신 기술과 여타 가상적 모빌리티가 새로운 물리적 여정을 보강하고 실제로 창조한다고 주장하는 수송 및 원격통신 연구자들의 유행어였다.[205] 프니나 플라우트Pnina Plaut는[206] 상보성이 두 가지 구별되는 방식으로 가능해졌다고 주장할 명확한 증거를 발견했다. 첫째, 가상 모빌리티는 그것이 없었더라면 일어나지 않았을 새로운 모빌리티의 형성을 가능케 한다. 둘째, 다양한 운송 체계의 '효율'과 생산성이 증가할 수 있었기 때문에, 더 많은 이동을 더 짧은 시간에 수행할 수 있게 되었다. 패트리샤 모크타리언의 지속적인 작업은 더 나아가,[207] 이러한 관계가 양 방향으로 작동할 수 있음을 보여 주었다. 가상적 이동이 물리적 모빌리티를 보충한다면, 물리적 이동 또한 가상적 이동을 향상시키고 또한 더 많은 가상적 이동으로 이끌 수 있다. 수송 모빌리티와 원격통신 모빌리티는 서로 동시에 증가하는 것으로 보인다. 스티브 그레이엄은 이렇게 요약한다. "전체적으로 볼 때, 수송과 원격통신은 서로를 단순히 대체하는 것이 아니라 서로를 먹고 살며, 서로의 연료가 된다."[208]

가상적 모빌리티 및 물리적 모빌리티를 필요 없게 만드는 가상적 모빌리티의 능력에 대한 찬양은, 가상적 모빌리티가 어떤 방식으로 물리적 · 공간적 장소로부터 해방되어 있다는 발상과 짝을 이룬다. 가상적 매개가 모빌리티와 사회적 관계를 분리시킨다는 것이다. 하지만 이제 우리는 자유롭게 흐르며 유목적인 해방에 대한 이런 식의 일반화는 결코 이처럼 단순한 일이 아니라는 것을 알아야 한다. 그레이엄과 마빈의 글로 돌아가 보자면,[209] 이 지점에서 우리는 모빌리티의 가상적 매개가 실제로는 고정되고 묻혀 있는 인프라 네트워크, 파이프라인, 묵직한 테크놀로지 물품들에 의존하고 있어서 지금까지 이 책에서 제시한 것과 비슷한 이동, 즉 계류繫留 역학을 이룬다는 발상과 만나게 된다.

제이슨 파먼Jason Farman은[210] 자기 학생을 에퀴닉스 데이터 센터, 워싱턴 DC 외곽에 있는 그 별 특징 없는 건물에 데려간 경험에 대해 쓴 바 있다. 이 센터는 미국 동해안의 인터넷 트래픽을 대부분 담당하는 '인터넷 피어링 포인트'다. 모바일앱 포스퀘어가 주요 저장 시설을 여기에 두고 있다. 이동전화탑이 이루는 네트워크망의 접속점 사이로, 또 고정된 인프라를 통해 자기 데이터가 어떻게 이동하는지를 이해하고서, 파먼은 이렇게 결론 내린다. "우리가 '이동적' 매체라고 여기는 많은 것들은 송신탑이나 광섬유 케이블 같은 아주 비이동적인 테크놀로지를 통해 생성된다."[211]

그러면 우리는 매개된 모빌리티에 모종의 토대가 있음을 알게 된다. 이는 정보통신 기술이 촉진하고 매개하는 모빌리티들이 반드시 구속되어 있음을 뜻하는 것이 아니라, 그것이 가진 고정된 인프라로 인해 이동적이 될 수 있음을 뜻한다. 둘째, 매개된 모빌리티는 종종 그것을 가능케 하는 물리적으로 설치된 인프라 형태와 패턴을 반영한다. 재구조화된 '네트워크 사회'가 정보통신 기술의 선과 한계를 따라 나타날 수 있는 것은 바로 이러한 토대 덕분이라고 마누엘 카스텔스는 주장한다(**핵심 개념 6.3**을 보라).

도시사회학자 마누엘 카스텔스에 따르면, 네트워크의 형태론에 뿌리내리고 있거나 그 주위로 조직된 것으로 보이는 사회의 새로운 조직적 구조가 등장했다. 그의 주장에 따르면, "네트워크 조직화"가 사회적 삶의 상이한 영역들을 샅샅이 훑으면서 "사회적 구조 전체에 걸쳐 폭넓게 확장되는 것을 가능케 하는 물질적 기반"을 정보기술이 제공하기 이전에 이미 네트워크 조직은 등장했다.[212] 그러면서 카스텔스는 네트워크된 관계가 흐름과 상호관계의 네트워크된 경제에 의존한다고 주장한다. 경제의 "지식정보적 기반", 이 기반의 전 지구적 효력 범위, 정보 테크놀로지 내 혁명 사이의 연결 고리를 추적해 보면, 이 요인들은 "새롭고 독특한 경제 시스템을 탄생"시켰다. 카스텔스가 보기에, 이 시스템의 논리와 물질적 선線은 공동체와 모든 종류의 사회적 활동을 재구조화하는 역할을 해 왔다.

이 모든 변화를 뒷받침하는 것은 세 가지 중요한 층으로 이루어진 공간적이고 물질적인 지지 구조 또는 형태로 보인다. 첫째, 통신 네트워크 구축에 필요한 전기적 자극 회로를 구성하는 물질적 기기 또는 인프라. 둘째, 이러한 흐름을 협응시킬 조직자나 허브로 기능하는 장소, 가령 금융제도와 다국적 조직이 협응할 수 있는 "전 지구적 도시." 그 밖의 지점들은 지역적으로 행위를 조직하는 접속점으로 기능한다. 셋째, 네트워크 조직화의 배후에서 이해관계를 지시하고 지배하는 행위자 또는 "지배하고 관리하는 엘리트." 네트워크를 "실행하고, 실상 구상하고, 결정하고, 구현하는" 것은 이러한 "사회적 행위자들"이며, 이들은 자신들이 조직하는 네트워크와 매우 비슷한 궤적을 정기적으로 통과한다.[213] 노동부터 전쟁까지, 카스텔스는 네트워크 사회가 몹시 다양한 사회적 실천과 활동으로 구성되어 있음을 보여 준다. 이러한 실천과 활동은 빠르게(거의 즉각적으로) 공간적 거리를 넘어 이동하고 소통할 수 있는 능력을 반영한다.

■ 더 읽을거리

Castells, M., *The Rise of the Network Society*, Oxford: Blackwell, 1996.

Graham, S. and Marvin, S., *Telecommunications and the City: Electronic Spaces, Urban Places*, London; New York: Routledge, 1996.

Graham, S. and Marvin, S., *Splintering Urbanism: Networked Infrastructures, Technological Mobilities and the Urban Condition*, London: Routledge, 2001.

그레이엄이 제시했듯이, 인터넷 트래픽을 보면 대부분의 움직임이 "사실은 실제 장소와 공간을 재현하고 부각시킨다"는 것이 밝혀진다.[214] 그러므로 광대역 통신망의 속도는 사용자가 교환국으로부터 얼마나 떨어져 있는지, 그리고 회선의 질이 어떠한지에 달려 있다. 와이파이에 대한 접근 가능성은 와이파이 송수신기 및 이를 둘러싼 건물의 위치에 전적으로 구속되어 있다. 이동전화의 맥락에서 보자면 대화와 소통이 일어나기 위해서는 케이블, 스위치, 배치의 방대한 고정적 인프라가 제자리에 있어야 한다. 존 애거John Agar가 보기에, "모빌리티는 기이하게도 고정물에 의존한다."[215] 이러한 이동이 매개된 수송 체계부터 관광까지 물리적인 이동적 활동을 잘 지지하고 가능케 한다는 것은 더 나아가, 물질적 모빌리티는 그것을 가능케 하는 토대를 놓은 인프라에 제약되어 있음을 증명한다.[216] 그러므로 여기에서 모순은, 모빌리티의 증가를 막는 장애물을 "줄이는" 방법은 "특정한 공간(철로, 고속도소, 공항, 정보통신 항만)"과 고정된 인프라를 "생산하는 것뿐이라는" 점이다.[217] 에릭 스빈헤도위도 비슷하게, 통신과 수송 테크놀로지가 "공간에 귀속된 활동을 해방시키는" 방법은 참으로 "새로운 영토 배치의 생산"뿐이라고 주장한다. 달리 말하자면, 모빌리티는 "새로운 (상대적으로) 고정적이며 제약하는 구조의 구축"을 통해서만 일어날 수 있다.[218]

토대를 가지고 있다는 점, 와이어와 머리 위의 케이블, 파이프, 아스팔트 형태를 취하고 있다는 사실로 인해 인프라는 약점이 생긴다. 사회가 인프라 모빌리티에 근거한다는 것은, 상대적으로 신뢰할 만한 이동 체계에 의존하는 우리 삶의 방식에 인프라의 장애나 '붕괴'가 엄청난 위험을 가져올 수 있다는 뜻이다. 2010년 아이슬란드 화산 폭발로 대부분의 유럽 영공이 폐쇄된 일이나[219] 2005년 뭄바이 홍수[220] 등의 각종 비상사태와 재난은 인프라 붕괴의 명백한 사례를 제공한다. 버벅거리는 인프라 모빌리티는 더 일상적일 수 있다. 사이먼 마빈과 윌 메드Will Medd는[221] 그들이 "비만도시obe-city"라고 부르는 것을 탐구했다. 이 도시에서는 지방脂肪이 물질적 막힘을 일으키며, 이는 많은 서구 도시의 위생 흐름을 위협하고 있다. 스티븐 그레이엄은 장애가 생긴 인프라의 결과를 예시할 뿐 아니라, 테러리즘, 정치적 폭력, 전면전 하에서 인프라 모빌리티 자체가 공격 목표가 되는 경우가 늘어나고 있음을 보여 준다.

　세계의 회로, 운송 노선, 파이프라인과 그 경로를 이용하는 것 역시 까다로운 일이다. 이는 재화, 물질, 식량, 무기를 가능한 한 효율적으로 유통시키기 위한 국가적 · 기업적 · 군사적 자원의 영향을 받는다. 뎁 코웬Deb Cowen의 말에 따르면, '물류'라는 전문 직종은 용병술로부터 상업적이고 사적인 산업으로 옮겨져 "생산, 소비, 파괴에 걸쳐 물자의 순환을 관장"한다.* 코웬은 물류가 "군사적 정체성과 권위를 잃지 않고서 완전히 새로운 시민사회적 삶을 얻었다"고 주장한다.[222] 그러나 물류와 함께 한다는 것은, 물류가 물자의 이동뿐

---

* [역주] logistics라는 말은 본래 군대에서의 물자 관리, 즉 병참을 가리키는 말로 19세기 중반에 고안되어 후에 비군사적 맥락에서도 사용되게 되었다.

아니라 그것을 둘러싼 모든 것을 변형시킨다는 뜻이다. 예를 들어, 미국에서 이러한 모빌리티를 관리하고 돕는 노동 관행은 이제 대체로 "저임금이며, 위험하고, 아주 인종화되어 있다."[223] 국경, 보안 절차, 주권적 영토라는 개념 역시 국가의 통상적 통제를 벗어난 예외적 '물류 도시'나 권역을 통해 새로이 만들어지고 있다.

인프라의 틈새나 약점을 찾아서 그것의 배타성을 전복하려는 시도에 인프라가 취약하다는 점은 증명되어 왔다. 국가적 부패, 편견, 체리피킹cherry picking,** 부당이득이라든가, 단순히 부적절한 유지 보수로 인해 와해되고 있는 낡은 시스템, 또는 증가하는 수요에 발맞추려는 노력에 따른 적정 투자로 인한 인프라적 불평등으로 인해,[224] 인프라의 틈새나 약점을 찾도록 강제되는 경우도 많다. 남반구의 도시들은 '비공식적' 인프라 모빌리티가 가장 만연한 곳으로 자주 조명된다. 이는 다카르에서처럼 사적 전기 공급을 가로채는 가정이나, 인도에서처럼 공동체 기반 위생 구도 또는 빈민가 거주자들의 주택계획연합 형태를 띨 수도 있다. 많은 비공식적 인프라는 (때로는 차별적인 지역 법령으로 인해) 위법·불법으로 간주되며, 제거나 착취의 위협을 겪는다.

그래서 한편으로는 도시 인프라 모빌리티가 인도, 멕시코, 브라

---

** [역주] 논리적인 의미와 사회적인 의미가 있다. 논리적인 의미에서 체리피킹은 자기 주장을 지지하는 증거나 사례만을 취사선택하고 나머지는 무시하는 오류를 뜻한다. 사회적인 의미에서, 어떤 전체로부터 자신에게 유용한 부분만을 취하고 나머지 부분은 기피하거나, 외면하거나, 다른 사람에게 떠넘기는 행태를 말한다.

질, 나이지리아의 빼앗긴 자들의 삶에 필수라고 생각할 수 있다. 다른 한편, 콜린 맥팔레인Colin McFarlane과 알렉스 바수데반Alex Vasudevan은 비공식성을 공간으로서가 아니라 실천의 집합으로서, 빼앗긴 자의 영토적 아비투스라기보다는 다른 도시성을 낳는 이동적 계획 실천의 집합으로서 숙고한다. 이러한 실천들은 어떤 방식으로 도시를 다른 형태의 정치적·사회적·경제적 조직을 위한 "유동적 자원"으로서 새로이 부각시키려 하는가?[225]

묵바이의 공항 가장자리에 있는 다라비 빈민가에 대한 캐서린 부Katherine Boo의 감탄스러운 책은 끊임없이 이동적이면서 묵바이 국제공항의 번쩍이는 공식적 인프라에 의존하는 비공식적 노동 경제를 기술한다.[226] 여기에서는 건축자재 그리고 당연히 쓰레기가 넘쳐나는데, 이는 이 물자들을 재활용하여 이득을 취하는 공동체의 경제에 본질적이다. 그러나 이 공동체는 사적 보안 계약자, 부패한 경찰, 범죄와 사법제도, 빈곤한 환경 조건으로 고통 받는다. 앞서 묵바이의 밀집 현상을 분석했던 바이제얀티 라오는 500명의 목숨을 앗아간 2005년 7월의 홍수 동안 묵바이의 재활용 경제가 어떻게 훨씬 더 가시적이 되었는지를 보여 준다.[227] 네트워크의 실패로 수백만 명이 집에서 일터로 걸어가야 했으며, 홍수로 인해 가정과 건물의 폐기물, "판자틀, 동물 시체, 인간의 쓰레기"가 통제 불가능한 흐름 속에서 표면으로 떠올랐다.

이러한 의미에서, 비공식성은 삶의 방식으로서 인프라 모빌리티만을 함의하지 않고, 공식 모빌리티와 비공식 모빌리티의 긴장

속에서 도시 자체가 재분절됨을 함의한다. 압도우말리크 시모네 AbdouMaliq Simone의 말을 인용하자면, 우리는 도시를 이렇게 새로이 생각할 수 있다.

> 물건을 빠르게, 또 느리게 움직이게 하는 질감 있는 표면. 여기에서 생기는 중단들로 인하여 관점, 주목, 기억, 노력·연상의 압축과 분산, 틀을 놓는 기기, 다양하게 수직적으로 겹쳐진 분절의 층들, 주목하는 다양한 방식, 현행 상황에 함축되는 방식이 가능해진다.[228]

**사례 연구 6.6**에서 우리는 그 자체가 이동적이 되는 뭄바이 빈민가의 비공식적 화장실과 위생 시설의 발달을 탐구한 콜린 맥팔레인의 연구를 살펴볼 것이다.

맥팔레인이 보여 주듯이, 이러한 맥락에서 인프라의 '비공식성'이 기술되고 이해되는 방식에는 위험이 있다. 인프라는 지저분한 사회적·환경적 조건에서 생활하는 부동적 도시인구를 배제하는, 또는 이들은 사용하지 않는 이동적 능력으로 이해된다. 만약 인프라가 더 보편적으로, 자유롭게 제공된다면 이 인구들도 더 생산적이고 효율적인 삶을 살 수 있게 되리라는 것이다. 시모네 같은 저자들은 이러한 유의 묘사에 나타나는 서발턴 도시 서민들의 무력함과 수동성을 특히 예리하게 반박한다. 물질적 모빌리티의 단단히 고정된 파이프라인과 거리를 두고서, 시몬은 그가 "인프라로서의 인간" 개념이라고 부르는 것을 식별해 낸다. 그것은 "도시에 사람이 어떻게 거주해야 하고 도시가 어떻게 사용되어야 하는지에 대한 명확히 그려진 개념 없이 작동하는, 끊임없이 유동적 · 이동적 · 잠정적인 거주자들의 상호교차"다.[229] 그는 아비잔의 운송 창고에서 볼 수 있는 즉각적 자기조직화 관계를 기술한다. 여기에서는 청소년이나 성인 남자가 승객들을 다채로운 회사와 서비스까지 인도해 준다. 이 창고는 조직이 없음에도 불구하고 효율적으로 보인다.

이러한 기업가 정신이 어떻게 묘사되고 포착되는지도 문제적이다.

---

**사례 연구 6.6  뭄바이의 위생, 비공식적 인프라와 모빌리티 정책**

도시인구에게 위생 서비스가 적절히 제공되지 않는 곳, 특히 인도의 빈민가에서 비공식적 인프라의 한 가지 형태를 발견할 수 있다. 공중화장실은 너무 적거나, 형편없이 건축되었거나, 잘못된 위치에 있거나, 위험해졌다. 이러한 공중화장실로 인해 많은 빈민가 사람들은 자신의 위생 실천을 조정해야 했고, 때로는 공지에 소변과 대변을 보아야만 했다.

뭄바이의 신고되거나 신고되지 않은 몇몇 거주지에서 레누 데사이Renu Desai, 콜린 맥팔레인, 스티븐 그레이엄은 위생의 배치, 특히 공중화장실의 제공과 이를 둘러싼 비공식적 실천에 대한 결정적인 연구를 했다. 이는 공공장소에서의 용변이라는 많은 비난을 받은 '민폐', 그리고 이러한 서비스의 사용·유지·중단을 둘러싸고 자기 리듬을 조직화하는 비공식적 인간—특히 여성—인프라를 포함한다. 이들의 연구에 따르면, 이 거주지의 인구는 자신의 모빌리티, 루틴과 리듬을 공중화장실의 사용과 유지 패턴 주변으로 생리적으로 조정해야만 했다. 특히 여성들은 이러한 위생 시설을 불균등하게 체험했다. 여성들은 지역의 쓰레기장에서 소변과 대변을 볼 수 있는 사적이고 안전한 장소를 찾아야만 했고, 이는 이들의 안전에 상당한 위협을 주었다. 데사이 등은 이렇게 결론 내린다.

때로 이 여성들은 사적인 장소를 찾고 조신함이라는 사회적 규범에 맞추기 위해 자기 안전을 운에 맡겨야 했다고 말해도 과장이 아니다. 더욱이, 프라이버시를 찾기 위해 쓰레기 하치장을 찾는 것 자체가 공격적인 떠돌이 개에 물리거나, 깊은 배수로로 떨어지거나, 쓰레기 더미 속으로 빠지는 위험에 노출되는 것이었다. 특히 우기에는 더했다.[230]

이러한 위험과 습격의 가능성 앞에서, 많은 여성들은 다른 여성들과 협력하여 저곳으로 함께 가거나, 화장실이 빌 때 또는 고쳐질 때까지 기다리거나, 어둠에 묻혀 화장실에 갔다. 이 같은 쓰레기 하치장의 사유화에 맞서, 이를 저지하고 차단하기 위해 차량, 불도저, 보안요원이 이곳을 경비하며 이곳의 사용을 방해했다. 이러한 문제에도 불구하고, 화장실 시설 같은 인프라의 공적 공급은 빈민가 인구가 인프라를 적절히 사용하고 돌볼 시민적 능력이 부족하다는 가정에 근거할 수 있다. 맥팔레인은 어느 기술자의 말을 인용한다.

> 빈민가 사람들이 어떤지 알잖아요. 글도 못 읽어요. 시민의식이라는 것이 없어요. 그래서 고체 쓰레기를 화장실에 부어서 막히게 하지요. 아이들이 돌을 던지니까 문과 에어컨 실외기가 부서지죠. 사람들은 장난을 치지, 제대로 관리하지를 않아요. 섬세하게 관리하지를 않아요. 거칠게 다루죠. 빈 음료수통을 화장실에 버린다고요.[231]

활동가에 의해 비공식적으로 건설된 빈민가 인프라 및 활동가가 관리하는 공중화장실들이 늘어나고 있다. 이들은 빈민가 운동을 기업가적으로 보는 상당히 다른 관점을 수행한다. 이러한 비공식 위생 인프라의 성공과 함께, 공중화장실의 모델 자체가 모빌리티 정책 속에서 이동적이 되었다. 이를 맥팔레인은 "도시 간섭 모델의 전파"라고 명명한다.[232] 이는 대체로 도시 빈민이 주도하는 다양한 모델과 기술을 통해 초지역적으로 이동한다.

■ 더 읽을거리

Desai, R., McFarlane, C. and Graham, S., 'The politics of open defecation: informality, body, and infrastructure in Mumbai', *Antipode*, 47(1), pp. 98–120, 2015.

McFarlane, C., 'The entrepreneurial slum: civil society, mobility and the co-production of urban development', *Urban Studies*, 49(13), pp. 2795–2816, 2012.

이러한 비공식적 '빈민가' 인프라는 지역적 · 전 지구적 구조적 불평등을 견뎌 낼 수 있는 기업가 문화의 산물로서 곧잘 숭상되어 왔다. 이들은 또한 모델로서 이동화되기도 한다. 이들은 '최선의 실천'이라는 일종의 모빌리티 정책을 통해 다른 맥락 내로 이동하는 것이다.

인프라는 또한 감시를 위해 제공될 수도 있다. 특히 공항이나 여타 수송 형태 같은 극도로 이동적인 공적 장소나 핵심 장소에서 그렇다. 이제 살펴볼 다지Martin Dodge와 키친Rob Kitchin의 글[233] 일부에서는 엘리자베스라는 허구적 인물의 가능적 이동이 상술된다. 엘리자베스는 런던에 산다. 도시를 돌아다니는 단 몇 시간 사이에도 그녀의 이동은 작동 중인 다양한 감시 시스템에 의해 쉴 새 없이 매개되고 증대된다. 엘리자베스의 두 시간째 여정을 보자.

8시 10분 직후, 그녀는 지하철역으로 향한다. 그녀는 '스마트' 카드

**도판 6.7 런던 오이스터 카드로 탑승하기.** 출처: TFL의 허가를 받음

티켓을 응답기 위로 흔든다. 개찰구가 열리고, 그녀의 카드에서 요금이 인출된다. 그녀는 지하철 감시 체계에 로그인된다. 그녀 주변에는 다섯 대의 보안 카메라가 밀집되어 있다. 이는 지하철에 통합되어 있는 승객 관리 및 보안 시스템의 일부다. 이 체계는 전체 네트워크를 포괄하며, 그녀가 플랫폼으로 내려가는 동안 그녀를 비롯한 승객들의 이동을 추적한다. 플랫폼에는 또 네 대의 카메라가 더 설치되어 있다.[234]

엘리자베스의 여정에서 다지와 키친이 언급하는 많은 부호화 체계와 정보통신 기술은 실제로 감시의 형태로 간주될 수 있다. 엘리자베스는 여정 내내 폐쇄회로텔레비전CCTV 카메라로 감시받는다. 런던 지하철에서 그녀가 스마트 선불카드(오이스터 카드)를 사용하면 다양한 관리 시스템이 그녀의 이동을 감시할 수 있다. 이러한 매개에 동의하지 않고서는 오이스터 카드를 소유할 수 없다. **ATM** 기기의 비디오 감시와 전자 감시에 굴복하지 않고서는 현금을 인출할

---

**핵심 개념 6.4**　**모빌리티와 감시 연구**

감시 연구라는 영역이 등장하고 있다. 이 분야는 감시, 지배, 통제 실천 사이의 관계를 모든 면모에서 조사하려 한다. 모빌리티 개념은 이 분야에서 핵심적이다. 온타리오주 퀸즈대학의 사회학자 데이비드 라이언은 이렇게 쓴다. "오늘날에는 감시 자체가 흐름의 일부다."[235] 감시 매개 모빌리티의 증대를 가능케 한 것은 세계적인 정보화의 전진, 그리고 이러한 정보를 움직이게 하는 능력이다.

케빈 해거티Kevin Haggerty와 리처드 에릭슨Richard Ericson은 그들이 "감시 결합체"라고 부르는 것을 다룬 선도적인 논문에서, 어떻게 감시 시스템이

한층 더 결속되고 있는지를 그려 낸다. "시스템들을 한데 모으려는 욕구, 실천과 테크놀로지를 결합시키고 더 큰 전체로 통합하려는 욕구"가[236] 데이터 흐름의 연결성과 양의 증대를 주도하는 것으로 보인다. "데이터감시 dataveillance"는[237] 우리 자신에 대한 데이터가, 우리의 이동과 행동 궤적이 수집되고 감시될 수 있는 구체적 방식을 지칭한다.

모빌리티라는 주제가 이 분과의 주된 우선적 관심사로 떠오른 데에는 두 가지 주요 요인이 있을 것이다. 첫째, 점점 더 이동적이 되어 가는 세계에 대응하기 위해 감시가 요구되고 있다는 인식이다. 《감시와 사회》에 실린 콜린 베넷Colin Bennett과 프리실라 리건Priscilla Regan의 사설에 따르면, "사람들은 더 이상 고정된 위치와 공간에서 존재하고 살아가지 않는다. … 각 [사회적] 영역에서, 영구성보다는 한 활동이나 장소에서 다른 활동이나 장소로의 이동이 규범이 될 공산이 크다."[238] 달리 말하자면, 감시가 일어나야 하는 것은 모든 이동, 수송, 이주, 여행 때문이다. 우리와 사물이 점점 더 이동적이 되고 있기 때문에 우리와 사물이 감시 하에 놓이는 것이다. 둘째, 감시 또한 모빌리티의 요구에 응답함으로써 감시 실천 자체가 이동적이 되고 있다. 데이비드 라이언은 이렇게 쓴다. "전 지구적 감시의 성장이 음모가 아니라는 것을 상기하는 것은 중요하다. 감시가 세계화되고 있는 첫째 이유는, 모빌리티가 … 이제 세계를 지배하는 근본 요소이기 때문이다."[239]

우리는 이미 일터 감시의 역사적 맥락을 고찰한 바 있다. 테일러의 과학적 노동 관리(앞의 크레스웰을 보라)에서 현대의 업무 이메일 감시까지, 노동자 모빌리티의 감시는 생산성과 효율성을 평가하려고 했다. 다른 맥락에서, 관광 연구 분야에서도 최근에 이러한 문제를 탐구하기 위한 변동이 있었다. 관광객에 대한 조사와 검사는 이제 그 자체가 상당한 양의 공적 조사와 학술적 분석의 대상이 되었다. 그러나 "관광 모빌리티가 새로운 감시 결합체의 핵심적 초점"임에도 불구하고, 모건과 프리처드가 썼듯이, "이러한 관광-감시 변증법을 구조짓는 강력한 담론과 헤게모니를 탐구하는 데에 바쳐진 관심이 아주 적다"는 사실은 극히 놀라운 일이다.[240]

■ 더 읽을거리

Bennett, C. and Regan, P., 'Surveillance and mobilities', *Surveillance and Society*, 1, pp.

449-455, 2004.

Lyon, D., 'Surveillance studies: understanding visibility, mobility and the phenetic fix', *Surveillance and Society*, 1, pp. 1-7, 2002.

Lyon, D., *Surveillance after September 11*, Cambridge, UK; Malden, Mass.: Polity, 2003a.

Lyon, D., *Surveillance as Social Sorting: Privacy, Risk, and Digital Discrimination*, London; New York: Routledge, 2003b.

온라인 학술지 Surveillance and Society, www.surveillance-and-society.org. 도 참고.

수 없다. 달리 말하자면, 이러한 시스템은 그녀의 활동에 전적으로 필수적이다. 감시를 하면서, 어쩌면 감시를 하기 위해 승객 모빌리티를 증대시키려는 일군의 시스템을 우리는 들추어낸 것이다.

## 인공기관 테크놀로지와 이동전화

인류학자 팀 인골드는[241] 우리가 세계를 통해 움직이는 방식이 거의 언제나 발놀림의 테크놀로지와 테크닉에 의해 매개되거나 변형된다고 주장했다. 인골드가 보기에, 세계와 환경에 대한 우리의 지각과 인식은 우리의 여정을 향상시키거나 도와주기 위해 그 과정에서 우리가 사용하는 다양한 테크놀로지적 인공기관prostheses을 통해, 인공기관과 함께 일어난다. 이는 "스키, 스케이트, 설피, 러닝화와 축구화, 등자와 페달, 물론 잠수부의 오리발" 같은 예를 포함할 수 있다. 또는 다른 도구, 가령 "지팡이, 목발, 보트의 노"도 있다.[242] 환경은 우리의 신체화된 모빌리티를 통해 지각되며, 신체화된 모빌리티는 다시 본능적 체험을 향상·변화·희석시키는 물건들에 의해 매개된다.

인골드가 준 신호를 따라, 본 절에서는 두 가지 주요 주체를 탐사한다. 첫째, 인골드의 용어로 말하자면, 모빌리티는 우리의 발놀림을 변형시키는 다양한 테크놀로지, 대상, 물건을 따라 반복적으로 나타난다. 둘째, 인골드의 논문은 우리의 주의를 모빌리티의 또 다른 매개 능력으로 돌린다. 이러한 물건들과 함께–이동하는 동안, 이동적 인공기관은 매개자 자체로 기능하기 때문이다. 모빌리티는 매개자와만 관계하는 것이 아니라, 우리와 세계를 매개하는 물질과 행위자와도 관계한다. 우리는 어떻게 모빌리티가 운반을 하는지 생각했다. 우리는 현대사회에서 수송 테크놀로지의 편재성을 고찰했다. 그러나 우리는 또한 어떻게 모빌리티가 다른 이동적 사물, 장소, 사람 사이에 개입하는지도 고찰해야 한다.

서류 가방 같은 물건을 운반하는 단순한 예를 들어 보자. 서류 가방은 운반되는 것이다. 그것은 중요한 문서와 정보, 어쩌면 랩톱을 담고 있을 것이다. 서류 가방을 운반하고, 그것과 함께 이동함으로써 사용자는 "인공기관적" 주체가 된다.[243] 인공기관은 사용자의 세계-내 방향 설정과 체험을 근본적으로 변형시킨다. 서류 가방 때문에 기차를 잡으려고 달리는 것이 어려워질 수 있다. 커다란 서류 가방 때문에 좁은 장애물을 지나가는 것이 성가셔질 수 있다. 다른 한편, 서류 가방으로 인해 연결이 이루어질 수도 있다. 그것은 상징자본과 특권을 제공할 수 있다. 그것은 비행기 안에서 같은 가방을 가진 사람과의 대화를 촉발할 수 있다. 그리고 가방 안의 랩톱은 인터넷 상의 원격통신을 가능케 할 것이다.

매개 테크놀로지는 지구상의 이질적인 점들을 결합할 수 있지만,

마찬가지로 매개 모빌리티에 의해 연결된 더 긴밀한 신체적 관계를 결합할 수도 있다. 특히 기계 및 테크놀로지와 불가분해진 신체라면 더 그렇다. 인간 주체와 기계 테크놀로지를 특별히 분리된 것으로 보는 것은 불가능하다.[244] "거울, 신호, 조종"의 규제적 의무는[245] 미리 규정된 운전 기술을 넘어, 자동차 같은 결합체의 테크놀로지적 기계와 함께, 또 그것을 통해 일어나는 기술이 된다. '사이보그'라는 비유를 통해 매개된 신체를 받아들임으로써[246] 이동적 신체는 갑자기 이동적 "인공기관적 주체"가 된다.[247] 신체가 테크놀로지 및 물건의 결합체와 함께 이동할 때, 또 그 속에서 이동할 때, 이 주체의 모빌리티는 증진·향상·가속될 수도 있고, 어쩌면 감속되고 방해받고 좌절할 수도 있다.

종종 20세기의 범례적인 사이보그 구축물로 간주되는 것은 팀 댄트Tim Dant가[248] "운전자-자동차driver-car"라고 부르는 것이다. 그것은 살, 금속, 와이어, 고무의 결합체로 해석되어 왔다. 운전자-자동차는 신체와 공간 사이의 독특한 소통을 제공한다. 운전자의 실천은 소규모 신체 운동과 행위를 사용하며, 이들은 "도로 상의 요철을 자기 신체와의 접촉처럼" 느낄 수 있다. 우리는 "마치 우리의 체중이 자동차의 궤적에 차이를 낳기라도 하는 양, 커브를 돌 때" 몸을 기울인다.[249] 스케이트보드라는 간소한 짐으로 인해 이와 유사한, 발밑 땅과의 증진된 연결이 일어날 수 있다. 이는 **사례 연구 6.7**에서 탐구될 것이다.

다른 맥락에서, 매개적 이동자는 정보의 전송을 잠재울 수도 있다. 걸음에 대한 마이클Mike Michael의 분석은[250] 등산화라는 특이한 예이언 보든Ian Borden의 《스케이트보드, 공간, 도시》는[251] 공공건물 및 공적 형태와의 이동적 신체적 협상을 이해하는 기준점이 될 만한 텍스트다. 보든은 신체와 공간의 능동적 공동구축co-construction을 상상한다. 이는 인골드의 현상학과 재현-이상의 사고 양식을 상기시킨다(앞 장을 보라). 신체, 도구, 건축물은 언제나 자신을 재생산하는 하나의 사건으로 결합된다.

스케이터의 공동구축은 수행을 통해 일어나며, 이는 다른 스케이터와 관람자가 목격할 수 있다.[252] 신체와 보드의 협동은, 보드를 통해 공감적이며 미시신체적인 움직임을 행하는 스케이트보더를 통해 수행된다. 이 느낌은, 스케이트보드가 사용자를 사용자 주변의 풍경으로부터 갈라 놓는 식이 아니다. 스케이트보드의 매개를 통해 어떤 식으로, 스케이터는 주변 공간과 아주 색다르지만 더욱 완전하고 직접적인 상호작용을 하게 되는 것 같다. 보든의 연구에서 한 응답자는 이렇게 말한다. "마음이 중력의 중심에 자리 잡고 있다는 느낌을 얻어야 돼요. 그 중심으로부터 생각하고 행동해야 해요." 이는 공간과의 특히 직접적인 교류다. 신체, 보드, 움직임, 지형은 서로를 감싼다. 스케이트보드는 "스케이터의 움직임의 역동에 흡수되어" 있으면서도 동시에 그 신체에 외부적이다. 이 움직임을 감싼다는 말이 뜻하는 것은, 보드가 "스케이터와 바닥 아래 지형과의 관계에 필수적인 매개와 도구"가 된다는 것이다.[253]

보드는 색다르고 흥미진진한 방식으로 공간과 교류할 잠재력을 해방시킨다. 보행자가 파쿠르를 하게 될 때처럼, '수직선', '커브', '대칭'이 이전의 정적이고 죽어 있는 상태에서 활기를 띠게 됨으로써, 공간은 '살아난다.' 도로 경계석, 선로, 계단은 뭔가 다른 것이 된다.

■ 더 읽을거리

Borden, I., *Skateboarding, Space and the City: Architecture and the Body*, Oxford, UK; New York: Berg, 2001.

Nemeth, J., 'Conflict, exclusion, relocation: skateboarding and public space', *Journal of Urban Design*, 11, pp. 297-318, 2006.

Woolley, H. and Johns, R., 'Skateboarding: the city as a playground', *Journal of Urban Design*, 6, pp. 211-230, 2001.

를 통해 미셸 세르의 '기생생물' 개념을 해명한다. 마이클은 등산화가 발과 산 사이의 소통을 반드시 촉진하지는 않음을 고찰한다. 오히려 등산화는 신체와 산 사이의 손쉬운 정보 흐름"이어야 할" 것 사이의 일종의 "개입"을 구성한다. "등산화는" 이러한 흐름 사이의 잡음이나 방해물 역할을 하면서 산과 발 사이를 오가는 "신호를 방해, 축약, 축소한다."[254] 부츠와 신발은 "발의 움직임의 자유를 제한하고 발의 촉감을 둔화시켜, 발을 감금한다."[255] 접지력은 발을 디디는 방식을 변용한다. 낡고 구멍이 난 부츠를 신은 사람은 물웅덩이와 질퍽이는 지형, 특히 날카롭거나 거친 패턴의 바닥을 피해야만 한다.[256]

신발과 부츠가 일으키는 절연에도 불구하고, 작가와 사상가들이 걸음을 자연, 환경, 풍경과의 유일하게 참되고 본래적인 교류라고 간주해 온 오랜 역사가 있다. 다른 작가는, 매개자로서의-말은 승마자를 풍경에서 멀어지게 함을 상기시킨다. 말과 승마자의 배치는 유동적이지 않기 때문이다. 걷기는 자율적이기에 즐겁다. 루소의 관찰에 따르자면,

> 당신은 원할 때 떠나고, 마음대로 멈추고, 원하는 만큼 많이, 또는 적게 운동한다. … 강을 만나면, 강을 따라 간다. 잡목숲? 나는 그늘 아래로 들어간다. 동굴? 나는 들러 본다. 돌산? 나는 돌을 살펴본다. 어디라도 내가 즐거운 곳이라면, 나는 머문다.[257]

이러한 관점은 말을 타거나 당나귀와 여행하는 것이 어떻게 환경

과의 색다른, 때로는 훨씬 더 조응된 교류를 제공하는지를 설명하는 관점과 균형을 이루어야 한다.[258]

## 이동적 모빌리티와 공동위치적 매체

지금까지 논한 매개 테크놀로지는 모빌리티의 가속, 감속, 증대, 포착을 일으킨다. 이것들 대부분이 어떤 방식으로든 토대를 가지고 있기는 하지만, 이러한 테크놀로지들은 사람을 장소로부터 순조롭게 해방시키는 데에 성공했고, 사회적 실천이 이동적이고 유동적이 되게 했다. 엘리자베스의 산책에서 언급했듯이, 아이팟 같은 이동적 인공기관을 통해 그녀는 전에는 비교적 정적이었던 음악 컬렉션을 여정 동안 지니고 다닐 수 있게 되었다.[259] 본 장의 이 마지막 절에서는 어떻게 이동전화 같은 이동적 테크놀로지가 사회적 행위와 실천을 더 이동적으로 만들었는지를 고찰할 것이다. 행위와 실천이 어떤 식으로 장소에서 면제되었다고 하는 것은 너무 단순한 주장일지라도 말이다. 오히려, 이동전화와 사회적 미디어 테크놀로지를 통해 장소와 위치가 재분절되었다고 할 수 있을 것이다.

본 장의 시작에서 우리는 자동차나 비행기 같은 장소에서 행해지는 새로운 노동 관행을 훑어보았다. 이는 '여행 시간'을 훨씬 생산적인 방식으로 볼 수 있게 한다. 여행 시간은 손실된 '죽은' 시간이 되지 않고, 훨씬 더 사용 가능하고 작업 가능한 무엇이 될 수 있다.[260] 존 애거는 1986년 브리티시 텔레콤의 광고를 가지고, 최초의 이동전화를 구매함으로써 어떻게 죽은 시간을 부활시킬 수 있었는지를 보여 주었다.

### *유휴시간을 생산적 시간으로.*

사무실과 전화기에서 멀리 있을 때, 당신은 사실상 업무와 단절됩니다. 당신에게 연락할 수가 없습니다. 당신이 연락할 수도 없습니다. 이동전화—셀룰러 전화—를 가지고 있다면 이중적 이점이 있습니다. 당신은 연락이 닿게 되고, 업무의 기회가 생긴다면 언제 어디서든 즉각 처리할 준비가 됩니다. 그리고 당신은 '죽은 시간'—여행에 걸리는 시간—을 진정한 생산적 시간으로 바꾸어, 이를 최대한 효과적으로 이용할 수 있습니다.[261]

이동전화를 통해 우리가 얻게 되는 것은, "이동적 생활양식과 물리적으로 산포된 관계를" 가능케 하고 "강화"하는 이동-화mobile-ization다.[262] 고정되고 가라앉은 인프라 네트워크가 이동전화에 계류장을 제공하고, 이동전화는 공간을 건너 운반될 수 있으며, 사용자를 '장소와 집단'에서 해방시킨다. 그러나 요점은, 이 해방이 완전하지 않다는 것이다. 전화는 사람, 행위, 실천 사이에서 "항상적 연락가능성" 또는 "항구적 연락가능성"이 유지될 수 있게 한다.[263] 이러한 방식으로, 사회적 관계의 계류장은 사라지지 않았고, 공간의 계류장만 사라졌다(이 사라짐에는 한도가 있는데, 전화 신호는 근처의 송수신기에 의존하기 때문이다).

이동전화는 사용자의 모빌리티가 이동-중에 상호작용, 연결, 노동, 소통, 사교할 수 있게 해 준다. 바우만은[264] 어떻게 이동전화가 그 모든 유동성에도 불구하고 연합과 연결을 유지할 수 있는지를 고찰하면서 이러한 사고를 확장한다. 바우만은 이렇게 쓴다. "당신도, 또한 전화와 메시지의 보이지 않는 송수신자도, 모두 자신의 궤적을 따라 이동 중이지만—당신은 계속 연결되어 있다. 이동전화는 이동 중인 사람을 위한 것이다."[265] 네트워크 다이어그램 같은 이미지를 그리면서, 바우만은 어떻게 네트워크의 접속점이 친구나 업무상 연락처로 간주될 수 있는지 설명한다. 그리고 이 다이어그램을 움직인다. 친구, 직장 동료, 심지어 멀리 있는 친척도, 자신의 일상적 삶의 일과, 루틴, 여정, 휴가 내내 언제나 단기 체류 중이다. 그러나 이러한 네트워크 사이의 선이 연장되고, 구부러지고, 서로 겹쳐질 때에조차, 이동전화로 인해 이들은 단단히 유지될 수 있다. "이동하는 대상들의 우주" 내에서 안정된 점은 연합과 연결이다. 지리적으로 전화 사용자가 이동했더라도, 연결은 남아 있다. "연결은 유사流沙 속의 바위다. 신뢰할 만한 것은 연결이다."[266]

먼 곳, 다른 곳과 성공적으로 연결하는 것은 어느 정도 지역 및 맥락과의 부분적 단절을 의미할 수 있다. 앞서 논했던 물러남의 방식을 언급하면서, 배리 웰만Barry Wellman은 토론토 노면전차에서 했던 경험을 다시 전한다. 그와 아내는 젊은 여성이 애인과 "몹시 로맨틱한" 대화를 하는 것을 엿듣게 되었다. 웰만은 이렇게 설명한다. "그녀는 내가 옆에 앉아 있다는 것을 망각한 듯했다. 그녀는 사적인 대화에 몹시 빠짐으로써—또한 큰 목소리로 우리의 조용한 대화를 방해하면서—자기 필요를 위해 공적 공간을 전유했다."[267] 이러한 관점에서, 이동전화 사용자는—이동 중에—자신을 위한 사적 공간을 개척할 수 있는 것으로 보인다. 코포마Timo Kopomaa는 이를 사용자가 "사회적 상황으로부터 물러나면서" 밖으로 팽창하는 사적인 "거품"으로 묘사한다.[268] 앞서 논했던 능동적 무행동처럼, "화자의 행동은 부재와 어떤 내향성으로 특징 지어진다. 허공을 보는 것과 미소는 모두 이동전화 사교로 철수한다는 징표다."[269] 사람들은 진동이나 잡음에 정신이 들어 한 번 버튼을 눌러 응답한 후에는 계속해서 전화기를 확인한다. 이는 SMS 메시지에 응답하는 것과 연관된 익숙한 실천 집합이다.[270]

웰만이 설명하듯이, 이러한 내향적 사적 표현은 외향적으로 움직일 수도 있다. 시끄러운 통화가 낯선 사람의 집중을 깨거나 대화를 방해한다면, 그들은 통화의 거품 속으로 이끌려 올 수 있다. 아니면 시끄러운 문자메시지 알림에 잠을 깰 수도 있다. 음악, 카메라, 인터넷 액세스, 소셜 미디어 연결성을 제공함으로써, 이동전화의 활용은 다중적 차원에서 이루어진다. 사적 거품들은 놀랍고 예측 불가능한 방식으로 서로 겹치고 간섭할 수 있다. 원해서든 아니든 이러한 친밀성 속으로 끌려든다는 것은—흔히 이동 기기를 통해 이동 중에 사용되는—오늘날의 이동전화 및 각종 소셜 미디어 앱의 주안점이 되었다. 많은 사람들에게 소셜 미디어인 페이스북, 스냅챗, 포스퀘어 등은 우리가 **친구**라고 결정한 사람 그리고 그들의 사진을 비교적 고정된 관계의 집합으로 고정하면서, 먼 관계가 유지되고, 심지어 강화될 수 있게 한다.

이러한 이동 테크놀로지 및 사회적 실천의 집합을 통해 장소나 위치는 어떻게 되었는가? 램버트의 연구 대상자들이 자신들의 페이스북 사용을 논할 때, 그들은 대체로 페이스북에 접속했던 공간과 물질, "이동전화, 랩톱, 호스텔, 인터넷 카페, 무선 네트워크 등등"과 관련지어 논했다.[271]

이동 테크놀로지는 장소 · 지역의 특수성과 단절되는 것처럼 보이지만, 이 점을 재고해야 함을 시사하는 주장이 있다. 아드리아나 데 수자 에 실바Adriana De Souza e Silva와 에릭 고든Eric Gordon은 이렇게 주장한다. "네트워크화되어 있음은 실제로는 지역에 대한 우리의 의식, 물리적 공간과 우리의 연결을 증대시킨다."[272] 이들의 "네트-지역성net-locality" 개념을 따라가 보면, 우리는 모바일 게임이나 포스퀘어 같은 지역 기반 소셜 네트워크가 실제로 장소, 지역성, 우리와 함께 존재하거나 존재하게 되는 사람들과의 연결 및 모빌리티를 강화시킴을 볼 수 있다. 예를 하나 들어 보자.

포스퀘어에 '체크 인'할 때 사용자는 이동전화 화면에서, 다른 친구가 한 블록 떨어진 술집에 있음을 '본다'. 이제 사용자는 근처 술집에 가서 친구에게 인사하기로 한다. 이 경우 이 애플리케이션은 사용자의 관심을 근처의 사람, 지역적 환경으로 이끌고, 사람들이 네트워크된 공간에서 이동하는 방식에 영향을 끼친다.[273]

# 결론

매개한다는 것은 무슨 뜻인가? 모빌리티에 대한 우리 연구의 맥락에서, 이에 대한 대답은 다양하다. 우리는 몇 가지 상이한 종류의 매개를 보았다. 모빌리티는 언제나 뭔가를 안에 지니고 있는 것 같다. 아무리 층을 제거해 가도, 슬쩍 들어와 있는 다른 무언가를 발견하게 된다. 달리 말하자면, 모빌리티는 기생한다. 다른 모빌리티의 등에 타고서, 이동적 신체는 움직일 수 있게 된다. 이를 가능케 하는 것은 자동차, 기차, 버스 등과 같은 만연한 수송 테크놀로지다. 이러한 매개 테크놀로지는 많은 형태의 모빌리티를 매개한다.

이러한 매개된 모빌리티 중 일부는 여정을 촉진할 방대한 고정된 인프라를 필요로 하며, 또한 이 모빌리티를 통제하고 규제할 다른 매개 시스템을 필요로 한다. 감시는 중요한 메커니즘 중 하나로 드러났다. 매개는 우리가 앞 장에서 고찰한 모빌리티의 실행에 핵심 역할을 담당한다. 감시와 보안의 실천은 모빌리티를 특혜 및 높은 우선권을 가진 층과 특혜를 덜 가진 층으로 사회적으로 분류할 수도 있다. 이는 사람들의 삶의 기회와 미래의 모빌리티—그들의 모틸리티에 영향을 끼친다.

우리가 방금 보았듯이, 이동전화는 사회적 관계를 해방시키고, 끊임없는 소통을 유지할 수 있게 한다. 다른 한편, 등산화는 신체와 땅 사이의 소통을 둔화시키면서 끼어들 수 있다.

그래서 연결과 단절은 매개된 모빌리티의 일차적 복잡화로서 논의되었다. 매개는 관계를 절연하는 행위자로 기능할 수도 있고, 향상된 소통과 더 밀접한 연결을 주도할 수도 있다.

7장
**이동적 방법**

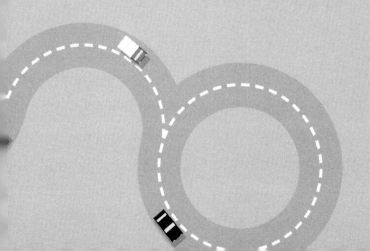

# 서론

　모빌리티 연구를 위해, 모빌리티 연구와 함께 폭넓게 다종다양한 방법론적 접근법이 개발되어 왔다. 다른 접근법도 이용되고, 여러 사례에서 조정되거나 토대 역할을 해 왔다. 이동적 방법에 대한, 그리고 연구프로젝트 내에서 활용되는 방법 배후의 기반이 되는 근거와 논리에 대한 새로운 상상을 요구한 다양한 연구자들이 있었다. 이러한 접근법들은 이동 중인 새로운 종류의 사물과 사람 및 그들의 체험에 어떻게든 이르고자 하는 점점 더 가까워지고, 더욱 정교화되는 실험적 노력을 추구했다. 이러한 접근법들은 종종 순간적인 것, 일시적인 것, 사이에 있는 것을 강조했다. 이것들은 연구의 주제 및 대상과 함께 움직이기를 추구하는 접근법을 요구해 왔다. 그것은 어떤 의미에서, "근대 세계를 특징짓는 것으로 보이는 종류의 이동 시스템과 체험을 포착하고, 추적하고, 모의模擬하고, 모방하고, 이에 병행하고, 이것들과 '함께 가는'" 다양한 방법을 식별하는 방법이다.[1]

　뷔서, 어리, 위치거는 앞서 인용한 책 《이동적 방법》을 시작하면서, 이동적 방법은 "붙잡아서 해부하는" 더 전통적인 접근법의 유혹을 억눌러야 한다고 말한다. 이들이 경고하듯이, "이는 저것을 파괴할" 것이기 때문이다.[2] 우리는 이러한 사고 노선을 따르겠지만, 피터 메리먼이 더 비판적으로 주장했듯이, 여기에는 이동적 방법만이 어떻게든 논할 수 있을 사회적 세계의 모빌리티와 유동성을 물신화할 위험도 있다. 모빌리티가 보여 주는 새로움은, 스스로 점점 더 이동적이 되어 가는 연구 대상과 연구자에 발맞출 능력을 지닌 새로운 방법을 강제하는 것으로 보일 수 있다. 이 방법은 반드시 이동적이어야 할 것이다. 그러나 메리먼이 보여 주듯이, 이는 이미 모빌리티 연구에 흔히 사용되어 온 더 느리고 덜 명백하게 **이동적인** 사고와 연구 방법을 부인하는 것으로 보일 수 있다. 지속적인 부동성과 정지의 시기를, 특히 연구자에게 요구하는 역사적이고 기록조사적인 archival 방법이 그렇다.[3] 그러므로 우리는 모빌리티를 탐구할 새로운 방법의 계발을 제안할 때, 빈대를 잡으려다 초가삼간을 태우지 않도록 주의를 기울여야 한다.

스피니는 이 논쟁의 가능성을 "벌거숭이 임금님"에 비유하면서,[4] "새 모빌리티 패러다임"을 위한 이동적 방법이 명백히 "새로이" 요구된다는 데에 반대하며 우리에게 경고한다. 존 쇼와 마커스 헤스가[5] 보기에, "기존 방법론의 힘을 이동적 상황에 활용하는 것"에 이점이 있을 수 있으며, 방법에 관하여 혁명적으로 접근하기보다는 종합적으로 접근하기를 가르친다. 메리먼도 비슷하게 주장한다. "혁신적인 '이동적 방법'을 진흥하라는 압력은 연구자들로 하여금 인터뷰, 설문조사, 담론 분석, 기록 연구 등 '관습적'으로 보이는 방법을 폐기하도록 독려할 위험이 있다."[6] 그는 그러한 접근법이 재고되거나 재편될 수 있다고 주의를 주며, 연구자들 스스로가 "레퍼토리를 확장하고 다변화할 것"을 요구한다.[7]

본 장은 이러한 요청 일부, 이동적 방법론의 접근법과 사례, 또 모빌리티 연구 내의 기존 방법론, 그리고 테크놀로지와 예술에 의지하는 방법론적 계발의 더욱 실험적 전초지역을 탐사할 것이다. 본 장은 사회과학 너머에서 온 이동적 연구 접근법을 탐사하는 데에서 시작하여, 이러한 연구를 할 때 발생하는 다양한 장애물과 문제를 탐사할 것이다. 특히 접근권, 보안, 비밀 유지의 관점에서 논할 것이다.

## 이동적 신체, 거기 있음과 그 오류

이동적 방법의 계발 동기는 모빌리티를 그것이 행해지는 동안에 주목하라는 명령 속에서 발견된다. 달리든, 자전거를 타든, 걷든, 비행기를 타든, 그 밖의 어떤 양상의 모빌리티든, 이러한 실천을 어떤 방식으로든 주목하는 방법에 대한 요구는 신체, 그리고 행하고 감각하고 느끼는 신체의 능력을 강조했다. 개념적으로 이러한 주장은, 앞서 언급했던 비재현 이론이나 모빌리티 재-현의 난점과 한계를 문제 삼는 실천 이론 같은 개념의 친족 내에 종종 위치해 왔다.

이 접근법들이 이러한 점에만 관심이 있다고 보는 것은 너무 단순하겠지만, 이 방법들이 신체감각과 운동감각에 점점 더 밀접하게 조응될 가능성 및 모빌리티와 연관된 여러 가지 의미를 강조하는 것은 사실이다. 스피니가 주장하듯이, "흘러가는 순간들도 재현적일 수 있지만—즉, 이 순간들은 의미의 창조와 재현에 근본적이지만—이 순간들의 일시성은 양적이거나 언어적인 설명을 통한 이해에 쉽사리 순응하지 않는다."[8] 본질적으로, 자기 움직임에 대해 말하는 것이나 자기 움직임을 설명해 달라고 응답자에게 묻는 것, 그것도 그에 관한 사실을 묻는 것은, 모빌리티가 어떻게 행해지고 체험되는지를 논하는 아주 편파적인 방법일 수 있다. 이러한 관점에서 보자면 인터뷰나 표적 집단 같은 더 전통적인 접근법은 "체험을 둔화하고 동결하는" 일밖에 하지 못할 수 있다.[9] 반면에 이동적 방법은 다른 형태의 "포착"을 제공한다.

다양한 저자들의 의견에 따르면, 이동적 접근법들은 일상적 삶의 평범한 모빌리티를 감각하고, 목격하고, 거기에 참여하는 방법으로서 "거기 있음"의 이점에 특히 방점을 찍는다. 이를 성취하기 위해 테크놀로지가 제안될 수 있다. 어쩌면 테크놀로지는 핀챔Ben Fincham 등이[10] "테크놀로지적 고정technological fix"이라고 부르는 것의 노선을 따라 이해되어, "거기 있는" 신체가 테크놀로지적 증언자—비디오 카메라나 오디오 레코더—에게로 위임될 수도 있다. 이러한 테크놀로지적 인공기관은 체험이나 사건을 실시간으로 녹화하거나 포착할 수 있다. 예를 들어, 자전거 타기에 대한 연구와 관련하여 이미 소개했듯이 저스틴 스피니의 연구는 유명한 투르 드 프랑스 자전거 경주의 유명한 등정 구간인 몽방투를 자전거로 달리거나, 런던의 자전거 우편배달부와 발맞출 때의 현상학적 체험을 시각적 형태, 비디

---

**사례 연구 7.1　이동적 비디오 방법**

"비디오는 우리를 그림 속으로 데려갈 능력이 있다"고 스피니는 주장한다. 비디오 방법론이 더 넓은 사회과학 방법 내에서 훨씬 폭넓은 흡인력을 획득해 오고 있는 만큼, 이는 모빌리티 연구에서도 훨씬 더 심도 있게 탐구되어 왔다. 자전거 타기 실천에 대한 스피니의 다양한 연구는 일차적으로

인터뷰와 "잡지, 채팅방, 블로그, 정적 이미지"를 포함하는 텍스트 자료 너머를 보려 했다. 스피니나 다른 저자들의 주장에 따르면, 이러한 출전들은 "자전거 타기의 신체화된 체험에 대해 그만큼만 말해 줄 수 있다."[11]

비디오 방법은 연구에 결부된, 자전거 타는 주체와 연구자 사이에 존재하는 일종의 간격에 다리를 놓아 줄 수 있다. 거기 있음과 거기를 봄 사이의 거리를 봉합하면서, 스피니는 비디오를 수단으로 활용하여 이동적 체험에 대해 연구대상자와 이야기한다. 스피니는 자전거 경주 선수에 대한 연구 사례를 제공한다. (이는 파쿠르나 앞서 논했던 여타 극단적 모빌리티 연구자와 비교해 볼 수 있을 것이다.) 이 연구에서 비디오를 "멈추고, 일시정지하고, 느리게 재생"할 수 있는 능력 덕분에 스피니와 연구 대상자는 일종의 반성적 대화를 통해 이동적 실천, 그 느낌과 질을 탐구할 수 있다. 이는 안전 문제, 기량 부족, 주제와의 거리로 인해 스피니나 다른 많은 연구자들은 당연히 참여할 수 없는 체험이다.

비디오는 한 순간을 연장시켜 조사될 수 있게 한다. 하지만 비디오는 연구자와 연구 대상자 사이에서 더 나아간 반성, 기억, 느낌을 더 명확히 끌어내고 유도해 낼 수도 있을 것이다. 폴 심슨Paul Simpson은[12] 이러한 접근법과 자신의 비디오 방법에 대한 유용한 리뷰에서, 비디오 접근법을 통해 연구 참여자와의 더 진전된 논의를 유도하여 더 풍부한 이야기를 발전시킬 수 있다는 점을 식별해 낸다. 아이러니하게도, 심슨이 보기에 그의 접근법은 이야기하기 같은 평이한 실천이 어떤 사람의 자전거 여정—가령 아이와 여행할 때—에는 내밀하고 구성적인 부분이 된다는 것을 보여 준다. 그러므로 모빌리티에 대한 비디오 접근법은 감각, 목격, 서사의 다양한 형태와 충돌하는 것으로 보인다.

■ 더 읽을거리

Brown, K. and Spinney, J., 'Catching a glimpse: the value of video in evoking, understanding and representing the practice of cycling', in Fincham, B., McGuinness, M. and L. Murray, (eds), *Mobile Methodologies*, Palgrave, Basingstoke, pp. 130–151, 2010.

Simpson, P., 'Apprehending everyday rhythms: rhythmanalysis, time-lapse photography, and the space-times of street performance', *Cultural Geographies*, 19(4), pp. 423–445, 2012.

Spinney, J., 'A chance to catch a breath: using mobile video ethnography in cycling research', *Mobilities*, 6(2), pp. 161–182, 2011.

오 형태, 글의 형태로 부각시키는 다양한 방법을 탐사한다.

한편, 피터 메리먼은 이동적 방법론 내의 발달에 우려되는 점이 있다면서 이를 검토한다. 그는 "거기에서" 있고, 보고, 느끼라고 하는 이른바 "명령"을 비판한다. 그는 어떻게든 더 정확하거나 진정한 것일 수 있는 이동적 실천을 동결하거나 거기 더 다가가야 한다는 요구를 의문시한다. 메리먼은 이렇게 쓴다. 학자들은 "이미 그들에게서 벗어난 무엇을 좇으면서, 신체화된 움직임의 생생함과 펼쳐지는 사건을 포착하려 애쓰는" 것 같다.[13]

이 지점에서 잠시 멈춰서, 이것이 거기 있음 또는 '거기에서-봄'이라는 방법이 점점 빨라지는 모빌리티에만 관심을 보냈다는 뜻이 아님을 상기할 가치가 있다. 슬로우푸드와 시타슬로우Citáslow(슬로우 시티) 운동을 조사하면서, 사라 핑크Sarah Pink는[14] 시간에 대한 감각적이고 느린 음미에 대한 이 운동의 헌신, 그리고 지역 식품 생산에서 자연적이고 환경적인 기술이 차지하는 중요성에 대한 운동가들의 믿음에 더 조응된 접근법을 적용하였다. 이탈리아, 영국, 독일, 폴란드, 일본, 뉴질랜드에서 네트워크가 수립되어 100개 이상의 마을이 이 운동 원칙을 채택하였다. 필립 바니니가[15] 썼듯이, 이 운동은 속도, 신속성, 과도한 장거리 이동에 대항하여 느림, 감속, 지역성을 찬양하는 삶의 방식에 더 조응된 더 폭넓은 의향과 실천의 집합을 표현한다. 핑크는 시타슬로우 활동을 체험하기 위해 '도시 투어urban tour'라는 접근법을 사용하였다. 이는 본질적으로, 마을을 걸어 다니고, 지역 재화의 물리적 결 및 감각적 질과 교류하는 것을 뜻했다. 시청각적 방법과 더불어, 마을의 감정, 왁자지껄함, 리듬에 관한 상세한 메모가 핑크의 여정을 기록하는 데에 사용되었다. 산책과 가이드 투어에 참여하고, 지역 카페에서 사교하면서 먹고 마심을 통해, 핑크는 자신이 느린 "나그네"로서 투어를 음미함으로써 시타 슬로우 운동의 체험에 더 조응될 수 있었음을 발견했다.[16]

본 장의 나머지 부분에서는 학자들이 탐사해 온 모빌리티 방법의 다양한 문제와 사례의 지도를 그리고 그 내용을 기술할 것이다. 이 과정에서 이동적 방법의 문제와 오류를 일부 인식하기는 하겠지만, 메리먼처럼 강하게 비판하지는 않을 것이다.[17] 이 접근법들은 자기 의식적으로 이동적 방법이라고 자칭하는 것도 있고, 그렇지는 않지만 모빌리티 연구 기획 내에서 정규적으로 활용되는 것도 있다. 우리가 다룰 접근법들이 갖는 실제 이동적 실천에 대한 근접성proximity ─이렇게 불러도 괜찮다면─에는 정도 차가 있다. 그러므로 이러한 접근법에 실제로 함축된 밀접성이나 진정성에 관해서는 주의해서 접근할 필요가 있다.

## 삶, 생생함, 모빌리티 살리기

우리가 논한 생생함을 언명하는 것과 관련된 어떤 문제를 어떻게 이해할 수 있는지에 대해 살짝 다른 관점에서 접근해 보자. 이렇게 해 보면, 새 모빌리티 패러다임 내 몇몇 중요한 연구들이 사실상 과거 모빌리티를 포함했다고 해도 과히 논란이 되지는 않을 것이다. 모빌리티 연구의 초석이 된 연구들은 역사적으로 위치한 특정 맥락 내에서 생산된 모빌리티를 탐구했다. 《관광객의 시선》, 《카리브해를 소비하기》, 《이동 중》, 《여행의 문제》, 심지어 《철도 여정》도 그렇다. 이 책들은 이제는 거의 정전이 되었다. 이 책들은 서구 문헌과 철학 내에서 모빌리티에 관한 특정하고 젠더화된 표현을 구축했다. 근대 서구에서 모빌리티 및 모빌리티가 차지하는 중대함에 대한 이해를 유도하여 모빌리티를 추출하고, 눈에 띄게 하고, 질서 지었다. 카리브해 지역과의 마주침, 또 카리브해 지역 내 다양한 마주침의 역사 내에서 극히 인종화되고 젠더화된 움직임을 들추어냈다. 19세기부터 시작된 경제·테크놀로지·사회의 변용과 평행으로 움직인 소비의 시각적·감각적인 문화를 검토했다. 달리 말하자면, 모빌리티 연구 및 이 접근법에 영향 받은 연구들이 인간·대상·사물의 역사적 움직임에 무지하다고, 또는 이러한 모빌리티의 과정·체험·맥락을 검토했던 역사적 방법에 무지하다고 비판하기는 어려울 것이다.

피터 메리먼이 보기에, 이러한 인식은 인문학 전통 내에서 오래전에 수립된 모빌리티 접근법을 식별해 낸 그의 작업에 신빙성을 더해 줄 것이다. 이 점은 앞서 조진 클라슨이[18] 정착형-식민적 역사 및 관계에 대한 모빌리티 연구의 넓은 범위와 관련하여 지적한 바 있다. 메리먼은 이렇게 쓴다. "역사가, 역사적 지리학자, 문학이론가, 철학자, 예술사가, 건축가, 예술가는 모빌리티·여행·수송의 실천·체험·재현·테크놀로지에 대해 오랫동안 지속적인 관심을 가져 왔다."[19] 이러한 접근법과 이들의 방법이 과거에 민감하다 하더라도,

이러한 접근법이 역사, 시간성, 모빌리티에 대한 덜 복잡한 개념에 고정된 채 있다고 주장하는 것은 별로 도움이 되지 않는다. 이런 접근법을 살펴보는 방법조차도, 둔중하고 느리게 움직이는 사물을 살려 내거나 재보정할 수 있다. 고고학자가 우리에게 상기시키는 것은, 그가 과거의 모빌리티와 이주적 실천을 검토하는 과정에서—어쩌면 더 명백하게 인간 DNA의 흔적에서—그는 끊임없이 세계와 그 내용을 다른 방식으로 움직이게 한다는 점이다. 알드레드가 주장하듯이, 고고학적이 된다는 것, 묻혀 있는 사물들이 고고학적 실천의 일부가 된다는 것은, 그들의 속도를 바꾼다는 것, 발굴해 낸 사물들이 "포장되고 이름 붙여지고 처리되고 이러한 실천을 통해 재생산됨으로써 움직여진다는 것이다. … 그러므로 고고학은 살아 있는 체계로부터 화석화된 체계로 움직이는 단순한 흐름으로만 정의될 수 없고, 모빌리티와 확산의 시작 단계로 정의되어야 한다."[20]

피터 메리먼, 조지 레빌George Reville, 그리고 조진 클라슨, 고든 피리, 가이스 몸스Gijs Moms, 도로시아 사이먼슨Dorothea Simonsen 같은 수송사가와 기술사가들은 철도에서 도로를 지나 비행기까지, 풍부하고 공들인 기록조사 연구로 밝힌 다양한 맥락을 바탕으로, 수송문화에 대한 다양하고 풍부한 문화적 이해를 보여 주었다. 이 저자들이 보여 주듯이, 모빌리티에 대한 역사적 접근법이 참조하는 기록과 사물이 먼지투성이에 퀴퀴한 냄새가 날 수 있다고 해서(물론 나는 기록조사 방법에 대한 특히 낡은 관점을 보여 줄 뿐이다. 그리고 기록이 먼지투성이에 퀴퀴한 냄새가 난다고 해서 문제될 게 뭐가 있는가!) 그 접근법까지 그럴 필요는 없다. 피터 메리먼과 조진 클라슨의 전간기戰間期 운전자에 대한 설명은 자동차 모빌리티의 후각적·감각적 체험과의 훨씬 풍부한 교류를 보여 주면서, 초기 자동차를 운전한다는 현상학적 경험에 대한 근대적인 운동감각적 평가와 마주친다. 이는 특히 자전적 기술을 통해 이루어진다. 먼로가 프랑스 식민 지배 하 레바논에서 다시한 번 보여 주듯이,[21] 시각적 분석 방법은 여성 운전자에 대한 풍자적이고 성적으로 도발적인 만화를 검토할 때 사용될 수 있다. 이는 자동차 모빌리티의 젠더화된 사고틀의 특정한 표현을 들추어낸다. 어떤 특권층 여성은 자동차에서 새로운 자유를 찾았고, 이들이 베이루트와 레바논의 풍경을 여행하는 것은 프랑스의 위임통치를 식민지적으로 전유하는 것이었다. 이들은 남성 운전자들의 남성성에 대한 직접적 위협으로 지각되었다. 여성 운전자를 성적으로 취약하며 도발적인 자세로 그리는 다양한 만화들은 남성적 시선의 욕구를 강화하고, 여성의 모빌리티를 성폭력의 가능적 대상으로 변환시켰다.

먼로는 이렇게 주장한다. "조롱과 비하를 하기는 하지만, 알다부르의 만화는 남성적 비난의 형태이기만 한 것이 아니다. 이는 또한자동차를 운전하는 여성이라는 실재가—또는 심지어 개념이—조장하는 불안도 보여 준다."[22] 그러나 모빌리티 접근법은 과거 움직임의 조명만을 허락하는 것이 아니다. 메리먼이 보여 주듯이,[23] 이는 또한 더욱 현실적인 이론의 건설도 가능케 한다. 메리먼이 모빌리티, 시간, 공간 사이의 관계를 사회 이론과 공간 이론 내의 핵심적 요소로 개념화하기 시작하는 한에서 그렇다.

도판 7.1 프랑스 식민 지배 하 레바논에서의 여성 자동차 모빌리티에 대한 만화.

출전: Cartoon titled 'Accident' al-Dabu - r, dated 11 November 1935

## 이야기하기: 모빌리티를 이야기로 만들기

서사는 모빌리티 연구 방법에 본질적이다. 2장에서 보았듯이, 소설과 다양한 글쓰기 형식은 모빌리티에 문학적 상상의 형태를 부여할 수 있는 서술 방식의 바다를 제공한다. 본 절에서는 다양한 서사적 형식을 진지하게 고려하는, 모빌리티에 대한 일군의 다양한 접근법을 고찰할 것이다. 이 접근법은 모빌리티 연구자가 수집하고 기록하고 검토한 다종의 문화적이고 인격적인 이야기와 관련하여, 특히 청중과 대중에게 호소하기 위해 연구자들이 구축할 수 있는 아주 생산적인 서사 형식들과 관련하여 활용된다. 앞서 언급했듯이, 현재적의 것이든 과거의 것이든 기록물이나 구술사 내의 기록된 증언에 접근하는 역사적 전통은, 회상·서사·이야기로서 들려지는 이동적 삶과 여정을 이해하는 잘 사용되고, 시도되고, 시험된 방식이다. 예를 들어, 앤서니 엘리엇Anthony Elliott과 존 어리의 《이동적 삶》은[24] 저자가

---

**핵심 개념 7.1** 이동적 문화기술지와 다현장 연구

문화기술지적 연구 방법은 연구 대상자가 살고 있는, 풍부한 세부와 복잡성을 지닌 생활 세계를 탐사한다. 그러나 전통적으로 이 과정은, 특정한 문화적 맥락이나 단일 지역에 국한되어 있는 부동적이며 뿌리내린 접근법으로 간주되었다. 1980년대 후반 인류학에서는 "산포된 시공간 내의 문화적 의미, 대상, 정체성"의 순환에 주목할 방법을 찾으려는 움직임이 한창이었다. 이 순환은 "단일 현장에 대한 집중적 조사에 초점을 맞춘 채로는" 논해질 수 없는 것이었다.[25]

일련의 영향력 있는 저작을 통해 조지 마커스는 다현장적 또는 초국가적 연구와 현장조사 방법으로의 전환을 추동하였다. 이 방법은 "다수의 활

동 현장 내에서", 또한 "장소를 가로질러서" 나 있는 "예상치 못한 궤적들"을 추적하고 뒤쫓으려 애썼다. 마커스는 다양한 장소 및 이들 간의 상호 연결을 논할 수 있는 문화기술지적 연구 방법론이 필요하다고 주장했다. 이것이 의미하는 바는, 문화기술지 학자들이 따라가는 "사슬, 경로, 실"에 의해 한데 묶인 탐구 현장들 사이의 관계, 연관, 번역에 이들이 상당한 강조점을 두게 되었다는 것이다.[26] 만화경과도 같은 연구들에 말을 건네면서, 우리는 대상, 은유, 심지어—다수의 현장과 공간을 따라 체험된—삶과 분쟁의 이야기에서 이주를 탐사할 것이다. 이 모든 것이 문화기술지 실천의 대상으로 등장한다. 사람 따라가기란, 이주 공동체와 디아스포라의 이동을 따라가고 함께 움직인다는 확실한 전략이다.

마커스의 저작 이후 수많은 모빌리티 연구자들이 다양한 정도로 이 접근법을 채택했다. 노보아는 "그러므로 이동적 문화기술지는 이동적 현상에 특히 초점을 맞춘 이동적 연구 대상자-관찰이라고 정의될 수 있다"고 주장하며,[27] 이 실천에 관한 가장 뛰어난 개관 중 하나를 제공한다. 다른 예는 기차와 버스 여행에 대한 줄리엣 제인[28]과 로라 와츠Laura Watts[29]의 작업, 페리 모빌리티에 대한 필립 바니니[30]의 작업, 그리고 정치가와 음악인부터 트럭 운전수에 이르는 다변적인 순회 집단에 초점을 맞춘, 유럽 내 이동에 대한 안드레 노보아의 문화기술지[31]가 있다.

■ 더 읽을거리

Jain, J., 'The making of mundane bus journeys', in Vannini, P. (ed.), *The Culture of Alternative Mobilities: Routes Less Traveled*, Ashgate, Farnham, pp. 91–110, 2009.

Marcus, G. E., 'Ethnography in/of the world system: the emergence of multi-sited ethnography', *Annual Review of Anthropology*, 24, pp. 95–117, 1995.

Marcus, G. E., *Ethnography Through Thick and Thin*, Princeton, N.J.; Chichester: Princeton University Press, 1998.

Nóvoa, A. 'Musicians on the move: mobilities and identities of a band on the road', *Mobilities*, 7(3), pp. 349–368, 2012.

Nóvoa, A., 'Mobile ethnography: emergence, techniques and its importance to geography', *Human Geographies*, 9(1), pp. 97–107, 2015.

Vannini, P., *Ferry Tales: Mobility, Place, and Time on Canada's West Coast*, Routledge, New York, 2012.

Watts, L., 'The art and craft of train travel', *Social & Cultural Geography*, 9(6), pp. 711–726, 2008.

인터뷰한 다섯 명의 이동적 개인의 서술을 통해 중첩되면서 다양한 규모에 속하는 일련의 모빌리티 형태를 이동화한다. 연구 대상자의 익명성을 지키기 위해, 엘리엇과 어리는 저작의 목적에 맞는 허구적 서사를 재구축한다. 이동적 삶을 "샅샅이" 이야기함으로써 이들의 서술은 "평범하고 일상적인 모빌리티의 영토"로부터 "모빌리티의 더 광범위하고 포괄적인 과정으로" 이동할 수 있게 된다는 것이 저자의 주장이다.[32] 이러한 이야기를 통해, 저자는 그들이 마주친 모빌리티들이 이동적 인간과 상호관계하고, 또 대상, 상품, 수송, 기구와 조직의 여타 모빌리티의 수많은 시스템 또는 결합체와 상호관계하는 것을 본다.

모빌리티 연구자들과 이들에게 영향 받은 학자들은 또한 모빌리티를 말하는 이러한 방식의 대안, 확장, 수정 역시 탐사하고 싶어 했다. 예를 들어, 필립 바니니는[33] 캐나다 브리티시 컬럼비아주의 섬 공동체 거주자들의 탄탄하게 짜인 모빌리티를 이해하기 위해 여러 방법을 혼합하여 사용했다. 표준적인 인터뷰부터 페리 대기줄에 대한 다현장적 문화기술지에 이르기까지, 그의 접근법과 모빌리티 접근법을 관통한 공통점은 아마도 삶일 것이다. 이 접근법들은 삶을 투입하고 또 반영하고자 했다. 바니니의 개인적·**공적** 문화기술지는 자기반성적이고 반영적이다. 그러나 그 목표는, 바니니가 만났으며 일부가 된 공동체 및 이 공동체의 리듬과 공간에 대해 꼭 진정하거나, 참되거나, 실재적인 해석을 하려는 것은 아니다. 바니니가 명확히 하듯이, 이러한 종류의 문화기술지는 반영적일 뿐 아니라 창조적이기도 하다. 그것은 "마주침을 자아내고, 체험을 살려 내고, 일상적 수행을 실행하고, 행위를 위한 능력을 생성한다."[34] 그의 문화기술지 원고에서 바니니가 제시하는 여타 다채로운 자료들은 이동적 방법론이 소리와 움직이는 이미지로부터, 어떻게 다양한 연구 자료들을 중첩하고 병치하는지를 상술해 준다.

달리 말하자면, 모빌리티 연구를 실천하는 많은 사람들에게—그들이 자전적 기술이나 문화기술지적 기술을 명시적으로 이동화하는 것은 아니라 해도—자기 자신의 이동적 입장을 깨닫고 검토하는 것은 매우 중요하다. 인도 분할에 대한 데비카 차울라Devika Chawla의 글에서 이에 대한 매혹적인 예를 찾을 수 있다. 차울라는 자신이 학자로서 미국으로 옮겨 가게 된 과정에 대해 쓴다. 자신의 이동적 삶과 여정을 통해 그녀는 분할 모빌리티, 그리고 이것이 가정·가족·민족성 체험에 끼친 영향을 회복하거나 상기하려 한다.

---

**사례 연구 7.2** **분할과 가정에 대한 구술적·자기문화기술지적 이야기**

《가정, 뿌리 뽑힌》에서 데비카 차울라는[35] 인도와 파키스탄의 분할, 그리고 사상 최대의 강제이주에 관한 놀랍고도 상당히 색다른 이야기를 전해 준다. 이는 힌두교도, 이슬람교도, 시크교도가 가정에서 뿌리 뽑혀 다양한 방법으로 도망치거나, 탈출하거나, 대피하게(이 용어들은 분할 모빌리티를 바라보는 자가 누구인가, 누가 무슨 수단으로 이동하는가에 크게 의존한다) 됨으로써 일어난다. 이 분할 모빌리티는 인도 독립에 이은 두 나라의 형성 과정에서 벌어진 지정학적 틈새를 필사적으로 건너려 했다. 차울라의 작업은 이야기와 이야기를 창조하고 재창조한다. 이는 가정, 모빌리티, 그리고—분할 및 그 기억에 대한 재현이 소설과 문학에서 철도와 '죽음의 기차' 비유를 통해 표현되게 된 과정에서—우리가 앞서 보았던 극단적 폭력을 거듭하여 다시 접으면서 이루어진다.[36]

이러한 목소리 중 일부에서, 1947년 9월 파키스탄발 인도행 화물열차에서 나타나는 분할의 폭력적 모빌리티를 그려 내려는 언어의 직설적인 포착을 우리는 본다. 강제이주 중에 많은 기차가 공격을 당했고, 상상하기힘들 만큼 공포스러운 학살로 이어졌다. 다른 모빌리티는 힌두교도와 이슬람교도 여성의 납치를 통해 일어났다. 이는 종종 강간, 강제개종, 때로는 강제결혼, 최악의 경우에는 살해를 위한 것이었으며, 이는 국가·군대·가족이 주도한 중대한 구출 노력으로 이끌었다. 라비 데비라는 한 여성은 이야기한다. "그들이 나를 데려갔어요. 나는 돌아왔어요. 그들은 나를 다시 데려갔어요. 나는 돌아왔어요. 그들은 나를 데려가려 했고, 군대가 도착했을 때 우리는 열차 차량 사이 공간에 있었어요."[37] 차울라가 기록하듯이, 라비의 가족 구성원 17명이 기차로 인도로 이동했지만, 암리차르에 도착했을 때까지 살아남은 것은 단 네 명의 성인뿐이었다.

이 이야기 내에서 차울라가 자신의 참여와 개입을 이해하는 방식은, 마치 다채롭게 재-표현된 언어의 지형을 통해 그녀가 이동하는 것처럼 보인다. 그녀가 마주치는 것들이 이미 예행되고, 수정되고, 재편되고, 또한 타인에 의해 상이하게 수용된 이야기의 단편들이라는 점에서, 그녀는 자신의 방법을 분할 모빌리티 구술사를 "방랑"하는 것이라고 부른다. 그녀는 구술사를 하는 것이 다양한 작은 구획들 가운데에서 발 디딜 곳을 찾기 위한 방랑과 더 비슷하다고 말한다. 더욱이, 그녀가 역사를 서사화할 때, 즉 글을 쓸 때, 그녀는 모빌리티의 어떤 형태를 발견한다. 구획 없고, 시계열 없고, 단편적인 다양한 서사 양식 사이를 부유하면서, 그녀는 이러한 목소리를 다시 이야기한다. 이 수행은 진동한다. 그 진동의 한쪽 끝에는 그녀가 "길들이기, 일종의 감금"이라고 부르는 부동성이 있다. 그것은 "말로, 페이지 위에서, 주체에게 어느 정도의 이동불가능성-부동성을 부여한다." 다른 한쪽 끝에는, 그녀가 탐사하는 사람들, "물리적·감정적·서사적 운동 상태로 몰린 사람들"이 있다.[38]

모빌리티와 강제이주에 대한 이러한 이야기들은 차울라 본인의 여정에 대한 자기문화기술지적 서술에 섞인다. 이 여정은 분할 이후 델리의 소수 민족 거주지에서 무슬림 운전수가 모는 택시에 그녀가 탔을 때 일어날 수 있는 "예기치 못한 발언"에서 비롯된다. 그녀는 운전수가 그녀의 힌두교 도 연구 대상자의 감정을 자기도 모르게 상하게 할까 봐 걱정한다. 인도에서 미국으로 와서 종신 교수가 된 그녀 자신의 여정도 마찬가지로 구성적이다. 기이하게도, 차울라의 이야기 대부분은 그녀의 아버지가 있는 데에서 회복된다. 그는 난민 가족과 가족적 연결 및 접촉을 유지하고 있었으며, 차울라와 아버지가 만나는 예전 세대와 관계를 쌓는 것을 더 편안하게 여기는 것 같다. 이러한 의미에서 차울라의 아버지는 공동작업자이자 궁극적 연구 대상자로서, 분할에 대한 그녀의 서사와 함께 움직인다. 그녀의 인터뷰 대부분은 거의 모든 연구 대상자의 가정에서 그녀 아버지가 참석한 가운데 이루어진 것이다. 이러한 인터뷰에서 아버지가 행한 역할을 그녀는 "보여 주고, 느끼고, 감각하고, 수행해야" 한다고 쓴다. 그래서 차울라의 이야기는 그녀 자신과 아버지의 자전적 기술을 통해 굴절되고 다시 말해진다. 우리는 이 방식을 브라이언트 케이스 알렉산더Bryant Keith Alexander가 "생성적 자전generative autobiography"이라고 부르는 것,[39] 연구 대상자의 구술사에 대한 자기 자신의(차울라와 아버지의) 자전적 수용을 통해서 이야기를 전하는 방법을 통해 이해할 수 있다.

이러한 놀라운 서술은 모빌리티가 타인과 함께 행해지며, 또한 타인과 함께 연구되는데, 이때 타인은 단순한 연구 대상자 이상의, 때로는 연구자와 공동작업자가 담당한 역할의 경계가 흐려지고 교환된다는 이해를 강화한다. 차울라의 경우, 이들은 연구 여정 내에서 함께 움직이는 "아버지/질문자-딸/문화기술지학자 듀오"다.

■ 더 읽을거리

Aguiar, M., *Tracking Modernity: India's Railway and the Culture of Mobility*, Minneapolis: University of Minnesota Press, 2011.

Chawla, D., *Home, Uprooted: Oral Histories of India's Partition*, Oxford: Oxford University Press, 2014.

Singh, K., *Train to Pakistan*, New Delhi: Ravi Dayal, 1994.

서사 구조와 이야기를 마찬가지로 혁신적 접근법에서 활용하는 다른 방법도 많다. 혹자는 도표를 통한 재현의 다양한 형태를 실험한다. 예를 들어, 라벨레트 등은 이동적 삶 포럼과 함께 《(이동적) 삶의 단편》이라는 책을 썼다.[40] 이 책은 일상적 모빌리티 과정에서 삶이 겹치는 네 명의 서로 얽히는 인물들의 이야기를 사용한다. 이 책은 그래픽 노블의 포맷을 취하고 있다(**도판 7.2**를 보라). 이 책이 탐사하는 여정은 평범하기만 한 것이 아니고 광범위하다. 초-모빌리티를 부나 특권과 나란히 놓고 절대화하지 않기 위해 조심하기는 했지만, 멀리 넓게 움직이는 사람을 사회의 엘리트로 상상하지 않기는 어렵다. 이 연구에 참여한 인물들의 비교적 보통의 삶에서 재구성된 여정은, 이 관점이 옳지 않음을 보여 준다. 고도의 모빌리티가 반드시 자율성, 사치, 편안함과 동일한 것은 아니다. 많은 경우, 그것은 개인과 가족이 헤쳐 나가고 견뎌야 할 까다롭고 광범위한 상대적 감금과도 같다. 달리 말하자면, 이동 중이라는 것은 심히 부담스럽고 동시에 광범위할 수 있다.

모빌리티 연구가 어떻게 제시되는지를 탐사하는 상당히 창의적인 방법의 다른 예를 보자. 앨런 라담과 피터 우드는[41] 런던 내 도시 인프라의 주거 상황을 이해하기 위해서는 다종의 자전거 타기 실천을 이해하는 것이 본질적이라고 보았다. 그들은 이러한 실천을 표현하기 위해, 그들이 "도표 그리기diagramming"라고 부르는 접근법을 사용한다(이는 만화책과 비슷한 포맷으로 보인다). 런던의 자전거 이용자들 사이에서 명백한, 법적이거나 암묵적인 행위규범의 '긴장'과

'압력'을 노출시키면서, 저자들은 자전거 이용자와 여타 도로·포장 도로 이용자 간의 이동적 상호작용 순간의 특정한 시공간을 도표로써 (만화책이 하듯이) 열어 보이거나 연장시킨다. 표지를 단 해설, 신체와 환경의 비유적 재현, 지도 같은 재현 양상을 결합함으로써, 우드와 라담의 도표는 자료 수집의 몇 가지 형식을 병합한다. 이는 도입적 인터뷰, 연구자가 헤드캠을 장착한 채 자전거 이용자를 따라 타는 것, 추가 인터뷰를 포함한다. 이러한 의미에서 도표는 이미 경험적 재료의 다양한 원천으로 이루어진 매체다.

도판 7.2 《(이동적) 삶의 단편》. 출처: A graphic novel, directed by the Mobile Lives Forum; drawings/sketches by Jean Leveugle

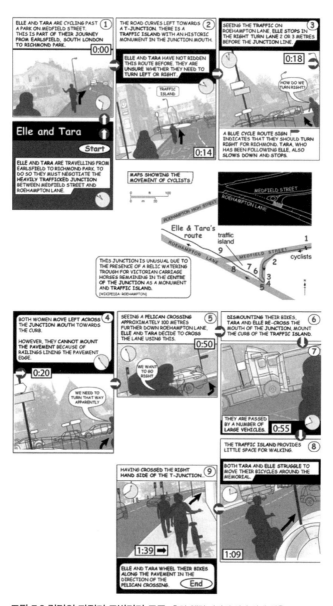

도판 7.3 런던의 자전거 모빌리티 도표, 출처: 앨런 라담의 허가 하에 실음

**사례 연구 7.3  함께-걸으며 이야기하기**

신체-움직임의 이해에서 돌아다님의 전통 그리고 이에 동반되는 함께-걷기 개념에 근거하여, 존 앤더슨John Anderson은 환경적으로 직접적인 행위environmental direct action: EDA를 검토하는 데에 적절한 연구 기술로서 '걸으면서 이야기하기'가 지닌 잠재력을 탐사한다. 앤더슨의 응답자들은 야생화 들판을 지키기 위해 브리스톨의 애쉬톤 코트에 모였다. 앤더슨은 이 들판에 대한 이들의 기억, 가치, 연상을 발굴하는 과정에서, 연구 대상자와 함께 걸음으로써 정신, 신체, 세계의 어떤 배치가 동맹 관계에 들어올 것이라는 가정에 입각하여 작업했다. 레베카 솔닛Rebecca Solnit을 인용하자면, 걷기는 이렇게 이해된다. "정신, 신체, 세계가 마치 마침내 함께 있게 된 세 인물처럼, 갑자기 한 화음을 이루는 세 음처럼 정렬되는 상태."[42]

앤더슨의 경우, 걸음은 "느긋한 산책bimble"의 모빌리티 형태를 띠었다. 또는, 에반스는 이렇게 묘사한다. "목표 없이 돌이다니기. 이는 '느긋한 걸음amble'과 비슷하지만 더 새침 떠는 느낌이다."[43] 이러한 움직임은 앤더슨과 그의 응답자, 이 둘이 움직여 가는 환경 사이의 공감을 생성했다. 느긋한 산책으로 인해 협력적인 마주침이 가능해졌다. 꽁장히 중요한 환경에서 응답자와 함께-움직임으로써 이전에는 진술되지 않거나 회상되지 않았던 기억들이 환기되었고, 그 밖의 영감, 흥분, 정동도 촉발될 수 있었다. 리Jo Lee Vergunst와 인골드가 계속해서 기록하듯이, 함께-걸음을 통해 "우리는, 자신의 신체와 자신의 말을 타인의 리듬에 맞추어 조정하면서 함께 있음을 배우는 과정, 그리고 하나의 관점을 공유함을(또는 적어도, 하나의 관점을 보게 됨을) 배우는 과정이 실로 무엇인지를 보고 느낄 수 있다."[44]

■ 더 읽을거리

Anderson, J., 'Talking whilst walking: a geographical archaeology of knowledge', *Area – Institute of British Geographers*, 36, pp. 254–261, 2004.

Bassett, K., 'Walking as an aesthetic practice and a critical tool: some psychogeographic experiments', *Journal of Geography in Higher Education*, 28, pp. 397–410, 2004.

Hein, J. R., Evans, J. and Jones, P., 'Mobile methodologies: theory, technology and practice', *Geography Compass*, 2, pp. 1266–1285, 2008.

지금까지 우리는 필립 바니니가 '공적 문화기술지'라고 부른 것을 고찰했다. 방법과 이야기 또는 이동적 방법을 위한 이야기라는 맥락에서, 우리는 모빌리티 연구를 대중, 청중, 그리고 물론 학계 너머의 더 넓은 공동체와 소통하고 교류하는 더 넓은 과정 내의 이해 당사자에게 제시할 방식도 생각해야 한다. 2장에서는 실종자 모빌리티 연구가 가지는 더 넓은 대중적 효과의 잠재력 맥락에서, 실종자 지리학 프로젝트를 고찰했다. 여기에서는 실종자의 여정 '이야기하기'라는 과제에 착수했던 이 프로젝트 내에서 계발되된 접근법과 조우했다. 이 접근법은, 다양한 연구 협력자와 교류하고 연구의 중대한 효과를 발전시키기 위해 관련 연구팀이 이용했던 것이다.

실종자의 여정 이야기하기란, 경찰이 사용했던 일차적으로 추상적인 방법론 너머로 나아가려는 수단으로 계발되었다. 경찰 내에서 실종자의 모빌리티는 더욱 일반적으로, 상당히 추상적인 것으로서 "데이터베이스를 가로질러 펼쳐진 일련의 검색 임무와 물리적 공간 내의 일련의 경찰"로서 이해되었다.[45] 경찰은 관례적으로 '실종자misper'라는 범주를 사용했다. 이는 실종된 사람missing person을 분류하기 위해 활용되는 추상적 줄임말이다. 그리고 경찰은 실종자가 이동한 거리, 행동 프로파일, 그리고 실종 후 흐른 시간과 위험 등의 여타 상태를 고려한다. 실종자의 여정 이야기하기란, 모빌리티에 대한 이러한 거리를 둔 양적 이해와는 다른 접근법을 실험하려는 방식이다. 실종자를 인터뷰함으로써, 이 프로젝트는 이들의 이야기된 여정을 부분적으로 재구축하려 했다. 이 팀은 훨씬 더 신체화되고 장소화된 서사를 계발하고, 추상적 수치로서의 거리distance가 아니라 정확한 거리street을 탐사했다. 질러가는 길과 강을 건너는 길이 어떻게 발견되었으며 가끔 사용되는지, 어떻게 타인에게 눈치채이지 않을 수 있는지를—이때 실종자가 활용할 수 있는 장소는 주차된 자동차, 숨겨진 공간, 어두운 모퉁이다—탐사했다. 이러한 의미에서 장소·신체·감정의 두텁고 기술적인 이야기를 유도하는 방법은, 경찰·구호단체·그 밖의 조직이 이용할 수 있는 더 풍부한 모빌리티 이야기를 번역해 낼 수 있었다.

### 지도 그리기

모빌리티는 언제나 지도로 그려져 왔다. 본 절에서는 모빌리티와 지도 그리기를 검토할 것이다. 모빌리티와 다양한 형태의 지도 제작법은 그 사이에 훨씬 더 많은 것이 적재되어 있고 복잡한 관계를 지니고 있다. 지도와 이동적 방법에 대한 비평에서 마틴 다지는 이렇게 주장한다. "지식 창조의 과정으로서 지도 그리기는 페이지에 선을 긋거나 화면에 점을 보여 주는 것 이상이다."[46] 우리는 다양한 종류의 시각적 방법론·시각화·지도를 통해 분석되고 구축된 모빌리티를 탐사할 것이다. 이러한 방법론 중 다수는 지도를 다채로운 시각적·텍스트적 정보의 다양한 형태와 창조적으로 결합시킨다. 앞에서 제시한, 역사적으로 민감한 방법론을 향할 책무를 고려할 때, 본 절에서 탐사될 다종의 지도 그리기가 모빌리티의 역사와 시간성에 유사한 조응을 보인다는 사실은 그리 놀랍지 않다. 더 나아가, 지도 그리기를 창조적 생산의 한 형태로 이해한다면, 우리는 또한 모빌리티 연구 내에서 구축과 직조의 새로운 형태가 발생할 가능성에 주목할 수 있을 것이다.

다른 모빌리티 재현과 마찬가지로, 지도도 시간 및 공간과 함께 작동한다. 이 책의 앞부분에서 탐사한 가장 중요한 지도 그리기 작업 일부는 팀 크레스웰의 여론餘論에서 볼 수 있었다.[47] 운동을 포착하기 위해 시간-운동 연구를 활용했던 19세기 후반의 사진작가, 과학자, 기업가에 관한 것이었다. 매리 마이브리지Mary Muybridge, 그리고 시간 운동 전문가 에티엔느-줄스 마리Étienne-Jules Marey와 에드워드 마이브리지Eadweard Muybridge는 모빌리티를 특히 추상적인 표기 형식으로 고정하려 했다. 신체적 운동을 합리화하여 더 큰 효율성이나 생산성을 얻으려는 목적에서, 신체적 운동을 읽을 수 있는 것으로 만들기 위해서였다. 이러한 극히 신체중심적인 지도 그리기에서 모빌리티는 흔적을 남기도록 조작되었고, 그 운동은 점과 선, 움직인 거리와 걸린 시간으로 쪼개졌다.

모빌리티의 특정 형태에 주목하거나 그것을 알아채는 데에 사실 별로 좋지 않은 실망스러운 지도와 시각화도 있었다. 빌 번지Bill Bunge는 한탄했다. "지도는 시간의 평균적 범위를 가정한다. 이는, 움직이는 것은 지도로 그려지지 않는다는 것, 그러므로 본질적으로 재산이 인간보다 선호된다는 것을 뜻한다."[48] 마틴 다지도 이렇게 덧붙인다.

빠르고 예상치 못하게 움직이거나 변화하는 것은 지도로 잘 그려지지 않는다. ⋯ 우리가 사용하는 가장 큰 규모의 도시 지도를 보라. 여기에서 명백히, 물리적 구조는 높은 수준의 상세함을 가지고 있다. 그러나 매일 매매되는, 변화하는 사회적·경제적 관계, 또는 공간에 거주하며 장소를 존재하도록 손짓하는 무수한 이동적 신체·물체·흐름은 전혀 표시되지 않는다.[49]

이러한 문제에도 불구하고, 모빌리티 연구자들이 지도, 지도 만들기, 지도 만들기 방법과 관계하는 방식은 많다.

마틴 다지가 1950년대 영국의 '헬리콥터 도시성helicopter urbanism'이라고 부르는 것과 '전후戰後 도시 개편post-war urban renewal'이라고 부르

도판 7.4 릴랜드 스탠퍼드의 말 '샐리 가드너'에 대한 마이브리지의 시간-운동 연구 (1878)에 나타나는 모빌리티의 시각화. 출처: National Library of Congress (digital ID ppmsca 23778)

는 것에 대해 한 작업은 특히 매혹적이다. 1950년대는 사적이거나 공적인 헬리콥터 이동을 통한 평등주의적이고 빠른 도시-간 모빌리티를(이는 우리가 오늘날 보는 엘리트적 사용에 대비된다) 희망했다. 이러한 희망은 버스 정류장과 쇼핑센터 꼭대기에 도시 헬리콥터 이착륙장을 건설한다는 미래주의적이며 가능성 낮은 계획과 함께 했다. 지도는 특히 내용이 꽉 찬 재현들을 제공한다. 이 재현들은 시 당국이 많이 제공한 과장된 네트워크 도표를 통해 중요한 것을 보여 준다. 모빌리티나 실제 흐름이 아니라, 바로 몹시 네트워크화된 지방 권력과 특권의 연결과 상상이다. 이는 항공로의, 그리고 국적기의 경우에 지정학적 효력 범위 폭과 광범위함을 보여 주고자 항공사가 사용했던 여러 상징들을 상기시킨다. 이러한 의미에서, 지도와 여타 시각화는 우리가 이 책에서 이미 살펴본 주제, 의미, 가치, 판단, 심히 차별화된 권력관계를 읽고 해석할 특히 강력한 대상을 제공한다. 또한, 지도 그리기를 이동적 방법론의 한 형태로도 생각할 수 있다.

이런 맥락에서 마틴 다지가 헬리콥터 도시성을 영국 북서부에 위치시킨 것은 유용한 시도였다. 이를 통해 지도 그리기와 모빌리티에 대한 두 번째 접근이 리버풀의 맥락에 위치하게 되기 때문이다. 리버풀은 내 연구에 특히 중심적이었다. 대서양 횡단 운송과 노예 제로부터 정기 원양선과 이주를 지나, 제2차 세계대전 중 독일 공군 Luftwaffe의 폭격으로 심각하게 손상되었던 도시와 지역을 종횡으로 지나는, 급성장 중인 항공사와 근대 도시 수송 네트워크까지, 리버풀은 전 지구적 무역과 모빌리티 네트워크의 지렛목으로서 긴 역사를 가졌기 때문이다.[50] 리버풀 고가 경전철Light Overhead Railway: LOR은 완전히 전기로 작동하는 철도로서, 세계 최초의 전철 중 하나다. 부두를 보조하기 위해서 1893년에 건설된 이 철도의 뼈대는 남리버풀에서 부틀까지 달린다. 이 부두는 신기하게도 표현주의 화가나 월터 딕슨 스콧Water Dixon Scott 같은 근대 작가의 관심을 끌었다.[51] 스콧은 이 부두의 풍경을 "민주주의적 산책로"라고 특징 지었다. 장 알렉산드르 루이 프로미오Jean Alexandre Louis Promio 역시 이 철도에 관심을 보였다. 그는 뤼미에르 형제를 위해 일하던 촬영기사였다. 1897년 6월 21일에서 10월 21일 사이에 프로미오는 영국에서 아일랜드에 이르는 넓은 투어—넓은 모빌리티—의 일환으로, LOR에서 본 리버풀을 필름에 담으려 했다. 프로미오의 필름은 리버풀을 담은 최초의 활동사진 영상으로 알려져 있다.

고가철도에서 찍은 영상 〈전철에서 촬영한 파노라마Panorama Pris du Chemin de Fer Électrique〉(1897)는 부두와 머지강을 측면 이동 촬영으로 잡은 것이다. 린 커비Lynne Kirby가 보여 주듯이,[52] 철도 테크놀로지와 영화 산업의 밀접한 관계를 망각하는 것은 태만한 태도일 것이다. 그러나 이 필름은 '파노라마 몽타주'로서만 보존되었다. 직선적인 서사적 풍경을 인접적인 또는 '불연속적인' 부분으로 조각냄으로써, 본래 촬영된 연속적 순서가 상실된 것이다. 리버풀의 영화·미디어 역사가 레스 로버츠Les Roberts와 데이비드 코에크David Koeck는 프로미오의 영상을 더 직선적인 시퀀스로 복원하려는 프로젝트에 착수하여, 각 장면을 찍은 곳이 정확히 어디인지, 그것이 부두 풍경 중 무엇을 보여 주는지를 지도로 공들여 그려 냈다. 이 영상은 머지 터널 같은 리버풀의 다른 공적 모빌리티 인프라와 함께, 줄리아 할램Julia Hallam이 영상 모빌리티의 "공간적 역사"라고 부른 것을 발전시켰다. 코에크가 다시 순서를 잡고 구축하고 지도를 그림으로써, 시청자는 이동적 영상을 고가철도 노선의 실제 위치로 대체할 수 있게 되었다. 이 영상과 애니메이션은 또한, 프로미오의 영화에 부재하는 것도 들추어낸다. 이는 아마도 카메라의 필름 롤 교체로 인해서 생겼을 것이다. 머지사이드 박물관은 더 나아가, 청중까지 장소에 위치시키려 한다. 이제 이 박물관이 보관 중인 본래 차량 중 하나 안에서 프로미오의 필름을 볼 수 있다.

코에크와 로버츠의 작업이 리버풀의 **LOR** 같은 모빌리티 테크놀로지를 통해 더 넓은 대중과, 그리고 영화사에 관한 더 넓은 관심

도판 7.5 코에크가 프로미오의 1897년 리버풀 부두 영상을 지리적으로 참조하고 있다.
출처: Koeck 2009

과 관계할 수 있다면, 대중 또한 참여적 시각적 방법을 통해 모빌리티 연구에 관계할 수 있다. 이러한 작업이 지닌 잠재력을 보여 주는 참으로 매혹적인 사례는 홀로코스트 역사가 시모네 길리오티Simone Gigliotti의 연구에서 찾을 수 있다. 그는 제2차 세계대전 중이던 1945년 1월 소비에트와 우크라이나 군대 앞에서 독일이 후퇴했던 때에 일어난, 나치 집단 처형장의 청산과 철수를 연구했다. 사실, 억류, 추방, 강제이주의 모빌리티에 대한 길리오티의 작업은[53] 모빌리티 연구자들에게 훨씬 더 많은 주목을 받을 가치가 있다. 제3제국 안팎의 유대인과 여태 수감자들을 수송하던 열차와 여타 모빌리티에 대한 체험은 "나치 권력의 충분히 연구되지 않은 이동적 토포스로서 남아 있다"고 파올로 자카리아Paolo Giaccaria와 클라우디아 민카Claudia Minca는 쓴다.[54]

길리오티와 마수로프스키Marc Masurowsky의 미완의 프로젝트는 아우슈비츠의 철수를 탐구한다. 이는 절멸 수용소의 붕괴를 촉발시킨 1945년 4, 5월의 잘 알려진 '죽음의 행진' 이전의 일이었다. SS의 지휘에 따라 철수하던 수감자는 후퇴하는 전선, 극히 잔인한 SS의 실천, 실레지아 겨울의 고통스러운 조건을 헤쳐 나갔다. 길리오티와 마수로프스키가 보기에, 철수하는 수감자의 행렬은 "수감자를 독일과 소비에트 군사 전선, 얼음 같은 날씨, 수용소 경비대와 호위대의 불안정하고 적대적인 조건에 노출시킨 학대에 관한, 유동적인, 어쩌면 확장되었다고까지 말할 수도 있을 지리학적인 이동적 '장소'를 구성한다."[55]

길리오티와 마수로프스키가 제안하듯이, 아우슈비츠 철수 모빌리티의 지도를 그리고 시각화하는 작업은, 철수 자체의 정확한 중단점과 궤적의 위치를 밝히는 '엄연한 사실brute fact'로부터 이러한 궤적이 환기시키거나 거기에 중첩될 수 있는 기억과 체험까지, 다양한 종류의 경험적 자료의 통합으로서 성취될 수 있었다. 다양한 방식으로 정보의 층을 만들 수 있는 지리학적 정보 체계와 지리-시각화의 능력은 "참여자(경비대, 호위대, 철수하는 자, 그 밖의 목격자)의 다층적 관점으로부터 한 사건을 이야기"하려는 저자의 의도에 잘 맞는다.[56] "수난과 강제이주의 경로에서 일어난 물질적 사건의 집합"을 이야기하면서 이 지도들이 이 사건을 목격하는 감각을 보여 줄 수 있다는 점에서, 이것은 공포스러운 모빌리티의 매우 주관적인 이야기다. 이것이 제출한 것은, 수용소 철수 모빌리티의 정동적 지도의 집합이다. 이는 홀로코스트 체험에 대한 상당히 색다른 기록물을 제공한다.

## 만들기, (함께)생산하기, 교육학

우리가 보았듯이, 모빌리티 방법론은 불가피하게도 재-창조적이다. 모빌리티 방법론은 모빌리티의 진정한 의미나 본질, 거울을 찾으려는 노력이 아니다. 모빌리티가 들리거나, 감각되거나, 지각되거나, 느껴지거나, 의미 부여되는 대로의 모빌리티와 마주치려는 다양한 방식을 탐사하는 것이다. 이러한 마주침은 연구 방법론의 테크놀로지와 테크닉을 통해, 또한 이를 활용하는 연구자를 통해 굴절된다. 이런 면에서 창조적이고 예술적인 모빌리티가 모빌리티 연구를 위한 실로 흥미로운 새로운 길을 제공해 주고 있는 만큼, 예술적이고 창조적인 실천은 모빌리티를 주목하는 또 다른 일군의 방법론에 대한 심화된 통찰을 줄 수 있다. 이 방법론들은 종종 다양한 종류의 시각적이며 움직이는 이미지를 만들고 병치함으로써 이루어진다.

미술가 우르술라 비만Ursula Biemann이 보여 주듯이, 비디오와 사진 이미지의 긴장은 재현의 한계, 이동적인 뭔가를 정지된 이미지로 고정하는 문제를 둘러싼 토론을 이어 간다. 〈흑해 파일Black Sea Files〉 프로젝트에서[57] 비만은 "순간을 기호로 동결하는 데에 어떻게 저항할지"를 묻는다. 그리고 〈사하라 연대기Sahara Chronicle 2006~2009〉에서는 남부 유럽을 향한 사하라 이남의 이주 움직임에 대한 참된 통찰을 얻을 수 있다. 그녀의 작품은 모로코, 모리타니, 니제르 내 사하라 횡단 모빌리티에 존재하는 불법적이면서, 어떤 점에서는 오래된 패턴의 네트워크 내 핵심 장소를 현장방문함으로써 만들어졌다. 초점은 모리타니아의 대서양 연안 도시 누아디부이다. 이 도시는 유럽, 특히 카나리아 제도로 통하는 아프리카의 이주 경로 내에서 중요한 접속점이었다. 누아디부 자체가 이주노동력 위에 세워진 공동체이다. 비만은 누아디부에서 출발하는 또 다른 이주 경로도 추적한다. 이 경로는 사막의 광산도시 주에라트로부터 수천 톤의 광석을 누아디부 대서양 터미널로 운반하는 철광석 철도를 따라간다. 어떤 이주민은 주에라트 북부에 이른 후에 계속해서 비르모그레인을 지나 모로코로 진입하는 통로로 이 철도 노선을 이용하고 있다.

한 비디오에서 우리는, 거대한 화물열차 끝을 따라가는 작은 승객 차량에 짐을 싣고 철도 여정을 떠나려는 사람들을 본다.

비만의 프로젝트 대부분은 국경을 넘는 이동적 신체, 물체, 자본, 자원, 정보의 논쟁적 정치와 시각성을 탐구한다. 이미지화 테크놀로지를 통해 이것들을 가시적으로 만드는 작업은 이어서 국경을 넘는 이동적 주체를 가시적으로 만들 수 있다. 비만의 작품은 우리에게, 국경의 시각성을 어떻게 이해할지를 재고하라고 요청한다. 작품 〈원격 감각〉의 맥락에서, 그녀는 국경 테크놀로지가 "전 지구성, 통제가능성, 통치가능성이란 모종의 개념을 가능케 하고 고무하는 새로운 시각성을 생산하고 있다"고 설명한다. 전 지구적 성 산업 내에서 여성이 어떻게 인신매매되고 이동되는지를 추적하면서 비만이 탐사하는 것은, "여성에 대한 전 지구적 규모에서의 지리적 재-조직화를 생각할 수 있게 만든 성 경제" 내에서 공모자로서 "감각하고, 기록하고, 식별하고, 경로 재설정하는" 시각성이다.[58] 다른 곳에

**도판 7.6 우르술라 비만의 〈흑해 파일〉.** 출처: 우르술라 비만의 허가 하에 게재함

서 비만이 설명하듯이, 그녀의 작업은 "비디오지리학videogeography"으로 부를 수 있다. 이것은 "대항-지리학들을 쓸 수 있는 도구"이다. "대항-지리학들은, 국경과 모빌리티의 통제 체제를 긍정하고 강화하지 않으며, 반대로 사람들이 자신에게 부과된 국경과 여타 장애물을 전복하고 침범하는 방식을 기록한다."[59]

---

**사례 연구 7.4  카스피 연안의 자원 모빌리티**

2장에서 탐구했듯이, 예술가들은 정규적으로 유럽 국경 지역과 공간 내의 모빌리티 합류에 대해 반성했다. 특히 논쟁적인 이동적 공간, 천연자원의 순환 및 채굴과 공존하는 사람들에 대한 탐사를 가장 매혹적으로 보여 주는 것은 아마도 우르술라 비만의 작품일 것이다. 비디오 에세이 〈흑해 파일〉에서 비만은 아제르바이잔 바쿠 연안의 유전에서 시작하여 아제르바이잔, 조지아, 터키를 지나가는 바쿠-트빌리시-세이한 석유관의 건설을 따라 이어지는 비상한 병치를 보여 준다. 종종 시간적으로 맞춰진 10개의 모니터 설치물로 전시되는 이 43분짜리 두 채널 비디오는, 석유의 초국가적 지정학[60] 및 그것을 캐내어 운송하는 채굴산업을 표현하고 구성하는 비가시적 현장(전기적이고 '도로를-벗어난off_road')이라고 그녀가 부르는 것을 가시화한다.

비만은 바쿠의 석유를 채굴하는 물질적 과정으로부터 이 석유관을 따라 살고 이동하는 사람들의 삶에 이르는, 이주노동자부터 성매매 여성에 이르는 이미지들을 병치한다. 석유관이 서유럽 국가에 석유를 공급하기 위해 나아가는 동안, 그 옆에는 쿠르드인 수확 노동자의 임시 정착 캠프가 자리하고 있으며, "원유의 흐름, 거대한 금융 투자, 그리고 여성의 모빌리티와 시장성이 같은 방향을 따른다."[61] 자원 전문가들의 국제적 회로 역시 유럽인 계약자의 형태로 아제르바이잔의 외딴 지역에 합류하고, 컬럼비아 출신의 이동적이며 숙련된 BP(영국 석유회사) 노동자들도 합류한다. 이 선의 터키 부분은 그것이 쿠르드인의 작물에 끼친 피해 때문에 비판받아 왔다.

비만은 또한, 불평등 및 권력관계에 불가피하게 얽혀 있으면서 생각만큼 찾기 쉽지 않은 인프라와 사람들에 대한 이러한 종류의 창조적 "비디오 지리학"[62] 실천을 행하는 데에 존재하는 난점을 상술한다. "이상하게 들리겠지만, 단순히 석유관을 비디오에 담는 일일 뿐인데도 위험하다."[63] 앙카라 외부에 대한 정부의 퇴거 명령이—재산 몰수를 통한 모빌리티의 또 다른 예—내려진 동안 이 석유관이 지역과 지방 정치에 얽혀 있는 것을 이 예술가는 목격한다. 또한, 큰 규모의 대상임에도 불구하고, 이러한 사물을 실제로 발견하고 시각적으로 포착하는 데에는 다중적 문제와 난점이 있다. 아제르바이잔에서 이 석유관을 발견한 것은 거의 우연이었다. 짐을 가득 실은 트럭이 석유관 공사 현장을 향하는 것을 목격하고 우연히 발견하게 된 것이다.

■ 더 읽을거리

Barry, A., *Material Politics*, Wiley-Blackwell, Oxford, 2003.
Biemann, U., *Black Sea Files*, synchronized two-channel video essay, 2005a.
Biemann, U., 'Black Sea Files', in Franke, A. (eds.) *B-Zone. Becoming Europe and Beyond*, Actar, Barcelona, pp. 18-97, 2005b.
Franke, A. (ed.), *B-Zone: Becoming Europe and Beyond*, Actar, Barcelona, 2005.

사진 및 비디오 예술 작품을 고려하면서, 동시에 우리는 사진술과 사진이 투입될 수 있는 다양한 목적들도 생각해야 한다. 모빌리티 연구자들은 어떻게 사진 자체가 움직이거나, 맥락으로부터 빠져나오거나, 질서에 들어가거나 질서에서 빠져나오는지를 고찰해 왔다. 아마도 사진은 사진기록물 속에 잠잠히 있다가 다시 햇빛을 받거나 새 거처를 얻을 것이다. 기록물의 정치가 이동적 연구 방법의 고려에 들어올 수 있듯이, 컬렉션으로 들어오거나 그 안에 있거나 그 사이에 있는 사진 또는 모든 대상의 움직임도 그래야 한다.

마찬가지로, 디지털 사진의 모빌리티는 이 매체의 본성을 변화시켰을 수 있다. 디지털 사진은 "촬영되고, 저장되고, 전송되고, 게시되고, 순환되고, 전파되고, 다운로드되고, 세계를 재순환"하기 때문이다.[64] 이러한 의미에서 사진술은 언제나 모빌리티에 대한 것이라고 라일은 주장한다. 사진은,

> 실재로부터 재생산된 세계의 질료의, 사물의 모빌리티와 함께 시작한다. 또는 적어도, 가능적 모빌리티와 함께 시작한다. 그리고 그것을 정적 이미지로 바꾼다. 회화보다 더하게, 우리는 사진 내의 사물, 심지어 조각상조차 운동의 순간에 있음을 본다. 이 사물들은 난류亂流의 세계에 속하며, 이미지는 거기에서 추출된 것이기 때문이다.[65]

모빌리티 연구에 시각문화가 얼마나 중심적인지를 고려하면, '관광객의 시선'을 보여 주는 여행 사진으로부터, 충돌의 도가니 속에서 촬영된 후 '집'으로 돌아온 아마추어 사진까지, 사진은 모빌리티 분석의 엄청나게 중요한 대상이 된다. 사진은 사진이 하는 일이 무엇인지를 우리가 묻기를 요구한다는 점, 라일은 이 점을 고려하라고 권한다. 라일은 사진이 "우리를 움직인다"고 역설한다. 그래서 우리는 사진이 "언제나 '세계의 질료의 가능적 모빌리티'로 포화되어 있으며 이런 의미에서 결코 정지해 있지 않다"고 이해할 수 있다.[66]

사진을 중요한 조사 연구 대상으로 간주해야 한다면, 모빌리티 연구자들은 시각적·창조적 방법론으로서 사진과 더 비판적으로 관계해야 한다. 사진은 현장수집의 한 형태로 생각될 수 있다. 특히,

활동적이든 정지적이든 하나의 화상이 줄 수 있는 서사적 힘을 생각하면 그렇다. 어린이에 대한 레슬리 머레이Lesley Murray의 연구는[67] 자기감독 비디오를 창조적인 방식으로 이용했다. 머레이는 이후 연구 대상자와의 인터뷰를 인도하기 위해 이를 "영상 유도film elicitation" 테크닉으로서 활용하였다. 머레이에게 핵심적이었던 것은, 본 저작에서는 크게 조명하지 않은 주제인 아동의 모빌리티 개념화와[68] 그녀의 방법론적 접근 사이에 강한 연관이 있다는 것이다.

머레이는 자기감독 촬영의—무엇을 어떻게 촬영할지 선택할—자율성을, 아동이 자신의 모빌리티에 대해 가지는 자유를 제한할 수 있는 다양한 구조들에 대항하는 수단으로 의도했다. 이 제한은 특히 부모의 염려와 불안을 고려할 때 더 분명하다. 흥미롭게도, 아동이 학교에 가는 여정에 녹화된 영상은 영상의 감독이 사실은 어머니라는 증거를 보여 주었다. "무엇을 촬영하고 어떻게 촬영할지", 그리고 "어디를 걷고 어떻게 길을 건널지"를 어머니가 말해 주었던 것이다.[69] 이동적 서사의 이러한 명백한 공동생산co-production은 수많은 모빌리티를 특징 짓는 함께임withness에 대한 유용한 증명이다. 함께-이동하기가 평등한 체험이 아닐 때조차 그렇다. 그럼에도 불구하고 머레이는, 이 접근법이 어린이의 여정에 대한 어린이 자신의 감각적ㆍ정동적 체험을 유도하고, 자신의 방식으로 자신의 이야기를 그릴 힘을 어린이에게 준다고 주장한다.

모빌리티 체험에 대한 우리의 지식이 효과적으로 공동생산될 수 있다는 머레이의 강조점은, 모빌리티 연구ㆍ연구자ㆍ학습을 활성화하는 폭넓은 에너지의 더 넓은 집합과 동조할 수 있다. 2014년에 공동생산 모빌리티에 관해 사이먼 쿡과 안나 데이비슨이 주최한 컨퍼런스 세션은, 연구자 그리고 어느 정도는 학생이 모빌리티 연구에 대해 이야기하고, 논의하고, 안내하고, 소통할 수 있는 공식적 무대를 실천하려 했고, 그 이후로 이에 관해 성찰해 왔다. 주최자는 "형식성을 벗겨 냈고, 협력을 우선시하며, 가능성과 놀이를 환영하는" 에토스를 추구했다.[70] 이를 위해 컨퍼런스 세션을 탈위치화하여 런던을 지나는 일련의 협력적 여정으로 만들었으며, "혼란과 예측불가능성의 요소를 준비했다." 이러한 중재에서 강조점이 놓인 곳은 어떻게든 모빌리티를 行하는 행함과 방법이었고, 그 과정에서 "지식의 생산은 언제나 이미 체험의 계속적 흐름에 붙잡혀 있다"는 것을 인식했다. 이는 모빌리티에 대해 글을 쓰는 특별히 인상적인 방식으로 이루어졌다. 이 점은 이 프로젝트에 대한 엘레인 스트래트퍼드Elaine Stratford와 폴 심슨Paul Simpson의 기고, 웨일스에서의 이동과 대화에 관한 케이트 에반스Kate Evans와 에이미 존스Amy Jones의 사고에서 특히 잘 드러난다. 또한 이 논집에 실린 안나 플류슈테바의 글은 그녀가 공감 가능성이라고 부르는 것에 대해 반성한다. 이 반성은 그녀가 동료 연구 참가자 제니 미들턴Jennie Middleton의 눈을 가리고 함께 이동함으로써 이루어졌다. 이 글들은 단지 연구 실천만이 아니라, 모빌리티 연구를 가르치는 방법에 관해서도 훨씬 더 실험적이고 어떤 식으로든 공감적인 접근법의 약속을 조명한다.

　드론 역시 이러한 방식으로 사회 연구, 심지어 교육의 더 실험적인 형태를 목적으로 새로이 사용되고 있다. 울런공대학의 토머스 버치넬과 크리스 깁슨은[71] 학부생 및 대학원생 집단과 함께, 사회 연구를 위한 '공중이동적 방법'의 잠재적 형태로서 드론이 갖고 있는 능력을 증명했다. 드론을 입수하는 활동만 해도, 우리가 이 책에서 상세히 논한 모빌리티의 정치, 그리고 드론의 더 넓은 정치경제학과 유관한 흥미로운 질문들이 제기된다. 영공의 규제로부터 안전과 사생활 문제에 이르는 드론의 정치경제학에 관해서는, 크램턴Jeremy Crampton 등이나[72] 데렉 그레고리[73] 같은 저자들이 검토한 바 있다.

버치넬과 깁슨이 보기에,[74] 드론을 둘러싼 학생들의 논의는 드론의 "윤리적 사용, 테크놀로지적 디자인과 재료, 기동을 규제하는 법률, 데이터 포착의 유형"에 관한 것, 즉 이동적 테크놀로지로서 드론에 관한 모든 중요한 주제에 관한 것이었다. 드론이 제공할 수 있는 연구의 종류는, 지도로 그려질 수 있는 이동적 데이터의 생산, 오지 공동체 연구하기, 인간-비인간 관계, 수직적 관점, 이제는 이동적 방법에 일반적이 된 다양한 함께-타기-양식의 접근법과 관계되어 있다. 드론의 생산도 이동적 방법에 드론이 흥미로운 이유가 된다. 특히 많은 아마추어 드론이 대량생산되어 집에서 쉽게 조립되는 만큼, 어떻게 드론이 만들어지고 조립되느냐 하는 것도 흥미롭다.

이 테크닉들은 시각적 실천, 지도 그리기 실천, 창조적 실천의 형태라는 다양한 만들기를 함축하는 것으로 생각될 수 있다. 이런 면에서 이동적 연구자들은 급성장하는 3D 프린팅 같은 제작법을 탐구하는 데에도 마찬가지로 흥미가 있다. 다양한 주석가들의 예측에 따르면, 상품이 생산되고 수송되고 소비되는 다종의 회로와 경로를 재조정하는 데에 3D 프린팅이 주요 역할을 담당할 것이다. 버치넬 등은 3D 프린팅이 착륙할 몇 가지 미래를 상상한다.

상상해 보라. 트럭과 대형 화물차가 더 이상 고속도로를 왕복하지 않는다. 화물열차는 사라졌고 컨테이너항은 비어 있다. 부두의 컨테이너들은 녹이 슬었고 텅 비어 있다. 조립라인은 조용하고 창고는 고요하다. 사람들의 집은 이제 활동으로 가득 차 있다. 사람들은 원하는 대상을 다운로드 받아서, 가정용 프린터 종이처럼 단순히 '프린트'하기 때문이다. 종이와 마찬가지로, 사람들은 이 대상을 다 쓰고 나면 단순히 재활용하고, 같은 재료를 반복해서 재사용한다. … 이제 다른 미래를 상상해 보라, 디지털 '상자 속 공장'이 널리 퍼져 편재하게 되어 지역 산업이 귀환함으로써 박차가 가해진, 더 많은 지역 배달품과 화물로 채워진 미래. 사람들은 프린트 가게에서 대상을 프린트한다. 이 가게는 금속 가루와 고분자 필라멘트로부터 이국적 액체와 레진에 이르는 모든 종류의 산업 재료를 배달하는, 표준화되고 정부가 관리하는 공급 체인에 의존한다. 대상을 프린트하는 것이 쉽기 때문에 움직임이 강화된다. 수많은 공급 회사와 금융 시스템을 통해 사람들이 끊임없이 온라인으로 주문하는 많은 물품들을 배달하느라 도로와 철도는 분주하다. 이것은 물건이 저렴한 세계다. 물건은 돌아다니고 생산품은 빠르게 낡는다.[75]

고도로 분화된 전 지구적 생산 시스템과, 인터넷으로 구매 가능한 소비재를 위한 소비자 배달 네트워크의 최근 증가를 고려할 때, 소비재의 물류와 이동은 3D 프린팅의 잠재력 내에서 고찰해야 할 특히 중요한 주제다. 버치넬과 어리의 예측에 따르면, 수십 년 내로 3D 제조업은 수송을 통해 유통을 완전히 제거함으로써 저렴한 유통 네트워크와 저임금 노동을 활용하여, 남반구의 제조 중심지의 위치 패턴을 변형시킬 것이다. 이동적 방법에 대한 우리의 논의와 관련해서, 모빌리티 연구자들은 3D 프린트 장치에 대한 통찰을 얻고, 연구 실천을 위한 가능성을 실험하고 평가할 수 있을 것이다. 물론, 이러한 방법으로 생산될 수 있는 물품의 종류를 통제하거나 규제하는 능력과 관련된 명확하고 중요한 보안상의 난제들이 있다. 이 점은 무정부주의자 코디 윌슨이 인쇄 가능한 총의 3D 도면을—'해방자'라는 기괴한 이름을 붙여서—인터넷에 공개했을 때 가장 명확해졌다. 미국 국무부는 국제무기통제법을 들어 이 총의 청사진의 유통을 재빨리 금지시켰다.

## 보안, 비밀, 그리고 방법의 위태로움

모빌리티 연구는 언제나 위태로운 과업이다. 특정 모빌리티와 그 관계를 학술 연구 및 공적 조사로부터 은폐하는 비밀과 보안의 망토가 있고, 그 너머로 우리가 모빌리티를 회복할 수 있을지 의심하게 하는 모빌리티 상황이 있다. 뷔셔 등은 기업과 사업을 통해 사유화되고, 포착되고, 저장되고, 분류되고, 거래되는 (이동적) 데이터의 양이 점점 늘어나고 있다고 경고한다.[76] 모빌리티에 대한 이러한 '질적 계산qualculative' 정보는 흔히 극비이거나 요금을 내야만 접근할 수 있는 지적재산으로, 그 비용은 종종 학생이나 연구자의 예산을 훌쩍 넘어선다. 이러한 은폐는 모빌리티 연구에 특정한 문제를 만들어 낸다. 특히 두 가지 특정한 모빌리티 체제의 맥락에서 그러한데, 이 두 체제는 예상치 못하게 서로 많은 것을 공유한다.

마지막 저작 직전에 쓴 《오프쇼링》에서[77] 존 어리는, 근대의 경제적 · 정치적 삶의 특히 흔하지만 염려스러운 특성이 "종종 비가시적이고 정교한 비밀의 형태를 함축하는" 오프쇼링이라고 주장한다.[78] 어리가 보여 주듯이, 오프쇼링off-shoring〔기업들이 경비 절감을 위해 생산, 용역, 일자리 등을 해외로 내보내는 아웃소싱 형태〕은 "국경을 넘나드는 가속화된 움직임의 세계"이고, 마찬가지로 "비밀과 때로는 거짓말의 세계"다. 오프쇼링 모빌리티의 비밀 은폐는 의도적인 것조차 아니다. 오프쇼링은 너무나 평이한 것, 또는 심지어 논리적인 것이기 때문이다. 오프쇼링이 의미하는 것은 보이지 않는 화물 교통량, 대형 화물차, 화물선일 수도 있지만, 특히 "전자 이체 시스템, 특정 과학의 규제 시스템을 벗어날 수 있게 하는 법적 · 금융적 세금 전문가"일 수도 있다.[79] 다음에서 살펴볼 것처럼, 초부유층 및 그들에게 봉사하는 사람들의 오프쇼어된 삶의 양식은 너무나 배제적이라서, 이들의 경로에 접근하여 탐사하려는 저널리스트나 연구자의 눈을 피해 갈 수 있다. 어리는 이렇게 주장한다. 이러한 공간은 또한 디지털이거나 가상적이어서 "돈, 무역, 이미지, 연결, 대상이 디지털적으로도 물리적으로도 움직이게 한다. 이 움직임은 종종 그림자 속의 통로를 따라간다."[80]

이러한 오프쇼링 과정과 함께하는 것으로서 어리가 관심을 두는 것이 보안 실천이다. 앞에서 보았듯이, 보안 실천은 다른 영토와 장소로 수출되고 이동되었다. 어리나 다른 저자들이 탐사한 가장 논쟁적인 주제 중 하나는 용의자 인도였다. 미국의 이 프로그램에 의하면 억류자는 조사를 위해서 외국 정부로 이송될 수 있으며, 어쩌면 고문을 받을 수도 있다. 기이하게도, 용의자 인도의 모빌리티는 초부유층의 모빌리티를 흉내 낸다. 매튜 스파크는 CIA가 미국의 비밀감옥 네트워크 내에서 억류자를 이동시키기 위해 개인용 걸프스트림 제트기executive Gulfstream jet를 대여한 것에 대해 상술한 바 있다.[81] 이 시스템과 수단을 통해 미국의 억류자들은 다양한, 비교적 비가시적이고 접근 불가능한 억류 장소로 이동되고 부동화된다. 억류자들은 개인용 비즈니스 제트기로 사치를 부리는 엘리트―이는 루시 버드가 "물질적 모빌리티의 고도로 배재적인 공간"에서 탐사한, 점점 증가하고 있는 현상[82]이다―와 같은 수송 양식으로 이동된다. 이 모빌리티는 모두 국제법의 레이더를 피해 가는데, 심지어 그 모빌리티가 사용하는 비행기와 공항이 속한 주권국가의 레이더도 피해 간다.

---

**사례 연구 7.5** **초부유층의 모빌리티 유람하기**

앞에서 보았듯이, 모빌리티 연구자들은 성장하는 모빌리티 엘리트의 과도한 모빌리티에 특히 관심을 보여 왔다.[83] 카르디프의 지리학자 엠마 스펜스Emma Spence는 초부유층의 이동적 삶과 생활양식—요트, 그리고 이러한 삶의 양식에 봉사하고 이를 가능케 하는 삶과 생동성을 주제로 매혹적인 박사학위논문을 썼다. 연구를 위해 스펜스가 취한 접근법은 극히 유용하다. 여러 가지 면에서 배나 요트 자체에 다채로운 개념적 의미가 주어진다. 한 가지 의미에서 배는 초부유층의 궤적과 체험을 엿볼 수 있는 창문이다. 다른 의미에서 배는, 내재적으로 이동적인 초부유층의 공간을 위해 봉사하고 이를 관리하는 직원의 일터와 관계된 매혹적인 현장이다. 스펜스는 배를 "육지, 바다, 탑승자 사이의 관계성을 식별하는 탈것"이라고 개념화한다.[84] 엘리트 모빌리티는 육지에 근거한 많은 인프라와의 밀접하고 복잡한 협응을 요구한다.

이러한 모빌리티 자료를 수집하기 위한 스펜스의 접근법은 몇 가지 여타 일터 문화기술지를 따른다. 그녀는 다양한 유람선에 취직하여 다채로운 방법을 사용하였다. 그 방법 중 하나는 소유주와 노동자의 실천과 관계에 대한 참여적 관찰로서, 이는 광범위한 현장 일기, 형상, 사진으로 기록되었다. 또한 승무원 및 조선사와의 심화 인터뷰, 그녀의 체험을 보충하고 맥락화하는 블로그 포스팅과 산업 관련 문헌industry literature도 있었다.

스펜스가 취하는 관점은 일차적으로, 그녀 자신이 속했던 승무원의 관점이었다. 이들은 샴페인 글라스를 정리하고, 카펫을 청소하고, 손님들이 검은 벤츠 미니 밴을 타고 항구에 도착할 때 유니폼을 빠짐없이 착용한 채 주의를 기울일 태세를 취한다. 여기서 우리가 보게 되는 것은, 흔히 기대할 만한 상대적 모빌리티/부동성이 아니다. 승무원들은 손님이나 소유주의 자율성에 종속되어 이들의 결정에 따라 즉시 움직여야 하지만, 승무원들 또한 여행 일정, 고임금, 저생활비의 이점을 이용한다.

■ 더 읽을거리

Beaverstock, J. and Faulconbridge, J., 'Wealth segmentation and the mobilities of the super-rich: a conceptual framework', in Birtchnell, T. and Caletrío, J. (eds), *Elite Mobilities*, Routledge, Abingdon, pp. 40–61, 2014.

Birtchnell, T. and Caletrío, J. (eds), *Elite Mobilities*, London: Routledge, 2014.

Spence, E., 'Towards a more-than-sea geography: exploring the relational geographies of superrich mobility between sea, superyacht and shore in the Cote d'Azur', *Area*, 46(2), pp. 203–209, 2014.

이러한 실천이 열어젖히는 유사한 질문들이 종종 학생들을 괴롭힌다. 국제관계학자 윌리엄 월터스의 물음을 예로 들어 보자. "비밀이거나, 소문의 수준에서만 알려지는 스텔스 전투기 같은 대상을 어떻게 연구할 것인가? 이것들이 국가적 보안의 가림막 아래에서 운용된다면, 어떻게 우리는 '행위자를 따라갈' 것인가?"[85] 나와 함께 작업하는 학생들 중에도 국경 보안 실천의 복잡함과 부당함에 매혹되어 공항 보안 기술이나 테크놀로지 등을 주제로 박사학위논문을 쓰려는 학생들이 많다. 첫 면담에서는 흔히 이러한 연구 수행의 실현가능성에 대해 논의한다. 그러나 보안 수행자, 특히 공항 직원들은 어떠한 실천과 공간에 대해 말하거나 학술 연구가 접근하는 것을 몹시 꺼린다. 우리는 너무 좌절하지 않으려 하면서 방법을 찾는다. 일반적으로 고자세이면서 어느 정도는 무관심한 국경 보안 행위자를 탐구하는 어렵고, 시간이 들고 궁극적으로는 성과 없는 과제를 피할 수 있는 방식으로 이 문제에 접근할 현실적인 방안을 이야기해 본다.

프로젝트 연구 설계의 관점에서 취할 수 있는 길은 여러 가지다.

첫 번째 길은, 고도의 보안으로 통제되는 모빌리티 공간으로 갈 다른 방식을 탐사하는 것이다. 모빌리티 공간이라는 말을 좀 더 문자적으로 받아들일 수도 있지만, 공항이나 여타 국경 같은 장소가 모빌리티의 처리에 동반되는 수많은 기능을 가지고 있다는 것은 고려할 가치가 있다. 훌륭한 예 중 하나는, 많은 공항이 승객, 직원, 비정기적 방문자가 사용하고 거주할 수 있는 다종교적 기도실이나 성당을 포함하고 있다는 것이다. 내가 다른 곳에서 썼듯이,[86] 이 장소는 난민, 평화, 명상을 위해, 또 어느 정도는 고도의 모빌리티 · 피로 · 스트레스의 공간에서 고요를 찾기 위해 중요하다. 기도실 및 여기에서 봉사하는 사제는, 그 자체로는 공항의 모빌리티에, 멀리 보면 공항의 보안 실천에 다가갈 훨씬 더 접근 가능한 진입로를 제공한다. 여기에서는 보안과 신앙, 종교와 종교적 표현 사이의 관계에 중요한 질문을 던져 볼 수 있다. 특히 특정 종교 공동체 및 소수민족과 보안 사이의 염려스러운 관계를 고려하면 더 그렇다. 더욱이 기도실은 더 넓은 사제 네트워크에도, 또한 공항이 수행하는 여타 사회적 서비스에도 편입되어 있다. 런던 히스로 공항이 그 좋은 예이다.

나는 히스로 제3터미널 기도실에 대한 실로 훌륭한 프로젝트를 지도한 적이 있다. 이 학생은 도움과 지지가 필요한 승객들을 공항이 돌보는 데에 기도실이 핵심적인 역할을 한다는 사실을 발견했다. 히스로 내에서 이는 '히스로 트레블 케어'라는 형태를 취했다. 이것은 런던 히스로로 여행 오거나 이곳을 경유하는 취약한 승객이나 취약해지는 승객을 지원하는 여러 가지 서비스를 제공한다. 이는, 본국 송환이나―많은 국제공항에 공통적인 사회적 문제인―노숙, 추방, 영국 외무성 같은 국제 외교 조직과의 협력, 국내외 비상사태나 위기에 붙잡힌 사람들의 복지나 심리적 욕구 같은 문제를 이 조직이 다룬다는 뜻이다.

확실히, 보안에 관심을 둔 연구자들이 마주치는 것은 접근의 문제만이 아니다. 마찬가지로 대상자의 취약성 문제, 상업적으로 민감한 문제, 또는 더 임시적이고 범속한 문제, 가령 때로 연구자를 막기 위해 보안이나 기밀을 들먹이는 등의 문제도 있다. 때로 모빌리티 연구는 공공 사진 같은 일상적 실천과 달라 보이지 않는다.[87] 심지어 철도 플랫폼의 끝이나 여타 외딴 장소를 차지하거나, 쌍안경을 장착하고 울타리를 통해 기나긴 활주로 끝을 엿보려 드는 비행기광이나 철도 애호가의 실천과도 달라 보이지 않는다. 나는 프랑스와 영국 지리학자, 건축가, 도시 전문가 팀의 일원으로 파리북역과 런던 세인트판크라스역에서 연구를 수행한 적이 있다. 이 연구는 프랑스의 연구위원회인 국가연구청의 자금을 지원받은 국제 연구 프로젝트의 일환으로, 탐사 대상인 터미널 공간에 대한 꽤 다양한 수준의 공식적·비공식적 접근권을 통해 혜택을 얻을 수 있었다. 세인트판크라스에서 우리는 거의 일주일 동안 연구 방법을 가지고 실험해 볼 허가를 얻었다. 우리의 접근권은 아주 좋았는데, 그 주된 이유는 이 역을 관리하는 회사의 중역 중 한 명이 우리 조사를 알아보았기 때문이며, 그 이유는 그의 어머니가 연구자들 중 한 명이 강의를 했던 바로 그 기관에서 공부를 했기 때문이다! 이런 식의 진입로는 꽤 흔하다.

그러나 이러한 제한이 보편적이 아니라는 점도 중요하다. 모빌리티와 보안의 맥락에서 전례 없는 수준의 접근과 교류를 획득한, 보안에 대한 매혹적인 모빌리티 연구의 사례는 많다. 특히 영국과 미국 바깥에 많다. 마티아스 레제Matthias Leese와 튀빙겐대학 보안윤리

프로젝트의 훌륭한 작업,[88] 제네바 공항의 CCTV 실천에 대한 프란치스코 클라우저Francisco Klauser 등의 연구,[89] 파리 샤를 드 골 공항을 포함한 공항에서의 모빌리티와 다중적이고 흐릿한 경계 공간과 실천에 대한 장—밥티스트 프레티니Jean-Baptiste Fretigny의 작업이 있다.[90] 학생은 공항, 국경, 여타 모빌리티의 장소가 실제로 시작되거나 끝나는 곳이 어딘지를 생각해야 한다. 공항의 문 안에서만 법 · 계획 · 홍보 · 기록에 관한 자료들이 모이며, 공항의 그림자 아래에서 일하거나 · 지나가거나 · 모이는 더 넓은 공동체와 접촉할 수 있다고 해서, 그 안에서만 흥미로운 모빌리티 연구를 할 수 있다는 생각은 물신주의적일 수 있다. 이러한 의미에서, 모빌리티의 현전주의presentism라고 규정할 만한 것으로부터 한 발짝 물러나 볼 가치가 있다. 모빌리티 자체의 실천과 공간성에 거주하거나 그것을 목격하지 않고서도 모빌리티를 논할 다른 방식이 있을 수 있다. 특히 우리가 모빌리티를 보거나 이해하기 힘들 때, 그것을 추적하고, 따라가고, 좇아가고, 재구성할 수 있게 해 주는 접근법이 무엇이 있을까? 우리는 이러한 접근법을 '법정변론적forensic 방법론'이라고 부를 수 있다.

## 법정변론적 방법론에 접근하기

활동가이자 예술가, 지리학자인 트레버 패글렌Trevor Paglen의 작품은 다양한 보안 체제에 묶여 있는 모빌리티를 파악하고 가시적으로 만들려는 방법론적 접근법 중 가장 설득력 있는 예에 속한다. 용의자 인도 같은 주제에 패글렌이 취한 접근법은, 모빌리티가 남겨 놓은 흔적을 〈고문 택시Torture Taxi〉와 〈터미널 항공Terminal Air〉 같은 프로젝트[91] 형태로 시각화하고, 어느 정도는 풍자하는 것이었다. 패글렌 등의 모빌리티 접근법의 세부를 탐사하기 전에도, 모빌리티에 대한 접근법으로 급증하고 있는 법정변론적 접근법들의 세 가지 핵심 차원을 식별할 수 있다.

첫째, 이 접근법들은 일부러 발견하기 힘들게 만들어져서 비가시적이거나 발견하기 힘든 모빌리티의 그림자를 가시적으로 만든다. 둘째, 이 접근법들은 모두 증대하는 재료, 실체, 정보 속을 움직여 가기 위해 고고학적 상상력을 소환한다. 셋째, 이 접근법들은 어떤 사건이나 체험을 재구성하고자 하는데, 그 목적은 정확히 공해公海의 흐릿한 공간에까지 통상의 국경 실천에 동반됐던 강제되거나 삭감된 모빌리티에 도전하고, 그것을 전복하고, 비판하는 것이다. 이런 의미에서, 페차니Lorenzo Pezzani와 헬러Charles Heller에 따르면,[92] 법정변론적 방법론은 그들이 "불복종의 시선disobedient gaze"이라고 부르는 것을 수행한다. 그것은 국제적 · 인도주의적 법 하에서 자신의 의무를 수행하지 않는 국가의 무행동에 도전하기 위하여 모빌리티의 회로를 능동적으로 재구성하는 것이다.[93] 어떤 예에서, 법정변론적 방법론은 법정에 제출할 수 있는 증거들을 생산할 수도 있다.

법정변론적 방법은 모빌리티 연구에만 제한된 것이 아니고, 비판적 건축가이자 이론가인 에얄 와이즈먼Eyal Weizman, 그리고 페차니, 헬러, 수잔 슈플리Susan Schuppli 등 런던 골드스미스의 연구건축 프로그램에 속한 일군의 학자, 학생, 실무자의 더 폭넓은 작업에 근거한다. 법정변론적 건축의 우산 아래 있는 다채로운 프로젝트가[94] 활용하는 일군의 접근법 중 일부는 과학수사의 테크닉과 비슷하다. 이들은 사법적 맥락에서 활용될 수 있는 증거를 수집한다. 그리고 증거를 시험할 수 있는 포럼, "직업적·정치적·법적 모임 앞에서 논증을 제시하는 실천과 기량"에 많이 의존한다.[95]

용의자 인도에 관한 패글렌의 연구는 증언, 충격, 어느 정도로는 풍자적 비판 같은 더 대중적인 형태를 받아들였다. 그는 저널리스트 A. C. 톰슨과 함께 작업했다. 이들의 조사는 항공 교통 관제사의 비행 기록부터, 상업 공항과 이착륙장에서 볼 수 있는 비행기광의 수첩, 논평을 받기 위해 변호사의 사무실을 추적하는 데까지, 이질적이며 있음직하지 않은 출처에 근거했다. 장거리 사진을 통한 폭넓은 원거리 감각 작업과 함께, 이러한 접근법을 통해 패글렌 등은 용의자 인도 프로그램, 말하자면 지도상에 없는 비밀감옥 현장 내에서 억류자들이 이송되고, 붙잡히고, 위치되는 모빌리티의 폭넓은 네트워크와 경로를 기록하고 시각화할 수 있었다. 방법의 관점에서 볼때 용의자 인도의 모빌리티에 대한 패글렌의 이해는, 고문 과정에 처하는 것에 대한 어떤 현상학적 이해와 대리적으로 관계한다는 의미에서 질적인 것은 아니다. 오히려 그것은 멀리서 찍은 사진으로부터 수사 저널리즘에 이르는 다양한 형태의 시각적 폭로를 결합하며, 이 모든 것은 모빌리티의 흔적이나 그림자를 폭로하기 위한 것이다.

물론 패글렌의 접근법이 유일한 것은 아니다. 용의자 인도 모빌리티를 이해하는 데에 난점이 있는 것은, 단순히 그것이 자연적인 조사 범위를 벗어나기 때문이 아니라 그것을 능동적으로 덮어씌웠기 때문이라는 것을 다른 연구자는 증명한다. 문자적인 의미에서 말이다. 이동 중인 억류자에게 두건을 덮어씌우고 감각을 빼앗는 것부터 CIA가 자기 활동을 조직하는 유령회사까지, 가짜나 위장 비행까지, 국가 보안이라는 명목 하에 그들 존재의 세부 사항을 수정하는 데까지 말이다. 용의자 인도 프로젝트가 시사하듯이(**사례 연구 7.6**을 보라), 이러한 비행이 의무적으로 기록해야 하는 자료조차 비행 경로와 목적지를 일부러 감추기 위해 부정확한 때가 많다. 아니면, 이러한 비행에는 특별 기능 또는 외교 기능을 함축하는 다양한 특별 지위가 주어진다.[96] 우리의 관심사는, 용의자 인도 모빌리티가 던져지고 수행되는 복잡한 거미줄 또는 네트워크를 이해하는 것뿐 아니라, 용의자 인도가 공적 · 정치적인 노출과 숙고를 피하게 하는 기밀 및 은폐의 기술이기도 하다.

이러한 현장과 네트워크를 대중, 학자, 활동가에게 공개함으로써 패글렌은 비판적 거리두기와 참여의 한 형태를 약속했다. 그러나 그의 접근법은 또한, 그가 비판하려 했던 국가적 실천을 특징 짓는 논리와 합리성을 전복하기보다는 재생산했다는 점에서 비판을 받기도 했다. "이러한 저항의 방법은, 이 방법이 대항하고자 하는 구조가 가진 편집증적 '극한 원거리사진limit telephoto' 논리 및 미학을 너무나도 밀접하게 모방함으로써, 이 논리에 도전하기보다는 궁극적으로 강화하는 것이 아닌가?" 하고 베크먼Karen Beckman은 묻는다.[97] 패글렌의 접근법은 또한 풍자적이다. 패글렌은 반응을 유발하기 위해 유머와 이상한 병치를 사용한다. 〈터미널 항공〉은 어떤 항공사 웹사이트 및 가짜 여행사 사무소 형식을 한 설치물 형태를 띠고 있다. 여기에서는 용의자 인도의 회로 및 이용 가능한 사치스러운 비행기 모두가 이를 소비할 장래의 승객이 선택할 수 있는 선택지로 제공된다.

---

**사례 연구 7.6  용의자 인도 모빌리티 추적하기**

루스 블레이클리Ruth Blakeley와 샘 라파엘Sam Raphael이 주도한 용의자 인도 프로젝트The Rendition Project는 이 활동에 관한 복잡한 그림을 구축함으로써 용의자 인도에 관한 훨씬 거대한 개관을 제공한다. 이 프로젝트는 또한 법적 행위 구호단체 리프리브Reprieve 같은 여타 조직 및 변호사와 밀접하게 공동작업을 한다. 패글렌과 마찬가지로 이 프로젝트는, 하나의 가정을 다른 자료 출처를 통해 확장하고, 이어서 심화된 세부나 맥락으로 나아가기 위해 다양한 출처를 한데 모음으로써, 용의자 인도 모빌리티의 네트워크에 대한 이해를 삼각측량하고자 했다. 다양한 출처에 대한 이러한 삼각측량을 통해, 용의자 인도 프로젝트는 '용의자 인도의 회로'를 재구성하고 시각화할 수 있었다. 이러한 서술 중 하나는 다음과 같다.

모하메드 사드 이크발 마드니는 인도네시아 자카르타에서 CIA의 요청에 따라 2002년 1월 9일 아침에 억류되었고, 1월 10~11일에 인도되었다. 그는 CIA 소유의 등록번호 N379P 걸프스트림 V제트기를 통해 이집트로 이송되었다. 여기에서 그는 3개월간 고문당했고, 다시 아프가니스탄으로, 마침내 관타나모만灣으로 인도되었다. 인도네시아에서 이집트로의 비행 도중 이 비행기는 마드니를 태운 채로 영국령 디에고 가르시아 섬에 연료 재공급을 위해 착륙했다.[98]

이러한 보고의 기반을 가능케 하기 위해 이 프로젝트는 비행 정보 자료,

영공진입 요청, 억류자와의 인터뷰 및 증언에 근거하여 세계 최대의 용의자 인도 비행 데이터베이스를 구축했다. 이 프로젝트는 공식 국회 감사 및 여타 국가적 조사, CIA 기록, 법정 문서, 용의자 인도에 연루되어 있음이 밝혀진 회사와 유령회사의 청구서에서 자료를 수집 및 분석했다. CIA가 이용한 비행기 브로커 및 이어서 그들이 계약한 개인용 비행기 대여 회사로부터의 "인용, 청구서, 청구액 조정, 하위계약, 하위계약 임무 명령 수정" 같은 최근의 문서들이 발굴된 데에서 보듯이,[99] 이러한 접근법의 면밀함은 비범하고 공들인 것이었다.

정보의 자유FOI 요청Freedom of Information request(특정 공공기관에 특정 공공정보를 공개하도록 요청하는 것. 정보자유법Freedom of Information Act(FOIA)에 근거한 이 법은 세계 50여 개국에서 시행 중이다. 한국에서는 '정보공개법'이라는 이름으로 1998년부터 시행됐다.)과 행운을 통해 이러한 문서를 엮는 데에 대단한 성공을 거둘 수 있었지만, 이는 또한 시민이 자신과 자기 나라에 대한 정보를 얻을 자유와 관련된 국가 투명성 법률에 단점이 있다는 것도 들추어졌다. 예를 들어, 유럽 영공의 대부분에 관리 책임을 지는 초국가적 조직인 유럽항공관제Eurocontrol는 자기 영역을 지나는 비행에 대한 정보를 제공할 책임이 법률에 명시되어 있지 않으며, '어떤 국가적·초국가적 조직'과 관련한 임시적 근거에 의해서만 정보를 제공한다. 유럽항공관제의 자료는 시민적 자유, 정의, 내정을 위한 유럽의회위원회 관련 조사위원Rapporteur의 협력을 얻어 겨우 이 프로젝트에 주어진 것이었다. 더 일반적으로, 용의자 인도에 중요하게든 단지 운수와 관련해서만이든 연루된 것으로 의심되는 국가로부터 정보를 얻어 내는 데 시민권 단체나 법적 구호단체는 중대한 걸림돌을 만났다. 리프리브와 액세스 인포 유럽Access Info Europe(정보의 접근권을 지키려 하는 유럽의 인권단체)의 보고서에 따르면,[100] 이들이 정보의 자유 요청을 제출한 27개 유럽 국가 중 단 일곱 나라만이 응답을 해 왔다.

이 보고서는 정보의 자유 요청이 필요할 법한 주제에 대한 연구를 계획할 때 모빌리티 연구자가 고려해야 할 몇 가지 심각한 문제를 식별했다. 정보 검색에서 가장 큰 문제 중 하나는 침묵이다. 많은 국가들이 법적으로 강제된 시간제한을 넘겨 버린다. 시간, 끈기, 자원은 필수적인 것으로 보인다. 많은 FOI 요청은 일부러든 아니든 실종되고, 저 단체들은 자기 요청을 추적하고, 적절한 사람이 요청을 받았는지를 확인하는 데에 많은 시간과 자원을 써야 했다. 마지막으로, 찾고 있는 정보를 사적 단체가 가지고 있어서, 요청한 정도의 접근권을 제공할 법적 의무가 없을 수도 있다. 이러한 경우에는 FOI가 도움이 되지 않지만, 그래도 이 단체에 질문하고 교섭을 하는 것은 가치가 있다.

■ 더 읽을거리

Raphael, S., Black, C., Blakeley, R. and Kostas, S., 'Tracking rendition aircraft as a way to understand CIA secret detention and torture in Europe', *The International Journal of Human Rights*, 20(1), pp. 78–103, 2016.

The Rendition Project, www.therenditionproject.org.uk/

Reprieve and Access Info Europe, 'Rendition on record: using the right of access to information to unveil the paths of illegal prisoner transfer flights', www.therenditionproject. org.uk/documents/RDI/111219–RPV–AIE–Rendition_on_Record.pdf.

〈터미널 항공〉에서 패글렌이 취한 장난스러운 접근법은 이동적 실천의 훨씬 더 물리적이고 고도로 체화된 형태와 병치될 수 있다. 도시 탐사 운동('어벡스Urbex'라고도 알려진)은 도시의 고도와 깊이를 탐험하는 그 기술로 인해, 또한—브래드 개릿Brad Garrett이 탐사했듯이—도시 및 도시의 사회적·정치적 질서를 전복하고 다시 쓰는 그 정치적 실천의 비판적 형태로 인해 특기할 만하다. 개릿은 종종 보안되어 있거나, 사유화되어 있거나, 단순히 폐허가 되고 잊힌 도시 공간을 탐사하는 실천을 가리키는 도시 탐사를 "장소 해킹"이라고 부르는데,[101] 이는 수직적 도시의 파이프, 터널, 보이지 않는 공간을 탐험하는 거의 고고학적 운동으로 특징 지어진다. 우리가 보았듯이, 고고학은 돌아다니는 실천으로서,[102] 풍경에 대한 발굴, 채굴, 이동, 추적의 형식을 실행한다.

가레트는 어벡스 운동 공동체에 대해 비디오 방법을 포함한 깊고 풍부한 문화기술지를 수행하면서, 도시 탐사를 본질적으로 모빌리티를 필요로 하는 운동감각적 · 비판적 방법의 일종으로 본다. 도시 탐사는 비판받기도 했다. 비판자들은 이 실천을 특히 젠더화되어 있는 것으로 보아 왔으나,[103] 이 실천에 관한 현재의 연구는 젠더나 성별에 대한 논쟁과 상당히 거리를 둔 상태이다. 최근 모스크바의 한 높은 건축 프로젝트 꼭대기에 올라섰던 러시아 도시 탐사자 마리나 베즈루코바Marina Bezrukova는 현기증 나는 공간 꼭대기에서 보여 준 가슴골로 더 유명해졌다. '가슴보행자Breastwalker'라는 기괴한 별명처럼, 베즈루코바의 등정은 마치 그녀가 그녀의 신체나 젠더에도 불구하고 남자가 오른 것과 같은 높이까지 위험하게 오른 양 재현되거나,[104] 아니면 그녀가 등정을 아예 하지 않은 양 재현되었다. 이는 어벡스를 따르는 남성적 공동체를 들추어내는 것일 수도 있지만, 여성의 도시 모빌리티를 젠더화 · 성별화된 비유로밖에 특징 짓지 못하는 미디어의 현실을 말해 주는 것일 수도 있다. 이들은 여성의 신체운동을 남성 모빌리티에 대한 침범이나 소품, 아니면 시각적 볼거리로 비춘다.

여기에는 비판적 예술적 접근법이나 더 전통적인 문화기술지와의 공명이 있다. 이들은 회사나 군사 엑스포 같은 특권적 공간에 들어가는 길을 해킹하거나 슬며시 다가갔다. 라이스 맥홀드Rhys Machold,[105] 스티브 그레이엄[106] 등이 주장하듯이, 이러한 곳은 '거기 있음'이 보안 전문가와 상품의 순환을 위해서 중요한 곳이다. 현대 무인기의 비판적이고 폭력적인 모빌리티를 탐사하는 한 가지 방법은 물론, 무인기가 값이 매겨지고, 판매되고, 유혹받는 공간을 검토하는 것이다. 안나 잭맨Anna Jackman은[107] 엑세터대학에서 박사학위 과정으로 무인기 지리학을 연구했다. 그녀는 다양한 무인기 엑스포 주최자들 일부를 작업에 참여시켰고, 무인기 테크놀로지의 홍보·전파·순환의 분위기와 흥분을 들여다볼 수 있는 놀랄 만한 통찰을 제시했다. 마찬가지로, 예술은 다른 길을 제공한다. 이 길은 무인기를 만드는 장소에 미적으로, 특히 다다이즘 운동에 영감을 받은 풍자를 통해, 더 직접 개입하는 길이다. 질 기번Jill Gibbon은[108] 여타 국가 지원 무기 및 무인기 무역쇼 공간에 잠입하였다. 그녀는 다채로운 스케치를 통혜, 무인기 산업의 외견상 비공식성을 뒤집어 볼 또 다른 관점을 제공한다. 이를 특징 짓는 것은 앞서 무역박람회와의 관계에서 논의된 "재미"와 과잉만이 아니라, 모든 것이 "가볍고, 깨끗하고, 따뜻"하지만 극히 고도로 성별화된 정중함과 우호성이기도 하다. 기번은 자신의 스케치 드로잉을 군수산업 복합체, 특히 세계 최대의 무기쇼인 방어보안국제전시회Defence Security Exhibition International: DSEI를 들여다보는 창문이라고 주장했다. 이는 그녀가 "예의의 허식"이라고 묘사하는 것 아래를 응시하기 위함이었다. 이 허식은 무인기와 무기 무역이 가시적이 되는 가장 명백한 순간 중 하나를 덮고 있다.

패글렌의 접근법이나 용의자 인도 프로젝트와 아마도 더 비슷할 세 번째 접근법은, 몇몇 시민권 단체 및 구호단체와의 협력 하에 찰스 헬러와 로렌조 파차니가 이끈 법정변론적 건축 프로젝트 작업에 있다. 이들은 자신들의 접근법을 "법정변론적 해양학Forensic

Oceanography"이라고 불렀다. 이 점은 "죽음으로 방치된 보트Left to die boat" 사례에 대한 극적인 작업에서 가장 명백해진다. 이 사례는 지중해 남부에서의 이주 맥락, 그리고 오늘날 리비아와 튀니지로부터 지중해 남부 및 동부를 지나, 또한 시리아에서 터키를 지나 에게해에서의 이민자의 죽음이라는 더 넓은 맥락에 위치하고 있다.

**핵심 개념** 7.2에서 더 자세히 탐구되겠지만, 이 팀은 2011년 리비아에서 전쟁 발발에 이어 시행된 나토 해양감시구역을 통해 지중해를 군사화하고 감시하려는 막대한 노력, 그리고 유럽의 해상 국경 강화를 전복시키려 한다. 이 체제는 다채로운 관찰, 감시, 원격 탐사 시스템을 도입했다. 페차니와 헬러 작업의 핵심은, 바다와 이주자 모빌리티를 바라보는 이러한 관점들을 이용하여, 해상 이주자에게 도움을 주는 데에 실패하고 인도주의 법과 국제법 하 자신의 의무를

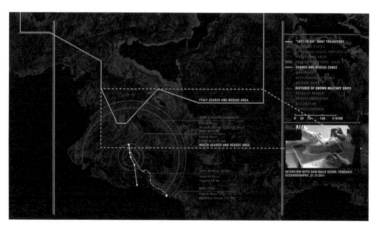

도판 7.7 바다에서의 불법적 모빌리티와 도움 받지 못함을 추적하기. 《액체 흔적Liquid Traces》에서. 출처: Charles Heller and Lorenzo Pezzani

어긴 국제적 · 국가적 선박과 조직에게 이 관점을 되돌려 주는 것이다. 용의자 인도 프로젝트와 마찬가지로, 법정변론적 해양학도 수많은 자료와 정보 출처를 개발하고 삼각측량했다. 이 출처는 인공위성 사진, 공중정찰기로부터 이주자의 증언과 이야기, 국가의 군사통신과 메시지에 이른다. 이들의 작업은 특정 보트의 움직임을 효과적으로 재구성하고, 이주자의 곤경을 알아챘을 다양한 선박의 움직임, 행동과 무행동을 알아내려 했다. 패글렌의 작업이 이 증거를 공적 공간으로 가지고 왔다면, 법정변론적 해양학은 프랑스 · 이탈리아 · 스페인 · 벨기에에 법률 소송을 제기하기 위해 **NGO**와 밀접히 연합하여 작업했다. 또한, 이들은 이주자들의 도움 요청이 닿아야 할 공직자와 단체에 그 요청이 닿는 것을 보장하기 위해 지중해 감시 핫라인WatchtheMed hotline을 개발했다.

---

**핵심 개념 7.2** 잊히거나 숨겨진 모빌리티에 접근하기:
불복종의 시선과 '죽음으로 방치된 보트' 사례

앞서 논했듯이, 2011년 리비아에서 이탈리아 영해로 가는 길을 찾으려다 남부 지중해에서 '죽음으로 방치된' 보트의 경로를 재구성하려는 학자, 활동가, NGO의 협동적 노력이 있었다. 골드스미스대학의 한 법정변론적 해양학 프로젝트 팀이 이 사례에 접근한 방법은, 보트가 표류한 정확한 경로, 그리고 다양한 군사용 선박·비행기·심지어 인공위성과 이 보트가 얼마나 가까이 있었는지를 조사원들이 이해하는 데에 도움을 줄 증거의 집합을 구축하는 것이었다. 놀랄 만큼 관찰되고 감시되는 이러한 공간에서 어떻게 보트가 발각되지 않고 도움도 받지 못하고 넘어갔는가?
위에서 언급했듯이, 헬러와 페차니는 이러한 잊히거나 도움 받지 못한, 손쓸 수 없는 모빌리티와의 관계에서 작동하는 시야와 권력에 관한 특히 정교한 관점을 활용한다. 정보의 자유 요청으로 얻은 공적으로 이용 가능한 정보를 통해 연구자들이 수집하려 했던 보트의 이미지나 흔적은, 남부 유럽으로 오는 이주자들의 불법적 움직임을 추적하고 통제하기 위해 다양한 국가 당국이 어떤 종류의 해상 모빌리티 감시 실천을 수행했는지를 묘사했다. 저자는 어떻게 움직임과 가시성/비가시성의 몇 가지 형태가 다른 형태와 상충할 수 있는지를 보여 주려 했다.

불법화된 이주자는 들키지 않고 EU의 영토에 도달하려 하지만, 조난을 당했을 때에는 들키기를 원한다. 국경 경비대는 이들의 은밀한 모빌리티를 시각화하기를 시도한다. 그러나 이는 동시에 국경의 많은 현실과 폭력을 덮으려는 통제된 방식으로 일어난다.[109] 동시에, 이러한 출처에서 얻을 수 있는 보트의 증거의 존재는, 이 보트가 발견되고 무시되었다는 데까지는 아니더라도, 실제로 감지되었다는 증거 역할은 할 수 있다. 이러한 '공식적' 또는 정식 증언은 이 사건을 목격했으며 운 좋게 살아남은 이주자들의 관점에서 이 팀이 기록한 구술 증언과 비교대조될 수 있다.

헬러와 페차니의 접근법은 불법이주에 대한 공식적 지식과 비공식적 지식을 병치하는, 그들이 "불복종의 시선"이라고 부르는 것을 따랐다. 이 시선의 목표는 이주자 관리 체제가 들추어내려는 것, 곧 비밀 이주를 밝히려는 것이 아니다. 저 체제가 감추려 하는 것, 저 체제의 근거가 되는 정치적 폭력 및 저 체제의 구조적 결과인 인권유린을 들추어내려는 것이다.[110] 이 보트 사례의 또 다른 충실한 목격자는, 이 보트가 지나가고 표류했던 바다를 움직이는 비인간 해양학 에너지 속에 있을 수도 있다. 그래서 이 프로젝트는 해류와 풍속에 대한 과학적 모델링을 행하고, 바다 위 모빌리티에 형태를 주는 비인간 자연과 비인간적 자연을 이해하고, 이것들이 무슨 증언을 할 수 있는지를 고찰하는 데에까지 모빌리티 방법론의 잠재력을 매혹적으로 확장한다. 여러 면에서, 이 접근법은 스타인버그와 피터스의 요청과 함께한다.[111] 이들은 이른바 바다의 물질성의 "젖은 존재론 wet ontologies"이라고 부르는 것을 설명할 연구를 요청한다.

■ 더 읽을거리

Bialasiewicz, L., 'Off-shoring and out-sourcing the borders of Europe: Libya and EU border work in the Mediterranean', *Geopolitics*, 17(4), pp. 843-866, 2012.

Heller, C., Pezzani, L. and Studio, S., 'Report on the "Left-To-Die" Boat', part of the European Research Council project 'Forensic Architecture', Centre for Research Architecture, Goldsmiths, University of London, available online at: www. fidh. org/IMG/pdf/fo-report, 2012.

Pezzani, L. and Heller, C., 'A disobedient gaze: strategic interventions in the knowledge(s) of maritime borders', *Postcolonial Studies*, 16(3), pp. 289 – 298, 2013.

놀라운 영상 Liquid Traces: The Left to Die Boat Case at: www.forensic-architecture.org/liquid-traces-left-die-boat-case/ 를 보라.

# 결론

모빌리티 방법론에 대한 이 논의는 윤리적 · 정치적 논평으로 끝맺어야겠다. 우리는 많은 모빌리티에 대한 우리의 설명이 불가피하게 편파적일 뿐 아니라, 이동적 질료가 관리되고 운영되고 보안되는 방식도 마찬가지로 불가피하게 불완전하거나, 균열이 있거나, 일시적이며 종종 실패한다는 것을 인식해야 한다. 이러한 점에서, 모빌리티를 설명하려는 모든 방법론은 어떤 모빌리티 및 그것을 보호하거나 통제하려는 노력이 잠정적이거나, 불완전하거나, 흐릿하다는 것, 그리고 우리의 방법도 마찬가지라는 것을 인식해야 한다. 둘 다 모빌리티의 과잉과 씨름하고 있다.

둘째, 우리는 특정한 책임 형태들을 논의했다. 그것은 모빌리티의 부정의와 지식을 시험하거나, 어떤 방식으로 법의 심판을 받게 할 수 있는 포럼에 증거를 전달할 책임, 연구 참여자와 우리 자신의 목소리에 목소리를 줄 책임이다. 이러한 의미에서, 모빌리티 연구자는 다양한 공적 · 법적 공간 내에서 자신의 연구가 탐사하고 변화시킬 수 있는 관계에 도전할 자신의 정치적 · 윤리적 헌신을 더욱 진지하게 고려할 수 있다.

셋째, '분야', 컨퍼런스 홀, 강연장의 공간을 가로질러, 모빌리티 연구자는 연구, 학습, 실천에 관한 장난스럽거나 실험적인 에토스를 채택할 수 있다. 모빌리티를 연구하고 소통하는 방법은, 이러한 무대 및 무대 안에서 사용되는 실천과 방법을 경계 짓는 공식화 범주에 도전할 수 있음을 우리는 보았다. 안나 데이비슨Anna Davidson과 클랜시 윌모트Clancy Wilmott가 가장 설득력 있게 논했듯이, 이러한 구분은 비판적 도전을 받아야 한다.

여전히 나를 거슬리게 하는 의문들이 있다. 현장 연구나 포럼 같은 실천을 관리하는 구체적인 시스템과 기구의 효과인가? 누가, 어떤 이득을 보는가? 어떤 규칙, 폭력, 배제가 재창조되는가? 그것이 재기입하는 상처는 무엇인가? 그것이 (재)생산하는 지식은 무엇이며, 그 대가는 무엇인가? 그것은 '역사적인 것'—저 여정이 아니라 이 여정을 가능케 하고, 저들이 아니라 이들에게 여정을 가능케 하는 지리적 · 시간적으로 산개된 부당이용과 노동—에 비해 체험, 현존 (현재)presen(t)ces을 폄하하는가?[112]

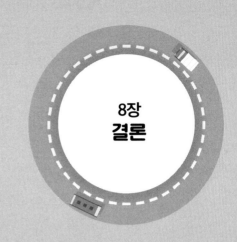

8장
**결론**

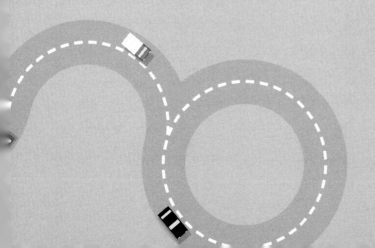

나는 비정통적인 방식으로 오드리 니페네거의 소설《시간여행자의 아내》(이 소설의 영화판은 상당히 어중간한 영화가 되고 말았다. 이 주제는 리처드 커티스의 더 재미있는 영화〈어바웃 타임〉이 더 잘 다루었다)에 대한 논의로 이 책을 끝내려 한다. 이 소설은 연결되려 하는 두 사람, 클레어와 헨리에 대한 복잡한 이야기를 전해 준다. 함께 있고자 하는 이들의 노력은 헨리의 시간적 강제이동으로 끊임없이 좌절된다. 그는 유전자 이상으로 인해 본의 아니게 시공간을 건너 이동하는 능력을 갖게 되었다.

서로 만나려는, 삶의 다른 시점에서 각자의 시간을 맞추려 하는 헨리와 클레어의 고투는 현대의 모빌리티 및 이동적 실존 형태에 대한 일종의 비유로 볼 수 있다. 동시성, 곧 근접성에 대한 욕망은 우리가 살펴본 많은 이동적 세계의 상징이 되었다. 서로 다른 시간표를 따르면서 사람들은 서로 조화를 이루기 위해, 그리고 그들이 한 장소에서 다른 장소로 가기 위해 의존하는 이동적 시스템의 스케줄과 조화를 이루기 위해 고투한다. 어딘가에 도착했을 때 헨리는 방향감각을 잃는다. 이 체험은 비행기에서 공항 터미널의 혼돈으로 나올 때의 체험이나, 새로운 장소에 온 이주자의 불확실성·위험성·모험의 체험과 동일시될 수 있는 무엇을 말해 준다. 헨리의 움직임은 상실, 후회, 열망의 감정으로 물들어 있다. 우리는 이주민의 귀속성이 가진 원거리 사회적 관계에서 이를 본 바 있다. 다른 한편, 그가 환영받는 곳에 도착하여 가정의 안전 및 장소의 신성함으로 돌아올 때 그의 움직임은 행복으로 가득 찬다.

헨리가 경험한 미끄러짐의 불확실성은 현대에 작동하는 위협적인 순환, 그리고 통제나 관리가 불가능한 유체성과 닮았다. 있어서는 안 될 공간으로 도약하는 그의 능력, 알몸이어서는 안 되는(!) 공간의 규범적 규칙을 침해하는 그의 경향 때문에 그는 규제, 감시, 규칙, 법의 실천 속으로 곤두박질친다. 자신의 불확실한 강제이동에 적응하려는 고투를 통해 그는 불법침입, 좀도둑질, 경계 넘기 전문가가 된다. 동작감지기를 피하는 데에는 여전히 서툴지만 말이다.

동시에, 이 은유는 그리 잘 작동하지 않을 수도 있다. 시공간을 통한 헨리의 여정은 내가 모빌리티에 대해 설파해 온 가장 강한 주장 몇 가지를 부인하는 것으로 보인다. 헨리는 말 그대로 단자單子다. 사실 그의 모빌리티는 우리가 이 책에서 생각해 온 방식대로의 모빌리티가 전혀 아니다. 그것은 노고 없이, 자신이 가는 길에 대한 경험이나 지식도 없이 지리와 역사의 층 사이를 즉각 미끄러져 들어간다. 헨리에게서는 우리의 논의에서 다분히 강조되었던 여행의 체험, 행함, 감각, 지각에 대해서는 거의 배울 수 없다. 실상, 헨리의 여행은 거의 아무런 기구도 필요로 하지 않는다. 그는 테크놀로지 없이 여행하고 옷 없이 도착한다. 이는 우리가 행하는 모빌리티에 대한 이해와 전혀 다르다. 이동전화, 책, 태블릿 컴퓨터, 식량 및 지금은 거의 편재적이 된 커피 컵의 공급, 노동, 오락거리 등 우리는 수많은 대상을 가지고서 자전거에서 버스, 유람선에 이르는 상이하게 정교한 다채로운 수단을 통해 이동하며, 이들을 뒷받침하는 것은 파이프와 케이블에서부터 거인 같은 항구, 부두와 잔향 가득한 기차역에 이르는 다양한 공간과 인프라의 타래다.

헨리는 참으로 혼자다. 그의 여행에는 동행자가 없다. 이러한 움직임은 보통의 여행자가 겪는 고립감을 대변할 수도 있지만, 우리가 고찰했던 모빌리티에 대한 많은 다양한 개념들에 따르면, 헨리의 모빌리티는 실제로는 존재하지 않는다. 헨리의 움직임은 함께함이 극단적으로 없는 움직임이며, 이는 모빌리티가 언제나 **함께**, 다른 사람이나 사물과 함께 일어나는 것으로 보이는 다채로운 방식들과 날카롭게 대조된다. 이러한 사람이나 사물에 무관심하든 그것과 가깝든, 이들이 여정을 매개하든, 이것들을 여정에 가지고 다니거나 친구·가족·보호자·사업 동료 등을 데리고 다니든, 모빌리티가 참으로 단독적인 경우는 결코 없다. 모빌리티는 출발과 도착의 즉각적 여정이 전혀 아니고, 체험되는 것이기도 하다. 그것은 빠를 수도 있고 느릴 수도 있지만, 어쨌든 뭔가 행해지는 것이다.

여기까지는 좋다. 그러나 이 이야기를 좀 더 생각해 보면, 이러한 결론은 너무 편리한 것일 수 있다. 그러면 이동적인-헨리에 대한 감, 곧 그의 체험이나 감각, 관계를 잃게 될 것이다. 다른 한편, 이 책의 제목은 '시간여행자의 아내'이고, 우리는 헨리만이 아니라 헨리의 아내 클레어에 대해서도 듣는다. 헨리의 도착과 출발에 클레어가 종속되는 것은 앞서 살펴본 모빌리티의 젠더적 불평등에 순응하는 것일 수 있다는 점을 우선 잊지 말자. 또한, 우리는 영향 관계를 배운다. 우리는 모빌리티가 가능해지지만 또한 붙잡히기도 하는 저 기하학이나 관계를 배운다. 우리는 무엇과의-관계-속에서의 모빌리티를 배운다. 우리는 어떻게 헨리, 클레어, 친구들이 모두 헨리의 움직임과 관련하여 아주 상이한 방식으로 장소에 놓이는지를 배운다. 우리는 누군가에게 속한다는 것을 배운다. 그러니까, 우리가 꼭 들어맞는 장소, 우리가 가정이라고 부를 수 있는 장소와 사람의 중요성을 배운다. 그리고 우리는 떠남의 쓰라림, 유대가 끊어지는 느낌을 배운다.

더욱이, 우리가 여행의 체험에 대해 거의 아는 것이 없다고 해도, 여행이 헨리에게 주는 영향은 명확히 볼 수 있다. 우리가 논했듯이, 모빌리티는 노고를 필요로 한다. 그것은 노동을 요구하며, 그 대가로 삶을 지불하도록 한다. 헨리의 미끄러짐은 때로는 고통스럽지만, 대체로 헨리를 지치게 하고 종종 구역질나게 하지만, 때로 미끄러짐이 순조롭고 편안할 때도 있어 도착했을 때 그는 기뻐한다. 다음 출발을 예상하면 두려워지지만 말이다. 실상, 헨리의 모빌리티의 수동성은 말이 안 되는 것처럼 보임에도 불구하고, 이처럼 자기 통제를 잃은 사람의 체험에 대해 말해 주는 바가 있다. 이들은 원하지 않게 이동하도록 강제되는 사람이고, 이들의 모빌리티 체험은 훨씬 더 소극적이거나 굴복적이거나 묵인적이다.

모빌리티 연구의 미래는, 우리가 계속해서 이러한 함께-이동함을 계속할 것을 요구한다. 우리는 어떻게 우리의 관념, 방법, 발견이 서로 나란히 달리는지를 볼 필요가 있다. 이 책은 '모빌리티' 같은 개념이 우리 사회적 세계의 핵심 안건, 문제, 발전 속을, 또한 이 모빌리티를 이해하고 파악하려는 노력 속을 통과하여 흐른다고 주장했다.

# 1장 서론

1 Alliez, E., *The Signature of the World: or, What is Deleuze and Guattari's Philosophy?*, New York; London: Continuum, 2004, p. 2.

2 Thrift, N., 'Space', *Theory, Culture and Society*, 23, 2006, pp. 139-146.

3 Giddens, A. (ed.), *Global Capitalism*, London: New Press, 2000, p. 1.

4 Ong, A., *Neoliberalism as Exception: Mutations in Citizenship and Sovereignty*, Durham, N.C.; London: Duke University Press, 2006.

5 UN News Centre 2006, www.un.org/apps/news/story.asp?NewsID=18765#.WIiOr4XvjOo

6 earthtrends.wir.org

7 세계여행관광협회World Travel & Tourism Council, www.wttc.org/research/economic-research/economic-impact-analysis

8 유럽여행위원회European Travel Commission, www.etc-corporate.org/uploads/pdf/ETCAnnual Report2015.pdf

9 Walter Dixon Scott, *Liverpool*, London: Adam and Charles Black, 1907

10 Holdsworth, C., *Family and Intimate Mobilities*, Basingstoke: Palgrave, 2013.

11 Urry, J., *Offshoring*, Oxford: John Wiley & Sons, 2014.

12 Holton, M. 'Learning the rules of the "student game": transforming the"student habitus" through [im]mobility', *Environment and Planning A*, 47(11), 2373-2388. 2015; Holdsworth, C., "Going away to uni": mobility, modernity, and independence of English higher education students', *Environment and Planning A*, 41(8), 1849-1864, 2009; Cairns, D., *Youth Transitions, International Student Mobility and Spatial Reflexivity: Being Mobile?*, London: Palgrave, 2014 참조.

13 Freund, P., 'Bodies, disability and spaces: the social model and disabling spatial organisations', *Disability & Society*, 16(5), 2001, pp. 689-706.

14 Worster, D., *Rivers of Empire: Water, Aridity, and the Growth of the American West*, Oxford, UK; New York: Oxford University Press, 1992.

15 Bosshard, P., 'World's largest hydropower project unravels', *International Rivers*, 2016.

16 Graham, S. and Hewitt, L., 'Getting off the ground: on the politics of urban verticality', *Progress in Human Geography*, 37(1), 2013, pp. 72-92.

17 Goetz, A., Up, Down, *Across: Elevators, Escalators and Moving Sidewalks*, London: Merrell, 2003.

18 *The Guardian*, 27 May 2011.

19 DeParle, J., 'Fearful of restive foreign labor, Dubai eyes reforms', *New York Times*, 6 August, 2007.

20 Graham, S. and Hewitt, L., 'Getting off the ground: on the politics of urban verticality', p. 83.

21 *The Guardian*, 27 May 2011.

22 Sheller, B., 'Mobility', *Sociopedia*, 2011, pp. 1-12.

23 Cresswell, T., *On the Move: The Politics of Mobility in the Modern West*, London: Routledge,

2006.

24 Urry, J., *Sociology Beyond Societies: Mobilities for the Twenty-First Century*, London; New York: Routledge, 2002.

25 Urry, J., *Sociology Beyond Societies*, p. 2; Urry, J., *Mobilities*, London: Sage, 2007.

26 Cresswell, T., *On the Move*.

27 Bergson, H., *Creative Evolution*, New York: H. Holt and Company, 1911; Bergson, H., *Matter and Memory*, London: G. Allen and Unwin/New York: Macmillan, 1950.

28 Clark, N., *Inhuman Nature: Sociable Life on a Dynamic Planet*, London: Sage, 2010.

29 Montalto, F. A., Gurjan, P. L., Piasecki, M., Sheller, M., Galada, H., O'Connor, S. and Ayalew, T.,'Supporting Haitian infrastructure reconstruction decisions with local knowledge: a case study focusing on water and sanitation in Leogane', *Final Report on NSF Haiti-RAPID* (1), 032184, 2013.

30 Sheller, M., 'The islanding effect: post-disaster mobility systems and humanitarian logistics in Haiti', *Cultural Geographies*, 20(2), 2013, pp. 185-204.

31 *The Guardian*, 18 August 2016.

32 www.defra.gov.uk

33 Graham S. (ed.), *Disrupted Cities: When Infrastructure Fails*, London: Routledge, 2010.

34 Steel, C., *Hungry City*, London: Chatto and Windus, 2008.

35 Urry, J., *Sociology Beyond Societies*; Urry, J., *Mobilities*.

36 Kaufmann, V., *Re-Thinking Mobility: Contemporary Sociology*, Aldershot: Ashgate, 2002.

37 Blunt, A., 'Cultural geographies of migration: mobility, transnationality and diaspora', *Progress in Human Geography*, 31, 2005, pp. 684-694.

38 Kaufmann, V., *Re-Thinking Mobility: Contemporary Sociology*, p. 18.

39 Robins, K., 'Encountering globalization', in Held, D. and McGrew, A. (eds) *The Global Transformations Reader*, Cambridge: Polity Press, pp. 195-201, 2000, p. 195.

40 Robins, K., 'Encountering globalization', p. 196. 강조는 필자의 것.

41 Appadurai, A., 'Disjuncture and difference in the global cultural economy', in Featherstone, M. (ed.) *Global Culture: Nationalism, Globalization and World Culture*, London: Sage, 1990, p. 297.

42 Yearley, S., 'Dirty connections: transnational pollution', in Allen, J. and Hamnet, C. (eds) *A Shrinking World?*, Oxford: Open University Press, 1995.

43 Yearley, S., 'Environmental issues and the compression of the globe', in Held, D. and McGrew, A. G. (eds) *The Global Transformations Reader: An Introduction to the Globalization Debate*, Cambridge: Polity Press, 2000.

44 바젤 액션 네트워크 참조: www.ban.org

45 Castells, M., *The Rise of the Network Society*, Oxford: Blackwell, 1996; Castells, M., *The Power of Identity, Malden*, Mass.; Oxford: Blackwell, 1997; Castells, M., *End of Millennium*, Oxford: Blackwell Publishers, 2000.

46 Urry, J., *Global Complexity*, Cambridge: Polity, 2003.

47 King, J., 'Which way is down? Improvisations on black mobility', *Women & Performance: A Journal of Feminist Theory*, 14(1), pp. 25-45, 2004.

48 Zelinsky, W., 'The hypothesis of the mobility transition', *Geographical Review*, 61, pp. 219-249, 1971.

49 King, J., 'Which way is down? Improvisations on black mobility', 28. Cresswell, T., 'Black

moves: moments in the history of African-American masculine mobilities', *Transfers*, 6(1), pp. 12-25, 2016도 참조.

50  Shamir, R., 'Without borders? Notes on globalization as a mobility regime', *Sociological Theory*, 23(2), pp. 197-217, 2005, p. 199.

51  Shamir, R., 'Without borders? Notes on globalization as a mobility regime', p. 200.

52  Fretigny, J.-B., 'Air travel opens new understanding of borders: the case of Paris Charles de Gaulle Airport', *Annales de géographie*, 2014

53  Conlon, D., 'Waiting: feminist perspectives on the spacings/timings of migrant (im)mobility', *Gender, Place & Culture*, 18(3), pp. 353-360, 2011; Mountz, A., 'Where asylum seekers wait: feminist counter-topographies of sites between states', *Gender, Place & Culture*, 18(3), pp. 381-399, 2011; Basaran, T., 'Security, law, borders: spaces of exclusion', *International Political Sociology*, 2(4), pp. 339-354, 2008.

54  Cresswell, T., 'Towards a politics of mobility', *Environment and planning D: Society and Space*, 28(1), pp. 17-31, 2010, p. 21.

55  Bissell, D. and Fuller, G., *Stillness in a Mobile World*, London: Routledge, 2011, p. 3.

56  Bissell, D. and Fuller, G., *Stillness in a Mobile World*, p. 3. 강조는 원본의 것.

57  Bissell, D. and Fuller, G., *Stillness in a Mobile World*, p. 7.

58  Bissell, D. and Fuller, G., *Stillness in a Mobile World*, p. 2.

59  Bissell, D. and Fuller, G., *Stillness in a Mobile World*, p. 4.

60  Vannini, P. 'Mind the gap: the tempo rubato of dwelling in lineups', *Mobilities*, 6(2), pp. 273-299, 2011.

61  Adey, P., 'If mobility is everything then it is nothing: towards a relational politics of (im) mobilities', *Mobilities*, 1, 75-94, 2006.

62  Merriman, P., *Mobility, Space and Culture*, London: Routledge, 2012.

63  Cresswell, T., *On the Move*.

64  Massey, D. B., *For Space*, London: Sage, 2005.

65  Massey, D. B., *For Space*, p. 118.

66  Massey, D. B., *For Space*, p. 131.

67  Lakoff, G. and Johnson, M., *Metaphors We Live By*, Chicago; London: University of Chicago Press, 1980.

2장 모빌리티 연구

1  Hannam, K., Sheller, M. and Urry, J., 'Editorial: mobilities, immobilities and moorings', *Mobilities*, 1, pp. 1-22, 2006.

2  Urry, *Mobilities*; Canzler, W., Kaufmann, V. and Kesselring, S. (eds.), *Tracing Mobilities: Towards a Cosmopolitan Perspective*, Aldershot: Ashgate, 2008.

3  Hall, C. M., Reconsidering the geography of tourism and contemporary mobility. *Geographical Research*, 43(2), pp. 125-139, 2005, p. 134; Hannam, K. (2008) 'Tourism geographies, tourist studies and the turn towards mobilities', *Geography Compass*, 2, pp. 127-139.

4  Franko Aas, K., 'Analysing a world in motion: global flows meet criminology of the other', *Theoretical Criminology*, 11(2), pp. 283-303, 2007, p. 284.

5  Rumford, C., 'Theorizing borders', *European Journal of Social Theory*, 9, pp. 155-170, 2006, p.

160.

6   Sheller, M. and Urry, J., 'Mobilizing the new mobilities paradigm', *Applied Mobilities*, 1(1), pp. 10-25, 2006.

7   Faulconbridge, J. and Hui, A., 'Traces of a mobile field: ten years of mobilities research.', *Mobilities*, 11(1), pp. 1-14, 2016.

8   Hannam, K., Sheller, M. and Urry, J., 'Editorial: mobilities, immobilities and moorings'.

9   Cresswell, T., 'Towards a politics of mobility'.

10  Shaw, J. and Hesse, M., 'Transport, geography and the "new" mobilities', *Transactions of the Institute of British Geographers*, 35(3), pp. 305-312, 2010.

11  Schiller, G. and Salazar, N., 'Regimes of Mobility across the Globe', *Journal of Ethnic and Migration Studies*, 39(2), 2013, p. 185.

12  Urry, J., *The Tourist Gaze: Leisure and Travel in Contemporary Societies*, London; Newbury Park: Sage Publications, 1990.

13  Gregory, D. and Urry, J., *Social Relations and Spatial Structures*, London: Macmillan, 1985 참조.

14  Thrift, N., 'Inhuman geographies: landscapes of speed, light and power', in Thrift, N. (ed.) *Spatial Formations*, London: Sage, 1996.

15  Cresswell, T., *In Place/Out of Place: Geography, Ideology, and Transgression*, Minneapolis; London: University of Minnesota Press, 1996.

16  Cresswell, T., *The Tramp in America*, London: Reaktion Books, 2001.

17  Sibley, D., *Geographies of Exclusion: Society and Difference in the West*, London: Routledge, 1995.

18  Goetz, A. R. (2006) 'Transport geography: reflecting on a subdiscipline and identifying future research trajectories', *Journal of Transport Geography*, 14, pp. 230-231, 2006, p. 231.

19  Hanson, Keeling, D. J., 'Transportation geography: new directions on well-worn trails', *Progress in Human Geography*, 31, pp. 217-226, 2007에서 재인용.

20  Hall, P., Hesse, M. and Rodrigue, J.-P. (2006) 'Editorial: reexploring the interface between economic and transport geography', *Environment and Planning A*, 38, pp. 1401-1408, 2006, p. 1402.

21  Shaw, J. and Hesse, M., 'Transport, geography and the "new" mobilities', p. 311.

22  Keeling, D. J., 'Transportation geography: new directions on well-worn trails', p. 218.

23  Schwanen, T., 'Geographies of transport I: reinventing a field?' *Progress in Human Geography*, 40(1), pp. 126-137, 2016.

24  Büscher, M., Urry, J. and Witchger, K. (eds), *Mobile Methods*, London: Routledge, 2010, p. 3.

25  Simmel, G., 'The metropolis and mental life', in *The Sociology of Georg Simmel*, ed. Wolff, K., New York: Free Press, pp. 409-424, 1950 [1903], p. 414.

26  Jensen, O. B., *Staging Mobilities*, London: Routledge, 2013.

27  Goffman, E., *Behavior in Public Places: Notes on the Social Organization of Gatherings*, New York: Free Press of Glencoe/London: Collier-Macmillan, p. 139.

28  Goffman, E., *Relations in Public*, London: Allen Lane, 1972.

29  Kaplan, C., *Questions of Travel: Postmodern Discourses of Displacement*, Durham, N.C.; London: Duke University Press, 1996.

30  Murray, L., 'Age-friendly mobilities: a transdisciplinary and intergenerational perspective', *Journal of Transport and Health*, 2(2), pp. 302-307, 2015.

31  Uteng, T. P. and Cresswell, T., *Gendered Mobilities*, Aldershot: Ashgate, 2008.

32  Clarsen, G., 'Feminism and gender', in Adey, P., Bissell, D., Hannam, K., Merriman, P. and Sheller, M. (eds) *The Routledge Handbook of Mobilities*, London: Routledge, pp. 94-102, 2014, p. 95.

33  Wajcman, J., *Feminism Confronts Technology*, Cambridge: Polity, 1991.

34  Clarsen, G., 'Feminism and gender', 2014.

35  Merriman, *Mobility, Space and Culture*, London: Routledge, 2012.

36  Blunt, A. and Rose, G. (eds) (1994) *Writing Women and Space: Colonial and Postcolonial Geographies*, New York: Guilford Press

37  Domosh, M. and Seager, J., *Putting Women in Place: Feminist Geographers Make Sense of the World*, New York: Guilford Press., 2001

38  Domosh, M., 'Toward a feminist historiography of geography', *Transactions of the Institute of British Geographers*, 16(1), pp. 95-104, 1991.

39  Lezotte, 'Women with muscle: contemporary women and the classic muscle car', *Frontiers: A Journal of Women Studies*, 34(2), pp. 83-113, 2013.

40  Monroe, K. V., 'Automobility and citizenship in interwar Lebanon', *Comparative Studies of South Asia, Africa and the Middle East*, 34(3), pp. 518-531, 2014.

41  Magnet, S. and Rodgers, T., 'Stripping for the state: whole body imaging technologies and the surveillance of othered bodies', *Feminist Media Studies*, 12(1), pp. 101-118, 2012.

42  Mathieson, C., *Mobility in the Victorian Novel*, Basingstoke: Palgrave Macmillan, 2015; Chalk, B., *Modernism and Mobility: The Passport and Cosmopolitan Experience*, Basingstoke: Palgrave, 2014; Parkins, W., *Mobility and Modernity in Women's Novels, 1850s-1930s*, Basingstoke: Palgrave Macmillan, 2009.

43  Gaskell, E., *North and South*, London: Penguin, 2005 [1855].

44  Gaskell, Parkins, W., *Mobility and Modernity in Women's Novels, 1850s-1930s*, Palgrave Macmillan, Basingstoke, 2009, p. 31에서 재인용.

45  Parkins, W., *Mobility and Modernity in Women's Novels*, p. 31.

46  Parkins, W., 'Women, mobility and modernity in Elizabeth Gaskell's North and South', *Women's Studies International Forum*, 27(5): pp. 507-519, 2004, p. 517.

47  Woolf, Thacker, A., 'Traffic, gender, modernism', *The Sociological Review*, 54: pp. 175-189, 2006, p. 180에서 재인용.

48  Woolf, Thacker, A., 'Traffic, gender, modernism'에서 재인용.

49  Woolf, V, *A Room of One's Own*, London: Hogarth Press, 1929.

50  Thacker, A., 'Traffic, gender, modernism', p. 183.

51  Nash, C. J. and Gorman-Murray, A., 'LGBT neighbourhoods and "new mobilities": towards understanding transformations in sexual and gendered urban landscapes', *International Journal of Urban and Regional Research*, 38(3), pp. 756-772, 2014.

52  Nash, C. J. and Gorman-Murray, A., 'LGBT neighbourhoods and "new mobilities"', p. 767.

53  Oswin, N., 'The queer time of creative urbanism: family, futurity, and global city Singapore', *Environment and Planning A*, 44(7), pp. 1624-1640, 2012, p. 1635.

54  Salazar, N. B., 'Towards an anthropology of cultural mobilities', *Crossings: Journal of Migration and Culture*, 1(1), pp. 53-68, 2010, p. 55.

55  Rapport and Dawson, Salazar, N. B. and Smart, A., 'Anthropological takes on (im)mobility', *Identities*, 18(6), pp. i-ix, 2011, p. iii에서 재인용.

56  Augé, M., *Non-places: Towards an Anthropology of Supermodernity*, London: Verso, 1996

57  Leary, J. (ed.), *Past Mobilities: Archaeological Approaches to Movement and Mobility*,

Aldershot: Ashgate, 2014, p. 4.

58  Aldred, O., 'Past movements, tomorrow's anchors: on the relational entanglements between archaeological mobilities', in Leary, J. (eds) *Past Mobilities*, Farnham: Ashgate, pp. 21-47, 2014, p. 22.

59  Faist, T., 'The mobility turn: a new paradigm for the social sciences?', *Ethnic and Racial Studies*, 36(11), 1637-1646, 2013.

60  Fortier, A-M., 'Migration studies', in Adey, P., Hannam, K., Merriman, P. and Sheller, M. (eds) *The Routledge Handbook of Mobilities*, London: Routledge, pp. 94-102, 2014.

61  Ahmed, S., *The Cultural Politics of Emotion*, Edinburgh: Edinburgh University Press, 2004.

62  Fortier, A-M., 'Migration studies', p. 66.

63  Fortier, A. M., Ahmed, S., Castañeda, C. and Sheller, M., *Uprootings/Regroundings: Questions of Home and Migration*, Oxford: Berg, 2003, p. 9.

64  Mort, G., *Cusp*, Brigend: Seren, pp. 26-27, 2011.(www.transculturalwriting.com/movingmanchester/)

65  Wilkie, F., 'Site-specific performance and the mobility turn', *Contemporary Theatre Review*, 22(2): pp. 203-212, 2012.

66  Wilkie, F., 'Site-specific performance and the mobility turn'.

67  Wilkie, F., *Performance, Transport and Mobility*, Palgrave: Basingstoke, 2015, p. 9.

68  Schweitzer, M., 'Networking the waves: ocean liners, impresarios and Broadway's Atlantic expansion', *Theatre Survey*, 53: pp. 241-267, 2012.

69  Schweitzer, M., 'Networking the waves', p. 259.

70  Hawkins, H., *Creativity*, London: Routledge, 2016.

71  Hawkins, H., *Creativity*, p. 4.

72  Witzgall, S., 'Mobility and the image-based research of art', in Witzgall, S., Kesselring, S. and Vogl, G. (eds) *New Mobilities Regimes in Art and Social Sciences*. London: Routledge, pp. 7-16, 2016.

73  Witzgall, S., 'Mobility and the image-based research of art'.

74  Kaplan, C., 'Mobility and war: the cosmic view of US "air power"', *Environment and Planning A*, 38, pp. 395-407, 2006, p. 94, 2006.

75  예를 들어 훌륭한 저작 Witzgall, S., Vogl, G. and Kesselring, S., *New Mobilties Regimes in Art and Social Sciences*, Farnham: Ashgate, 2013을 보라. 우리는 이 주제를 이후 7장에서 다룰 것이다.

76  Iverson, H. and Sheller, M., 'Introduction: L.A. Re.Play: mobile network culture in placemaking', *Leonardo Electronic Almanac*, 21(1), pp. 1-15, 2012, p. 15.

77  Southern, J., 'Comobility: how proximity and distance travel together in locative media', *Canadian Journal of Communication*, 37, pp. 75-91, 2012.

78  Southern, J., 'Comobility'.

79  Jensen, O., *Staging Mobilities*, 2013.

80  Nikolaeva, A., 'Designing public space for mobility: contestation, negotiation and experiment at Amsterdam Airport Schiphol', *Tijdschrift voor economische en sociale geografie*, 103(5), pp. 542-554, 2012.

81  Jensen, O. B. and Lanng, D. B., *Mobilities Design: Urban Designs for Mobile Situations*, London: Routledge, 2016; Spinney, J., Reimer, S. and Pinch, P. (eds), *Mobilising Design*, London: Routledge, 2017. Jensen, O., *Designing Mobilities*, Aalborg: Aalborg Universitetsforlag, 2014도 참조.

82  Verstraete, G., *Tracking Europe: Mobility, Diaspora, and the Politics of Location*. Durham, N.C.: Duke University Press, 2010, p. 120.

83  Verstraete, G., *Tracking Europe*, p. 127.

84  Bayraktar, N., *Mobility and Migration in Film and Moving Image Art: Expanded Cinema Beyond Europe*, London: Routledge, 2015, p. 190.

85  Azcona, M. D. M., '"Don't stop me now": mobility and cosmopolitanism in the Bourne saga', *Mobilities*, 11(2), pp. 207-222, 2015.

86  Bulley, D and Lisle, D., 'Welcoming the world: governing hospitality in London's 2012 Olympic Bid', *International Political Sociology*, 6(2), pp. 186-204, 2012.

87  Cooper, A. and Rumford, C. (2013) 'Monumentalising the border: bordering through connectivity', *Mobilities*, 8(1), pp. 107-124, 2013.

88  Lisle, D., *Holidays in the Danger Zone*, Minneapolis: University of Minnesota Press, 2016.

89  Lisle, D., 'Consuming danger: reimagining the war/tourism divide', *Alternatives*, 25(1), pp. 91-116, 2000.

90  Salter, B., 'To make move and let stop: mobility and the assemblage of circulation', *Mobilities*, 8(1), pp. 7-19.

91  Heisler, M. O., 'Migration, international relations and the New Europe: theoretical perspectives from institutional political sociology', *International Migration Review*, pp. 596-622, 1992.

92  Heisler, M. O., 'Migration, international relations and the New Europe', p. 599.

93  Scheper Hughes, N., 'Mr Tati's holiday and João's safari' seeing the world through transplant tourism', *Body and Society*, 17(2-3), 55-92, 2011, pp. 57-58.

94  Bigo, D. and Walker, R. B. J., 'International, political, sociology', *International Political Sociology*, 1(1): pp. 1-5, 2007, p. 4.

95  Aradau, C., Huysmans, J., and Squire, V., 'Acts of European citizenship: a political sociology of mobility', *JCMS: Journal of Common Market Studies*, 48(4): pp. 945-965, 2010, p. 946.

96  Redfield, P., *Life in Crisis: The Ethical Journey of Doctors without Borders*, Berkeley: University of California Press, 2013.

97  Redfield, P., *Life in Crisis*, 360.

98  Roberts, E. and Scheper-Hughes, N., 'Introduction: medical migrations', *Body and Society*, 17(2-3), pp. 1-30, 2011, pp. 2-3.

99  Lüthi, B. and Purtschert, P. (2009) *Sicherheit und Mobilität /Sécurité et mobilité*, Zurich: Chronos.

100  Lin, W., 'Re-assembling (aero) mobilities: perspectives beyond the West', *Mobilities*, 11(1), pp. 49-65, 2016, p. 49.

101  Lin, W., 'Re-assembling (aero) mobilities', p. 50.

102  Ballantyne, T., 'Mobility, empire, colonisation', *History Australia*, 11(2), pp. 7-37, 2014, p. 7.

103  Said, E. W., *Orientalism*, [S.l.]: Routledge and Kegan Paul, 1978.

104  Kuehn, J. and Smethurst, P. (eds), *Travel Writing, Form, and Empire: The Poetics and Politics of Mobility*, London: Routledge, 2008, p. 1.

105  Driver, F., 'Geography's empire: histories of geographical knowledge', *Environment and Planning D: Society and Space*, 10(1), pp. 23-40, 1992.

106  Holdich, Driver, F., 'Geography's empire', p. 27에서 재인용.

107  Collis, C., 'The Australian Antarctic Territory: a man's world?', *Signs*, 34(3), pp. 514-519, 2009, b. 515.

108  Dodds, K., 'Graduated and paternal sovereignty: Stephen Harper, Operation Nanook 10, and the Canadian Arctic', *Environment and Planning D: Society and Space*, 30(6), pp. 989-1010, 2012.

109  Jefferson, M., 'The civilizing rails', *Economic Geography*, 4(3): pp. 217-231, 1928, p. 217.

110  Jefferson, M., 'The civilizing rails', p. 219.

111  Jefferson, M., 'The civilizing rails', p. 219.

112  Collis, C., 'Walking and sitting in the Australian Antarctic Territory: mobility and imperial space', in Vannini, P. (ed.) *Cultures of Alternative Mobilities*, London: Routledge, 2009, p. 40. 콜리스의 "걸음과 앉음" 장 참조.

113  미국의 독립과 관계하여 18세기 영국이 북아메리카와 오스트레일리아에 행했던 처벌 실천의 맥락에서, 수송의 교도소 모빌리티에 관한 피터스와 터너의 작업도 참조. Peters, K. and Turner, J., 'Between crime and colony: interrogating (im) mobilities aboard the convict ship', *Social and Cultural Geography*, 1(7), pp. 844-862, 2015.

114  Monroe, K. V. 'Automobility and citizenship in interwar Lebanon'

115  Monroe, K. V. 'Automobility and citizenship in interwar Lebanon', p. 521.

116  Ballantyne, T., 'Mobility, empire, colonisation', p. 17.

117  Sheller, M., *Consuming the Caribbean: From Arawaks to Zombies*, London: Routledge, 2003.

118  Sheller, M., *Consuming the Caribbean*, p. 28.

119  예를 들어, 인도와 파키스탄의 분리 모빌리티에 관한 마리안 아귀어의 작업을 보라. Aguiar, M., *Tracking Modernity: India's Railway and the Culture of Mobility*, Minneapolis: University of Minnesota Press, 2011.

120  Clarsen, G., 'Introduction: special section on settler-colonial mobilities', *Transfers*, 5(3), pp. 41-48, 2015, p. 42.

121  Mavhunga, C. C., *Transient Workspaces: Technologies of Everyday Innovation in Zimbabwe*, Cambridge, Mass.: The MIT Press, 2014.

122  Burrell, K. and Hörschelmann, K. (eds) *Mobilities in Socialist and Post-Socialist States: Societies on the Move*, Basingstoke: Palgrave, 2014.

123  Burrell, K. and Hörschelmann, K. (eds), *Mobilities in Socialist and Post-Socialist States*, p. 2.

124  Tuvikene, T., 'From Soviet to Post-Soviet with transformation of the fragmented urban landscape: the case of garage areas in Estonia', *Landscape Research*, 35(5), pp. 509-528, 2010; Tuvikene, T. 'Mooring in socialist automobility: garage areas', in *Mobilities in Socialist and Post-Socialist States*, Basingstoke: Palgrave Macmillan, pp. 105-121, 2014.

125  Chelcea, L. and Iancu, I., 'An anthropology of parking: infrastructures of automobility, work, and circulation', *Anthropology of Work Review*, 36(2), pp. 62-73, 2015.

126  Komarova, M., 'Mundane mobilities in "post-socialist" Sofia: making urban borders visible', *Ethnofoor*, 26(1): pp. 147-172, 2014, p. 160.

127  Barnfield, A. and Plyushteva, A., 'Cycling in the post-socialist city: on travelling by bicycle in Sofia, Bulgaria', *Urban Studies*, 53(9): pp. 1822-1835, 2016, p. 1831.

128  Jones, R. and Merriman, P., 'Hot, banal and everyday nationalism: bilingual road signs in Wales', *Political Geography*, 28(3), pp. 164-173, 2009.

129  Tyfield, D., Zuev, D., Li, P. and Urry, J., *Low Carbon Innovation in Chinese Urban Mobility: Prospects, Politics and Practices*, Working Paper, Brighton: STEPS Centre, 2015.

130  en.forumviesmobiles.org

131  https://dutchcycling.nl/

132  Greenfield, A., *Against the Smart City: A Pamphlet*, New York: Do Projects, 2013.

133 Yarwood, R., 'One Moor Night: emergencies, training and rural space', *Area*, 44: pp. 22-28, 2012.

3장 의미

1  Morley, D., *Home Territories: Media, Mobility and Identity*, London; New York: Routledge, 2000, p. 41.
2  Cresswell, T., 'The production of mobilities', *New Formations*, 43, pp. 11-25, 2001; Cresswell, T., *The Tramp in America*; Cresswell, T., *On the Move*.
3  Cresswell, T., *On the Move*, p. 3.
4  이 구별에 대한 다른 독해에 관해서는 Canzler, W., Kaufmann, V. and Kesselring, S. (eds), *Tracing Mobilities: Towards a Cosmopolitan Perspective*, Aldershot: Ashgate, 2008 참조.
5  Cresswell, T., *On the Move*, p. 2.
6  Cresswell, T., *On the Move*, p. 9.
7  Cresswell, T., *On the Move*, p. 3.
8  Cresswell, T. *Place: A Short Introduction, Malden*, Mass.: Blackwell, 2004 참조.
9  Cresswell, T., *On the Move*, p. 7.
10  Cresswell, T., 'Towards a politics of mobility', *Environment and planning D: Society and Space*, 28(1): pp. 17-31, 2010, p. 19.
11  Zelinsky, W., *A Cultural Geography of the United States*, Englewood Cliffs, N. J.: Prentice-Hall, 1973.
12  Zelinsky, W., *A Cultural Geography of the United States*, p. 58.
13  Zelinsky, W., *A Cultural Geography of the United States*, p. 59.
14  Morley, D., *Home Territories*, p. 202.
15  Mackenzie, A., 'From cafe to parkbench: wi-fi and technological overflows in the city', in Sheller, M. and Urry, J. (eds) *Mobile Technologies of the City*, London: Routledge, 2006.
16  Cloke, P., Goodwin, M., Milbourne, P. and Thomas, C, 'Deprivation, poverty and marginalization in rural lifestyles in England and Wales', *Journal of Rural Studies*, 11, pp. 351-366, 1995; Cloke, P. J., Goodwin, M. and Milbourne, P., *Rural Wales: Community and Marginalization*, Cardiff: University of Wales Press, 1997; Milbourne, P. (2007) 'Re-populating rural studies: migrations, movements and mobilities', *Journal of Rural Studies*, 23, pp. 381-386, 2007.
17  Bell, M. M. and Osti, G., 'Mobilities and ruralities: an introduction', *Sociologia Ruralis*, 50(3), pp. 199-204, 2010, p. 199.
18  Milbourne, P. and Kitchen, L., 'Rural mobilities: connecting movement and fixity in rural places', *Journal of Rural Studies*, 34, pp. 326-336, 2014; Cloke, P., Milbourne, P. and Widdowfield, R., 'The complex mobilities of homeless people in rural England', *Geoforum*, 34(1), pp. 21-35, 2003.
19  Cloke, P., Milbourne, P. and Widdowfield, R., 'The complex mobilities of homeless people in rural England'.
20  Halfacree, K., 'Out of place in the country: travellers and the "rural idyll"', *Antipode*, 28, pp. 42-71, 1996; Holloway, S. L., 'Outsiders in rural society? Constructions of rurality and nature-society relations in the racialisation of English Gypsy-Travellers, 1869-1934', *Environment*

*and Planning D*, 21, pp. 695-716, 2003; Holloway, S. L., 'Articulating otherness? White rural residents talk about gypsy-travellers', *Transactions of the Institute of British Geographers*, 30, pp. 351-367, 2005.

21  Morley, D., *Home Territories*, 41.

22  Cresswell, T., 'Towards a politics of mobility', p. 161.

23  Cresswell, T., 'Mobility as resistance: a geographical reading of Kerouac on the road', *Transactions of the Institute of British Geographers*, 18, pp. 249-262, 1993; Cresswell, T., *The Tramp in America*; Cresswell, T., *On the Move*; Kaplan, C., *Questions of Travel*; Urry, J., *Sociology Beyond Societies*.

24  Malkki, L., 'National Geographic: the rooting of peoples and the territorialization of national identity among scholars and refugees', *Cultural Anthropology*, 7, pp. 24-44, 1992.

25  Sauer, C., *Agricultural Origins and Dispersals*, New York: The American Geographical Society, 1952.

26  Sauer, C., *Agricultural Origins and Dispersals*, p. 22.

27  Vidal de la Blache, P., Martonne, E. D. and Bingham, M. T., *Principles of Human Geography*, Constable [S.l.], 1965, p. 52.

28  Vidal de la Blache et al. *Principles of Human Geography*, p. 361.

29  Vidal de la Blache et al. *Principles of Human Geography*, p. 361.

30  Sauer, C., *Agricultural Origins and Dispersals*, p. 12.

31  예를 들어 로비트 파그Robert Park의 도시사회학을 보라. Park, R. E., *The City*, Chicago: The University of Chicago Press, 1925.

32  Vidal de la Blache et al. *Principles of Human Geography*, p. 361.

33  Vidal de la Blache et al. *Principles of Human Geography*, p. 368-369.

34  Vidal de la Blache et al. *Principles of Human Geography*, p. 384.

35  Abler, R., Adams, J. S. and Gould, P., *Spatial Organization: The Geographer's View of the World*, Englewood Cliffs; Hemel Hempstead: Prentice-Hall, 1971.

36  Abler, R. et al., *Spatial Organization*, p. 238.

37  Ullman, E. L., *American Commodity Flow. A Geographical Interpretation of Rail and Water Traffic Based on Principles of Spatial Interchange*, Seattle: University of Washington Press, 1957.

38  Stewart, J. Q., 'The development of social physics', *American Journal of Physics*, 18, pp. 239-253, 1950.

39  Zipf, G. K., *Human Behavior and the Principle of Least Effort: An Introduction to Human Ecology*, Cambridge, Mass.: Addison-Wesley, 1949.

40  Zipf, G. K., *Human Behavior and the Principle of Least Effort*, p. 1.

41  Christaller, Lloyd, P. E. and Dicken, P., *Location in Space: A Theoretical Approach to Economic Geography*, London: Harper and Row, 1977, pp. 44-45에서 재인용.

42  Stouffer, S. A., 'Intervening opportunities: a theory relating mobility and distance', *American Sociological Review*, December: pp. 845-867, 1940, p. 846.

43  Isard, W., *Location and Space-Economy: A General Theory Relating to Industrial Location, Market Areas, Land Use, Trade and Urban Structure*, Cambridge, Mass.: MIT Press, 1956.

44  Chang, S. E., 'Transportation geography: The influence of Walter Isard and regional science', *Journal of Geographical Systems*, 6, pp. 55-69, 2004.

45  Ravenstein, E., 'The laws of migration', *Journal of the Royal Statistical Society*, 52, pp. 241-305,

1889.

46    Ravenstein, E., 'The laws of migration', pp. 286-287.

47    Hua, C.-I. and Porell, F., 'A critical review of the development of the gravity model', *International Science Reviews*, 2, pp. 97-126, 1979.

48    Olsson, G., *Distance and Human Interaction: A Review and Bibliography*, Philadelphia, Pa.: Regional Science Research Institute, 1965.

49    Olsson, G., *Lines of Power/Limits of Language*, Minneapolis: University of Minnesota Press, 1991.

50    Stewart, J. Q. and Warntz, W., 'Some parameters of the geographical distribution of population', *Geographical Review*, 49, pp. 270-273, 1969; Lloyd, P. E. and Dicken, P., *Location in Space*, p. 96.

51    Lloyd, P. E. and Dicken, P., *Location in Space*, p. 65.

52    Garrison, W. L., 'Connectivity of the interstate highway system', *Papers in Regional Science*, 6(1): pp. 121-137, 1960; Garrison, W. L. and Marts, M. E. (eds.), *Influence of Highway Improvements on Urban Land: A Graphic Summary*. Dept. of Geography and the Dept. of Civil Engineering, University of Washington, 1958.

53    Barnes, T. J. and Farish, M., 'Between regions: science, militarism, and American geography from World War to Cold War', *Annals of the Association of American Geographers*, 96: pp. 807-826, 2006, p. 819.

54    Hägerstrand, T., 'Diorama, path and project', *Tijdschrift Voor Economische En Sociale Geografie*, 73, pp. 323-339, 1982.

55    Hägerstrand, Crang, M. (2001) 'Rhythms of the city: temporalised space and motion', in May, J. and Thrift, N. J. (eds) *Timespace: Geographies of Temporality*, London: Routledge, 2001, p. 192 에서 재인용.

56    Hägerstrand, Gregory, D., 'Suspended animation: the stasis of diffusion theory', in Gregory, D. and Urry, J. (eds) *Social Relations and Spatial Structures*, Basingstoke: Macmillan, 1985, p. 311 에서 재인용.

57    Hägerstrand, Gregory, D., 'Suspended animation: the stasis of diffusion theory', in Gregory, D. and Urry, J. (eds) *Social Relations and Spatial Structures*, Basingstoke: Macmillan, 1985, p. 324 에서 재인용.

58    Hägerstrand, Gregory, D., 'Suspended animation: the stasis of diffusion theory', in Gregory, D. and Urry, J. (eds) *Social Relations and Spatial Structures*, Basingstoke: Macmillan, 1985, p. 324 에서 재인용.

59    Tuan, Y.-F., *Space and Place: The Perspective of Experience*, London: Edward Arnold, 1977.

60    Tuan, Y.-F., 'Space, time, place: a humanistic perspective', in Carlstein, T., Parkes, D. and Thrift, N. (eds) *Timing Space and Spacing Time* (Vol. 1), London: Arnold, 1978, p. 14.

61    Tuan, Y.-F., 'Space and place: humanistic perspective', *Progress in Human Geography*, 6, pp. 233-246, 1974.

62    Relph, E., *Place and Placelessness*, London: Pion, 1976, p. 90.

63    Augé, M., *Non-places*.

64    Gottdiener, M., *Life in the Air: Surviving the New Culture of Air Travel*, Lanham, Md.: Rowman and Littlefield, 2000.

65    Gottdiener, M., *Life in the Air*, 186-187.

66    Jackson, J. B., *Discovering the Vernacular Landscape*, New Haven: Yale University Press.

Jackson, P., Thomas, 1984.

67  Jackson, J. B., *Discovering the Vernacular Landscape*, p. 194.

68  Jackson, J. B., *Discovering the Vernacular Landscape*, p. 155.

69  Baudrillard, J., *America*, London: Verso, 1988.

70  Baudrillard, J., *America*, pp. 8-9.

71  Cresswell, T., *On the Move*, p. 38.

72  Nyamnjoh, F. B., *Insiders and Outsiders: Citizenship and Xenophobia in Contemporary Southern Africa*, London: zed, 2006.

73  Comaroff, J. and Comaroff, J. L., 'Alien-nation: zombies, immigrants, and millennial capitalism', *South Atlantic Quarterly*, 101: pp. 779-806, 2002, p. 789.

74  Comaroff, J. and Comaroff, J. L., 'Alien-nation', p. 797.

75  Nyamnjoh, F. B., *Insiders and Outsiders*, p. 39.

76  Nyamnjoh, F. B., *Insiders and Outsiders*, p. 40.

77  Nyamnjoh, F. B., *Insiders and Outsiders*, p. 49.

78  Deleuze, G. and Guattari, F., *A Thousand Plateaus: Capitalism and Schizophrenia*, London: Athlone Press, 1988.

79  Deleuze, G. and Guattari, F., *A Thousand Plateaus*, p. 363.

80  Deleuze, G. and Guattari, F., *A Thousand Plateaus*, p. 380.

81  Deleuze, G. and Guattari, F., *A Thousand Plateaus*, p. 382.

82  Evans-Pritchard, E. E., *The Sanusi of Cyrenaica*, Oxford: Clarendon, 1949.

83  Atkinson, D., 'Nomadic strategies and colonial governance: entanglements of power', in Sharp, J., Routledge, P., Philo, C. and Paddison, R. (eds) *Geographies of Domination/Resistance*, Routledge, London, pp. 93-121, 1999.

84  Mackinder, H. J., 'The geographical pivot', in Agnew, J. A., Livingstone, D. N. and Rogers, A. (eds), *Human Geography: An Essential Anthology*, Blackwell, Oxford, 1996 [1904], p. 545.

85  Mackinder, H. J., 'The geographical pivot', p. 549.

86  Mackinder, H. J., 'The geographical pivot', p. 549.

87  Morgan, J., 'To which space do I belong? Imagining citizenship in one curriculum subject', *The Curriculum Journal*, 11, pp. 55-68, 2000, p. 59.

88  Mackinder, H. J., 'The geographical pivot', pp. 546-547.

89  Deleuze, G. and Guattari, F., *A Thousand Plateaus*.

90  Deleuze, G., *Dialogues*, Paris: Flammarion, 1977, p. 149.

91  Evans-Pritchard, Atkinson, D., 'Nomadic strategies and colonial governance'에서 재인용.

92  Cresswell, T., *The Tramp in America*.

93  Makimoto, T. and Manners, D., *Digital Nomad*, Chichester: Wiley, 1997.

94  Urry, J., 'Mobility and proximity', *Sociology*, 36, pp. 255-274, 2002; Urry, J., *Global Complexity*, Cambridge: Polity, 2003 참조.

95  Braidotti, R., *Nomadic Subjects: Embodiment and Sexual Difference in Contemporary Feminist Theory*, New York: Columbia University Press, 1994.

96  Benjamin, W., *Charles Baudelaire: A Lyric Poet in the Era of High Capitalism*, London: NLB, 1973; Benjamin, W., *One-Way Street and Other Writings*, London: Verso, 1985; Benjamin, W., *Illuminations*, New York: Schocken Books, 1986; Benjamin, W., *The Arcades Project*, Cambridge, Mass.: Belknap Press of Harvard, 1999; Buck-Morss, S., *The Dialectics of Seeing: Walter Benjamin and the Arcades Project*, Cambridge, Mass.: MIT Press, 1989.

97  Berman, M., *All That is Solid Melts into Air: The Experience of Modernity*, London: Verso, 1983, p. 18.

98  Berman, M., *All That is Solid Melts into Air*, p. 19. London: Verso.

99  Pascoe, D., *Airspaces*, London: Reaktion, 2001.

100  Thacker, A., *Moving Through Modernity: Space and Geography in Modernism*, Manchester: Manchester University Press, 2003 참조.

101  Berman, M., *All That is Solid Melts into Air*.

102  Benjamin, W., *The Arcades Project*.

103  Benjamin, W., *Charles Baudelaire*, p. 47.

104  Berman, M., *All That is Solid Melts into Air*, p. 159.

105  Benjamin, W., *The Arcades Project*, Cambridge, Mass.: Belknap Press of Harvard, 1999.

106  Benjamin, W., *Charles Baudelaire*, p. 37.

107  Benjamin, W., *Charles Baudelaire*, p. 41.

108  Wolff, J., 'The invisible flâneuse: women and the literature of modernity', *Theory, Culture & Society*, 2(3): pp. 37-46, 1985.

109  Bowlby, R., *Carried Away: The Invention of Modern Shopping*, New York: Columbia University Press, 2001.

110  Bowlby, R., *Carried Away*, p. 25.

111  Ohmae, K., *The Borderless World: Power and Strategy in the Interlinked Economy*, London: Collins, 1990. p. xi

112  Gudis, C., *Buyways: Billboards, Automobiles, and the American Landscape*, New York; London: Routledge, 2004; Cronin, A., 'Advertising and the metabolism of the city: urban space, commodity rhythms', *Environment and Planning D*, 24, pp. 615-632, 2006; Cronin, A., 'Mobility and market research: outdoor advertising and the commercial ontology of the city', *Mobilities*, 3, pp. 95-115, 2008.

113  Chambers, I, *Popular Culture: The Metropolitan Experience*, London; New York: Methuen, 1986.

114  Friedberg, A., *Window Shopping: Cinema and the Postmodern*, Berkeley: University of California Press, 1993; Domosh, M., 'A "feminine" building? Relations between gender ideology and aesthetic ideology in turn-of-the-century America', *Ecumene*, 3, pp. 305-324, 1996; Domosh, M., 'The "women of New York": a fashionable moral geography', *Environment and Planning D*, 19, pp. 573-592, 2001.

115  Bowlby, R., *Carried Away*.

116  Bowlby, R., *Carried Away*, p. 21.

117  Bowlby, R., *Carried Away*, p. 217.

118  MacCannell, D., *Empty Meeting Grounds: The Tourist Papers*, London; New York: Routledge, 1992.

119  Urry, J., *The Tourist Gaze: Leisure and Travel in Contemporary Societies*, London; Newbury Park: Sage Publications, p. 10.

120  Fussell, P., *Abroad: British Literary Traveling Between the Wars*, New York; Oxford: Oxford University Press, 1980.

121  Bruno, G., *Atlas of Emotion: Journeys in Art, Architecture, and Film*, New York: Verso, 2002, p. 24.

122  Bruno, Wolff, J., 'Gender and the haunting of cities (or, the retirement of the flaneur)', in D'Souza,

A. and McDonough, T. (eds) *The Invisible Flaneuse? Gender, Public Space and Visual Culture in Nineteenth-Century Paris*, London: Routledge, 2006, p. 21에서 재인용.

123  Bruno, G., *Atlas of Emotion*, p. 17.

124  Benjamin, W., *One-Way Street and Other Writings*.

125  Schiller, G. and Salazar, N., 'Regimes of Mobility across the Globe', p. 186.

126  Buck-Morss, S., *The Dialectics of Seeing*; Wolff, J., 'On the road again: metaphors of travel in cultural criticism', *Cultural Studies*, 7, pp. 224-239, 1993.

127  Pollock, D'Souza, A. and McDonough, T., *The Invisible Flâneuse? Gender, Public Space and Visual Culture in Nineteenth-Century Paris*, Manchester: Manchester University Press, 2006, p. 7에서 재인용.

128  Domosh, M., 'The "women of New York"'.

129  Shields, R., 'The logic of the mall', in Riggins, S. H. (ed.) *The Socialness of Things: Essays on the Socio-Semiotics of Objects*, Toronto; Canada, Berlin, 1990; Miller, D., Jackson, P. and Thrift, N., *Shopping, Place and Identity*, London: Routledge, 1998; Miller, D., *The Dialectics of Shopping*, Chicago; London: University of Chicago, 2001.

130  Nead, L., *Victorian Babylon: People, Streets, and Images in Nineteenth-Century London*, New Haven: Yale University Press, 2000.

131  Geschiere, P. and Meyer, B., 'Globalization and identity: dialectics of flow and closure-Introduction', *Development and Change*, 29, pp. 601-615, 1998.

132  Tuan, Y.-F., 'Space and place'; Tuan, Y.-F., *Space and Place*.

133  Tuan, Y.-F., 'Space, time, place'.

134  Tuan, Y.-F., 'Space, time, place', p. 14.

135  Tuan, Y.-F., 'Space, time, place', p. 14.

136  Jackson, J. B., *Discovering the Vernacular Landscape*, p. 100.

137  Tuan, Y.-F., 'Space, time, place', p. 15.

138  Tuan, Y.-F., 'Space and place', p. 242.

139  Tuan, Y.-F., 'Space and place', p. 242.

140  Tuan, Y.-F., 'Space and place', p. 242.

141  Tuan, Y.-F., 'Space and place', p. 242.

142  Hetherington, K., *New Age Travellers: Vanloads of Uproarious Humanity*, London: Cassell. 2000, p. 83

143  Cresswell, T., *Place: A Short Introduction*.

144  Harvey, D., *Justice, Nature and the Geography of Difference*, Cambridge, Mass.: Blackwel, 1996.

145  Harvey, D., *Justice, Nature and the Geography of Difference*, p. 293.

146  Harvey, D., *Justice, Nature and the Geography of Difference*.

147  Massey, D., 'Power-geometry and progressive sense of place'.

148  Simmel, G. and Wolff, K. H., *The Sociology of Georg Simmel*, Glencoe, Ill.: Free Press, 1950.

149  Massey, D., 'Power-geometry and progressive sense of place'.

150  Massey, D., 'Power-geometry and progressive sense of place', p. 153.

151  Massey, D., *For Space*.

152  Massey, D., 'Power-geometry and progressive sense of place'.

153  Massey, D., *For Space*, p. 140.

154  Bechmann, J., 'Ambivalent spaces of restlessness: ordering (im)mobilities at airports', in

Bærenholdt, J. O. and Simonsen, K. (eds) *Space Odysseys: Spatiality and Social Relations in the 21st Century*, Aldershot: Ashgate, 2004; Normark, D. (2006) 'Tending to mobility: intensities of staying at the petrol station', in Sheller, M. and Urry, J. (eds) *Mobilities and Materialities*, London: Pion Ltd., 2006.

155 Morris, M., 'At Henry Parkes Motel', *Cultural Studies*, 2, pp. 1-47, 1988.

156 Morris, M., 'At Henry Parkes Motel', p. 8.

157 De Jong, A., 'Dykes on bikes: mobility, belonging and the visceral', *Australian Geographer*, 46(1), pp. 1-13, 2015.

158 De Jong, A., 'Dykes on bikes: mobility, belonging and the visceral', p. 2.

159 Jirón, P., 'Mobile borders in urban daily mobility practices in Santiago de Chile', *International Political Sociology*, 4(1), pp. 66-79, 2010.

160 Appadurai, A., 'The production of locality', in Fardon, R. (ed.) *Counterworks: Managing the Diversity of Knowledge*, London: Routledge, 1995.

161 McKay, D., 'Translocal circulation: place and subjectivity in an extended Filipino community', *Asia Pacific Journal of Anthropology*, 7, pp. 265-278, 2006; Conradson, D. and McKay, D., 'Translocal subjectivities: mobility, connection, emotion', *Mobilities*, 2, pp. 167-174, 2007.

162 McKay, D., 'Translocal circulation'.

163 Werbner, P., *The Migration Process: Capital, Gifts and Offerings Among British Pakistanis*, New York; Oxford, Berg, 1990; Werbner, P., 'Global pathways: working class cosmopolitans and the creation of transnational ethnic worlds', *Social Anthropology*, 7, pp. 17-36, 1999.

164 Tolia-Kelly, D., 'Motion/emotion: picturing translocal landscapes in the nurturing ecologies research project', *Mobilities*, 3, pp. 117-140, 2008.

165 Strathern, M., *Partial Connections*, Savage, Md.: Rowman and Littlefield, 1991, p. 117.

166 Smith, M. P., 'Transnational urbanism revisited', *Journal of Ethnic and Migration Studies*, 31, pp. 235-244, 2005, p. 238.

167 Blunt, A., *Domicile and Diaspora: Anglo-Indian Women and the Spatial Politics of Home*, Blackwell, Oxford, 2005; Blunt, A. and Dowling, R. M., *Home*, Routledge, London, 2006.

168 Fortier, A.-M., *Migrant Belongings: Memory, Space and Identity*, Oxford: Berg, 2000.

169 Conradson, D. and Latham, A., 'Transnational urbanism: attending to everyday practices and mobilities', *Journal of Ethnic and Migration Studies*, 31: pp. 227-234, 2005, p. 228.

170 Werbner, P., 'Global pathways', p. 25.

171 Jackson, P., Thomas, N. and Dwyer, C., 'Consuming transnational fashion in London and Mumbai', *Geoforum*, 38, p. 908-924, 2007.

172 Werbner, P., 'Global pathways', p. 26.

173 Tolia-Kelly, D., 'Materializing post-colonial geographies: examining the textural landscapes of migration in the South Asian home', *Geoforum*, 35, pp. 675-688, 2004; Tolia-Kelly, D., 'Mobility/ stability: British Asian cultures of "landscape and Englishness"', *Environment and Planning A*, 38, pp. 341-358, 2006.

174 Brickell, K. and Datta, A. (eds), *Translocal Geographies*, Aldershot: Ashgate, 2011.

175 McKay, D., 'Translocal circulation', p. 285.

176 Brickell, K. and Datta, A. (eds), *Translocal Geographies*, p. 4.

177 Barnes, T. J., 'Geography's underworld: the military-industrial complex, mathematical modelling and the quantitative revolution', *Geoforum*, 39, pp. 3-16, 2008, p. 134.

178 Imrie, R., 'Disability and discourses of mobility and movement', *Environment and Planning A*,

32, pp. 1641-1656, 2000.

## 4장 정치

1    Benjamin, W., *One-Way Street and Other Writings*, p. 59.
2    Harvey, D., *Paris, Capital of Modernity*, Routledge, New York, 2005, p. 42
3    Merriman, P., 'Materiality, subjectification, and government: the geographies of Britain's Motorway Code', *Environment and Planning D*, 23, pp. 235-250, 2005; Merriman, P., '"Mirror, signal, manoeuvre": assembling and governing the motorway driver in late 1950s Britain', *Sociological Review*, 54, pp. 75-92, 2006; Merriman, P., '"A new look at the English landscape": landscape architecture, movement and the aesthetics of motorways in early postwar Britain', *Cultural Geographies*, 13, pp. 78-105, 2006; Merriman, P., *Driving Spaces*, Oxford: Wiley-Blackwell, 2007.
4    상세한 것은 Graham, S. and Marvin, S., *Splintering Urbanism: Networked Infrastructures, Technological Mobilities and the Urban Condition*, London: Routledge, 2001 참조.
5    Graham, S. and Marvin, S., *Splintering Urbanism*, p. vi.
6    Cresswell, T., 'Towards a politics of mobility'.
7    Cresswell, T., 'Towards a politics of mobility', p. 21.
8    Blomley, N. K., *Law, Space, and the Geographies of Power*, New York; London: Guilford, 1994, pp. 175-176.
9    Seiler, C., *Republic of Drivers: A Cultural History of Automobility in America*, University of Chicago Press, Chicago, 2008, p. 23.
10   Cresswell, T., *On the Move*, p. 14.
11   Hobbes, Cresswell, T., *On the Move*, p. 14에서 재인용.
12   Seiler, C., *Republic of Drivers*, p. 19.
13   Kotef, H., *Movement and the Ordering of Freedom: On the Liberal Governances of Mobility*, Duke University Press, Durham, N.C., 2015, p. 3.
14   Cresswell, T., *On the Move*, p. 14, 166.
15   Cresswell, T., *On the Move*, p. 14, 166.
16   Great Britain. Dept. of Transport, *Roads for Prosperity*, London: H.M.S.O, 1989.
17   Vigar, G., *The Politics of Mobility: Transport, the Environment, and Public Policy*, London: Spon Press, 2002.
18   Wolff, Morley, D., *Home Territories*, p. 68에서 재인용.
19   Wolff, J., 'On the road again: metaphors of travel in cultural criticism', *Cultural Studies*, 7, pp. 224-239, 1993.
20   Bartling, H., 'Suburbia, mobility, and urban calamities', *Space and Culture*, 9: pp. 60-62, 2006.
21   Cresswell, T., *On the Move*.
22   Sheller, M., 'Gendered mobilities: epilogue', in Uteng, T. P. and Cresswell, T. (eds) *Gendered Mobilities*, Ashgate, Aldershot, 2008, p. 258.
23   Bartling, H., 'Suburbia, mobility, and urban calamities', p. 60.
24   Cresswell, T. *Place: A Short Introduction*, p. 123.
25   Revill, G. and Wrigley, N., 'Introduction', in Revill, G. and Wrigley, N. (eds) *Pathologies of Travel*, Amsterdam: Rodopi, 2000, p.6.

26   Scharff, V., *Twenty Thousand Roads: Women, Movement, and the West*, Berkeley; London: University of California Press, 2003, p. 3.

27   Scharff, V., *Twenty Thousand Roads: Women, Movement, and the West*, Berkeley; London: University of California Press, 2003, p. 3.

28   Uteng, T. P. and Cresswell, T., *Gendered Mobilities*, 2008, p. 3.

29   Kenyon, S., 'Tackling transport-related social exclusion: considering the provision of virtual access to opportunities, services and social networks', *New Technology in the Human Services*, 14, 10-23. 2001; Kenyon, S., 'Understanding social exclusion and social inclusion', *Proceedings of the Institution of Civil Engineers Municipal Engineer*, 156, 97-104, 2003; Kenyon, S., Lyons, G. and Rafferty, J., 'Transport and social exclusion:investigating the possibility of promoting inclusion through virtual mobility', *Journal of Transport Geography*, 10, pp. 207-219, 2002; Kenyon, S., Rafferty, J. and Lyons, G., 'Social exclusion and transport in the UK: a role for virtual accessibility in the alleviation of mobility-related social exclusion?', *Journal of Social Policy*, 32, pp. 317-338, 2003.

30   Kenyon et al., 'Transport and social exclusion:investigating the possibility of promoting inclusion through virtual mobility', pp. 210-211

31   Kenyon et al., 'Transport and social exclusion:investigating the possibility of promoting inclusion through virtual mobility', pp. 210-211

32   Toffler, A., *Future Shock*, London: Pan Books, 1970.

33   Toffler, Harvey, D., *The Condition of Postmodernity: An Enquiry into the Origins of Cultural Change*, Oxford, Blackwell, 1989에서 재인용.

34   Norton, P. D., *Fighting Traffic: The Dawn of the Motor Age in the American City*, Cambridge, Mass.: MIT Press, 2008.

35   Sheller, M. and Urry, J., 'The city and the car', *International Journal of Urban and Regional Research*, 24, pp. 737-757, 2000.

36   Sheller, M. and Urry, J., 'The city and the car', p. 742.

37   Habermas, Sheller, M. and Urry, J., 'The city and the car', p. 742에서 재인용.

38   Habermas, Sheller, M. and Urry, J., 'The city and the car', p. 742에서 재인용.

39   Jackson, J. B., *Discovering the Vernacular Landscape*.

40   Sennett, R., *The Uses of Disorder: Personal Identity and City Life*, New York, Knopf, 1970; Sennett, R., *The Corrosion of Character: The Personal Consequences of Work in the New Capitalism*, New York; London: Norton, 1998도 참조.

41   Jackson, J. B., *Discovering the Vernacular Landscape*, p. 37.

42   Rajan, S. C., 'Automobility and the liberal disposition', *Sociological Review*, 54, pp. 113-129, 2006.

43   Sennett, R., *The Conscience of the Eye: The Design and Social Life of Cities*, New York: Knopf, 1990

44   Rajan, S. C., 'Automobility and the liberal disposition', p. 126.

45   Mitchell, D. (2005) 'The SUV model of citizenship: floating bubbles, buffer zones, and the rise of the "purely atomic" individual', *Political Geography*, 24(1), pp. 77-100, 2005.

46   Graham, S., 'Cities as battlespace: the new military urbanism', *City*, 13(4), pp. 383-402, 2009; Campbell, D., 'The biopolitics of security: oil, empire, and the sports utility vehicle', *American Quarterly*, 57(3), pp. 943-972, 2005; McLean, F., 'SUV advertising: constructing identities and practices', in Conly, J. and McLaran, A. T. (eds) *Car Troubles: Critical Studies of Automobility*

    *and Auto-Mobility*, Aldershot: Ashgate, pp. 59-76, 2009

47  Adey, P., *Air: Science and Culture*, London: Reaktion, 2014.

48  Sheller, M. and Urry, J., 'The city and the car', pp. 742-743.

49  Jackson, J. B., *Discovering the Vernacular Landscape*.

50  Massey, D., 'Power-geometry and progressive sense of place'.

51  Sheller, M. and Urry, J., 'The city and the car'.

52  Sheller, M., 'Mobile publics: beyond the network perspective', *Environment and Planning D*, 22, pp. 39-52, 2004, p. 42

53  Kenyon et al., 'Transport and social exclusion:investigating the possibility of promoting inclusion through virtual mobility', p. 214.

54  Rumford, C., 'Theorizing borders', *European Journal of Social Theory*, 9, pp. 155-170, 2006.

55  Rumford, C., 'Theorizing borders', p. 161.

56  Harvey, D., *The Condition of Postmodernity*.

57  Massey, D., 'Power-geometry and progressive sense of place', 1993, p. 148.

58  Massey, D., 'Power-geometry and progressive sense of place', 1993, p. 148.

59  Massey, D., 'Power-geometry and progressive sense of place', 1993, p. 148.

60  Massey, D., 'Power-geometry and progressive sense of place', 1993, p. 149.

61  Massey, D., 'Power-geometry and progressive sense of place', 1993, p. 149.

62  Ong, A., *Flexible Citizenship: The Cultural Logics of Transnationality*, Durham, N.C.: Duke University Press, 1999, 11.

63  Morley, D., *Home Territories*, p. 199.

64  Morley, D., *Home Territories*, p. 199.

65  Bauman, Z., *Globalization: The Human Consequences*, New York: Columbia University Press, 1998.

66  Skeggs, B., *Class, Self, Culture*, Routledge, London, 2004, p. 60.

67  Crang, M., 'Between places: producing hubs, flows, and networks', *Environment and Planning A*, 34: pp. 569-574, 2002, p. 571.

68  Merriman, P., 'Driving places: Marc Augé, non-places, and the geographies of England's M1 Motorway', *Theory Culture and Society*, 21: pp. 145-168, 2004.

69  Augé, M., *Non-Place*.

70  Löfgren, O., 'Border crossings: the nationalization of anxiety', *Enthnologica Scandinavia*, 29, pp.5-27, 1999, p. 19.

71  Bauman, Z., *Globalization*, p. 86.

72  Bauman, Z., *Globalization*, p. 86.

73  Marcus, G. E., 'Ethnography in/of the world system: the emergence of multi-sited ethnography', *Annual Review of Anthropology*, 24, pp. 95-117, 1995, p. 113.

74  Graham, S. and Hewitt, L., 'Getting off the ground: on the politics of urban verticality', *Progress in Human Geography*, 37(1), pp. 72-92, 2013.

75  Graham, S. and Marvin, S., *Splintering Urbanism*.

76  Davis, M., *City of Quartz: Excavating the Future in Los Angeles*, Vintage, London, 1990.

77  Davis, M., *City of Quartz: Excavating the Future in Los Angeles*, Vintage, London, 1990.

78  Jensen, B. B., 'Case study Suhhumvit Line-or learning from Bangkok', in Neilsen, T., Albertsen, N. and Hemmersam, P. (eds.), *Urban Mutations: Periodization, Scale, Mobility, Forlag*, Aarhus, 2004, p. 202.

79  Kingwell, Morley, D., *Home Territories*, p. 199에서 재인용.

80  Jensen, B. B., 'Case study Suhhumvit Line-or learning from Bangkok', p. 186.

81  Jensen, B. B., 'Case study Suhhumvit Line-or learning from Bangkok'.

82  Cwerner, S. B., 'Vertical flight and urban mobilities: the promise and reality of helicopter travel', *Mobilities*, 1(2): pp. 191-215, 2006.

83  Cwerner, S. B., 'Vertical flight and urban mobilities: the promise and reality of helicopter travel', p. 203.

84  Hall, C. M., 'Reconsidering the geography of tourism and contemporary mobility'. *Geographical Research*, 43(2), pp. 125-139, 2005.

85  Hall, C. M., 'Reconsidering the geography of tourism and contemporary mobility'. p. 79.

86  Bissell. D., 'Transforming commuting mobilities: the memory of practice', *Environment and Planning A*, 46(8), 1946-1965, 2014; Bissell. D., 'Encountering stressed bodies: slow creep transformations and tipping points of commuting mobilities', *Geoforum*, 51, pp. 191-201, 2014.

87  Lassen, C., 'Aeromobility and work', *Environment and Planning A*, 38, pp. 301-312, 2006; Lassen, C., Smink, C. K. and Smidt-Jensen, S. (2009) 'Experience spaces, (aero) mobilities and environmental impacts', *European Planning Studies*, 17(6), pp. 887-903, 2009.

88  Jirón, P., 'Mobile borders in urban daily mobility practices in Santiago de Chile', p. 74.

89  Jirón, P. and Imilan, W. A., 'Embodying flexibility: experiencing labour flexibility through urban daily mobility in Santiago de Chile', *Mobilities*, 10(1), pp. 119-135, 2015.

90  Gill, N., 'Governmental mobility: the power effects of the movement of detained asylum seekers around Britain's detention estate', *Political Geography*, 28(3), pp. 186-196, 2009.

91  Moran, D., Piacentini, L. and Pallot, J., 'Disciplined mobility and carceral geography: prisoner transport in Russia', *Transactions of the Institute of British Geographers*, 37(3): pp. 446-460, 2012., p. 448.

92  Mountz, A., 'On mobilities and migrations', in Gill, N., Moran, D. and Conlon, D. (eds), *Carceral Spaces: Mobility and Agency in Imprisonment and Migrant Detention*, Ashgate, Aldershot, pp. 13-18, 2015, p. 16.

93  Blue, E., 'Strange passages: carceral mobility and the liminal in the catastrophic history of American deportation', *National Identities*, 17(2), pp. 175-219, 2015.

94  Kaufmann, V., Bergman, M. M. and Joye, D., 'Motility: mobility as capital', *International Journal of Urban and Regional Research*, 28: pp. 745-756, 2004.

95  그러나, Bauman, Z., *Liquid Modernity*, Polity Press, Cambridge, UK/ Blackwell, Malden, Mass., 2000도 참고.

96  Kaufmann, V., *Re-Thinking Mobility: Contemporary Sociology*, Ashgate, Aldershot, 2002.

97  Kaufmann, V., *Re-Thinking Mobility*, p. 37.

98  Kaufmann et al., 'Motility: mobility as capital'.

99  Kaufmann, V., *Re-Thinking Mobility*, p. 45.

100  Kesselring, S., 'Pioneering mobilities: new patterns of movement and motility in a mobile world', *Environment and Planning A*, 38(2), pp. 269-279, 2006, pp. 270-272.

101  Massey, D., 'Power-geometry and progressive sense of place'.

102  Massey, D., 'Power-geometry and progressive sense of place', p. 150.

103  Livingstone, K., 'The challenge of driving through change: introducing congestion charging in central London', *Planning Theory and Practice*, 5, pp. 490-498, 2004; Wolmar, C., 'Fare enough? The capital has led the way in the UK on innovative transport policies, with the controversial

congestion charging zone and a successful push to increase bus use', *Public Finance*, pp. 26-28, 2004; Santos, G., 'Urban congestion charging: a comparison between London and Singapore', *Transport Reviews*, 25, pp. 511-534, 2005.

104   Bonsall, P. and Kelly, C., 'Road user charging and social exclusion: the impact of congestion charges on at-risk groups', *Transport Policy*, 12, pp. 406-418, 2005, p. 407.

105   Massey, D., 'Power-geometry and progressive sense of place', p. 151.

106   Cresswell, T., 'The production of mobilities', *New Formations*, 43, pp. 11-25, 2001, p. 21.

107   Massey, D., 'Power-geometry and progressive sense of place', p. 150.

108   Imrie, R., 'Disability and discourses of mobility and movement', p. 1653.

109   Torpey, J. C., *The Invention of the Passport: Surveillance, Citizenship, and the State*, Cambridge; New York: Cambridge University Press, 2000.

110   Salter, M. B., *Rights of Passage: The Passport in International Relations*, Boulder, Co.: Lynne Rienner Publishers, 2003.

111   Hindess, B., 'Neo-liberal citizenship', *Citizenship Studies*, 6, 127-144, 2002; Walters, W., 'Deportation, expulsion, and the international police of aliens', *Citizenship Studies*, 6, pp. 265-292, 2002; Walters, W., 'Mapping Schengenland: denaturalizing the border', *Environment and Planning D*, 20, pp. 561-580, 2002; Walters, W., 'Border/control', *European Journal of Social Theory*, 9, pp. 187-203, 2006.

112   Cresswell, *On the Move*.

113   Hague, E., '"The right to enter every other state"-the Supreme Court and African American mobility in the United States', *Mobilities*, 5(3), pp. 331-347, 2010.

114   캐나다의 맥락에서는 Blomley, N. K., 'The business of mobility: geography, liberalism, and the Charter of Rights', *Canadian Geographer-Geographe Canadien*, 36, pp. 236-253, 1992; Blomley, N. K., 'Mobility, empowerment and the rights revolution', *Political Geography*, 13, pp. 407-422, 1994 참조.

115   Cresswell, *On the Move*, p. 750.

116   Tomlinson, J., *Globalization and Culture*, Chichester: Polity Press, 1999; Beck, U., *What is Globalization?*, Malden, Mass.: Polity Press, 2000.

117   Sparke, M., 'Passports into credit cards', in Migdal, J. (ed.) *Boundaries and Belonging*, Cambridge: Cambridge University Press, 2004.

118   Calhoun, C., 'The class consciousness of frequent travelers: toward a critique of actually existing cosmopolitanism', *South Atlantic Quarterly*, 101, pp. 869-898, 2002.

119   Ong, A., *Flexible Citizenship*; Ong, A., *Neoliberalism as Exception: Mutations in Citizenship and Sovereignty*, Durham, N.C.; London: Duke University Press, 2006.

120   Ong, A., *Flexible Citizenship*, p. 6.

121   Ong, A., *Flexible Citizenship*, p. 6.

122   Salter, M. B., 'Passports, mobility, and security: how smart can the border be?' *International Studies Perspectives*, 5, pp. 71-91, 2004; Salter, M. B., 'The global visa regime and the political technologies of the international self: borders, bodies, biopolitics', *Alternatives*, 31, pp. 167-189, 2006; Neumayer, E., 'Unequal access to foreign spaces: how states use visa restrictions to regulate mobility in a globalized world', *Transactions of the Institute of British Geographers*, 31, pp. 72-84, 2006.

123   Mitchell, K., 'Transnationalism, neo-liberalism, and the rise of the shadow state', *Economy and Society*, 30, pp. 165-189, 2001.

124  Beck, U., *The Cosmopolitan Vision*, Cambridge: Polity, 2006.

125  Held, D., *Democracy and the Global Order: From the Modern State to Cosmopolitan Governance*, Cambridge: Polity, 1995, p. 233.

126  Ong, A., *Neoliberalism as Exception*, p. 13.

127  Bauman, Z., *Globalization*, p. 87.

128  Ong, A., *Neoliberalism as Exception*, p. 16.

129  Lui, R., 'The international government of refugees', in Larner, W. and Walters, W. (eds) *Global Governmentality: Governing International Spaces*, London: Routledge, 2004.

130  Salter, M. B., 'The global visa regime and the political technologies of the international self', p. 175.

131  Agamben, G., *State of Exception*, Chicago, Ill.; London: University of Chicago Press, 2005.

132  Salter, M. B., 'Governmentalities of an airport: heterotopia and confession', *International Political Sociology*, 1, pp. 49-66, 2007; Salter, M. B. (ed.), *Politics of/at the Airport*, Minneapolis, University of Minnesota, 2008.

133  Walters, W., 'Border/control', *European Journal of Social Theory*, 9, pp. 187-203, 2006, p.197.

134  Sparke, M. B., 'A neoliberal nexus: economy, security and the biopolitics of citizenship on the border', *Political Geography*, 25(2), pp. 151-180, 2006.

135  Van Houtum, H. and Van Naerssen, T., 'Bordering, ordering and othering', *Tijdschrift Voor Economische En Sociale Geografie*, 93, pp. 125-136, 2002.

136  Cunningham, H. and Heyman, J. M. C., 'Introduction: mobilities and enclosures at borders', *Identities*, 11, pp. 289-302, 2004.

137  Cunningham, H. and Heyman, J. M. C., 'Introduction: mobilities and enclosures at borders'.

138  Cunningham, H. and Heyman, J. M. C., 'Introduction: mobilities and enclosures at borders'. 이 과정은 아래에 더 상세하게 설명할 것이다

139  Verstraete, G., 'Technological frontiers and the politics of mobilities', *New Formations*, pp. 26-43, 2001.

140  Verstraete, G., 'Technological frontiers and the politics of mobilities', p. 29.

141  Walters, W., 'Border/control', p. 197.

142  Sparke, M. B., 'A neoliberal nexus', p. 159.

143  Nyamnjoh, F. B., *Insiders and Outsiders*, p. 16.

144  Weizman, E., 'Strategic points, flexible lines, tense surfaces and political volumes: Ariel Sharon and the geometry of occupation', in Graham, S. (ed.) *Cities, War and Terrorism*, Oxford: Blackwell, 2003, p. 174.

145  Weizman, E., *Hollow Land: Israel's Architecture of Occupation*, London: Verso, 2007, p. 181.

146  Elden, S., 'Secure the volume: vertical geopolitics and the depth of power', *Political Geography*, 34, pp. 35-51, 2013도 참조.

147  Handel, A., 'Gated/gating community: the settlement complex in the West Bank', *Transactions of the Institute of British Geographers*, 39(4): pp. 504-517, 2014.

148  Kotef, H., *Movement and the Ordering of Freedom*, Duke University Press, Durham, N.C, 2015.

149  Andrijasevic, R., Aradau, C., Huysmans, J. and Squire, V., 'European citizenship unbound: sex work, mobility, mobilisation', *Environment and Planning D: Society and space*, 30(3), pp. 497-514, 2012

150  Andrijasevic, R. et al., 'European citizenship unbound: sex work, mobility, mobilisation', , 2012,

p. 512.

151 Imrie, R., 'Disability and discourses of mobility and movement', *Environment and Planning A*, 32, pp. 1641-1656, 2000, p. 1641.

152 Wajcman, J., *Feminism Confronts Technology*, Cambridge: Polity, 1991.

153 Wajcman, J., *Feminism Confronts Technology*, p. 126.

154 Hayden, D., *Redesigning the American Dream: The Future of Housing, Work, and Family Life*, New York: W. W. Norton, 1984, 152.

155 Oliver, M., *The Politics of Disablement*, London: Macmillan Education, 1990.

156 Hutchinson, S., 'Waiting for the bus', *Social Text*, 63, pp. 107-120, 2000.

157 Law, R., 'Beyond "women and transport": towards new geographies of gender and daily mobility', *Progress in Human Geography*, 23, pp. 567-588, 1999.

158 Hutchinson, S., 'Waiting for the bus', pp. 111-112.

159 Law, R., 'Beyond "women and transport"', p. 582

160 Hine, J. and Mitchell, F., 'Better for everyone? Travel experiences and transport exclusion', *Urban Studies*, 38, pp. 319-332, 2001.

161 Davis, M., *City of Quartz: Excavating the Future in Los Angeles*, London: Vintage, 1990.

162 Davis, M., *City of Quartz*, p. 114.

163 Jirón, P., 'Mobile borders in urban daily mobility practices in Santiago de Chile'.

164 Jirón, P., 'Mobile borders in urban daily mobility practices in Santiago de Chile', p. 74.

165 Imrie, R., 'Disability and discourses of mobility and movement', p. 1652.

166 Hanlon, N., Halseth, G., Clasby, R. and Pow, V., 'The place embeddedness of social care: restructuring work and welfare in Mackenzie, BC', *Health and Place*, 13, pp. 466-481, 2007; Yantzi, N. M., Rosenberg, M. W. and Mckeever, P., 'Getting out of the house: the challenges mothers face when their children have long-term care needs', *Health and Social Care in the Community*, 15, pp. 45-55, 2007.

167 Angus, J., Kontos, P., Dyck, I., Mckeever, P. and Poland, B., 'The personal significance of home: habitus and the experience of receiving long-term home care', *Sociology of Health and Illness*, 27, pp. 161-187, 2005; Dyck, I., Kontos, P., Angus, J. and McKeever, P., 'The home as a site for long-term care: meanings and management of bodies and spaces', *Health and Place*, 11, pp. 173-185, 2005.

168 Wiles, J., 'Daily geographies of caregivers: mobility, routine, scale', *Social Science and Medicine*, 57, pp. 1307-1325, 2003.

169 Imrie, R., 'Disability and discourses of mobility and movement', p. 1643.

170 Whitelegg, J., *Critical Mass: Transport Environment and Equity in the Twenty-First Century*, London: Pluto, 1997.

171 Colls, R. and Evans, B., 'Making space for fat bodies? A critical account of "the obesogenic environment"', *Progress in Human Geography*, 38(6), pp. 733-753, 2014, p. 734.

172 Colls, R. and Evans, B., 'Making space for fat bodies?', p. 736.

173 Huff, J. L., 'Access to the sky: airplane seats and fat bodies as contested spaces', in Rothblum, E. and Solovay, S. (eds) *The Fat Studies Reader*, New York: New York University Press, pp. 176-186, 2009.

174 www.southwest.com/html/customerservice/faqs.html?topic=extra_seat_policy

175 Huff, J. L., 'Access to the sky', p. 183.

176 Huff, J. L., 'Access to the sky', p. 183.

177  http://stacybias.net/2012/01/flyingwhile-fat-superfat-tips-for-international-air-travel/

178  Robinson, J. and Mohan, G., *Development and Displacement*, Milton Keynes: Open University in association with Oxford University Press, 2002, p. 2.

179  Chatty, D. and Colchester, M., *Conservation and Mobile Indigenous Peoples: Displacement, Forced Settlement, and Conservation*, New York; Oxford: Berghahn Books, 2002; Dutta, A., *Development-induced Displacement and Human Rights*, New Delhi: Deep and Deep Publications, 2007.

180  Robinson, J. and Mohan, G., *Development and Displacement*, p. 258.

181  Robinson, J. and Mohan, G., *Development and Displacement*, p. 3.

182  Lindqvist, S., *Terra Nullius: A Journey Through No One's Land*, New York; London: New Press, 2007.

183  Gelder, K. and Jacobs, J. M., *Uncanny Australia: Sacredness and Identity in a Postcolonial Nation*, Carlton South, Vic.: Melbourne University Press, 1998; Havemann, P., 'Denial, modernity and exclusion: indigenous placelessness in Australia', *Macquarie Law Journal*, 5, pp. 57-80, 2005.

184  Whatmore, S., *Hybrid Geographies: Natures, Cultures, Spaces*, London; Thousand Oaks, Calif.: Sage, 2002.

185  Turton, D., 'Refugees and "other forced migrants": towards a unitary study of forced migration', in Robinson, J. and Mohan, G. (eds) *Development and Displacement*, Milton Keynes: Open University in association with Oxford University Press, 2002.

186  Dreze, J., Samson, M. and Singh, S., *The Dam and the Nation: Displacement and Resettlement in the Narmada Valley*, Delhi; Oxford: Oxford University Press, 1997.

187  Thukral, E. G., *Big Dams, Displaced People: Rivers of Sorrow Rivers of Change*, New Delhi; London: Sage, 1992; Tharakan, S., *The Nowhere People: Responses to Internally Displaced Persons*, Bangalore: Books for Change, 2002.

188  Turton, D., 'Refugees and "other forced migrants"', p. 51.

189  Turton, D., 'Refugees and "other forced migrants"', p. 50.

190  Olds, K., Bunnell, T. and Leckie, S., 'Forced evictions in tropical cities: an introduction', *Singapore Journal of Tropical Geography*, 23(3), pp. 247-251, 2002.

191  Brickell, K., '"The whole world is watching": intimate geopolitics of forced eviction and women's activism in Cambodia', *Annals of the Association of American Geographers*, 104(6), pp. 1256-1272, 2014, p. 1261.

192  Sheller, M., 'The islanding effect: post-disaster mobility systems and humanitarian logistics in Haiti', *Cultural Geographies*, 20(2), pp. 185-204, 2013.

193  Smirl, L., *Spaces of Aid: How Cars, Compounds and Hotels Shape Humanitarianism*, Zed Books, London, 2015.

194  Smirl, L., *Spaces of Aid*, p. 43.

195  Duffield, M., 'Risk-management and the fortified aid compound: Everyday life in post-interventionary society', *Journal of Intervention and Statebuilding*, 4(4), pp. 453-474, 2010.

196  Smirl, L., *Spaces of Aid*, p. 123.

197  Certeau, M. de, *The Practice of Everyday Life*, Berkeley: University of California Press, 1984.

198  Atkinson, D., 'Nomadic strategies and colonial governance: domination and resistance in Cyrenaica, 1923-1932', in Sharp, J. (ed.) *Geographies of Domination/Resistance: Entanglements of Power*, London: Routledge, 1999.

199　Epps, Ahmed, S., *The Cultural Politics of Emotion*, Edinburgh: Edinburgh University Press, 2004., p. 152에서 재인용.

200　Cresswell, T., 'Falling down: resistance as diagnostic', in Sharp, J. (ed.) *Geographies of Domination/Resistance: Entanglements of Power*, London: Routledge, 1999.

201　Cresswell, T., 'Falling down: resistance as diagnostic', pp. 265-266.

202　Cresswell, T., 'Falling down: resistance as diagnostic'.

203　King, J., 'Which way is down?', p. 39.

204　Barber, L. G., *Marching on Washington: The Forging of an American Political Tradition*, Berkeley: University of California Press, 2002.

205　Kong, L. and Yeoh, B. S. A., 'The construction of national identity through the production of ritual and spectacle—an analysis of National Day parades in Singapore', *Political Geography*, 16, pp. 213-239, 1997.

206　Routledge, P., 'A spatiality of resistances: theory and practice in Nepal's revolution of 1990', in Pile, S. and Keith, M. (eds) *Geographies of Resistance*, London: Routledge, 1997.

207　Scott, J. C., *Seeing Like a State: How Certain Schemes to Improve the Human Condition Have Failed*, New Haven: Yale University Press, 1998.

208　Routledge, P., 'A spatiality of resistances', p. 76.

209　Traugott, M., *The Insurgent Barricade*, Berkeley: University of California Press, 2010 참조.

210　Routledge, P., 'A spatiality of resistances', p. 76.

211　Scott, J. C., *Seeing Like a State*, p. 61.

212　Debord, G., *Society of the Spectacle*, Detroit: Black and Red, 1970.

213　Macauley, D., 'Walking the urban environment: pedestrian practices and peripatetic politics', in Backhaus, G. and Murungi, J. (eds) *Transformations of Urban and Suburban Landscapes: Perspectives*, Lexington: Lexington Books, 2002.

214　Aldred, R. and Jungnickel, K., 'Constructing mobile places between "leisure" and "transport": a case study of two group cycle rides', *Sociology*, 46(3), pp. 523-539, 2012.

215　Furness, Z., 'Critical mass, urban space and velomobility', *Mobilities*, 2(2), pp. 299-319, 2007; Furness, Z., *One Less Car: Bicycling and the Politics of Automobility*, Philadelphia: Temple University Press, 2010.

216　Carlsson, Furness, Z., 'Critical mass, urban space and velomobility', p.302에서 재인용.

217　Kraftl, P., 'Utopia, performativity, and the unhomely', *Environment and Planning D: Society and Space*, 25, pp. 120-143, 2007; Saville, S. J., 'Playing with fear: parkour and the mobility of emotion', *Social and Cultural Geography*, 9, pp. 891-914, 2008.

218　Lewis, N., 'The climbing body, nature and the experience of modernity', *Body and Society*, 6, pp. 58-80, 2000, p. 65.

219　Ortuzar, J., 'Parkour or l'art du déplacement: a kinetic urban Utopia', *TDR/The Drama Review*, 53(3), pp. 54-66, 2009.

220　Saville, S. J., 'Playing with fear'.

221　Foucan, Saville, S. J., 'Playing with fear'에서 재인용.

222　Mould, O., 'Parkour, the city, the event', *Environment and Planning D: Society and Space*, 27(4), pp. 738-750, 2009; Garrett, B., *Explore Everything: Place-Hacking the City*, London: Verso Books, 2013.

223　Saville, S. J., 'Playing with fear'.

224　Sopranzetti, C., 'Owners of the map: mobility and mobilization among motorcycle taxi drivers in Bangkok', *City and Society*, 26(1), pp. 120-143, 2014, p. 122.

225 Sopranzetti, C., 'Owners of the map'.

226 Sopranzetti, C., 'Owners of the map' p. 125.

227 Sopranzetti, C., 'Owners of the map', p. 131.

228 Garavito, T., 'Why I glued myself to a ticket barrier and shut down the Eurostar', *opendemocracy*, 19 October, transformation/tatiana-garavito/migrants-rights-protest-st-pancras-ticket-barrier-shut-down-eurostar, 2015.

229 Doherty, B., Paterson, M., Plows, A. and Wall, D., 'The fuel protests of 2000: implications for the environmental movement in Britain', *Environmental Politics*, 11, pp. 165-173, 2002; Doherty, B., Paterson, M., Plows, A. and Wall, D., 'Explaining the fuel protests', *British Journal of Politics and International Relations*, 5, pp. 1-23, 2003.

230 Doherty, B., et al., 'Explaining the fuel protests', p. 4.

231 Lüthi, B., '"You don't have to ride Jim Crow": the Freedom Riders of 1961 and the dilemma of mobility', *International Journal of Politics, Culture, and Society*, 29(4), pp. 383-401, 2016.

232 Blomley, N. K., *Law, Space, and the Geographies of Power*, New York; London: Guilford, 1994.

233 Blomley, N. K., *Law, Space, and the Geographies of Power*, p. 177.

234 Blomley, N. K., *Law, Space, and the Geographies of Power*, p. 160.

235 Blomley, N. K., *Law, Space, and the Geographies of Power*, p. 175.

236 Blomley, N. K., *Law, Space, and the Geographies of Power*, p. 174.

## 5장 실천

1 Laban, R. V., *The Mastery of Movement*, London: Macdonald and Evans, 1960, p. 92.

2 Evans-Pritchard, E. E., *Nuer Religion*, Oxford: Clarendon Press, 195, p. 231.

3 Lorimer, H., 'Cultural geography: the busyness of being "more-than-representational"', *Progress in Human Geography*, 29, pp. 83-94, 2005.

4 Duncan, Thrift, N., 'The still point: resistance, expressive embodiment and dance', in Pile, S. and Keith, M. (eds) *Geographies of Resistance*, London: Routledge, 1997에서 재인용.

5 Jensen, O. B., *Staging Mobilities*.

6 Farnell, B., 'Ethno-graphics and the moving body', *Man*, 29, pp. 929-974, 1994.

7 Evans-Pritchard, E. E., *Nuer Religion*.

8 Farnell, B., 'Ethno-graphics and the moving body', p. 929.

9 Farnell, B., 'Ethno-graphics and the moving body', p. 929.

10 Farnell, B., 'Metaphors we move by', *Visual Anthropology*, 8, pp. 311-335, 1996; Farnell, B., 'Moving bodies, acting selves', *Annual Review of Anthropology*, 28, pp. 341-373, 1999.

11 Farnell, B., 'Ethno-graphics and the moving body', p. 929.

12 Farnell, B., 'Ethno-graphics and the moving body', p. 936.

13 Pratt, M.-L., 'Fieldwork in common places', in Clifford, J. and Marcus, G. E. (eds) *Writing Culture: The Poetics and Politics of Ethnography*, Berkeley; London: University of California Press, 1986.

14 Shostak, Pratt, M.-L., 'Fieldwork in common places', p. 43에서 재인용.

15 Pratt, M.-L., 'Fieldwork in common places', p. 43.

16 Farnell, B., 'Moving bodies, acting selves'.
17 Farnell, B., 'Ethno-graphics and the moving body', p. 931.
18 Farnell, B., 'Ethno-graphics and the moving body', p. 931.
19 Farnell, B., 'Ethno-graphics and the moving body'; Farnell, B., 'Metaphors we move by'; Farnell, B., 'Moving bodies, acting selves'.
20 Goffman, E., *Encounters: Two Studies in the Sociology of Interaction*, Indianapolis: Bobbs-Merrill, 1961.
21 Ingold, T., 'Culture on the ground: the world perceived through the feet', *Journal of Material Culture*, 9, pp. 315-340, 2004, p. 327.
22 Gibson, J. J., *The Perception of the Visual World*, Cambridge, Mass.: Riverside Press, 1950; Gibson, J. J., *The Ecological Approach to Visual Perception*, Dallas; London: Houghton Mifflin, 1979.
23 Thrift, N., 'Afterwords', *Environment and Planning D: Society and Space*, 18, pp. 213-255, 2000.
24 Urry, J., *The Tourist Gaze*.
25 Urry, J., *The Tourist Gaze*. p. 3.
26 Fiske, J., *Reading the Popular*, Boston, Mass.; London: Unwin Hyman, 1989; Shields, R., *Places on the Margin: Alternative Geographies of Modernity*, London: Routledge, 1991.
27 Pons, P. O., 'Being-on-holiday: tourist dwelling, bodies and place', *Tourist Studies*, 3(1): 47-66, 2003.
28 Frith, Malbon, B., *Clubbing: Dancing, Ecstasy and Vitality*, London: Routledge, 1999에서 재인용.
29 Edensor, T., *Tourists at the Taj*, Berg, London, 2001, p, 71.
30 Edensor, T., *Tourists at the Taj*, p.78
31 Frykman, J., *Force of Habit: Exploring Everyday Culture*, Lund: Lund University Press/Bromley: Chartwell-Bratt, 1996.
32 Cresswell, T., *On the Move*.
33 Tuan, Y.-F., 'Images and mental maps', *Annals of the Association of American Geographers*, 65, pp. 205-213, 1975.
34 Bissell, D., 'Transforming commuting mobilities: the memory of practice', *Environment and Planning A*, 46(8), pp. 1946-1965, 2014; Bissell, D., 'Encountering stressed bodies: slow creep transformations and tipping points of commuting mobilities', *Geoforum*, 51, pp. 191-201, 2014.
35 뉴질랜드 오클랜드에 관한 Doody, B., 'The low carbon commute: rethinking the habits that connect home and work in Auckland and London through John Dewey's pragmatism', doctoral dissertation, Durham University, 2015도 참조.
36 Bissell, D., 'Transforming commuting mobilities', p. 1947.
37 Bissell, D., 'Encountering stressed bodies', p. 197.
38 Bissell, D., 'Encountering stressed bodies', p. 193.
39 사이먼 쿡의 웹사이트 Jographies 참조; Bissell, L. and Overend, D., 'Regular routes: deep mapping a performative counterpractice for the daily commute', *Humanities*, 4(3), pp. 476-499, 2015도 참조.
40 Merleau-Ponty, M., *Phenomenology of Perception*, London: Routledge and Kegan Paul, 1962, p. 117. Merleau-Ponty, M., *The Primacy of Perception, and Other Essays on Phenomenological Psychology, the Philosophy of Art, History, and Politics*, Evanston, Ill.: Northwestern University Press, 1964; Merleau-Ponty, M., Lefort, C. and Lingis, A., *The Visible and the Invisible*,

Evanston: Northwestern University Press, 1968도 참조.

41  Seamon, D., 'Body-subject, time-space routines, and place-ballets', p. 158.

42  Seamon, D., 'Body-subject, time-space routines, and place-ballets', p. 162.

43  Seamon, D., *A Geography of the Lifeworld: Movement, Rest and Encounter*, London: Croom Helm, 1979.

44  Seamon, D., *A Geography of the Lifeworld: Movement, Rest and Encounter*, London: Croom Helm, 1979.

45  Seamon, D., 'Body-subject, time-space routines, and place-ballets', p. 156.

46  Seamon, D., 'Body-subject, time-space routines, and place-ballets', p. 156.

47  Jacobs, J., *The Death and Life of Great American Cities*, London: Jonathan Cape, 1962, p. 52-53.

48  Bourdieu, P., *Outline of a Theory of Practice*, Cambridge: Cambridge University Press, 1977.

49  Bourdieu, P., *Distinction: A Social Critique of the Judgement of Taste*, London: Routledge and Kegan Paul, 1984.

50  Bourdieu, P., *Outline of a Theory of Practice*, p. 77.

51  Bourdieu, P., *Outline of a Theory of Practice*, p. 94.

52  Bourdieu, P., *Outline of a Theory of Practice*, p. 94.

53  Bourdieu, P., *Outline of a Theory of Practice*, p. 94.

54  Young, I. M., *Throwing Like a Girl and Other Essays in Feminist Philosophy and Social Theory by Iris Marion Young*, Bloomington, Ind.: Indiana University Press, 1990.

55  Young, I. M., *Throwing Like a Girl and Other Essays*, p. 148.

56  Young, I. M., *Throwing Like a Girl and Other Essays*, p. 150.

57  Young, I. M., *Throwing Like a Girl and Other Essays*, p. 150.

58  Young, I. M., *Throwing Like a Girl and Other Essays*, p. 146.

59  Gordon, M., *Good Boys and Dead Girls and Other Essays*, London: Bloomsbury, 1991, p. 15.

60  Laban, R. V., *The Mastery of Movement*, London: Macdonald and Evans, 1960.

61  Laban, R. V., *The Mastery of Movement*, p. 91.

62  Laban, R. V., *The Mastery of Movement*, p. 92.

63  Phelan, P., *Unmarked: Politics of Performance*, London: Routledge, 1993, p. 148.

64  Wacquant, L. C. J. D., *Body and Soul: Notebooks of an Apprentice Boxer*, Oxford; New York: Oxford University Press, 2004, p. xi.

65  Thrift, N., 'The still point', p. 148.

66  Latham, A., 'Research, performance, and doing human geography: some reflections on the diary-photograph, diary-interview method', *Environment and Planning A*, 35, pp. 1993-2017, 2003.

67  Hägerstrand, Gregory, D., 'Suspended animation: the stasis of diffusion theory', in Gregory, D. and Urry, J. (eds) *Social Relations and Spatial Structures*, Basingstoke: Macmillan, 1985, p. 306 에서 재인용.

68  Latham, A., 'Research, performance, and doing human geography: some reflections on the diary-photograph, diary-interview method', *Environment and Planning A*, 35, pp. 1993-2017, 2003.

69  Latham, A., 'Research, performance, and doing human geography', pp. 1993-2017, 2003, 2009.

70  Wacquant, L. C. J. D., *Body and Soul*, p. 97.

71  Wacquant, L. C. J. D., *Body and Soul*, p. 97.

72  Houston, D. and Pulido, L., 'The work of performativity: staging social justice at the University of Southern California', *Environment and Planning D: Society and Space*, 20(4), pp. 401-424,

2002.

73  Keen, S., *Learning to Fly: Trapeze—Reflections on Fear, Trust, and the Joy of Letting Go*, New York: Broadway Books, 1999.

74  Keen, S., *Learning to Fly*, p. 147.

75  Wacquant, L. C. J. D., *Body and Soul*, pp. 100-101.

76  Nash, C., 'Performativity in practice: some recent work in cultural geography', *Progress in Human Geography*, 24, pp. 653-664, 2000, p. 657.

77  Wolff, Nash, C., 'Performativity in practice', p. 658에서 재인용.

78  Cresswell, T., *On the Move*, p. 74.

79  Cresswell, T., *On the Move*, p. 73.

80  Cresswell, T., *On the Move*.

81  Rabinbach, A., *The Human Motor: Energy, Fatigue, and the Rise of Modernity*, New York: Basic Books, 1990.

82  McCormack, D. P., 'A paper with an interest in rhythm', *Geoforum*, 33, pp. 469-485, 2002; McCormack, D. P., 'An event of geographical ethics in spaces of affect', *Transactions of the Institute of British Geographers*, 28, pp. 488-507, 2003; McCormack, D. P., 'Drawing out the lines of the event', *Cultural Geographies*, 11, pp. 211-220, 2004.

83  Cresswell, T., *On the Move*.

84  McCormack, D. P., 'A paper with an interest in rhythm', pp. 439-440.

85  Van den Abbeele, G., *Travel as Metaphor: From Montaigne to Rousseau*, Minneapolis: University of Minnesota Press, 1992.

86  Rousseau, Van den Abbeele, G., *Travel as Metaphor*, p. 114에서 재인용.

87  Ingold, T., 'Culture on the ground', p. 331.

88  Ingold, T., 'Culture on the ground'.

89  Lorimer, H. and Lund, K., 'Performing facts: finding a way over Scotland's mountains', *Sociological Review*, 52, pp. 130-144, 2004.

90  Latham, A., 'The history of a habit: jogging as a palliative to sedentariness in 1960s America', *Cultural Geographies*, 22(1), pp. 103-126, 2015.

91  Wylie, J., 'A single day's walking: narrating self and landscape on the South West Coast Path', *Transactions of the Institute of British Geographers*, 30, pp. 234-247, 2005; Wylie, J., *Landscape*, London: Routledge, 2007.

92  Wylie, J., 'An essay on ascending Glastonbury Tor'.

93  Ingold, T., 'Culture on the ground', p. 328-329

94  Adams, P. C., 'Peripatetic imagery and peripatetic sense of place', in Adams, P. C., Hoelscher, S. and Till, K. (eds) *Textures of Place: Exploring Humanist Geographies*, Minneapolis: University of Minnesota Press., 2001.

95  Adams, P. C., 'Peripatetic imagery and peripatetic sense of place', p. 188

96  Hetherington, K., 'Spatial textures: place, touch and praesentia', *Environment and Planning A*, 35, pp. 1933-1944, 2003.

97  Vesely, D., *Architecture in the Age of Divided Representation: The Question of Creativity in the Shadow of Production*, Cambridge, Mass.: MIT Press, 2004, p. 82.

98  Hetherington, K., 'Museums and the visually impaired: the spatial politics of access', *Sociological Review*, 48, pp. 444-463, 2000.

99  Vesely, D., *Architecture in the Age of Divided Representation*, p. 82.

100 Lewis, N., 'The climbing body, nature and the experience of modernity', *Body and Society*, 6, pp. 58-80, 2000.

101 Lewis, N. 'The climbing body, nature and the experience of modernity', p. 76.

102 Lewis, N. 'The climbing body, nature and the experience of modernity', p. 76-77.

103 Bruno, G., *Atlas of Emotion: Journeys in Art, Architecture, and Film*, New York: Verso, 2002, p. 6.

104 Massumi, B., *Parables for the Virtual: Movement, Affect, Sensation*, Durham, N.C.: Duke University Press, 2002, p. 2.

105 Massumi, B., *Parables for the Virtual: Movement, Affect, Sensation*, Durham, N.C.: Duke University Press, 2002, p. 1-2.

106 Sheller, M., 'Automotive emotions: feeling the car', *Theory, Culture and Society*, 21, pp. 221-242, 2004, p. 227. Ahmed, S., *The Cultural Politics of Emotion*, Edinburgh: Edinburgh University Press, 2004도 참고.

107 Bachelard, G., *Air and Dreams: An Essay on the Imagination of Movement*, Dallas: Dallas Institute Publications, Dallas Institute of Humanities and Culture, 1988, p. 10.

108 Bachelard, G., *Air and Dreams*, p. 10.

109 Robinson, M. D., 'Running from William James' bear: a review of preattentive mechanisms and their contributions to emotional experience', *Cognition and Emotion*, 12, pp. 667-696, 1998.

110 Sheller, M., 'Automotive emotions', p. 228

111 Sheller, M., 'Automotive emotions', p. 228

112 Le Breton, D., 'Playing symbolically with death in extreme sports', *Body and Society*, 6, pp. 1-12, 2000; Le Breton, D., 'The anthropology of adolescent risk-taking behaviours', *Body and Society*, 10, pp. 1-16, 2004.

113 Le Breton, D., 'Playing symbolically with death in extreme sports', 2000

114 Bale, J., *Running Cultures: Racing in Time and Space*, London; New York: Routledge, 2004, p. 105.

115 Bannister, Bale, J., *Running Cultures*, p. 106에서 재인용.

116 Cook, S., Shaw, J. and Simpson, P., 'Jography: exploring meanings, experiences and spatialities of recreational road-running', *Mobilities*, pp. 1-26, 2015.

117 Thrift, N., 'Still life in nearly present time: the object of nature', *Body and Society*, 6, pp. 34-57, 2000.

118 Spinney, J., 'A place of sense: a kinaesthetic ethnography of cyclists on Mont Ventoux', *Environment and Planning D*, 24, pp. 709-732, 2006, p. 726.

119 2003년 6월 12일의 기록을 옮겨 적음, Spinney, J., 'A place of sense', p. 724.

120 Bale, J., *Running Cultures*.

121 Bale, J., *Running Cultures*, p. 99.

122 Spinney, J., 'A place of sense', p. 724.

123 Raab, Furness, Z., *One Less Car*, p. 88에서 재인용.

124 Furness, Z., *One Less Car*, p. 88

125 McIlvenny, P., 'The joy of biking together: sharing everyday experiences of vélomobility', *Mobilities*, 10(1): 55-58, 2005.

126 Ingold, T., 'The eye of the storm: visual perception and the weather', *Visual Studies*, 20, pp. 97-104, 2005; Ingold, T., 'Earth, sky, wind, and weather', *Journal of the Royal Anthropological Institute*, 13, pp. 19-38, 2007.

127 Lucretius, *On the Nature of the Universe*, Baltimore: Penguin, 1966 [1951], p. 103.

128   Lucretius, *On the Nature of the Universe*, Baltimore: Penguin, 1966 [1951], p. 68.

129   Spinoza, B. D., *Ethics*, London: Penguin, 1996.

130   Gatens, M., 'Through a Spinozist lens: ethology, difference, power', in Patton, P. (ed.) *Deleuze: A Critical Reader*, Oxford: Blackwell, 1996; Damasio, A. R., *The Feeling of What Happens: Body and Emotion in the Making of Consciousness*, London: W. Heinemann, 2000; Anderson, B., 'Becoming and being hopeful: towards a theory of affect', *Environment and Planning D*, 24, pp. 733-752, 2006.

131   Ahmed, S., *The Cultural Politics of Emotion*, p. 69.

132   Ahmed, S., *The Cultural Politics of Emotion*, p. 69.

133   Bale, J., *Kenyan Running: Movement Culture, Geography, and Global Change*, London; Portland, Ore.: F. Cass, 1996.

134   Bale, J., *Kenyan Running*, p. 143.

135   Bale, J., *Kenyan Running*, p. 143.

136   Martin, E., 'Fluid bodies, managed nature', in Braun, B. and Castree, N. (eds) *Remaking Reality: Nature at the Millennium*, London: Routledge, 1998.

137   Brennan, T., *The Transmission of Affect*, Ithaca, N.Y.; London: Cornell University Press, 2003.

138   Brennan, T., *The Transmission of Affect*, p. 95.

139   McNeill, W. H., *Keeping Together in Time: Dance and Drill in Human History*, Cambridge, Mass.: Harvard University Press, 1995.

140   McNeill, W. H., *Keeping Together in Time*, p. 65

141   McNeill, W. H., *Keeping Together in Time*, p. 152.

142   Brennan, T., *The Transmission of Affect*, p. 70.

143   Maffesoli, M., *The Time of the Tribes: The Decline of Individualism in Mass Society*, London: Sage, 1996.

144   Maffesoli, M., *The Time of the Tribes*, pp. 34-36.

145   Sennett, R., *The Uses of Disorder: Personal Identity and City Life*, New York, Knopf, 1970.

146   Canetti, E., *Crowds and Power*, New York: Viking Press/London: Gollancz, 1962

147   Maffesoli, M., *The Time of the Tribes*, pp. 73.

148   Maffesoli, M., *The Time of the Tribes*, pp. 76.

149   Maffesoli, M., *The Time of the Tribes*, pp. 76.

150   Maffesoli, M., *The Time of the Tribes*, pp. 76.

151   Stewart, K., *Ordinary Affects*, Durham, N.C.; London: Duke University Press, 2007.

152   Stewart, K., *Ordinary Affects*, p. 68.

153   Bateson, McCormack, D. P., 'A paper with an interest in rhythm', p. 474에서 재인용.

154   McCormack, D. P., 'A paper with an interest in rhythm', p. 194.

155   Malbon, B., *Clubbing: Dancing, Ecstasy and Vitality*, London: Routledge, 1999, p. 74.

156   Hetherington, K., *New Age Travellers: Vanloads of Uproarious Humanity*, London: Cassell, 2000.

157   Hetherington, K., *New Age Travellers*, p. 78.

158   Bajc, V., 'Creating ritual through narrative, place and performance in Evangelical protestant pilgrimage in the Holy Land', *Mobilities*, 2, pp. 395-412, 2007; Bajc, V., Coleman, S. and Eade, J., 'Introduction: mobility and centring in pilgrimage', *Mobilities*, 2, pp. 321-329, 2007; Eade, J. and Garbin, D., 'Reinterpreting the relationship between centre and periphery: pilgrimage and sacred spatialisation among Polish and Congolese communities in Britain', *Mobilities*, 2, pp. 413-424,

2007; Cavanaugh, W. T., 'Migrant, tourist, pilgrim, monk: mobility and identity in a global age', *Theological Studies*, 69, pp. 340-356, 2008.

159  Hetherington, K., *New Age Travellers*, p. 75.

160  Bissell, D., 'Passenger mobilities: affective atmospheres and the sociality of public transport', *Environment and Planning D: Society and Space*, 28(2), pp. 270-289, 2010.

161  Adey, P., Brayer, L., Masson, D., Murphy, P., Simpson, P. and Tixier, N., 'Pour votre tranquillité': ambiance, atmosphere, and surveillance', *Geoforum*, 49, pp. 299-309, 2013.

162  Conradson, D. and Latham, A., 'The affective possibilities of London: Antipodean transnationals and the overseas experience', *Mobilities*, 2, pp. 231-254, 2007.

163  Conradson, D. and Latham, A., 'The affective possibilities of London', p. 238.

164  Conradson, D. and Latham, A., 'The affective possibilities of London', p. 237.

165  Conradson, D. and Latham, A., 'The affective possibilities of London', p. 236.

166  Scriven, R., 'Geographies of pilgrimage: meaningful movements and embodied mobilities', *Geography Compass*, 8: pp. 249-261, 2014, p. 252.

167  Maddrell, A., 'Moving and being moved: more-than-walking and talking on pilgrimage walks in the Manx landscape', *Culture and Religion*, 14: pp. 63-77, 2013, p. 75.

6장 매개

1  Abler, R., Adams, J. S. and Gould, P., *Spatial Organization: The Geographer's View of the World*, Englewood Cliffs; Hemel Hempstead: Prentice-Hall, 1971, p. 389.

2  www.openscar.com

3  Keil, R. and Ali, H., 'Governing the sick city: urban governance in the age of emerging infectious disease', *Antipode*, 39, pp. 846-873, 2007, p. 853.

4  Ali, S. H. and Keil, R., *Networked Disease: Emerging Infections in the Global City*, Malden, Mass.: Blackwell, 2008.

5  Thrift, N., 'Transport and communications 1730-1914', in Butlin, R. A. and Dodgshon, R. A. (eds) *An Historical Geography of England and Wales, 2nd edn*, London: Academic Press, 1990, p. 453.

6  McLuhan, M., *Understanding Media: The Extensions of Man*, London: Routledge and Kegan Paul, 1964.

7  Thrift, N., 'Transport and communications 1730-1914'.

8  Thrift, N., 'Transport and communications 1730-1914', in Butlin, R. A. and Dodgshon, R. A. (eds) *An Historical Geography of England and Wales, 2nd edn*, London: Academic Press, 1990, p. 453.

9  Game, A., 'Riding: embodying the centaur', *Body and Society*, 7, pp. 1-12, 2001.

10  Shell, J., *Transportation and Revolt: Pigeons, Mules, Canals, and the Vanishing Geographies of Subversive Mobility*, Cambridge, Mass.: The MIT Press, 2015.

11  Virilio, P., *Negative Horizon: An Essay in Dromoscopy*, London: Continuum, 2005.

12  Virilio, P., *Negative Horizon*, p. 51.

13  Mumford, L., *The Highway and the City*, Secker and Warburg: London, 1964; Toynbee, A., *Mankind and Mother Earth*, London: Book Club, 1977.

14  Walters, W., 'Migration, vehicles, and politics: three theses on viapolitics', *European Journal of*

*Social Theory*, 18(4): pp. 469-488, 2015, p. 471.

15   Walters, W., 'Migration, vehicles, and politics', p. 476.

16   Walters, W., 'Migration, vehicles, and politics', p. 478.

17   Walters, W., 'Migration, vehicles, and politics', p. 481.

18   Walters, W., 'The flight of the deported: aircraft, deportation, and politics', *Geopolitics*, 21(2), pp. 435-458, 2016.

19   Walters, W., 'The flight of the deported'.

20   Lambert, D., 'Master-horse-slave: mobility, race and power in the British West Indies, c. 1780-1838', *Slavery & Abolition*, 36(4), pp. 618-641, 2015, p. 634.

21   Lambert, D., 'Master-horse-slave', p. 626.

22   Lambert, D., 'Master-horse-slave', p. 631.

23   Law, J., 'Disaster in agriculture: or foot and mouth mobilities', *Environment and Planning A*, 38, pp. 227-240, 2006.

24   Budd, L., Bell, M. and Brown, T., 'Of plagues, planes and politics: controlling the global spread of infectious diseases by air', *Political Geography*, 28(7), pp. 426-435, 2009; Budd, L., Bell, M. and Warren, A., 'Maintaining the sanitary border: air transport liberalisation and health security practices at UK regional airports', *Transactions of the Institute of British Geographers*, 36(2), pp. 268-279, 2011.

25   Lavau, S., 'Viruses', in Adey, P., Hannam, K., Merriman, P. and Sheller, M. (eds) *The Routledge Handbook of Mobilities*, London; New York, Routledge, pp. 298-305, 2014.

26   Thrift, N., 'Inhuman geographies: landscapes of speed, light and power', in Thrift, N. (ed.) *Spatial Formations*, London: Sage, 1996.

27   Hinchliffe, S. and Lavau, S., 'Differentiated circuits: the ecologies of knowing and securing life', *Environment and Planning D: Society and Space*, 31(2), pp. 259-274, 2013.

28   Adey, P., *Aerial Life: Spaces, Mobilities, Affects*, Oxford: Wiley-Blackwell, 2010.

29   Hinchliffe, S. and Lavau, S., 'Differentiated circuits', p. 260.

30   Budd, L. et al., 'Of plagues, planes and politics'; Keil, R. and Ali, H., 'Governing the sick city: urban governance in the age of emerging infectious disease', *Antipode*, 39, pp. 846-873, 2007.

31   Harvey, D., *The Condition of Postmodernity*.

32   Kern, S., *The Culture of Time and Space, 1880-1918: With a New Preface*, Cambridge, Mass.; London: Harvard University Press, 2003.

33   Schivelbusch, W., *The Railway Journey: The Industrialization of Time and Space in the 19th Century*, Berkeley: University of California Press, 1986.

34   Thrift, N., 'Inhuman geographies'.

35   Thrift, N., 'Inhuman geographies', p. 200.

36   Ford, F. M., *The Soul of London: A Survey of a Modern City*, London: Everyman, 1905.

37   Ruskin, Schivelbusch, W., *The Railway Journey*, pp. 54-55에서 재인용.

38   Hugo, Schivelbusch, W., *The Railway Journey*, p. 55에서 재인용.

39   Clarertie, Schivelbusch, W., *The Railway Journey*, p. 61에서 재인용.

40   Jain, J. and Lyons, G., 'The gift of travel time', *Journal of Transport Geography*, 16, pp. 81-89, 2008.

41   Lyons, G., 'Times', in Adey, P., Hannam, K., Merriman, P. and Sheller, M. (eds) *The Routledge Handbook of Mobilities*, London: Routledge, pp. 154-162, 2014.

42   Mokhtarian, P. L., 'Travel as a desired end, not just a means', *Transportation Research Part A:*

*Policy and Practice*, 39, pp. 93-96, 2005, p. 93.

43   Lyons, G., 'Times'.

44   Bissell, D., 'Animating suspension: waiting for mobilities', *Mobilities*, 2, pp. 277-298, 2007; Bissell, D., 'Comfortable bodies: sedentary affects', *Environment and Planning A*, 40, pp. 1697-1712, 2008; Bissell, D., 'Conceptualising differently-mobile passengers: geographies of everyday encumbrance in the railway station', *Social & Cultural Geography* 10(2), pp. 173-195, 2009.

45   Watts, L., 'The art and craft of train travel', *Social & Cultural Geography*, 9(6), pp. 711-726, 2008.

46   Bissell, D., 'Animating suspension'

47   Goffman, E., Encounters; Goffman, E., *Behavior in Public Places: Notes on the Social Organization of Gatherings*, New York: Free Press of Glencoe/London: Collier-Macmillan, pp. viii, 248, 1963.

48   Goffman, E., *Behavior in Public Places*.

49   Goffman, E., *Behavior in Public Places*, p. 137.

50   Goffman, E., *Behavior in Public Places*, p. 138.

51   Rao, V., 'Proximate distances: the phenomenology of density in Mumbai', *Built Environment*, 33(2), pp. 227-248, 2007.

52   Nagarkar, Rao, V., 'Proximate distances', p. 228에서 재인용.

53   Roy, S. and Hannam, K., 'Embodying the mobilities of the Darjeeling Himalayan railway', *Mobilities*, 8(4), pp. 580-594, 2013.

54   Roy, S. and Hannam, K., 'Embodying the mobilities of the Darjeeling Himalayan railway', p. 587에서 재인용.

55   Roy, S. and Hannam, K., 'Embodying the mobilities of the Darjeeling Himalayan railway', p. 591.

56   Butcher, M., 'Cultures of commuting: the mobile negotiation of space and subjectivity on Delhi's Metro', *Mobilities*, 6(2), pp. 237-254, 2011.

57   Butcher, M., 'Cultures of commuting', p. 243.

58   Sheller, M. and Urry, J., 'The city and the car', *International Journal of Urban and Regional Research*, 24, pp. 737-757, 2000, p. 739.

59   Urry, J., *Sociology Beyond Societies*, p. 190.

60   Urry, J., *Sociology Beyond Societies*, p. 190.

61   Urry, J., *Sociology Beyond Societies*, p. 191.

62   Schivelbusch, W., *The Railway Journey*; Giddens, A., *The Consequences of Modernity*, Stanford, Calif.: Stanford University Press, 1990.

63   Urry, J., *Sociology Beyond Societies*, p. 192.

64   O'Connell, S., *The Car and British Society: Class, Gender and Motoring 1896-1939*, Manchester: Manchester University Press, 1998; Thoms, D., Holden, L. and Claydon, T., *The Motor Car and Popular Culture in the 20th Century*, Aldershot: Ashgate, 1998; Miller, D., *Car Cultures*, Oxford: Berg, 2001; Wollen, P. and Kerr, J., *Autopia: Cars and Culture*, London: Reaktion, 2002.

65   Laurier, E., 'Why people say where they are during mobile phone calls', *Environment and Planning D*, 19, pp. 485-504, 2001; Laurier, E., 'Doing office work on the motorway', *Theory, Culture and Society*, 21, pp. 261-277, 2004.

66   Laurier, E., 'Doing office work on the motorway', p. 264.

67 Laurier, E., 'Doing office work on the motorway', p. 266.

68 Shook, R. and Embry, J., 'Car racing and mobility history: British automobiles and the Bonneville Salt Flats', *The Journal of Transport History*, 28(1), pp. 111-115, 2007.

69 DeLyser, D. and Greenstein, P., '"Follow that car!" Mobilities of enthusiasm in a rare car's restoration', *The Professional Geographer*, 67(2), pp. 255-268, 2015.

70 Redshaw, S., *In the Company of Cars*, Aldershot: Ashgate, 2008.

71 Merriman, P., *Driving Spaces*, Oxford: Wiley-Blackwell, 2007.

72 Dimendberg, E., 'The will to motorization, cinema, highways, and modernity', *October*: pp. 90-137, 1995.

73 Edensor, T., 'Moving through the City' in Bell, D. and Haddour, A. (eds) (2000), *City Visions*, London: Prentice Hall, 2000.

74 Dennis, K. and Urry, J., *After the Car*, London: Polity, 2009, p. 59.

75 Urry, J., *Sociology Beyond Societies*, p. 193.

76 Beckmann, J., 'Automobility: a social problem and theoretical concept', *Environment and Planning D*, 19, pp. 593-608, 2001.

77 Beckmann, J., 'Automobility', p. 598.

78 Sebald, Pearce, L., 'Automobility in Manchester fiction', *Mobilities*, 7(1), pp. 93-113, 2012, p. 99 에서 재인용.

79 Urry, J., 'Climate change, travel and complex futures', *The British Journal of Sociology*, 59(2), pp. 261-279, 2008; Urry, J., 'Governance, flows, and the end of the car system?', *Global Environmental Change*, 18(3), pp. 343-349, 2008.

80 Rip, A. and Kemp, R., 'Technological change', in Rayner, S. and Malone, E. L. (eds) *Human Choice and Climate Change, Vol. II, Resources and Technology*, Columbus, Ohio: Battelle Press, pp. 327-399, 1996, p. 388.

81 Sheller, M., 'The emergence of new cultures of mobility: stability, opening and prospects', in Geels, F. W., Kemp, R., Dudley, G. and Lyons. G. (eds), *Automobility in Transition? A Socio-Technical Analysis of Sustainable Transportation*, New York: Routledge, 2012.

82 Sheller, M., 'The emergence of new cultures of mobility', p. 192.

83 Freund, P. E. and Martin, G. T., *The Ecology of the Automobile*, Montreal: Black Rose Books, 1993.

84 Bohm, S., Jones, C., Land, C. and Paterson, M., 'Introduction: impossibilities of automobility', *Sociological Review*, 54, pp. 1-16, 2006.

85 Morse, M., 'An ontology of everyday distraction: the freeway, the mall, and television', in Mellencamp, P. (ed.) *Logics of Television: Essays in Cultural Criticism*, Bloomington: Indiana University Press, 1990.

86 Morse, M., 'An ontology of everyday distraction', p. 199.

87 Morse, M., 'An ontology of everyday distraction', p. 199.

88 Virilio, P., *Negative Horizon*, p. 55.

89 Bissell, D., 'Comfortable bodies'.

90 Urry, J., *Sociology Beyond Societies*, p. 191.

91 Seiler, C., *Republic of Drivers: A Cultural History of Automobility in America*, Chicago: The University of Chicago Press, 2009.

92 Seiler, C., *Republic of Drivers*.

93 Seiler, C., *Republic of Drivers*, pp. 114-115.

94    Suber, A. (2012) 'Taking the wheel: consumerism and the consequences of black automobile ownership in the Jim Crow South', https://scholarblogs.emory.edu/emorycoldcases/taking-the-wheel-consumerism-and-the-consequences-of-black-automobile-ownership-in-the-jim-crow-south/.

95    Seiler, C., *Republic of Drivers*, pp. 107.

96    Seiler, C., *Republic of Drivers*, pp. 115.

97    Lezotte, C., 'The evolution of the "chick car" or: what came first, the chick or the car?', *The Journal of Popular Culture*, 45(3), pp. 516-531, 2012.

98    Lezotte, C., 'Women with muscle: contemporary women and the classic muscle car', *Frontiers: A Journal of Women Studies*, 34(2), pp. 83-113, 2013, p. 83.

99    Scharff, V., *Twenty Thousand Roads: Women, Movement, and the West*, Berkeley; London: University of California Press, 2003, p. 166.

100   Virginia Scharff, Ruth Schwartz Cowan and Margaret Walsh; Deborah Clarke, Marie Farr and Cynthia Dettelbach의 연구 참조.

101   Lezotte, C., 'Women with muscle', p. 87.

102   Katz, J., *How Emotions Work*, Chicago: University of Chicago Press, 1999, p. 32.

103   Lupton, D., 'Monsters in metal cocoons: "road rage" and cyborg bodies', *Body and Society*, 5, 57-72, 1999, p. 70.

104   Lerup, Latham, A. and McCormack, D. P., 'Moving cities: rethinking the materialities of urban geographies', *Progress in Human Geography*, 28, pp. 701-724, 2004, p. 713에서 재인용.

105   Cwerner, S., Kesselring, S. and Urry, J. (eds), *Aeromobilities*, London: Routledge, 2009.

106   Lassen, C., 'Aeromobility and work', *Environment and Planning A*, 38, pp. 301-312, 2006.

107   McNeill, D., 'The airport hotel as business space', *Geografiska Annaler: Series B, Human Geography*, 91(3), pp. 219-228, 2009.

108   Derudder, B., Witlox, F., Faulconbridge, J. and Beaverstock, J., 'Airline networks and urban systems', *Geojournal*, 71, pp. 1-3, 2008.

109   Fuller, G. and Harley, R., *Aviopolis: A Book About Airports*, London: Blackdog, 2004; Pascoe, D., Airspaces, London: Reaktion, 2001.

110   Adey, P., Budd, L. and Hubbard, P., 'Flying lessons: exploring the social and cultural geographies of global air travel', *Progress in Human Geography*, 31, pp. 773-791, 2007.

111   Hirsh, M. B., *Airport Urbanism: Infrastructure and Mobility in Asia*, Minneapolis: University of Minnesota Press, 2016.

112   Hirsh, M. B., *Airport Urbanism*, p. 53.

113   Kloppenburg, S. and Peters, P. (2012) 'Confined mobilities: following Indonesian migrant workers on their way home', *Tijdschrift voor economische en sociale geografie*, 103(5), pp. 530-541, 2012.

114   Burrell, K., 'Going steerage on Ryanair: cultures of migrant air travel between Poland and the UK', *Journal of Transport Geography*, 19(5), pp. 1023-1030, 2011.

115   Burrell, K., 'Going steerage on Ryanair', p. 1025.

116   Shilon, M. and Shamir, R., 'Becoming an airline passenger: body, luggage, and documents', *Subjectivity*, 9(3), pp. 246-270, 2016; Adey, P., Bissell, D., McCormack, D. and Merriman, P., 'Profiling the passenger: mobilities, identities, embodiments', *Cultural Geographies*, 19(2), pp. 169-193, 2012.

117   DeLyser, D., 'Flying, feminism and mobilities—crusading for aviation in the 1920s', in

Cresswell, T. and Merriman, P. (eds) *Geographies of Mobilities: Practices, Spaces, Subjects*, Farnham: Ashgate, pp. 83-98, 2011.

118 Millward, L., *Women in British Imperial Airspace: 1922-1937*, Montreal: McGill-Queen's University Press, 2008.

119 Adey, P., 'Airports and air-mindedness: spacing, timing and using Liverpool Airport 1929-39', *Social and Cultural Geography*, 7, pp. 343-363, 2006.

120 Budd, L., 'On being aeromobile: airline passengers and the affective experiences of flight', *Journal of Transport Geography*, 19(5), pp. 1010-1016, 2011.

121 Fritzsche, P., *A Nation of Fliers: German Aviation and the Popular Imagination*, Cambridge, Mass.: Harvard University Press, 1992.

122 Wohl, R., *A Passion for Wings: Aviation and the Western Imagination, 1908-1918*, New Haven: Yale University Press, 1994; Wohl, R., *The Spectacle of Flight: Aviation and the Western Imagination, 1920- 1950*, New Haven, Conn.; London: Yale University Press, 2005.

123 Raguraman, K., 'Airlines as instruments for nation building and national identity: case study of Malaysia and Singapore', *Journal of Transport Geography*, 5, pp. 239-256, 1997.

124 Pirie, G., 'Southern African air transport after apartheid', *The Journal of Modern African Studies*, 30(02), pp. 341-348, 1992; Pirie, S., *Air Empire: British Imperial Civil Aviation, 1919-39*, Manchester: Manchester University Press, 2009.

125 Lin, W., 'Re-assembling (aero) mobilities: perspectives beyond the West', *Mobilities*, 11(1), pp. 49-65, 2016.

126 Sheller, M., 'Air mobilities on the US-Caribbean border: open skies and closed gates', *The Communication Review*, 13(4), pp. 269-288, 2010도 참조.

127 Gonzalez, V. V., *Securing Paradise: Tourism and Militarism in Hawai'i and the Philippines*, Durham, N.C.: Duke University Press, 2013.

128 Lisle, D., *Holidays in the Danger Zone*, Minneapolis: University of Minnesota Press, 2016도 참조.

129 Kaplan, C., 'Mobility and war: the cosmic view of US "air power"', *Environment and Planning A*, 38, pp. 395-407, 2006.

130 Adey, P., *Aerial Life: Spaces, Mobilities, Affects*, Oxford: Wiley-Blackwell, 2010; Adey, P., Whitehead, M. and Williams, A. J. (eds), *From Above: War, Violence, and Verticality*, Oxford: Oxford University Press/London: Hurst, 2013.

131 Merriman and Peters, 근간 예정.

132 Hasty, W. and Peters, K. (2012) 'The ship in geography and the geographies of ships', *Geography Compass*, 6(11), pp. 660-676, 2012, p. 550.

133 Lambert, D., Martins, L. and Ogborn, M., 'Currents, visions and voyages: historical geographies of the sea', *Journal of Historical Geography*, 32(3), pp. 479-493, 2005.

134 Lambert, D., Martins, L. and Ogborn, M., 'Currents, visions and voyages', p. 482.

135 Steinberg, P. and Peters, K., 'Wet ontologies, fluid spaces: giving depth to volume through oceanic thinking.', *Environment and Planning D: Society and Space*, 33(2), pp. 247-264, 2015.

136 Atkinson, R. and Blandy, S., 'A picture of the floating world: grounding the secessionary affluence of the residential cruise liner', *Antipode*, 41(1), pp. 92-110, 2009.

137 Sheller, M., 'The new Caribbean complexity: mobility systems, tourism and spatial rescaling', Drexel E-Repository and Archive,. edu/17200569/The_new_Caribbean_complexity_Mobility_systems_tourism_ and_spatial_rescaling, 2011.

138 Puar, J. K., 'Circuits of queer mobility: tourism, travel, and globalization', *GLQ: A Journal of*

*Lesbian and Gay Studies*, 8(1), pp. 101-137, 2002, pp. 113-114.

139  Birtchnell, T., Savitzky, S. and Urry, J. (eds), *Cargomobilities: Moving Materials in a Global Age*, London: Routledge, 2015, p. 1.

140  Birtchnell, T., Savitzky, S. and Urry, J. (eds), *Cargomobilities*, p. 2.

141  Martin, C., *Shipping Container*, Bloomsbury, London, 2015.

142  Peters, K., 'Sinking the radio "pirates": exploring British strategies of governance in the North Sea, 1964-1991', *Area*, 43(3), pp. 281-287, 2011; Peters, K., 'Tracking (im)mobilities at sea: ships, boats and surveillance strategies', *Mobilities*, 9(3), pp. 414-431, 2014.

143  Hallaire, J. and McKay, D., 'Sustaining livelihoods: mobility and governance in the Senegalese Atlantic', in Anderson, J. and Peters, K. (eds) *Water Worlds: Human Geographies of the Ocean*, Farnham: Ashgate, pp. 135-146, 2014.

144  Cresswell, T. and Martin, C., 'On turbulence: entanglements of disorder and order on a Devon beach', *Tijdschrift voor economische en sociale geografie*, 103(5), pp. 516-529, 2012.

145  Peters, K., 'Drifting: towards mobilities at sea', *Transactions of the Institute of British Geographers*, 40(2), pp. 262-272, 2015.

146  Toynbee, P., 'Who's afraid of global culture?', in Giddens, A. and Hutton, W. (eds) *On the Edge: Living with Global Capitalism*, London: Jonathan Cape, 2000.

147  Appadurai, A., 'Disjuncture and difference in the global cultural economy', in Featherstone, M. (ed.) *Global Culture: Nationalism, Globalization and World Culture*, London: Sage, 1990.

148  Appadurai, A., 'Disjuncture and difference in the global cultural economy', p. 301.

149  Appadurai, A., 'Disjuncture and difference in the global cultural economy', p. 301.

150  Appadurai, A., 'Disjuncture and difference in the global cultural economy', p. 303.

151  Vidal de la Blache, P., Martonne, E. D. and Bingham, M. T., *Principles of Human Geography*, [S.l.]: Constable, 1965, p. 350.

152  Hägerstrand, T., *Innovation Diffusion as a Spatial Process*, Chicago: University of Chicago Press, 1967.

153  Gatrell, A. C., 'Complexity theory and geographies of health: a critical assessment', *Social Science and Medicine*, 60, pp. 2661-2671, 2005.

154  Cliff, A. D., Haggett, P., Ord, J. K. and Versey, G. R., *Spatial Diffusion: An Historical Geography of Epidemics in an Island Community*, Cambridge: Cambridge University Press, 1981; Meade, M. S., Earickson, R. and Meade, M. S. M. G., *Medical Geography*, New York; London: Guilford Press, 2000; Cromley, E. K. and McLafferty, S. L., *GIS and Public Health*, New York; London: Guilford, 2002.

155  Foggin, P. M., Foggin, J. M. and Shiirev-Adiya, C. (2000) 'Animal and human health among semi-Nomadic herders of central Mongolia: brucellosis and the bubonic plague in Ovorhangay Aimag', *Nomadic Peoples*, 4, pp. 148-168, 2000.

156  Mocellin, J. and Foggin, P., 'Health status and geographic mobility among semi-nomadic pastoralists in Mongolia', *Health and Place*, 14, pp. 228-242, 2008.

157  Mavhunga, C. C., 'Vermin beings: on pestiferous animals and human game', *Social Text*, 29(1), pp. 151-176, 2011, p. 153.

158  Cresswell, T., *The Tramp in America*.

159  Revill, G. and Wrigley, N., 'Introduction', in Revill, G. and Wrigley, N. (eds) *Pathologies of Travel*, Amsterdam: Rodopi, 2000.

160  Mavhunga, C. C., 'Vermin beings', p. 155.

161  Mavhunga, C. C., 'Vermin beings', p. 155.
162  Mavhunga, C. C., 'Vermin beings', p. 158.
163  Mavhunga, C. C., 'Vermin beings', p. 163.
164  Law, J., 'Disaster in agriculture: or foot and mouth mobilities', *Environment and Planning A*, 38, pp. 227-240, 2006, p. 229.
165  Keil, R. and Ali, H., 'Governing the sick city: urban governance in the age of emerging infectious disease', *Antipode*, 39, pp. 846-873, 2007; Ali, S. H. and Keil, R., *Networked Disease: Emerging Infections in the Global City*, Malden, Mass.: Blackwell, 2008.
166  Keil, R. and Ali, H., 'Governing the sick city', p. 849.
167  Braun, B., 'Biopolitics and the molecularization of life', *Cultural Geographies*, 14, pp. 6-28, 2007도 참조.
168  Dillon, M., 'Governing terror: the state of emergency of biopolitical governance', *International Political Sociology*, 1, pp. 7-28, 2007.
169  Hinchliffe, S. and Bingham, N., 'Securing life: the emerging practices of biosecurity', *Environment and Planning A*, 40, pp. 1534-1551, 2008.
170  Cooper, M., 'Pre-empting emergence: the biological turn in the War on Terror', *Theory, Culture & Society*, 23(4), pp. 113-135, 2006.
171  Elbe, S., 'AIDS, security, biopolitics', *International Relations*, 19, pp. 403-420, 2005; Elbe, S., 'Our epidemiological footprint: the circulation of avian flu, SARS, and HIV/AIDS in the world economy', *Review of International Political Economy*, 15, pp. 116-130, 2008.
172  Cooper, M., 'Pre-empting emergence', p. 115.
173  Foucault, M., *Security, Territory, Population: Lectures at the Collège de France, 1977-78*, Basingstoke: Palgrave Macmillan, 2007.
174  Keil, R. and Ali, H., 'Governing the sick city', p. 853.
175  Keil, R. and Ali, H., 'Governing the sick city', p. 853.
176  Law, J., 'Disaster in agriculture', p. 237.
177  Probyn, E., 'Teaching bodies: affects in the classroom', *Body and Society*, 10, pp. 21-44, 2004, p. 36.
178  Gibbs, A., 'Contagious feelings: Pauline Hanson and the epidemiology of affect', *Australian Humanities Review*, December, 2001.
179  Jones, E., Woolven, R., Durodie, B. and Wessely, S., 'Civilian morale during the Second World War: responses to air raids re-examined', *Social History of Medicine*, 17, pp. 463-479, 2004; Jones, E., Woolven, R., Durodie, B. and Wessely, S., 'Public panic and morale: Second World War civilian responses reexamined in the light of the current anti-terrorist campaign', *Journal of Risk Research*, 9, pp. 57-73, 2006; Bourke, J., *Fear: A Cultural History*, London: Virago Press, 2005.
180  Brennan, T., *The Transmission of Affect*.
181  Gibbs, A., 'Contagious feelings', 2001.
182  Parks, L., *Cultures in Orbit: Satellites and the Televisual*, Durham, N.C.: Duke University Press, 2005.
183  Cohen, S., 'Sounding out the city: music and the sensuous reproduction of place', *Transactions of the Institute of British Geographers*, 20, p. 434-446, 1995, p. 434.
184  Connell, J. and Gibson, C., *Sound Tracks: Popular Music, Identity and Place*, London: Routledge, 2003, p. 9.

185 Connell, J. and Gibson, C., *Sound Tracks*, p. 9.

186 Jazeel, T., 'The world is sound? Geography, musicology and British-Asian soundscapes', *Area*, 37, pp. 233-241, 2005, p. 237.

187 Leyshon, A., Matless, D. and Revill, G., 'The place of music', *Transactions of the Institute of British Geographers*, 20, pp. 423-430, 1995, p. 430.

188 Connell, J. and Gibson, C., *Sound Tracks*, p. 160.

189 Robbins, K., 'Encountering globalization', in Held, D. and McGrew, A. G. (eds) *The Global Transformations Reader: An Introduction to the Globalization Debate*, Cambridge: Polity Press, 2000, p. 196.

190 Gilroy, P., *The Black Atlantic: Modernity and Double Consciousness*, Cambridge, Mass.: Harvard University Press, 1993.

191 Leyshon, A., Matless, D. and Revill, G., 'The place of music', p. 429.

192 Bhabha, H. K., *The Location of Culture*, London; New York: Routledge, 1994.

193 Bhabha, Connell, J. and Gibson, C., *Sound Tracks*, p. 187에서 재인용.

194 Connell, J. and Gibson, C., *Sound Tracks*, p. 46.

195 Cohen, S., 'Country at the Heart of the city: music, heritage, and regeneration in Liverpool', *Ethnomusicology*, 49, pp. 25-48, 2005.

196 Graham, S. and Marvin, S., *Splintering Urbanism*, p. 19.

197 Kaika, M. and Swyngedouw, E., 'Fetishizing the modern city: the phantasmagoria of urban technological networks', *International Journal of Urban and Regional Research*, 24(1), pp. 120-138, 2000.

198 Kaika, M. and Swyngedouw, E., 'Fetishizing the modern city', p. 121.

199 Kaika, M. and Swyngedouw, E., 'Fetishizing the modern city', p. 123.

200 Parks, L., 'Around the antenna tree: the politics of infrastructural visibility', *FlowJournal*, - the-politics-of-infrastructural-visibilitylisa-parks-uc-santa-barbara/, 2010.

201 Merriman, P., 'Mobility infrastructures: modern visions, affective environments and the problem of car parking', *Mobilities*, 11(1), pp. 83-98, 2016, p. 86.

202 Merriman, P., 'Mobility infrastructures: modern visions, affective environments and the problem of car parking', *Mobilities*, 11(1), pp. 83-98, 2016, p. 86.

203 Harkness, R. C., 'Communication innovations, urban form and travel demand—some hypotheses and a bibliography', *Transportation*, 2, pp. 153-193, 1973.

204 Hanson, S., 'Off the road? Reflections on transportation geography in the information age', *Journal of Transport Geography*, 6, pp. 241-250, 1998, p. 248.

205 Salomon, I., 'Telecommunications and travel—substitution or modified mobility', *Journal of Transport Economics and Policy*, 19, pp. 219-235, 1985; Salomon, I., 'Telecommunications and travel relationships—a review', *Transportation Research Part A: Policy and Practice*, 20, pp. 223-238, 1986; Mokhtarian, P. L., 'A typology of relationships between telecommunications and transportation', *Transportation Research Part A: Policy and Practice*, 24, pp. 231-242, 1990; Mokhtarian, P. L., 'Telecommunications and travel behavior', *Transportation*, 18, pp. 287-289, 1991.

206 Plaut, P. O., 'Transportation-communications relationships in industry', *Transportation Research Part A: Policy and Practice*, 31, pp. 419-429, 1997.

207 Brown, C., Balepur, P. and Mokhtarian, P. L., 'Communication chains: a methodology for assessing the effects of the Internet on communication and travel', *Journal of Urban*

*Technology*, 12, pp. 71-98, 2005; Mokhtarian, P. L., 'Travel as a desired end, not just a means', *Transportation Research Part A: Policy and Practice*, 39, pp. 93-96, 2005; Choo, S., Lee, T. Y. and Mokhtarian, P. L., 'Do transportation and communications tend to be substitutes, complements, or neither? US consumer expenditures perspective, 1984-2002', *Transportation Research Record*, 123-132, 2007.

208 Graham, S. (ed.), *The Cybercities Reader*, London; New York: Routledge, 2004, p. 254.

209 Graham, S. and Marvin, S., *Splintering Urbanism*.

210 Farman, J., 'Locative media', in Adey, P., Hannam, K., Merriman, P. and Sheller, M. (eds) *The Routledge Handbook of Mobilities*, London; New York: Routledge, pp. 233-242, 2014.

211 Farman, J., 'Locative media', in Adey, P., Hannam, K., Merriman, P. and Sheller, M. (eds) *The Routledge Handbook of Mobilities*, London; New York: Routledge, pp. 233-242, 2014, p. 235.

212 Castells, M., *The Rise of the Network Society*, 1996, p. 468.

213 Castells, M., *The Rise of the Network Society*, 1996, p. 475.

214 Graham, S., 'The end of geography or the explosion of place? Conceptualizing space, place and information technology', *Progress in Human Geography*, 22, pp. 165-185, 1998; Dodge, M. and Kitchin, R., *Atlas of Cyberspace, Harlow*, UK: Addison-Wesley, 2001.

215 Agar, J., *Constant Touch: A Global History of the Mobile Phone*, Cambridge: Icon, 2003, p. 22.

216 Graham, S., 'The end of geography or the explosion of place?', p. 173.

217 Harvey, D., *The Condition of Postmodernity*, p. 232.

218 Swyngedouw, E., 'Communication, mobility and the struggle for power over space', in Giannopoulos, G. and Gillespie, A. (eds) *Transport and Communications in the New Europe*, London: Belhaven, 1993, p. 306.

219 Birtchnell, T. and Büscher, M., 'Stranded: an eruption of disruption', *Mobilities*, 6(1), pp. 1-9, 2012; Budd, L., Bell, M. and Warren, A., 'Maintaining the sanitary border: air transport liberalisation and health security practices at UK regional airports', *Transactions of the Institute of British Geographers*, 36(2), pp. 268-279, 2011.

220 아래 Rao, V., 'Proximate distances: the phenomenology of density in Mumbai', *Built Environment*, 33(2), pp. 227-248, 2007 참조.

221 Marvin, S. and Medd, W., 'Metabolisms of obecity: flows of fat through bodies, cities, and sewers', *Environment and Planning A*, 38(2), pp. 313-324, 2006.

222 Cowen, D., 'Logistics', in Adey, P., Hannam, K., Merriman, P. and Sheller, M., *The Routledge Handbook of Mobilities*, London: Routledge, pp. 187-195, 2014, p. 187; Cowen, D., *The Deadly Life of Logistics*, Minneapolis: University of Minnesota Press, 2014.

223 Cowen, D., 'Logistics', p. 191.

224 Graham, S. and McFarlane, C. (eds), *Infrastructural Lives: Urban Infrastructure in Context*, London: Routledge, 2014.

225 McFarlane, C. and Vasudevan, A., 'Informal infrastructures', in Adey, P., Hannam, K., Merriman, P. and Sheller, M. (eds) *The Routledge Handbook of Mobilities*, London; New York, Routledge, pp. 256-264, 2014, p. 256.

226 Boo, K., *Behind the Beautiful Forevers*, New York: Random House, 2012.

227 Rao, V., 'Proximate distances', 2007.

228 Simone, McFarlane, C. and Vasudevan, A., 'Informal infrastructures', p. 257에서 재인용.

229 Simone, A., 'People as infrastructure: intersecting fragments in Johannesburg', *Public Culture*, 16(3), pp. 407-429, 2004, p. 407.

230  Desai, R., McFarlane, C. and Graham, S., 'The politics of open defecation: informality, body, and infrastructure in Mumbai', *Antipode*, 47(1), pp. 98-120, 2015, p. 113.

231  McFarlane, C., 'The entrepreneurial slum: civil society, mobility and the co-production of urban development', *Urban Studies*, 49(13), pp. 2795-2816, 2012, p. 2806.

232  McFarlane, C., 'The entrepreneurial slum', p. 2808.

233  Dodge, M. and Kitchin, R., 'Code and the transduction of space', *Annals of the Association of American Geographers*, 95, pp. 162-180, 2005.

234  Dodge, M. and Kitchin, R., 'Code and the transduction of space', p. 168.

235  Lyon, D., *Surveillance as Social Sorting: Privacy, Risk, and Digital Discrimination*, London; New York: Routledge, 2003, p. 3.

236  Haggerty, K. D. and Ericson, R. V., 'The surveillant assemblage', *British Journal of Sociology*, 51, pp. 605-622, 2000, p. 610.

237  Clarke, R., 'Information technology and dataveillance', *Communication ACM*, 31, pp. 498-512, 1988.

238  Bennett, C. and Regan, P., 'Surveillance and mobilities', *Surveillance and Society*, 1, pp. 449-455, 2004.

239  Lyon, D., *Surveillance Studies: An Overview*, Cambridge, UK; Malden, Mass.: Polity, 2007, p. 121.

240  Morgan, N. and Pritchard, A., 'Security and social "sorting": traversing the surveillance-tourism dialectic', *Tourist Studies*, 5, pp. 115-132, 2005, pp. 125-126.

241  Ingold, T., 'Culture on the ground'.

242  Ingold, T., 'Culture on the ground', 331.

243  Lury, C., 'Objects of travel', in Rojek, C. and Urry, J. (eds) *Touring Cultures: Transformations of Travel and Theory*, London: Routledge, 1997.

244  Thrift, N., 'Inhuman geographies', p. 112.

245  Merriman, P., '"Mirror, signal, manoeuvre": assembling and governing the motorway driver in late 1950s Britain', *Sociological Review*, 54, pp. 75-92, 2006.

246  Haraway, D. J., Simians, *Cyborgs and Women: The Reinvention of Nature*, London: Free Association, 1991; Lupton, D., 'Monsters in metal cocoons: "road rage" and cyborg bodies', *Body and Society*, 5, 57-72, 1999.

247  Lury, C., 'Objects of travel'.

248  Dant, T., 'The driver-car', *Theory, Culture and Society*, 21, pp. 61-80, 2004.

249  Urry, J., *Sociology Beyond Societies*, p. 32.

250  Michael, M., 'These boots are made for walking...': mundane technology, the body and human-environment relations', *Body and Society*, 6, pp. 107-126, 2000.

251  Borden, I., *Skateboarding, Space and the City: Architecture and the Body*, Oxford, UK; New York: Berg, 2001.

252  Borden, I., *Skateboarding*, p. 124.

253  Borden, I., *Skateboarding*, p. 125.

254  Michael, M., 'These boots are made for walking...', pp. 115-116.

255  Ingold, T., 'Culture on the ground'.

256  Michael, M., 'These boots are made for walking...', p. 116.

257  Van den Abbeele, G., *Travel as Metaphor*, p. 111.

258  Game, A., 'Riding: embodying the centaur', *Body and Society*, 7, pp. 1-12, 2001; Merrifield,

A., *The Wisdom of Donkeys: Finding Tranquility in a Chaotic World*, New York: Walker and Company, 2008.

259  모든 종류의 문화적 세계를 지니고 다니는 것이 가능하다. Bull, M., 'The world according to sound: investigating the world of Walkman users', *New Media and Society*, 3, pp. 179-198, 2001.

260  Lyons, G. and Urry, J., 'Travel time use in the information age', *Transportation Research Part a Policy and Practice*, 39, pp. 257-276, 2005; Jain, J. and Lyons, G., 'The gift of travel time'.

261  Agar, J., *Constant Touch*, p. 83.

262  Wellman, B., 'Physical place and cyberplace: the rise of personalized networking', *International Journal of Urban and Regional Research*, 25, pp. 227-252, 2001, p. 239.

263  Katz, J. E. and Aakhus, M., *Perpetual Contact: Mobile Communication, Private Talk, Public Performance*, Cambridge: Cambridge University Press, 2002.

264  Bauman, Z., *Liquid Love: On the Frailty of Human Bonds*, Cambridge, UK: Polity Press; Malden, Mass.: Blackwell, 2003.

265  Bauman, Z., *Liquid Love*, p. 59

266  Bauman, Z., *Liquid Love*, p. 59

267  Wellman, B., 'Physical place and cyberplace', p. 239-240.

268  Kopomaa, T., 'Speaking mobile: intensified everyday life, condensed city', in Graham, S. (ed.) *The Cybercities Reader*, London; New York: Routledge, 2004.

269  Kopomaa, T., 'Speaking mobile', p. 270.

270  Licoppe, C., '"Connected" presence: the emergence of a new repertoire for managing social relationships in a changing communication technoscape', *Environment and Planning D*, 22, pp. 135-156, 2004; Licoppe, C. and Inada, Y., 'Emergent uses of a multiplayer location-aware mobile game: the interactional consequences of mediated encounters', *Mobilities*, 1, pp. 39-61, 2006.

271  Lambert, A., *Intimacy and Friendship on Facebook*, Berlin: Springer, 2003, p. 80.

272  De Souza e Silva, A. and Gordon, E., 'Net locality', in Adey, P., Hannam, K., Merriman, P. and Sheller, M. (eds) *The Routledge Handbook of Mobilities*, London: Routledge, pp. 134-142, 2014, p. 134; Gordon, E. and e Silva, A. D. S., *Net Locality: Why Location Matters in a Networked World*, New York: John Wiley and Sons, 2011.

273  De Souza e Silva, A. and Gordon, E., 'Net locality', p. 138.

7장 이동적 방법

1  Büscher, M., Urry, J. and Witchger, K. (eds), *Mobile Methods*, London: Routledge, 2010, p. 7.

2  Büscher, M. et al. (eds), *Mobile Methods*, p. 7.

3  Merriman, P., *Mobility, Space and Culture*, London: Routledge, 2012; Pooley, C., Turnbull, J. and Adams, M., *A Mobile Century? Changes in Everyday Mobility in Britain in the Twentieth Century*, Aldershot: Ashgate, 2005 참조.

4  Spinney, J., 'A chance to catch a breath: using mobile video ethnography in cycling research', *Mobilities*, 6(2), pp. 161-182, 2011, p. 162.

5  Shaw, J. and Hesse, M., 'Transport, geography and the "new" mobilities', *Transactions of the Institute of British Geographers*, 35(3), pp. 305-312, 2010.

6    Merriman, P., 'Rethinking mobile methods', *Mobilities*, 9(2), pp. 167-187, 2014, p. 168.

7    Merriman, P., 'Rethinking mobile methods', p. 168.

8    Spinney, J., 'A chance to catch a breath', p. 162.

9    Fincham, B., McGuinness, M. and Murray, L. (eds), *Mobile Methodologies*, Basingstoke: Palgrave, 2010, p. 2.

10   Fincham, B. et al., (eds), *Mobile Methodologies*.

11   Spinney, J., 'Cycling the city: movement, meaning and method', *Geography Compass*, 3(2), 817-835, 2009, p. 826.

12   Simpson, P., 'Video', in Adey, P., Hannam, K., Merriman, P. and Sheller, M. (eds) *The Routledge Handbook of Mobilities*, London: New York: Routledge, pp. 542-552, 2014.

13   Merriman, P., 'Rethinking mobile methods', p. 177.

14   Pink, S., 'Walking with video', *Visual Studies*, 22, pp. 240-252, 2007; Pink, S., 'An urban tour: the sensory sociality of ethnographic place-making', *Ethnography*, 9, pp. 175-196, 2008.

15   Vannini, P., 'Slowness and deceleration', in Adey, P., Hannam, K., Merriman, P. and Sheller, M. (eds) *The Routledge Handbook of Mobilities*, London and New York, Routledge, pp. 116-124, 2014.

16   Pink, S., 'Walking with video'.

17   Merriman, P., 'Rethinking mobile methods'.

18   Clarsen, G., 'Introduction: special section on settler-colonial mobilities', *Transfers*, 5(3), pp. 41-48, 2015.

19   Merriman, P., 'Rethinking mobile methods', p. 177.

20   Aldred, O., 'Past movements, tomorrow's anchors: on the relational entanglements between archaeological mobilities', in Leary, J. (eds) *Past Mobilities*, Farnham: Ashgate, pp. 21-47, 2014, p. 43.

21   Monroe, K. V., 'Automobility and citizenship in interwar Lebanon'.

22   Monroe, K. V., 'Automobility and citizenship in interwar Lebanon', p. 529.

23   Merriman, P., *Mobility, Space and Culture*, London: Routledge, 2012.

24   Elliott, A. and Urry, J., *Mobile Lives*, London: Routledge, 2010.

25   Marcus, G. E., *Ethnography Through Thick and Thin*, p. 79-80.

26   Marcus, G. E., *Ethnography Through Thick and Thin*, p. 105.

27   Nóvoa, A., 'Mobile ethnography: emergence, techniques and its importance to geography', *Human Geographies*, 9(1), pp. 97-107, 2015, p. 100.

28   Jain, J., 'The making of mundane bus journeys', in Vannini, P. (ed.), *The Culture of Alternative Mobilities: Routes Less Traveled*, Ashgate, Farnham, pp. 91-110, 2009.

29   Watts, L., 'The art and craft of train travel', *Social & Cultural Geography*, 9(6), pp. 711-726, 2008.

30   Vannini, P., *Ferry Tales: Mobility, Place, and Time on Canada's West Coast*, Routledge, New York, 2012.

31   Nóvoa, A. 'Musicians on the move: mobilities and identities of a band on the road', *Mobilities*, 7(3), pp. 349-368, 2012; Nóvoa, A., 'Mobile ethnography: emergence, techniques and its importance to geography', *Human Geographies*, 9(1), pp. 97-107, 2015.

32   Elliott, A. and Urry, J., *Mobile Lives*, p. 1.

33   Vannini, P., 'Constellations of ferry (im)mobility: islandness as the performance and politics of insulation and isolation', *Cultural Geographies*, 18(2), pp. 249-271, 2011; Vannini, P., 'Mind the

gap: the tempo rubato of dwelling in lineups', *Mobilities*, 6(2), pp. 273-299, 2011; Vannini, P., Ferry Tales.

34  Vannini, P., *Ferry Tales*, p. 28.

35  Chawla, D., *Home, Uprooted: Oral Histories of India's Partition*, Oxford: Oxford University Press, 2014.

36  Aguiar, M., *Tracking Modernity: India's Railway and the Culture of Mobility*, Minneapolis: University of Minnesota Press, 2011; 예를 들어 Singh, K., *Train to Pakistan*, New Delhi: Ravi Dayal, 1994를 보라.

37  Chawla, D., *Home, Uprooted*, p. 35.

38  Chawla, D., *Home, Uprooted*, p. 139.

39  Alexander, B. K., 'Skin flint (or, the garbage man's kid): a generative autobiographical performance based on Tami Spry's tattoo stories', *Text and Performance Quarterly*, 20(1), pp. 97-114, 2000.

40  Ravelet, E., Vincent-Geslin, S., Kaufmann, V. Lebeugle, J., *Slices of (Mobile) Life: A Sociological Study and Manifesto on Work-Related High Mobility*, Paris: Loco, 2014.

41  Latham, A. and Wood, P. R., 'Inhabiting infrastructure: exploring the interactional spaces of urban cycling', *Environment and Planning A*, 47(2), pp. 300-319, 2015.

42  Solnit, R., *Wanderlust: A History of Walking*, New York: Viking, 2001, p. 5.

43  Evans, Anderson, J., 'Talking whilst walking: a geographical archaeology of knowledge', *Area—Institute of British Geographers*, 36, pp. 254-261, 2004, p. 257에서 재인용.

44  Lee, J. and Ingold, T., 'Fieldwork on foot: percieving, routing, socialising', in Coleman, S. and Collins, P. (eds) *Locating the Field: Space, Place and Context in Anthropology*, Oxford: Berg, 2006, p. 83.

45  Parr, H. and Stevenson, O., 'Sophie's story: writing missing journeys', *Cultural Geographies*, 21(4), pp. 565-582, 2014, pp. 573-574.

46  Dodge, M., 'Mapping', in Adey, P., Hannam, K., Merriman, P. and Sheller, M. (eds) *The Routledge Handbook of Mobilities*, London; New York: Routledge, pp. 517-533, 2014, p. 517.

47  Cresswell, T., *On the Move*.

48  Bunge, Dodge, M., 'Mapping', p. 518에서 재인용.

49  Dodge, M., 'Mapping', p. 519.

50  Adey, P., 'Airports and air-mindedness: spacing, timing and using Liverpool Airport 1929-39', *Social and Cultural Geography*, 7, pp. 343-363, 2006; Adey, P., Cox, D. and Godfrey, B., *Crime, Regulation and Control During the Blitz: Protecting the Population of Bombed Cities*, London: Bloomsbury, 2016.

51  Scott, W. D., *Liverpool*, London: Adam and Charles Black, 1907.

52  Kirby, L., *Parallel Tracks: The Railroad and Silent Cinema*, Durham, N.C.: Duke University Press, 1997.

53  Gigliotti, S., *The Train Journey: Transit, Captivity, and Witnessing in the Holocaust*, London: Berghahn Books, 2009; Gigliotti, S., 'A mobile Holocaust? Rethinking testimony with cultural geography', in P. Giaccaria and C. Minca (eds), *Hitler's Geographies: The Spatialities of the Third Reich*, pp. 329-347, 2016.

54  Giaccaria, P. and Minca, C., 'For a tentative spatial theory of the Third Reich', in Giaccaria, P. and Minca, C. (eds) *Hitler's Geographies: The Spatialities of the Third Reich*, Chicago: University of Chicago Press, pp. 19-44, 2016, p. 13.

55  Gigliotti, S. and Masurovsky, M., 'Spatial histories of the Holocaust: mapping the evacuations from the Auschwitz camp system in January 1945', *Medaon: Magazin Für Jüdischen Leben in Forschung Und Bildung*, http:// medaon.de/pdf/A_Gigliotti-Masurovsky-7-2010.pdf, 2010, p. 3.

56  Gigliotti, S. and Masurovsky, M., 'Spatial histories of the Holocaust', p. 2.

57  www.geobodies.org/art-and-videos/black-sea-files

58  Biemann, U., 'Touring, routing and trafficking female geobodies: a video essay on the topography of the global sex trade', in Verstraete, G. and Cresswell, T. (eds) *Mobilising Place/ Placing Mobility: The Politics of Representation in a Globalized World*, Amsterdam: Rodopi, pp. 71-86, 2004, p. 84.

59  Biemann, U., 'Videogeographies', in Juhasz, A. and Lebow, A. (eds) *A Companion to Documentary Film*, Oxford: Wiley, pp. 92-108, 2015, p. 92.

60  Barry, A., *Material Politics*, Wiley-Blackwell, Oxford, 2003 참조.

61  Biemann, U., *Black Sea Files*, synchronized two-channel video essay, 2005a, p. 1.

62  Biemann, U., 'Videogeographies', in Juhasz, A. and Lebow, A. (eds) *A Companion to Documentary Film*, Oxford: Wiley, pp. 92-108, 2015.

63  Biemann, U., 'Black Sea Files', in Franke, A. (eds.) *B-Zone. Becoming Europe and Beyond*, Actar, Barcelona, pp. 18-97, 2005b, p. 48.

64  Lisle, D., 'Photography', in Adey, P., Hannam, K., Merriman, P. and Sheller, M. (eds) *The Routledge Handbook of Mobilities*, London: Routledge, pp. 534-542, 2014, p. 537.

65  Lisle, D., 'Photography', p. 538.

66  Lisle, D., 'The "potential mobilities" of photography', *M/C Journal*, 12(1), http://journal.media-culture.org.au/index.php/mcjournal/article/view/125, 2009. 강조는 인용자.

67  Murray, L., 'Looking at and looking back: visualization in mobile research', *Qualitative Research*, 9(4), pp. 469-488, 2009.

68  Barker, J., Kraftl, P., Horton, J. and Tucker, F., 'The road less travelled-new directions in children's and young people's mobility', *Mobilities*, 4(1), pp. 1-10, 2009 참조.

69  Murray, L., 'Looking at and looking back', p. 479.

70  Cook, S., Davidson, A., Stratford, E., Middleton, J., Plyushteva, A., Fitt, H., Cranston, S., Simpson, P., Delaney, H., Evans, K., Jones, A., Kershaw, J., Williams, N., Bissell, D., Duncan, T., Sengers, F., Elvy, J. and Wilmott, C., 'Co-producing mobilities: negotiating geographical knowledge in a conference session on the move', *Journal of Geography in Higher Education*, 40(3), pp. 340-374, 2016, p. 41.

71  Birtchnell, T. and Gibson, C., 'Less talk more drone: social research with UAVs', *Journal of Geography in Higher Education*, 39(1), pp. 182-189, 2015.

72  Crampton, J. W., Roberts, S. M. and Poorthuis, A., 'The New Political Economy of Geographical Intelligence', *Annals of the Association of American Geographers*, 104(1), pp. 196-214, 2014.

73  Gregory, D. and Urry, J., 'From a view to a kill: drones and late modern war', *Theory, Culture & Society*, 28(7-8), pp. 188-215, 2011.

74  Birtchnell, T. and Gibson, C., 'Less talk more drone', 2015.

75  Birtchnell, T., Urry, J., Cook, C. and Curry, A., *Freight Miles: The Impact of 3D Printing on Transport and Society*, Lancaster: Lancaster University, 2013, p. 1.

76  Büscher, M., Urry, J. and Witchger, K. (eds), *Mobile Methods*, London: Routledge, 2010.

77  Urry, J., *Offshoring*, Oxford: John Wiley & Sons, 2014.

78  Urry, J., *Offshoring*, p. 8.

79  Urry, J., *Offshoring*, p. 9.

80  Urry, J., *Offshoring*, p. 9.

81  Sparke, M. B., 'A neoliberal nexus: economy, security and the biopolitics of citizenship on the border', *Political Geography*, 25(2), pp. 151-180, 2006.

82  Budd, L., 'Aeromobile elites: private business aviation and the global economy', in Birtchnell, T. and Caletrío, J. (eds) *Elite Mobilities*, London: Routledge, pp. 78-98, 2014, p. 78.

83  Beaverstock, J. and Faulconbridge, J., 'Wealth segmentation and the mobilities of the super-rich: a conceptual framework', in Birtchnell, T. and Caletrío, J. (eds), *Elite Mobilities*, Routledge, Abingdon, pp. 40-61, 2014; Birtchnell, T. and Caletrío, J. (eds), *Elite Mobilities*, London: Routledge, 2014.

84  Spence, E., 'Towards a more-than-sea geography: exploring the relational geographies of superrich mobility between sea, superyacht and shore in the Cote d'Azur', *Area*, 46(2), pp. 203-209, 2014, p. 205.

85  Walters, W., 'Drone strikes, dingpolitik and beyond: furthering the debate on materiality and security', *Security Dialogue*, 45(2), pp. 101-118, 2014, p. 105.

86  Kraftl, P. and Adey, P., 'Architecture/affect/inhabitation: geographies of being-in buildings', *Annals of the Association of American Geographers*, 98(1), pp. 213-231, 2008.

87  Simon, S., 'Suspicious encounters: ordinary preemption and the securitization of photography,' *Security Dialogue*, 43(2), pp. 157-173, 2012 참조.

88  Leese, M., 'The new profiling: algorithms, black boxes, and the failure of anti-discriminatory safeguards in the European Union', *Security Dialogue*, 45(5), pp. 494-511, 2014; Leese, M. and Koenigseder, A., 'Humor at the airport? Visualization, exposure, and laughter in the "War on Terror"', *International Political Sociology*, 9(1), pp. 37-52, 2015.

89  Klauser, F., Ruegg, J., & November, V. (2008) Airport Surveillance Between Public and Private Interests: CCTV at Geneva Airport, in Salter, M. B. (ed.) *Politics of/ at the Airport*, Minneapolis: University of Minnesota Press, 2008.

90  Fretigny, J.-B., 'Air travel opens new understanding of borders: the case of Paris Charles de Gaulle Airport', *Annales de géographie* (English version of the paper published in 2013, 690/2, pp. 151-174, *Cairn-International* [online] www.cairn-int.info/journal-annales-de-geographie-2013-2-page-151.htm), 2014.

91  http://vectors.usc.edu/issues/04_issue/trevorpaglen/

92  Pezzani, L. and Heller, C., 'A disobedient gaze: strategic interventions in the knowledge(s) of maritime borders', *Postcolonial Studies*, 16(3), pp. 289-298, 2013.

93  Pezzani, L. and Heller, C., 'A disobedient gaze'.

94  (www.forensic-architecture.org/)

95  Pezzani, L. and Heller, C., 'A disobedient gaze', p. 289에서 인용.

96  Raphael, S., Black, C., Blakeley, R. and Kostas, S., 'Tracking rendition aircraft as a way to understand CIA secret detention and torture in Europe', *The International Journal of Human Rights*, 20(1), pp. 78-103, 2016, p. 84.

97  Beckman, K., 'Telescopes, transparency, and torture: Trevor Paglen and the politics of exposure', *Art Journal*, 66(3), pp. 62-67, 2007, p. 66.

98  The Rendition Project.

99  Raphael, S. et al., 'Tracking rendition aircraft as a way to understand CIA secret detention and

torture in Europe', p. 85.

100 Reprieve and Access Info Europe, 'Rendition on record: using the right of access to information to unveil the paths of illegal prisoner transfer flights', www.therenditionproject.org.uk/documents/RDI/111219-RPV-AIE-Rendition_on_Record.pdf.

101 Garrett, B., *Explore Everything: Place-Hacking the City*, London: Verso Books, 2013.

102 Leary, J. (ed.), *Past Mobilities: Archaeological Approaches to Movement and Mobility*, Aldershot: Ashgate, 2014.

103 Mott, C. and Roberts, S. M., 'Not everyone has (the) balls: urban exploration and the persistence of masculinist geography', *Antipode*, 46(1), pp. 229-245, 2014; Garrett, B. L., 'Undertaking recreational trespass: urban exploration and infiltration', *Transactions of the Institute of British Geographers*, 39(1), pp. 1-13, 2014.

104 Souza, V., 'On sexism in Urbex', *Valeriamsouza: Writings on disability, academia, architecture, and everything in between*, . wordpress.com/2014/05/13/on-sexism-in-urbex/, 2014.

105 Machold, R. (2015) 'Mobility and the model: policy mobility and the becoming of Israeli homeland security dominance', *Environment and Planning A*, 47(4), pp. 816-832, 2015.

106 Graham, S. (ed.), *Disrupted Cities: When Infrastructure Fails*, London: Routledge, 2010.

107 Jackman, A., 'Unmanned geographies: drone visions and visions of the drone', unpublished PhD thesis, Exeter University, 2016.

108 Gibbon, J., 'Hiding in the light: drawings of arms fairs', in Sylvester, C. (ed.) *Masquerades of War*, Routledge, London, pp. 190-196, 2015.

109 Pezzani, L. and Heller, C., 'A disobedient gaze', pp. 292-293.

110 Pezzani, L. and Heller, C., 'A disobedient gaze', pp. 294.

111 Steinberg, P. and Peters, K., 'Wet ontologies, fluid spaces: giving depth to volume through oceanic thinking.', *Environment and Planning D: Society and Space*, 33(2), pp. 247-264, 2015.

112 Cook, S., Davidson, A., Stratford, E., Middleton, J., Plyushteva, A., Fitt, H., Cranston, S., Simpson, P., Delaney, H., Evans, K., Jones, A., Kershaw, J., Williams, N., Bissell, D., Duncan, T., Sengers, F., Elvy, J. and Wilmott, C., 'Co-producing mobilities: negotiating geographical knowledge in a conference session on the move', *Journal of Geography in Higher Education*, 40(3), pp. 340-3ü4, 2016, p. 364.

# 모빌리티 이론

2019년  2월  28일  초판 1쇄 발행

지은이 ｜ 피터 애디
옮긴이 ｜ 최일만
펴낸이 ｜ 노경인 · 김주영


펴낸곳 ｜ 도서출판 앨피
출판등록 ｜ 2004년 11월 23일 제2011-000087호.
주소 ｜ 우)07275 서울시 영등포구 영등포로 5길 19(양평동 2가, 동아프라임밸리) 1202-1호
전화 ｜ 02-336-2776   팩스 ｜ 0505-115-0525
블로그 ｜ bolg.naver.com/lpbook12
전자우편 ｜ lpbook12@naver.com


ISBN 979-11-87430-54-4  94300